共同体的
进化

张康之　张乾友

著 ————————

THE EVOLUTION OF
COMMUNITIES

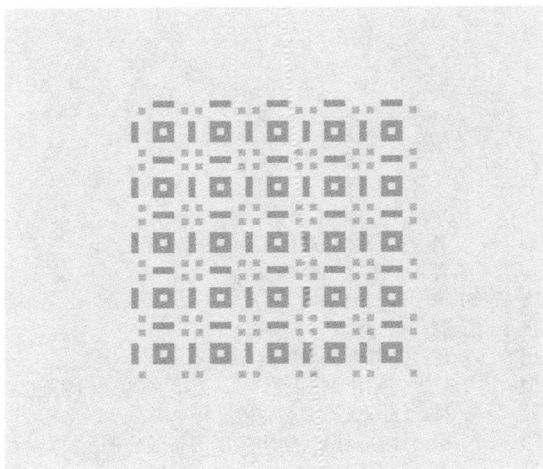

江苏人民出版社

图书在版编目 (CIP) 数据

共同体的进化 / 张康之, 张乾友著. -- 南京 : 江
苏人民出版社, 2024.1
ISBN 978 - 7 - 214 - 28426 - 6

Ⅰ.①共… Ⅱ.①张… ②张… Ⅲ.①共同体-研究
Ⅳ.①D033

中国国家版本馆 CIP 数据核字 (2023) 第 189280 号

书　　　　名	共同体的进化
作　　　　者	张康之　张乾友
责 任 编 辑	郝　鹏
责 任 监 制	王　娟
出 版 发 行	江苏人民出版社
地　　　　址	南京市湖南路 1 号 A 楼, 邮编: 210009
照　　　　排	江苏凤凰制版有限公司
印　　　　刷	江苏凤凰新华印务集团有限公司
开　　　　本	787 毫米×1092 毫米　1/16
印　　　　张	30
字　　　　数	450 千字
版　　　　次	2024 年 1 月第 1 版
印　　　　次	2024 年 1 月第 1 次印刷
标 准 书 号	ISBN 978 - 7 - 214 - 28426 - 6
定　　　　价	98.00 元

(江苏人民出版社图书凡印装错误可向承印厂调换)

目　录

第一章

从家元共同体到族阈共同体

　　关于人类社会的解读，可以从共同体的视角出发。也就是说，人类社会是以共同体的形式出现的，在人类历史上的不同阶段，共同体的形式和性质都是不一样的。在农业社会的历史阶段，人类的共同体形式属于家元共同体的范畴；在工业化的过程中，人类建构起了族阈共同体；全球化和后工业化将预示着合作共同体的生成。对共同体的把握，需要从社会整合机制、人的生活方式以及人的存在形态三个方面入手。家元共同体所拥有的是一种"自然秩序"，族阈共同体在社会治理上所追求的是一种"创制秩序"，而合作共同体将呈现给我们的是一种"合作秩序"。家元共同体是一个集权的社会，族阈共同体则建构起了民主制度和民主的治理方式，而且，民主的理念被贯穿到全部社会生活中了。但是，族阈共同体中的民主处于差异与共识不可调和的矛盾之中，从而造成了民主的困境。随着合作共同体对族阈共同体的替代，民主将在蜕变中得到提升，从而成为合乎人类民主理想的真正的实质性民主。就人的存在形态而言，家元共同体成员没有实现自我意识的觉醒，人不是作为个人而拥有了自己的生活的。个人生成于族阈共同体对家元共同体的替代过程中。然而，尽管族阈共同体造就了个人，却又使个人无法拥有一种完整的属于自己的生活，而是使个人及其生活呈现出了碎片化的特征。这一状况的根本改变，将以合作共同体的生成为契机。只有当人类建构起了一种合作共同体，才会使人拥有作为个人的完整的生活，从而成为真正独立的、完整的和自由自觉的个人。

第一节　共同体的演进史

一、　工业化进程中的共同体嬗变

工业社会是人类历史上的一个必经阶段，这个阶段是从农业文明中脱胎出来的。从共同体的视角看，农业社会是一个以"家元共同体"为基本特征的社会，"家"是社会构成的核心要素和基本单元，"家"在社会的结构化中构成了社会，因而，社会无非是"家"的扩大和以"家"为其单元的共同体。"家"是家元共同体中的"点"，无数个家构成了无数个"点"。"家"放大后成为"族"，呈现出"面"的特征，而且，这个"面"也往往是与特定的地域联系在一起的，并以共同体的形式出现。"族"的放大则是"天下"，而"天下"也无非是一个更大的"族"，是围绕着某个统治"天下"之"家"而展开的"族"。近代的人们也把这种"天下"称作"国家"，实际上，它并不是现代意义上的民族国家，只不过是王权发挥支配作用的范围，其边界往往是模糊的和流动的。

在工业化进程中，人的迁徙和流动成了一个常态现象，"家"的内涵开始发生变化，英语中把 family 与 home 区分开来也许就是从这个时候开始的。这种"家"的概念二重化反映了工业化过程中"家元"作为社会构成要素的解体，以"家"为背景的身份标志开始淡化并最终被人们忽视、忘却，从而使"人以群分"的现象凸显了出来。工业社会的人们，在其社会生活中会扮演着各种各样的角色，一方面，由于社会的领域分化，他需要不断地在不同的社会生活领域中去变换自己的角色；另一方面，由于社会化的"分工—协作"体系的生成，他在不同的"专业性"活动中也扮演着不同的角色。比如，他在参与政治、经营商务和开展一般性社会活动的时候，角色是不同的。

就这个社会来说，是由不同的"族群"构成的，"家"的社会功能的式微是与"族群"的社会功能的增强同步演进的，"族群"成了社会构成的基本要素。所以，严格说来，工业社会是一个由"族阈共同体"构成的社会，是在民族国家的框架下由形形色色的领域化的、专业化的族群所构成的社会。每个族群都可以看作是一个共同体，而整个社会又是这些分散的、各别的共同体的总和。族阈共同体发生在民族国家的框架下，并不是民族国家的别称。当现代人文社会科学把"国家与公民""政府与社会"看作分立的存在物的时候，族阈共同体给我们提供的是另一个观察视角，是我们借以把握工业社会总体性特征的概念工具。

家元共同体实际上是一个"自然家园"，生活在这个共同体中的人在很大程度上还处于自我意识的朦胧状态。或者说，家元共同体中的人尚未产生自我意识，当"我"与"你"因血缘、地缘、学缘等而结成一体的时候，是一种"你""我"无分的一体性存在；当"你"成了"我"的朋友的时候，"你"是"我"的精神存在，而"我"自己仅仅是"我"的肉体存在，"你"的苦乐也就是"我"的苦乐，在"你"与他人相冲突的时候，"我"并不讲理法在谁那里，"我"出于情感而无条件地维护"你"。正如松柏与桃李生长在一起无须作出解释一样，"我"与"你"结成了兄弟般的关系就是一种自然形态，理法之于我们是一种完全外在性的因素。总之，在自然的意义上，有着"你""我"之分；而在社会的意义上，你我是一体的。我们共属于一个"家"，是一个家（庭、族）的成员。家不仅是我们联系的纽带，也是融解了我们并把我们合为一体的大熔炉。

在家元共同体中，是无所谓私人利益的，家元利益是一种利益混沌的状态，在"家"的概念中，家庭甚至家族成员都自然而然地被纳入一种"共产主义"的生活形态之中。所谓不分彼此，首先是利益上的不分彼此。"我"与"你"的利益是一致的，即使作为自然个体的冲动使人们的利益有冲突，但是，社会的规定则能够消弭冲突，让你我都把对方的利益要求看作自我的利益实现途径。同时，在这种家庭或家族内，也没有公共利益，在家的内部，过着"原始共产主义"的生活，却没有公共利益的意识。从人类社会的原始状态走向农业社会的等级状态，只是"共产主义"的范围缩小到了家庭。也就是说，近代社会的那种以个人为原点的利益觉识尚未出现。所以，在这种状态下，是无所谓私人利益和公共利益的，甚至对这种状态无法使用利益分析的方法，如果强行使用利益分析的方法，是不会获得对这个社会的科学认识的。

近代以来，正是因为社会分化为公共领域、私人领域和日常生活领域，才造成了利益分化，才出现了公共利益与私人利益的问题。即使是在这一历史条件下，家庭作为日常生活领域的构成部分，也很难进入严格的利益分析视野中。至多只是在家庭分解或遗产继承等这些家庭的重大变故中，才会寻求法律等公共生活规则来对利益边界作出认定。但是，存在于家庭中的利益，依然属于一种混沌状态的利益，是无法归类到公共利益或私人利益的范畴的。只是由于这种以家庭为载体的利益的承载者与个人的相近性，近代以来的学者才会误认为它属于私人利益。其实，这是错误的。正如家庭不属于私人领域的范畴一样，以家庭作为利益承载单元的利益也不是私人利益，私人利益是指在私人领域中开展活动的人而且是可以被还原为个体的人的利益。至于公共利益，则是由公共领域所代表的利益。在日常生活领域中，家庭是一个不可还原为个人的单元。人在私人领域中是个人，但进入家庭之中，就不再是个人，而是作为家庭成员而存在的。这是日常生活领域不同于私人领域以及公共领域的特征，而这一点恰恰是许多当代学者所没有认识到的。虽然罗尔斯在阐述"公平的正义"原则时发现这一原则不适用于家庭，但他也只是把家庭解释成私人领域中的特例，却没有直言家庭属于日常生活领域的范畴。

与家元共同体不同，也与现代社会日常生活领域中的"家"不同，族阈共同体是一个"虚幻共同体"。这个虚幻共同体是在分工的基础上产生的，分工以及协调分工的协作是个人的私人利益与群体或社会的公共利益矛盾的前提，同时也是私人利益的实现方式。马克思说："随着分工的发展也产生了个人利益或单个家庭的利益与所有互相交往的人们的共同利益之间的矛盾；同时，这种共同的利益不是仅仅作为一种'普遍的东西'存在于观念之中，而且首先是作为彼此分工的个人之间的相互依存关系存在于现实之中。""正是由于私人利益和公共利益之间的这种矛盾，公共利益才以国家的姿态而采取一种和实际利益……脱离的独立形式，也就是说采取一种虚幻的共同体的形式。"① 利益是观察社会和理解人的行为的重要视角，但这个视角可能仅仅适用于近代以来的这个社会，即适用于认识和剖析族阈共同体。如果通过这个视角去认识和剖析家元共同体的话，所得出的结论往往是与历史不符的，从而使很多历史现象无法得到解释。比如，同一家族成员有着等级差别和利益要求、利益实现途径的根本性不同，但是，一旦出现了与家族外部某个因素的冲突时，却能够无条件地一致对外，表现出空前的团结。在一些历史剧中，我们经常看到一种现象，那就是某家的仆人在这个家遇到了危难之时舍生救主。主仆的矛盾在利益分析的视角中是无法调和的，但仆人为什么会这么傻呢？他仅仅是因为卢卡奇所说的缺乏"阶级意识"吗？显然问题不是这么简单，或者说，这就是一些在利益分析的视角中看不明白的事情。

家元共同体是构成性的，是在自然的演进中生成的，它的生成是一个自然过程，它的解体是由工业化运动造成的，同样表现为一个自然历史过程。工业化冲击了家元共同体，但撇开文艺作品不谈，并没有真正的系统化的理论去专门否定家庭和破坏家元共同体。或者说，工业化运动主要是在生产领域中展开的，并不以对家的破坏为目标。然而，工业化改变了人际关系，改变了人的活动范围和活动方式，使人走出了家，打破了地域界限。当家的成员纷纷脱离家而走向社会，家实际上也就被抽空了，失去了支柱，因而轰然倒塌了。这个时期的文艺作品大都以对家的破坏为主题。实际上，在社会分化为公共领域、私人领域和日常生活领域的过程中，"家"退守于日常生活领域，成为日常生活领域的核心构成部分。但是，作为共同体的家元共同体却被拆解了。

家元共同体的衰落根源于族群意识的成长，表现为自然走向衰微的过程。在家元共同体衰落的同时，族阈共同体开始生成。这就是族阈共同体替代家元共同体的过程。在家元共同体衰落的过程中，家的社会功能迅速弱化，曾经有一个时期，一些社会学家和人类学家意识到了这一社会变化，并呼吁人们去挽救"家"的存在。然而，就历史发展的客观进程看，并没有人理会这种呼吁，实际上，也不值得理会，或者说，即

---

① 《马克思恩格斯全集》，第 3 卷，北京：人民出版社 1960 年版，第 37～38 页。

使有人理会也没有什么作用。因为，家以及家元共同体的衰落是现代化过程中的历史必然，是一个自然过程，是任何人都无力挽回的。

我们说家元共同体的衰落和族阈共同体的兴起都是历史必然，这是不是意味着族阈共同体的产生也表现为一个构成性过程呢？不是。虽然工业化和现代化的过程中存在着造就族阈共同体的必然要求，但就族阈共同体在近代以来的整个历史过程中的发展状况来看，它是自觉建构的结果。也就是说，族阈共同体的生成过程是建构性的而不是构成性的，是近代以来的人们经过几百年的努力而建构起来的共同体。在某种意义上，18世纪的启蒙运动，就是近代以来全部政治以及社会"建构"进程的起点。人们不会怀疑，近代以来，人类的各种各样的学说及其思想和观点，人类在社会治理实践中致力于解决现实问题的努力，都参与了族阈共同体的建构。在这个历史阶段，人类已经拥有了自觉建构生活共同体的意识了，通过制度设计和制度安排的连续统，使人的意愿物化为现实，建构起了并不断地去进行修缮族阈共同体，使之成为合乎科学理念、拥有合理性的生活共同体。毫无疑问，正是由于发现了法的精神，人们才能够通过管理化的组织生活而建构起法治的生活模式，使族阈共同体能够成为完全不同于家元共同体的一种新型的共同体，从而在失去了家元共同体赖以存在的全部基础之后，还能够把人们整合在一个共同体之中。

在族阈共同体的建构过程中，我们是可以获得这样一种启示的：当人类发现和确立起了法的精神后，就可以根据法的精神来建构族阈共同体，如果人类能够发现和确立起伦理精神的话，如果人类能够实现伦理精神对法的精神的替代的话，如果人类能够切实地把伦理精神转化为基本的生活原则的话，如果人类能够把伦理精神贯穿到组织模式的设计之中的话，那么，就可以实现对一种高于族阈共同体形态的新型共同体的自觉建构。

我们认为，在当下的历史发展和社会运行中，存在着呼唤合作共同体的客观要求，并正在汇聚成一种客观必然性。如果顺应这一要求，按照这种客观必然性所指示的方向而作出自觉努力的话，我们就将建构起一种合作共同体。那样的话，我们就会看到，人类历史将呈现出这样一幅图景：在农业社会，人类的社会生活共同体形式是家元共同体；在工业化的进程中，特别是经历了 18 世纪的思想启蒙运动，人类开始用族阈共同体替代了家元共同体；而现在，人类正处于后工业化的进程中，建构起合作共同体并实现对族阈共同体的替代，将是合乎人类历史发展和社会进步客观要求的举措。人类正处在大变革的时代，这种变革绝不止于在族阈共同体框架下对行动方案进行修修补补，也不会满足于任何一项局部性的调整，而是需要承担起共同体重建的历史使命，那就是用合作共同体去替代族阈共同体。

二、 从"自然秩序"到"创制秩序"

在政治学的视野中，"家"以及家元共同体的衰落是在反封建的过程中表现出来的自然过程。正如马克思与恩格斯在《共产党宣言》中所说，"资产阶级在它已经取得了统治的地方把一切封建的、宗法的和田园诗般的关系都破坏了。它无情地斩断了把人们束缚于天然尊长的形形色色的封建羁绊，它使人和人之间除了赤裸裸的利害关系，除了冷酷无情的'现金交易'，就再也没有任何别的联系了。它把宗教虔诚、骑士热忱、小市民伤感这些情感的神圣发作，淹没在利己主义打算的冰水之中。它把人的尊严变成了交换价值，用一种没有良心的贸易自由代替了无数特许的和自力挣得的自由。总而言之，它用公开的、无耻的、直接的、露骨的剥削代替了由宗教幻想和政治幻想掩盖着的剥削。"[1] 这样一来，近代社会在利己的动力中得到了迅速发展，自利追求激发出了人的无限潜力，让人的行动充满了无限的创造力，在人的物质需要的实现方式、科学技术和财富的积累等方面，取得了每日都让人瞠目的成就。当然，人与人的关系的异化形态也与日俱增，在一定程度上，正是人与人之间的异化关系迫使人去努力消除异化，这又反过来成为社会整合的动力。近代以来，族阈共同体的自我完善，也就是一场消除异化的无终止的斗争。

市民社会是近代民族国家的起点，也是理解族阈共同体的钥匙。考

---

① 《马克思恩格斯选集》，第 1 卷，北京：人民出版社 1995 年版，第 274~275 页。

察市民社会这个概念，学者们往往追溯到亚里士多德。应当说，在古希腊的雅典，由于市场经济的发展，出现了产生市民社会的条件，然而，市场经济仅仅存在于城邦共同体的内部，而不是一个普遍的社会化的现象。只是到了 14 世纪，在欧洲工业化、城市化的进程启动的时候，市民社会才进入一个稳定的发展期。但是，市民社会理论是在 17 世纪提出的，或者说，只是到了这个时候，人们才突然发现了市民社会。在反对专制王权的斗争中，人们观察到了一种可以作为反对王权的重要力量开始出现，或者说，认识到了市民社会天然地与王权对立的特点。所以，这时的一些契约论思想家开始有意识地在市民社会概念的基础上去抒发关于政治活动的见解。

系统化的市民社会理论是由黑格尔确立起来的。正是黑格尔，把市民社会与国家区分开来，作出"市民社会是处在家庭和国家之间的差别的阶段"的判断，[①] 指出市民社会是不同于政治国家的一种存在形态。正如萨拜因所评价的，"在政治思想史、社会思想史上，黑格尔第一次把国家与市民社会作出明确区分，正是这一区分，黑格尔给了近代社会政治理论以一个全新的转折。"[②] 进一步地说，也正是黑格尔准确地揭示了近代社会不同于以往的特征。在工业化之前，是没有市民社会的，市民社会是在工业化、城市化的过程中生成的，只是在市民社会成长到一定程度的时候，才产生了建立民族国家的需要，形成了民族国家意识。也正是有了民族国家意识，才会在第二次世界大战后出现一场自觉建构民族国家的运动。

应当指出，市民社会首先是作为族阈共同体的内容而存在的，其次才被纳入政治国家的理解框架中去。市民社会决定政治国家却不是政治国家的构成部分，政治国家统治和治理市民社会却不存在于市民社会之中，政治国家总是高高凌驾于市民社会之上。这就是马克思用"经济基础"和"上层建筑"一词所形象描述的情况。也就是说，市民社会仅仅是作为政治国家这一上层建筑的经济基础而存在的。所以，在社会构成

---

① ［德］黑格尔：《法哲学原理》，范扬、张企泰译，北京：商务印书馆 1979 年版，第 197 页。
② ［美］乔治·霍兰·萨拜因：《政治学说史》，下册，刘山译，北京：商务印书馆 1986 年版，第 718 页。

的意义上，政治国家与市民社会的分立是明显的。但是，人们为什么又无法把政治国家与市民社会区分开呢？那是因为，现实中的政治国家与市民社会的关系是包含在另一个人们没有意识到的框架之中的，那就是，政治国家和市民社会同时是族阈共同体的内容，或者说，族阈共同体包含着工业社会的公共领域、私人领域和日常生活领域的全部实体性存在形态。这样一来，我们就清楚地看到，在家元共同体中，没有市民社会，因而，也就没有政治国家。但是，市民社会又是生成于家元共同体的框架之下的，也正是市民社会的生成，对家元共同体造成了致命的冲击。当市民社会中产生了创建政治国家的要求和冲动的时候，家元共同体的解体也就进入了最后阶段。

人类历史上的每一个阶段都有着自己特定的秩序。当我们在农业社会发现家元共同体时，也同时看到了一种"自然法学派"所津津乐道的"自发秩序"。自发秩序具有自然的特征，或者说，是在社会的自然基础上所形成的一种秩序。就其性质而言，是一种自然秩序；而就其动态特征来看，又可以称作自发秩序。历史上的任何一个地区的家元共同体都拥有这种自发（自然）秩序，然而，当家元共同体为族阈共同体所取代时，相应地，产生了一种创制秩序。总的说来，人类已有的秩序可以归纳为两种：一种是自发秩序；另一种是创制秩序。自发秩序主要存在于人类社会的早期，家元共同体所拥有的主要是一种自发秩序。诸如中国老子思想中的"顺其自然"理念，所表达的就是自发秩序的理想境界。到了近代社会，自发秩序不断地被创制秩序所取代。就此而言，族阈共同体与家元共同体的不同在于，族阈共同体所拥有的主要是创制秩序，自发秩序也在一定程度上存在并发挥作用。但是，在族阈共同体中，自发秩序的功能是极其微弱的，更多的是在作为族阈共同体构成部分的日常生活领域中发挥作用。

在家元共同体的地域性的熟人社会中，所存在着的主要是一种自发秩序。当然，家元共同体中也存在着创制化的权力体系，而且这个权力体系也会深入到熟人社会中来，甚至是普遍存在于熟人社会之中的。但是，即使在创制化的权力发挥秩序功能的时候，也往往会表现出谋求熟人社会中秩序整合力量支持的状况，会表现出对熟人社会中的习俗和习惯的尊重。所以说，家元共同体是一种由自发秩序发挥社会整合和维系共同体作用的共同体形态。当然，也不能否认创制秩序的存在，但它在家元共同体中所发挥的仅仅是一种补充性的作用。在工业社会，创制秩序是基本的秩序样态。随着创制秩序的确立，自发秩序受到了致命的冲击，或者说，自发秩序表现出了与创制秩序的不一致和冲突的情况。在公共领域中，法治对普遍性的谋求总是视习俗、习惯等因素为消极性的历史遗迹，极欲加以消灭之。在族阈共同体的成熟形态中，自发秩序已经得到消解，如果说还有一些遗迹的话，也必然是以"潜规则"的形式发挥秩序功能的。

由于工业社会分化成了公共领域、私人领域和日常生活领域，而且，在工业社会的法制中也包含着自由的原则，这又决定了自发秩序能够被保留在日常生活领域，并在一定程度上发挥着调节日常生活的功能。即便如此，它在任何时候也都不被允许与成文的法律和规则相冲突。一旦发生冲突，就必须以向法律和规则妥协为终局。可见，族阈共同体中的自发秩序处于一种尴尬的境地。尽管这种自发秩序是顽固的，一有机会就会向私人领域以及公共领域渗透，但创制秩序会时时对它抱持警惕的态度，会通过法律规范去削弱和破坏自发秩序的作用。这是因为，工业社会的运行状况显示出，在私人领域中，自发秩序会破坏交换关系的健全；在公共领域中，则会对形式合理性规则和工具理性原则造成破坏性的冲击，进而造成腐败。就现实来看，在农业文明尚存的后发展国家中，自发秩序所造成的这两个方面的影响都是极大的，尤以中国为甚。中国当前所存在着的腐败问题，在一定程度上，其主体都是因自发秩序的压力不得已而为之。也就是说，许多官员并不想做出腐败的行为选择，但自发秩序所予他的压力使他不能去做一个不懂人情世故的人，因而，做出了腐败的行为选择。

对于一个社会来说，最为理想的秩序应当是创制秩序与自发秩序的相互补充和相互支持。而族阈共同体中的秩序模式却是根本无法做到这一点的。从工业社会早期市民社会的成长看，是要求政府以"有限政府"的形式出现的，有着要求尊重市民社会自发秩序的愿望。但是，市场经济自身却内在地包含着破坏市民社会自发秩序的因素，以至于政府最终无法作为市民社会自发秩序的守望者而存在，从而把创制秩序加于市民社会。特别是在"行政国家"出现后，造成了市民社会的解体和自发秩序的彻底终结。在20世纪后期，非政府的社会自治力量迅速成长了起来，这种被我们称作"新市民社会"的因素已经不再像早期的市民社会那样有着产生自发秩序的要求了，而是在创制秩序已经成为历史事实的条件下接受了这一事实，甚至扮演了创制秩序新型建构者的角色。所以，我们看到，虽然非政府的社会自治力量能够在社会治理过程中发挥自治功能，但它所拥有的秩序却需要由政府提供，这些非政府的社会自治力量即使在秩序建构上有了创新举动，也需要通过一定的途径交由政府去加以确认，使之成为创制秩序。当然，根据网络治理理论，这些非政府的社会自治力量也会在渐进的创制过程中发挥作用，而从当前的情况看，只要政府还存在，只要政府还没有转变为服务型政府，非政府的社会自治力量在秩序的创制中所作出的贡献也就需要得到政府确认。创制本身就是一种建构性活动，它需要根据某一原则而进行。近代以来的不同学科以及不同理论对创制的原则有着不同的表述，但在哲学上，创制的原则是被归结为对"统一性"追求的。

在人类历史上，工业社会是这样一个历史阶段，人们总是倾向于用创制秩序去完全取代自发秩序，用反映了人的主动性的"移风易俗"去挑战甚至消灭自发秩序。所以，工业社会这个历史阶段在本质上是与自发秩序不相容的。族阈共同体在很大程度上是一个矛盾的统一体，各种各样的斗争和冲突使这个共同体变成一种形式化的存在。在走向后工业社会的过程中，是包含着自发秩序再度出现的可能性的。20世纪后期出现的"新市民社会"如果能够实现自我超越的话，其结果就应当是自发秩序重归人类社会的前景。可以确定无疑的是，这种自发秩序绝不是向家元共同体自发秩序的回归，虽然会表现出一种自然而然的状况，却是一种理性的秩序，是超越了工具理性和形式合理性的秩序，或者说，是一种具有实践理性属性的秩序。

从理论上看，关于道德制度的构想包含追寻自发秩序的努力。就道德制度是创制出来的而言，它直接提供的是一种道德化的创制秩序。但是，这种道德化的创制秩序不像工业社会的法制秩序那样，是与自发秩序相冲突、相排斥的，而是与自发秩序兼容的。甚至，所创制的道德秩序也能够直接地促进自发秩序的生成，能够以自发秩序的形式出现。基于道德的秩序会更少地依赖成文的规则，会表现为人的内在秩序的追求，因而，具有自发秩序的特征。在道德秩序的生成过程中，我们所看到的，将是族阈共同体向合作共同体转变的历史趋势，它终结了单纯由创制秩序发挥作用的族阈共同体，代之以创制秩序与自发秩序共同发挥作用的合作共同体。

三、 共同体的"统一性"追求

从哲学的角度看，一切共同体都有着统一性的追求。家元共同体有着明显的地域性特征，当家元共同体以"天下"这样一个空间概念来标示时，也可以理解成具有地理特征的"江山"。但是，在既定的地域中，家元共同体倾向于把一切外来的异质因素都加以同化。所以，家元共同体是有着统一性追求的，是直接通过实践去消除异质存在和达成统一性的。

中国哲学中的"天人合一"和古希腊哲学中的"人是万物的尺度"都表达了统一性追求，但是，两者在实质上是有区别的。"天人合一"所表明的是这样一种思想：首先承认天人之间的不同，有了这种不同，才应超越之，实现天人相通共融的境界。即使是实现了"天人合一"，这个"一"也是作为一个共通的境界而存在的，是"天"与"人"的实质性的一致性。这是因为，"天""人"之间不需要也不可能实现形式上的统一。与之不同，"人是万物的尺度"这一哲学设定却必然导向对形式统一性的追求，因为有了一个统一的和共同的"尺度"，在用这个尺度去衡量其他存在物的时候，就会要求一切存在物都必须满足这个尺度的规定，或者趋近于这个尺度。事实上，让复杂多样的世界满足于一个尺度，在实质上是不可能的，退而求其次的话，就只能是在形式统一性上抒发哲学玄思。所以，在西方就形成以统一性思维为特征的哲学传统。当然，在统一性追求方面，中国的思想与西方的哲学又有着异曲同工的效果，都要求把世界纳入同一个框架之中。可能正是由于这个原因，在中西方的历史上都普遍存在着开疆拓土的行为，表明家元共同体要把地域边界加以扩大，要把域外的异质性因素吸纳到家元共同体中来，加以消化。如果能力不济的话，也就会采用地域收缩的方式而保持家元共同体中最核心的部分得以延续，而把那些同质性程度不强的地方或东西让与征服者，让它去消化。如果它消化不了，我再抢夺回来也不为迟。这就是统一性追求与家元共同体同质性熔铸之间的不同。

统一性的概念包含二重内容：其一是同质性；其二是同一性。同质性所指的是实质性方面的统一性，而同一性所要求实现的则是形式方面的统一性。总的说来，统一性是一个抽象概念，与它相对应的是具体性的多样化世界。在农业社会，世界还是比较简单的，所以，家元共同体的统一性追求能够在同质性方面取得成效。到了工业社会，世界变得复杂了起来，任何统一性追求都不可能在同质性方面取得进展，因而，统一性概念也受到了阉割，从而与同一性的概念相等同了。同一性追求反映在社会建构过程中就是要求按照同一标准、同一规则去规制具体的多样性世界，让多样性的世界包含和体现同一性。在治理体系的建构中，用同一标准、同一规则去规制社会的时候，就陷入了与差异作斗争的历程之中。

就现实而言，所有的差异归结到一点，就是中心与边缘的差异，同一性可以消除一些差异，而对于中心与边缘这样一个根本性的差异则是无法消除的。因而，必须在容纳中心与边缘之差异的前提下把中心与边缘的一切存在都纳入同一个模式中来。结果，所能实现的就仅仅是形式上的同一性了，至于实质上的差异则是无法触及的，甚至会在获得形式同一性的时候得到增强。比如，一个国家的最高首脑与一个普通市民都应遵守同一部法律，至于他们之间有什么不同，那就是首脑处于治理体系的中心，而普通市民处在治理体系的边缘。也就是说，工业社会的治理体系在结构上是一个"中心—边缘"结构。

在社会治理的意义上，卡蓝默认为："从人类统一性原则出发去寻求统一可以得出解决方法的同一性，而从此一寻求变成寻求普遍完成职责，在治理层面上则意味着尊重多样性。"① 对于卡蓝默的这一判断，可以作

① ［法］皮埃尔·卡蓝默：《破碎的民主——试论治理的革命》，高凌瀚译，北京：生活·读书·新知三联书店2005年版，第114页。

出这样的理解：原则的统一性与治理行为的多样性构成一对辩证关系，它不仅可以使治理过程显得更加真实和富有实效，而且也从根本上扭转以往治理活动中"上有政策，下有对策"的现象，使共同处理治理问题时的那种假意合作、同床异梦现象失去发生的根据。然而，就现实而言，这种情况从来也没有真正出现过，更不用说能够达到一个理想的境界了。其实，在族阈共同体中，统一性追求本身在异化为同一性之后就是一种哲学谵妄，它在实践中必然成为资本主义国家实现内部统治和外部霸权的意识形态。作为一种支持霸权和从属于霸权的意识形态，无论它被何等地夸大和渲染，在现实中都必然遇到抵制和反抗。

在哲学认识论的意义上，雅斯贝斯说："理性追求统一，但它并不是单纯地为统一而追求随便哪种统一，而是追求一切真理全在其中的那个统一。"[①] 如果把这一认识论逻辑付诸社会建构的话，就会发现，即使在社会建构中实现了这种统一，也没有使这种统一摆脱抽象性和普遍性的形式，归根到底，它还是具体的、多样性的社会生活背后的统一性。在用这种统一性去驾驭实在的多样性的时候，只是在实在的复杂性较低的情况下才显示出优势。一旦实在的复杂性达到了某一临界状态，其背后的统一性就无法被充分地把握，更不可能转化成认识成果上的统一性了。这样一来，建立在统一性基础上的人的行为也就会呈现出无所归依的状况。结果，人们也许就不得不放弃认识论路径上的统一性追求了。

我们已经指出，共同体生活历来都是把谋求统一性作为社会整合目标的，古代社会的征服异族，目的是在特定的地域中获得统一性，而宗教的传播，则是以另一种方式去获得统一性，所以说，宗教无非是另一种形式的征服。近代社会，当资本征服一切的时候，实际上打破了统一性的一切地域边界，从而在社会生活的各个层面上展示了"资本精神"的统一性力量。管理主义的社会治理模式及其组织结构无非是把"资本精神"的统一性译解为固定的形式。综观人类历史，在谋求统一性的历程中走向了对形式统一性（同一性）不断强化，人类每前进一步，都意

---

① ［德］卡尔·雅斯贝斯：《生存哲学》，王玖兴译，上海：上海译文出版社 1994 年版，第 52 页。

味着形式统一性的愈益增强。到了工业社会的后期，形式统一性在法律、组织结构等一系列外在于人的规范作用下达到了无以复加的地步。与此同时，人类社会在实质上则处于分崩离析的状态。只不过这种分崩离析被深深地隐藏在了形式统一性的背后，因而不被人们所觉察。即便如此，人与人之间的陌生化，甚至个体心灵的裂变等等，也时时都会显露出来。

　　当然，近代社会的另一个特征是社会的分化，表现为公共领域、私人领域以及日常生活领域的分化，利益集团的分化，人群的分化，等等。可以说，在社会生活的各个方面，都表现出了迅速分化的特征。这就是近代社会的矛盾，一方面是迅速的社会分化；另一方面却是形式统一性的强化。两者却能够并行不悖。如果从现象上看，这是令人困惑的，而在实际上，社会分化与统一性的增强是两个层面的问题。呈现出分化特征的是主题意义上的历史趋势，而呈现出统一性增强的则是形式方面的特征。主题意义上的分化在很大程度上包含着实质性内容的分裂，恰恰是需要在未来社会发展中加以矫正的方面，而形式方面的统一性本身并不是人类社会发展的歧路，而只是一个需要与实质统一性协同共进的问题。所以，在谋求统一性的问题上，从工业社会向后工业社会的转型，也将意味着一场根本性的变革，对形式统一性的片面追求将让位于实质统一性的重建。其中，人们之间信任关系的确立，又是重建实质统一性的起点。

　　总之，工业社会的一切理论和制度设计方案都倾向于寻求普遍同一性的支持，在组织模式的建构中，也倾向于用同一组织模式去适应形式化、普遍化的管理原则。这种祛除复杂性的工业文明在社会实践中的典型表现就是发生于 20 世纪后期的一场所谓"新公共管理运动"，它试图抹煞公共领域与私人领域的边界，试图把私人领域的行为原则引入公共领域，试图把人在私人领域中所表现出来的人性特征也用于公共领域的体系建构。其实，当人类的形式化生活模式、行为模式和目标追求在工业社会的发展顶点上开始枯萎的时候，实质性的生活内容正在日益浮现出来，使与人相关的一切方面都展现出复杂性程度迅速增强的局面。就此而言，"新公共管理运动"的一些做法是与这一现实发展趋势逆向而行的。

社会生活模式、行为模式以及目标追求的复杂化，要求一切关于社会研究的理论和制度设计方案都应根据具体领域的特殊性来加以认识和建构，需要根据从历史走向未来的路径去重建社会生活模式、行为模式。这样做，所应拥有的就是社会科学研究的共同体视角，即要求通过共同体性质的改变去完善共同体。从家元共同体对世界统一性的朦胧知觉和自然而然的异质因素同化能力中，我们看到，它尚未实现形式统一性与实质统一性在哲学意义上的分化。然而，到了工业社会，哲学的理性自觉为族阈共同体提供了形式统一性的思维框架，族阈共同体在自身完善的每一个步骤中都是在这一思维框架中开展行动的。所以，族阈共同体的全部发展历程都可以归结为对形式统一性的追求。族阈共同体作为一个"虚假共同体"之所以能够成立，就在于它能够实现形式统一性。说它是"虚假共同体"，正是指它仅仅具有形式统一性而不具有实质统一性。对族阈共同体的扬弃，也就是对统一性追求的全面抛弃。

四、 全球化中的共同体再造

在韦伯那里，我们清楚地看到，他对资本主义精神的揭示绝不限于"新教伦理"，而是更深刻、更准确也更富于激情地表述了资本主义世界征服的要求。而且，他把这种要求说成是"人性中伟大和高贵的素质"。韦伯说："当我们超越我们自己这一代的墓地而思考时，激动我们的问题并不是未来的人类如何'丰衣足食'，而是他们将成为什么样的人，正是这个问题才是政治经济学全部工作的基石。我们所渴求的并不是培养丰衣足食之人，而是要培养那些我们认为足以构成我们人性中伟大和高贵的素质。"[①] "我们能传给子孙后代的并不是和平及人间乐园，而是为保存和提高我们民族的族类素质的永恒斗争。""我们的子孙后代冀望我们在历史面前能够担起的责任，并不在于我们留给他们什么样的经济组织，

---

① ［德］马克斯·韦伯：《民族国家与经济政策》，甘阳编选，北京：生活·读书·新知三联书店1997年版，第90～91页。

而在于我们为他们在世界上征服了多大的自由空间供他们驰骋。"① 读了韦伯的这些论述,我们就不难理解为什么德国必然会出现法西斯了。其实,在很大程度上,法西斯主义无非是资本主义精神贯穿于整个社会的必然结果和夸大了的实现,法西斯主义行为就是资本主义精神的极端表现。如果考虑到工业文明的政治表现形式是资本主义的话,那么正是工业文明造就了法西斯这个政治怪胎。只要人类还未实现对工业文明的超越,法西斯主义就会以各种各样的形式出现,并破坏着世界和平。可以说,正是由于这种霸权心态,世界才失去了和平的希望,美国才会打着维护和平的旗帜而把航空母舰开到黄海来演习,才会在自己极力扩充核武库的时候不准其他国家和平利用核能。

法西斯主义的哲学根源是与统一性追求关联在一起的。因为,当工业社会的统一性追求被运用到全球秩序的获得方面,往往表现为对统一价值观念的追求,以为有了统一的价值观就会避免国际冲突。西方国家的"和平演变"策略以及通过武力征服推广民主价值观的行动,都是追求统一性的价值观念的典型表现。事实上,统一价值观念并不是真正避免国际冲突的切实可行的路径,只要一个国家把国内的竞争行为模式运用到国际社会中去,就会发现,利益上的追逐是当今世界最为根本的冲突之源。所以,价值观念以及文化上的统一性并不必然导致冲突的消解,而利益上的冲突也不是可以通过国内利益实现的法治化而得到解决的。确如韦伯所说:"全球经济共同体的扩展只不过是各民族之间相互斗争的另一种形式,这种形式并没有使各民族为捍卫自己的文化而斗争变得更容易,而恰恰使得这种斗争变得更困难,因为这种全球经济共同体在本民族内部唤起当前物质利益与民族未来的冲突,并使既得利益者与本民族的敌人联手而反对民族的未来。"② 这就是族阈共同体统一性追求的自我否定力量,随着全球化浪潮向纵深处侵入,这种否定族阈共同体的力量会变得更加强大。

---

① ［德］马克斯·韦伯:《民族国家与经济政策》,甘阳编选,北京:生活·读书·新知三联书店1997年版,第92~93页。
② ［德］马克斯·韦伯:《民族国家与经济政策》,甘阳编选,北京:生活·读书·新知三联书店1997年版,第92页。

马克思指出:"人对人的剥削一消灭,民族对民族的剥削就会随之消灭。民族内部的阶级对立一消失,民族之间的敌对关系就会随之消失。"[1] "当我们把目光从资产阶级文明的故乡转向殖民地的时候,资产阶级文明的极端伪善和它的野蛮本性就赤裸裸地呈现在我们面前,它在故乡还装出一副体面的样子,而在殖民地它就丝毫不加掩饰了。"[2] 虽然二战以后殖民地基本上不存在了,但是,"资本的无国界"和"利润的有家园"则把贫困、落后、环境污染等不断地转嫁到了被掠夺的国家和地区,从而造成了更大的全球性的不公正。恰恰是族阈共同体的"中心—边缘"结构,代表了不公正、不合理的旧秩序,无论是在一国内部还是在国际上,都意味着自由主义原则下的不自由,也意味着公正原则下的不公正,更意味着合理性原则下的不合理。当人类社会进入了后工业化进程,首先需要改变的就是这一旧秩序。

在今天,从表现上看,全球化扩大了族阈共同体的范围。如果说民族国家使地域性的、领域性的、族群性的、民族的和以组织形式出现的族阈共同体扩大为民族国家的话,那么全球化则使民族国家为载体的族阈共同体成为全球共同体的单元。在这种放大了的族阈共同体中,民族差异,文化以及价值上的不同,会直接地产生碰撞。阿马蒂亚·森深刻地指出:"在当代世界,极其重要的是,承认在不同文化内部的多样性。对于'西方文明''亚洲价值观''非洲文化'等等做出过度简化的概括,喋喋不休地加以宣扬,常常削弱破坏了我们对实际存在的多样性的理解。对历史和文明的许多这样的解读,不仅在知识方面是浅薄的,而且增强了我们所生活的世界的分裂。"[3] 然而,对于一些霸权主义国家来说,不愿意了解其他国家和民族的感情,更不愿意去理解其他文化中的积极内容,无理的傲慢导致了误解和冲突。因此,当代世界的动荡不是根源于弱势国家和民族的对抗性行为选择,而是根源于霸权主义者的傲慢和无知。

---

① 《马克思恩格斯选集》,第1卷,北京:人民出版社1995年版,第291页。
② 《马克思恩格斯选集》,第1卷,北京:人民出版社1995年版,第772页。
③ [印度]阿马亚蒂·森:《以自由看待发展》,任赜、于真译,北京:中国人民大学出版社2002年版,第247页。

　　我们已经指出，族阈共同体的形式统一性追求是无法弥合"中心—边缘"结构的差异的，更不能解决当今世界"中心—边缘"结构所带来的问题。从"中心—边缘"结构来看，所谓恐怖主义，无非是边缘性存在对中心性存在的抗拒，是弱者面对强者的侵略、压迫而做出的非常规反抗。恐怖主义的行为是应当受到指责的，但当人们追问是什么原因导致了这类恐怖主义时，可能更应受到批评的是在工业化过程中生成的"中心—边缘"结构。在直接的意义上，是那些恃强凌弱的自以为是文明的代表并试图把自己的意志强加于人的那些国家和人为恐怖主义的发生提供了准备。所以，恐怖主义的另一极是霸权主义，正是霸权主义造就了恐怖主义，要消除恐怖主义，只有首先消除霸权主义。通过强化霸权主义去消除恐怖主义的做法，只会进一步地把世界导向不安宁的地步。

　　现在，我们正处在一个新的历史转型期，这是一次从工业社会向后工业社会的转型。在后工业化进程中，如果全球化是朝着打破这种世界"中心—边缘"结构的方向发展的话，那么全球共同体的内涵就不再是必须被纳入统一性框架中去的强制性秩序，不应是族阈共同体模式在全球范围内的复制。全球共同体应当是一个互惠合作的共同体，由经济斗争而引发的捍卫民族文化的斗争也不应再出现。民族间在文化上会存在着差异，但这种差异不是民族间开展斗争的理由，反而是一个民族用来展示自己特色并唤起骄傲感的演出活动，不同的民族之间相互欣赏彼此的文化，也因自己的文化特殊性受到欣赏而骄傲。近些年来，这种在全球化的进程中把族阈共同体加以放大的做法，造成了对全球化的误解，推动着全球化朝着错误的方向前进，甚至导致了逆全球化的历史倒退。在我们看来，全球化是与后工业化密切联系在一起的，如果说工业化实现了族阈共同体对家元共同体的替代的话，那么后工业化必将是一个共同体的再造过程，将是合作共同体对族阈共同体的替代过程。

第二节　共同体的民主生活

一、 民主的生成过程

在人类宣布自己进入了理性的时代之后，却从来也没有停止制造"神话"的运动。在族阈共同体的框架下，民主就是一个神话，人们对它的憧憬、渴望和颂扬使它成了一个神话，并妨碍了对它的理性思考和科学认识。

由于民主是个神话，因而让人很难看清它的过去和未来。人们以为，族阈共同体的民主生活是天经地义的，如果存在着不民主的问题，似乎就是违背"天理"的。在这种情况下，如果我们想要窥视民主的真容，显然就需要剥除罩在民主之上的神秘外衣，就应还民主以历史原貌。实际上，民主是有历史的，它是在工业化的过程中生成的一种共同体生活方式，正是在族阈共同体替代家元共同体的过程中，使民主这一共同体生活方式得以形成。在今天，人们之所以把民主这一共同体的生活方式当作自然而然的事情，人们之所以对一切不民主的做法都显示出极大的不满，那是因为，我们已经把族阈共同体作为具有现实意义的生活框架加以接受了，是因为我们的思维方式和思想内容都被族阈共同体所格式化了。然而，在人类进入全球化和后工业化的进程时，族阈共同体的历史性也凸显了出来，一种合作共同体将会取代族阈共同体而成为人类社会生活的基本形式和基本框架。因而，民主也必然会面临着挑战。但是，民主作为近代工业社会的一项伟大发明，并不会因合作共同体的生成而被抛弃。反而，它会经历一次蜕变而重获新生，会转化成人类关于民主的一切美好理想得以实现的实质民主。

近代以来关于民主的神话是以科学的面目出现的，也就是说，是通过理论的形式进行了科学证明的。我们看到，为了对民主政治提供合法性和合理性证明，学者们往往是到人类社会很久远的历史中去寻找民主之根据。如果说到原始共产主义的生活形态中去寻找民主生活的依据很难得到人们的广泛认同的话，那么到古希腊的雅典共同生活中去发现民主政治的原型则得到了人们的普遍接受。在常见的政治学教科书中，谈到民主的问题，几乎众口一词地说古代希腊的雅典城邦中所实行的是民主制。实际情况并不是这样的。民主政治其实产生于家元共同体解体的过程中，是与族阈共同体一道产生的。

我们发现，近代以来的思想家以及学者们在思考民主的问题时更多地是出于建构民主话语之需要，在民主政治生成的问题上，一些模糊的解释也是从属于建构的目的，在对民主政治做出历史解释的问题上，往往并不准备去做出严格的科学研究。或者说，并不准备以科学的态度去认真地探讨民主是在什么样的条件下发生的。由于缺乏科学的态度，由于满足于到古希腊那里发现民主政治生活的原型，以至于妨碍了对民主内涵的深层次挖掘，失去了把民主与现代社会的历史特征相联系而去发现民主政治建构方案的可能性。在一定程度上，这恰恰是走上了民主建构的歧路。显而易见的事实是，民主政治的建构应当深植于现代社会的坚实土壤之中，不分历史条件地谈论民主，可能是在民主的问题上造成持久争议的原因所在。在农业社会和工业社会这两个历史阶段中，在家元共同体与族阈共同体这两种完全不同的共同体类型中，社会的结构、政治意识形态、人们的生活方式和行为模式、人的群体构成形态等等，都存在着根本性的不同，如果不分历史条件地谈论民主，就会产生很多徒劳无益的争论。最为重要的是，在实践中，集权主义甚至极权主义者也可以在民主理论的歧义中去发现支持自己的论证，更不用说那些满足于形式民主的庸俗民主观了。

从近代思想的源头看，18世纪的启蒙思想家所注重的是民主的神圣性，他们所努力追求和希望承担的是以民主取代非民主的治理模式这样一个使命。对于这批人来说，任何关于民主的穷根究底式的追问都将有损于民主的神圣性。所以，他们假定了"自然状态"这样一个无从追究的理论前提，以杜绝任何关于民主的历史根源的追问。对于启蒙运动之后的学者来说，民主的神圣性已经是不容置疑的了。因此，即使有人意识到了民主的历史性，也往往只能欲言又止。而且，在睿智的思想家和学者那里，当他们意识到关于民主之根源的追问会对民主的神圣性造成冲击的时候，也必然会在理论探讨走到某个地方的时候适时地止步。这就是为什么对于近代以来的社会建构特别是政治建构如此重要的一个核心问题，也是在定义的时候总显得语焉不详的原因所在。因为，人们不愿意对民主的问题加以深究，不愿意指出民主仅仅是在现代化过程中造就的一种共同体生活方式。在人们的思维定式之中，一切神圣的都是普遍的。既然民主已经有了神圣的光环，就应当让人相信它是适用于人类社会的每一个历史时期的。之所以在人类历史上存在着不民主的社会，那是"恶"的集权战胜了民主。这样一来，人们实际上是带着宗教情怀来谈论民主的，因而也就不可能在民主的问题上形成科学的结论，更不可能为民主的建构规划出更为理想的方案了。

尽管民主被神圣化了，但在与民主问题相关的理论中还是包含着认知或论证逻辑。我们看到，自契约论兴起以来，学者们基本上都是从个体出发去理解各种各样的社会现象，对于政治生活的解释也是从个体的人的角度出发的。因而，学者们往往把民主制度归结为个体间的社会契约，往往把民主过程归结为个体的人的行动。即便考察对象是集体，也总是从个体的人这个原点出发的。其实，"还原论"不应是唯一的科学逻辑，社会也是不能够完全被归结为个体的人的。社会不是一个个孤立的个体的人的简单汇集，民主制度并不是个体间的社会契约。相反，社会本身就是一个共同体，或者说，社会是通过共同体这种形式而把个体的人联结为一个整体。个体之所以具有启蒙思想家所描述的缔结社会契约的举动，并不能从心理学的角度来加以理解，反而恰恰是需要从共同体的角度来加以认识的。正是因为在家元共同体的解体过程中宣布了神权和君主主权的不合理性，才会要求用人民主权去取代它，也正是在人民主权被落实到制度安排和政治行动方案中的时候，才发现了民主。

所以，民主政治成长的进程是与族阈共同体的生成同步的，只有族阈共同体才包含着民主政治的空间，也只有在族阈共同体之中，人们才会提出民主的要求，才会努力寻找把人民主权的理念转化为行动方案的途径。民主就是由族阈共同体发现和创设的一种代表了工业文明的共同体生活方式。

农业社会的家元共同体基本上是基于自然因素而建立起来的，血缘、地域等自然因素是联结共同体成员的天然纽带，他们的所有生活内容都是由这些自然因素所决定的。也许人们会用某些远离血缘的社会关系来证明农业社会也能够纳入近代思想家们的利益解释视角，其实，整个农业社会无处不见"家元"的痕迹，几乎所有的社会关系都可以比附于血缘关系。比如，在中国农业社会的官场上，我们可以看到官职的高低往往被比附为"师生"，而师生关系又恰恰是血缘关系的社会延伸。在家元共同体的自然成长过程中，人们之间的关系也在适应共同体的需要中发展出诸如联姻、结义、拜师等活动，甚至对异姓奴仆或佃户也通过"赐姓""入族谱"等方式而将他们纳入家元之中，以增强或巩固家元共同体和消除人们间的异质性。

农业社会的家元共同体具有自然的同质性。正是这种合于自然同质性的要求，决定了在社会的每一个层级以及每一个单元都应有一个"主事"的家长。结果，家元共同体就被结构化为等级社会。一方面，集权造就了等级；另一方面，等级又为集权提供了充分支持。这就是为什么我们看历史的时候总是发现任何一个地区的农业社会都给我们呈现出了集权的特征，即使是在民主理念已经普世化的今天，那些依然停留在农业社会历史阶段的地区，也同样是用集权的方式来治理社会，否则，就会陷入严重的失序状态。"二战"后的民族解放运动已经证明，在那些没有启动从家元共同体向族阈共同体转化进程的国家和地区，尽管西方殖民者在撤离的时候给他们做出了很好的民主制度安排，但很快就被他们抛弃了。同样，今天的美国也为伊拉克、阿富汗做了相同的安排，但在美国撤兵后不长时间，当地的人们就将之抛弃。也许人们会以为，在非洲以及西亚等地区，建立起酋长共和制度可能是一项较好的选择。但是，如果做出这种选择的话，那也仅仅是暂时的。当然，如果这些国家实现了社会改造运动，即自觉地去把家元共同体改造为族阈共同体的话，情况就会完全不同。这也更加证明，民主仅仅是属于族阈共同体的。如果没有建构起族阈共同体的话，也就不可能真正确立起民主的共同体生活方式。

家元共同体必然以集权社会的形式出现，在这里，不可能出现内生的民主政治要求，任何想把民主政治加予家元共同体的做法，都只能为它带来灾难。民主政治仅仅是族阈共同体的产物，只有当一个社会呈现出族阈共同体生成的特征时，才有可能着手于民主政治建构。也就是说，任何关于民主政治建构的努力，如果不在社会改造方面做工作的话，都是不可能取得成功的。只有在从家元共同体到族阈共同体的共同体重建运动中才能找到民主政治得以建立的基础，才能使民主成为具有现实性的共同体生活方式。

家元共同体既是同质性的又是等级化的。然而，虽然一个家庭中存在着父子的区别，但谁也不把对方当作"外人"。同样，一个家庭外部的人即使是与你平等的，你也不会把他当作家庭成员。也就是说，人们之间的同质性并不因等级关系而有所减损。家元共同体的同质性是人们相互认同以及人们认同共同体的前提，而家元共同体的等级化又是集权治理结构得以生成的基础。而且，在很多情况下，家元共同体的同质性与这个共同体的等级化是相互支持的。只要等级关系处在一种良序状态，就会在治理过程中凝聚起共同力量，创造繁荣盛世。家元共同体的同质性往往会使我们所认为的那些被剥削者和被压迫者站在剥削者和压迫者的同一立场上，在共同体面对自然风险以及外族入侵等危难时，压迫者和被压迫者、剥削者与被剥削者往往能够达到一种令今天的人们惊叹的团结状态。那些拥有一定程度的文化自觉的家元共同体，其同质性会得到充分的增强，而且这种同质性也能够使共同体拥有超强的合力，并创造出灿烂的文明成就。比如，中国长达数千年的家元共同体存续史之所以直到今天还会引发无数人的怀念之情，那是因为中国历史上建立起的与这个共同体相适应的文化观念体系直到今天依然深深地影响着人们。

总的说来，家元共同体与民主是不相容的，在一定程度上，可以说一切同质性群体都是与民主的治理不相容的，都无法生成民主的制度。即使在现代家族企业中，如果它还没有按照族阈共同体的原则去进行企业治理结构改革的话，也会在管理上表现出严重的不民主之状况。这是因为，任何一个同质性群体都会以其同质性而封闭人们的自主意识，而在一个共同体缺乏自主的人的情况下，又怎么会产生民主呢？民主首先是人的自主，至少，也是在人的自主意识之中生成了民主的理念或理想。也就是说，只有当人提出了自己主宰自己的生活和命运之要求时，只有当人不愿意把自己托付于"家长"时，只有当人认识到自我与他人的差别时，只有当人意识到自我与他人的利益矛盾和冲突时，才会冀望于民主的治理，才会把任何形式的"君主"和"他主"弃置一旁。在这之中存在着一个逻辑：当一个人的自主要求传染给了每一个人时，就会把自主的要求汇聚成民主的呼喊，就会造就出民主的政治模式，就会建立起民主的治理，就会自觉地进行民主制度建设，就会使民主成为共同体的基本生活方式。

　　费孝通在《乡土中国　生育制度》中曾经提到，要理解中国士大夫的处世心态，盛行于士大夫家庭中的"奶妈制"是一个重要的切入点。[①] 因为，奶妈的存在切断了未来的士大夫与其正式家庭成员间个体性的亲密联系，从而保证或者说迫使他在成年后献身于整个共同体。其实，情况并不像费孝通先生所说的那样，在家元共同体中是不可能有什么个体的。虽然每个人都是自然意义上的个体，而在社会的意义上，却不是个体。"奶妈"只是稀释了血缘上的母子关系，而且也只是一种存在于家元共同体中的特定阶层的现象，它对于家元共同体的同质性并没有破坏作用。不过，对于处于统治阶层的等级来说，对于维系家元共同体来说，让其成员在成长中拥有"天下"意识则是必要的。所以，"先天下之忧而忧，后天下之乐而乐"并不能只看作是一种个人的抱负，而是一种特定的社会规范，体现出的是家元共同体存在和发展的必然要求，其效果是让人忘却自己作为自然个体的属性，让人充分地融入共同体之中。这些规范在与包括"奶妈制"在内的种种社会制度的共同作用下，使士大夫成为没有自我的人，让他们完全从属于"天下"，服务于"江山"。至于士大夫表现出的"魏晋之风"，也只是对某种治理方式的不满，反映出的是一种不同的"天下"观念，绝不应理解成对独立人格的追求，更不是一种对个体的人的自觉。

　　其实，中国古人心中的"天下"也就是古希腊人心目中的城邦，中国人的"天下"抱负与希腊人的城邦理想都反映出一种对共同体的献身精神。就这种献身精神而言，既是家元共同体中不存在公私对立的表现，也是家元共同体中缺乏民主政治土壤的标志。在人们喜形于色地谈论作

---

① 费孝通：《乡土中国　生育制度》，北京：北京大学出版社1998年版，第174页。

为民主典范的希腊城邦的时候，可能没有想到的是，他所谈论的这个地方恰恰是没有民主的。我们已经指出，出于民主神圣性证明的要求而把民主溯源于希腊城邦，这表面看来，赋予了民主以神圣化的色彩，实际上恰恰是对民主的亵渎。到不民主的地方去发现民主，不仅不是一种科学的态度，而且是对民主之感召力的削弱。

只有族阈共同体才是民主政治赖以产生和发展的空间。族阈共同体恰恰是通过民主制度及其治理行动去保障共同体成员的基本权利的，它不会也根本没有资格要求它的成员为了共同体而献身。即使在族阈共同体倡导其成员承担一些对于共同体的存在和发展具有积极意义的义务时，也是要求权利与义务的对等性，从不非分地提出与权利不相对等的义务要求。如果以此为标准的话，我们可以说，任何一个共同体，如果总是去要求它的成员奉献自己的话，也就只能说明这个共同体是不民主的。对于族阈共同体来说，不仅不会要求其成员去为了共同体的存在与发展而献身，而且族阈共同体会限制那些由于宗教以及文化等原因而自愿为共同体献身的活动，甚至会通过各种各样的方式去杜绝这类无谓的献身行为。比如，族阈共同体有着族阈间的交往，如果这种交往是以国家间交往的形式出现的话，一些奉献于族阈共同体利益的行为可能会表现为狭隘的民族主义，可能会对国家间的交往构成破坏性的影响。因而，这些行为往往会受到限制。

简单地说，家元共同体就是指以家为单元的共同体，整个共同体无非是家的扩大和延伸。首先是以血缘为纽带的家，其次是以地缘为基础的更大的家。在一级又一级地造就出了"家长"，在层层扩大的家元共同体中，就形成了由某一个王朝统治下的家元共同体。家元共同体中的成员是因为血缘、地缘等自然同质性的因素而联为一体的，能够生成牢固的群体认同，即形成"我之族类"与"非我族类"之区别。这样一来，家元共同体就会表现出很强的排外性和封闭性，从而使共同体间的交往仅仅停留在一种偶然性的行为层面。也就是说，总是无法转化为制度性的交往。缺乏交往的共同体之间如果发生碰撞的话，是很容易引发战争的。所以，我们在农业社会总是看到共同体间的战争发生得非常频繁，从诸侯纷争到门阀士族的兼并和倾轧以及异族征服，都是家元共同体战争的典型表现。在共同体间发生战争的时候，每一个共同体又总是能够在集权的基础上动员起整个共同体同仇敌忾。由此可见，运用三个基本概念就可以对家元共同体作出轮廓性的描述，那就是"同质性""封闭性"和"排外性"。这三个概念所代表的方面决定了家元共同体是不支持民主政治的。

这是因为，同质性决定了家元共同体中不存在个体意识，不会提出个人的权利要求，因而也就没有需要通过民主制度以及民主的治理活动去保障个人权利的问题了；封闭性决定了共同体的存在与发展不会受到异质因素的冲击，其内部事务较为简单，发展前景是确定的，只要交由少数集权者去"主事"即可，而且由少数集权者统治也是最为经济的途径；排外性决定了家元共同体内部的认同得到巩固，在不受外部因素干扰的情况下能够维持"亲亲尊尊"的关系，从而使集权变得更加稳固。然而，到了农业社会后期，商品（市场）经济的发展催生了人们的利益意识和个体意识，"家元"开始逐渐缩小为"个体单元"。个体意识的觉醒使人们认识到自我与他人的区别，利益意识则把自我推向了与他人开展竞争的活动中去，从而在家元共同体的内部出现了破坏家元共同体的力量，使家元共同体逐渐地走向瓦解。

在此过程中，族阈共同体开始成长起来。考察这一过程，可以发现，个体利益意识的觉醒以及市场经济在四个维度上促进了族阈共同体的生成：第一，个体利益不能在个人这里单独地加以实现，必须在与他人的交往活动中才能得以实现，这样一来，就需要有一个保障人们的交往活动得以正常开展的平台，这个平台需要承认人的个体利益要求的合理性，需要承认个体的人之间的差异，以防止个体因与他人的同质化而无谓地将个体奉献于他人；第二，个体间的交往如果是可持续的，就不允许个体依附于他人的现象成为一个普遍的社会问题，必须让个体保持独立性，而这种独立性在引申的意义上就是人的自由和平等，只有当人是自由和平等的，才有资格去与他人开展竞争，从而在个体的利益实现过程中同时增益于社会整体利益；第三，个体由于自然的和社会的差异而必然在竞争中产生出优势和劣势，也必然会出现一些不正当竞争的行为，而且可能导致利益实现的不均衡，为了制止和防止这些问题的出现，就需要有仲裁机构通过仲裁行为去保障竞争的有序开展；第四，由于人是自由的和平等的，因而每一个人都有意见表达和利益诉求的权利，而社会也必须做出相应的制度和机制安排，为人们的意见表达和利益诉求提供保障。

结果，归结到了一点，那就是民主政治的产生，并在民主政治的成长中使民主成为共同体的基本生活方式。所以说，民主政治是产生于家元共同体解体的过程中的。是因为个体意识的觉醒而提出了按照民主的途径去开展社会治理的要求，从而使民主成为族阈共同体存在和发展过程中的一种润滑机制，让族阈共同体成员都按照民主的原则去思考问题和开展活动。

人的个体意识也被黑格尔称作自我意识。在这种自我意识之中，包含着要求他人承认的冲动，进而，这种冲动引发了自我持存的斗争。从历史演进的过程看，在近代社会的起点上，自我持存的斗争消除了群体认同，也导致了家元共同体的解体。另一方面，当个体通过斗争来争取他人的承认时，也就不得不给予他人相应的承认。要求承认和给予承认的普遍化，就是需要谋求制度的保障，即以制度化的方式来保障人们之间的相互承认。制度是普遍的，或者说，制度适用于具有普遍性的问题的解决。当要求承认和给予承认的问题成为一种普遍性的要求时，必然会谋求制度的方式来提供保障。反过来，制度的确立也使这种相互承认普遍化了，从而使相互承认有了基础性的依据和标准。

作为相互承认之保障的制度就是民主制度，而对民主制度的日常维护，又表现为民主政治行动。这样一来，我们看到了"民主"与人的"自主"之间是有着清晰的逻辑关系的。首先，是自主的人在争取和捍卫自己的自主性的时候才会开展自我持存的斗争，并通过这种斗争方式去争取他人承认自己的自主地位。反过来，既然自主有赖于他人的承认，这种自主就不可能是一种绝对的自主，而必然是与他人的自主共在于一种共同的形式之中的。这种既是共同的又是自主的共在形态就是民主。泰勒认为，"民主开创了平等承认的政治"[①]，其实，泰勒的话应当反过

---

① ［加］查尔斯·泰勒：《承认的政治》，董之林、陈燕谷译，载汪晖、陈燕谷编：《文化与公共性》，北京：生活·读书·新知三联书店 2005 年版，第 292 页。

来说才更为准确，那就是"平等承认的政治造就了民主"。

二、 差异、共识与民主

虽然家元共同体是同质性社会，但是，由于人在自然的意义上毕竟是作为一个个的个体而存在的，所以，在家元共同体中也会包含着"群"与"不群"的心理和行为倾向。这是因为，人作为自然的个体所拥有的自然需要和自然冲动都会天然地形成对另一个个体的排斥。比如，就这一个馅饼，被我吃了下去也就没有你吃的了。对于这一问题，在农业社会的启蒙运动中，古圣先贤们给予了充分的注意，而且这个时期的思想家们也正是为了消除"不群"的心理和行为倾向而进行著述的，其目的就是要维护家元共同体的存在而不至于让"不群"冲动所破坏。我们今天看到的农业社会早期作品及其道德箴言，基本上都属于劝诫人们的"不群"行为和教化人们的"合群"意识的。总之，是要防止人们的差异意识的产生和消除人们因为差异意识而引发的破坏家元共同体的行动。"孔融让梨"的故事之所以会千古传颂，其目的就是要鼓励维护家元共同体的行为。在家元共同体之中，即便人们处于不同的等级，即便存在着剥削者与被剥削者、压迫者与被压迫者的区别，只要人们把这种区别归结为某种"命运"的命定，差异意识也就不再存在了。

正是由于农业社会早期的思想具有这些特征，在近代革命的过程中，人们是把这些思想归入"精神鸦片"的范畴中去的。虽然鲁迅从"仁义"二字中读出了"吃人"，那也确是家元共同体的事实，但"仁义"二字维护了家元共同体的稳定长达数千年也是一个事实。如果你要破坏家元共同体的话，当然可以在"仁义"中解读出"吃人"的内涵，而你要维护家元共同体的话，就必须正面地去解读它。其实，农业社会的整个意识形态都是与家元共同体的同质性相一致的，这个时期的思想家们正是出于维护家元共同体的同质性之需要而去阐述他们的思想的，所反映出来的是一种家元共同体存在与发展的客观要求。也就是说，并不是他们在主观上有着刻意制造"精神鸦片"的冲动，而是家元共同体的存续提出了这样的要求。

人是群体性动物，无论是家元共同体还是族阈共同体，就它们作为共同体而言，都无非是人的群体性存在形式而已，所包含着的是人的共生关系。在以共同体形式出现的群体中，人们之间的差异与共性都是客观存在的。但是，家元共同体抹杀了人的差异和突出了人的共性，或者说，家元共同体仅仅把人的差异限制在自然的意义上，在社会的意义上则突出了人的共性，而且把人的共性变成了同质性。族阈共同体不同，它使人的自然差异与社会差异一致起来，甚至不断地扩大人的社会差异。但是，族阈共同体又在人的差异中去发现共性，并根据人的共性而做出制度安排以及治理行为选择。当然，在家元共同体中的等级差别是属于自然差异还是社会差异的问题上，可能会存在着不同的意见。但是，就家元共同体把这种等级差别看作自然而然的事情而言，可以说，它是一种社会中的自然，所具有的是一种自然属性，而不是人的安排以及人的行为的结果。

家元共同体中的等级差别造成了人的身份殊异，而身份又成了人们的社会生活的前提和基础。虽然人们依据身份去开展社会活动，做着各安其分的活动，但家元共同体天然的群体认同又使人们把等级差别看作一种自然而然的现象。在统治秩序得到确立的条件下，人们并不把等级差别作为必须加以消除的对象，即使改朝换代了，重建起来的依然是等级关系。也就是说，在家元共同体中，人们接受等级差别却感受不到自我与他人的差异，人们不因等级差别而对共同体的认同有丝毫削减。相反，人们总是用"同族""同种"的意识去掩盖人们之间的差异。在工业化进程中，正是在族阈共同体生成的条件下，马克思主义经典作家才能够提出"全世界无产者联合起来"的口号。在农业社会，即在家元共同体的条件下，这一点显然是不可设想的，根本不会出现异族的同一等级的人们开展联合的问题。"非我族类，其心必异"是谁也不会怀疑的箴言。所以，即便同一等级的受难"兄弟"，由于属于不同的家元共同体，在发生战争的时候，他们不仅不会联合，反而会各自为了统治和压迫他们的那个等级而相互厮杀。其原因就在于他们都只认同自己所属的共同体，他们都把其他共同体中的"兄弟"当作了敌人。

族阈共同体把差异与共性都呈现了出来，而且在差异与共性的基础上去谋求共识。即用共识去整合差异和共性，使差异和共性得以统一了起来。我们知道，共性是不同于共识的，人们间的共性可以是理性的，也可以是感性的。家元共同体中的共性就是感性的共性，从这种共性中生出了共同体成员彼此间的深厚认同，但他们却不一定拥有什么共识，甚至他们不会产生谋求共识的愿望。事实上，家元共同体是排斥共识的。作为共同体的化身，治理者的决定天然地包含着共同体全体成员的认同，根本无须通过共识去为它提供合法性。如果治理者采取了寻求共识帮助的行为，那只能说明共同体中出现了认同危机的问题，构成共同体认同危机的差异已经无法使治理者的决定得到共同体成员的普遍认同了。当然，在史实中，我们也可以看到一些谋求共识的活动，特别是在那些重大的、关系到共同体存亡的问题上，有着谋求共识的活动。但是，所获得的往往并不是真实的共识，而只是认同的一种异化形态，是一种通过动员而获得的所谓"共识"。在实际上，依然是在治理者把其意志强加于共同体成员的过程中所获得的虚假共识。所以，它不是理性意义上的共识，而只是感性意义上的认同。

　　认同必然排斥理性的认识与反思，共识却恰恰是理性认识与反思的结果。在家元共同体中，认同之所以从根本上排斥了理性的认识与反思，是因为认同主体间存在着感性的共性。一旦主体间不存在这种感性的共性的时候，他们就只能在承认彼此差异的基础上经过理性地认识与反思来谋求共识了。在本体的意义上，工业化就是一个感性共性不断淡化和理性共性不断显性化的过程。理性共性是包含在差异之中的，是在人们承认差异的前提下而实现的理性认识。因而，这种共性在反映到了认识之中也就是共识。如果从哲学上来区分共性与共识的话，可以说共识是一种主观形态，而差异与共性都是客观性的。事实上，就人的客观存在而言，差异的客观性是不容怀疑的，而共性则不同。这是因为，人的共性必然是抽象的，只有理性才能够对人的共性作出抽象的把握。所以，人的共性也就只能被理解为一种主观形态的存在物，是因为有了认识论哲学，才有了共性的概念和观念。不过，思辨哲学必然会要求在共性与共识之间作出区分，因而把共识表述为差异与共性的统一会显得更准确一些。然而，对于政治哲学来说，这种区分就显得较为繁琐了，甚至会被认为是不必要的。

对于民主政治而言，差异与共识是必不可少的前提。这是因为，只有差异以及对差异的认识才会让人把自我与他人区分开来，才会生成自主的愿望并开展对自主的追求。之所以在家元共同体中只能出现集权君主而不能出现民主，那是因为，对共同体的认同掩盖和消弭了差异。也就是说，家元共同体成员在认同共同体的过程中失去了自我，他们从不怀疑对共同体的认同，他们共同拥戴整个共同体共有的主，从来也不会要求自主。正如婚姻之事要奉行"父母之命，媒妁之言"一样，共同体的一切事务也都交由集权君主去决定，相信君主可以把他的一切事情都安排得恰到好处。

自主与"他主"必然是对立的，人们一旦追求自主，就必然会否定"他主"，进而，否定"他主"的社会运动也就会从打倒那个最大的主——君主开始。一旦君主不存在了，君主降序中的所有的主就都必须为自主让路。可是，每个人都自主了应当是什么样子呢？从逻辑上看，是包含着两种前景的：其一，每个人都自主等于没有主，或者说每个人都成了与他人无涉的自己的主，因而也就没有与他人间的关系，那个一开始赋予他自主意识并激励着他追求自主的差异也就不存在了；其二，每个人的自主都是在与他人交往的过程中的自主，表现为自主做决定的行为自由和独立于共同体的自主要求。前一种否定共同体的自主肯定是没有意义的，虽然也有一些思想家曾经表达过这种主张，而在现实生活中，是不可能按照这种主张去做的，所以，社会的发展是通过族阈共同体对家元共同体的替代而对自主作出定义的。这就是，人们生活在共同体之中，每个人都对共同体提出自主的要求，进而，这种来自每一个人的要求通过共同体的整合后形成了民主。可见，民主的奥秘就在于对自主的追求，而自主的要求则是根源于差异的，是由于有了差异意识，才有了自主要求。

虽然民主发轫于人们的自主要求，但民主之所以能够作为一种稳定的制度和治理方式而存在，或者说，民主之所以能够成为族阈共同体的基本生活范型，那是因为有了共识。也就是说，民主是建立在共识的基础上的，表现为共识的形成和依据共识去开展社会治理活动。如果说家元共同体成员是同质性存在的话，那么族阈共同体成员则是一种异质性存在，他在自我意识觉醒的同时抛弃了他原先在家元共同体中的同质性。自我意识首先就是意识到自我与他人的不同，意识到他们既是共存的又是有差异的，每一个自我都是殊异的个体。总之，他们之间是有差异的，但他们又必须共存于一个共同体之中，并无可回避地开展交往。

为了使他们的共在与交往成为可能，就必须在承认彼此差异的基础上谋求共识，并围绕某些根本性的共识而建立起支持和规范他们的共在与交往的制度和规则。这就是民主。首先，共识的形成应当通过民主的途径，任何把自己的认识和见解强加于人的做法，都是对共识的威胁和破坏，甚至根本就不可能形成共识；其次，依据共识去建构制度和规则体系时也必须通过民主的方式，或者说，建构制度和规则体系的过程就是形成共识的过程，就是展现民主的活动；再次，通过民主的途径而建构起来的制度，是为了保障一切民主的途径畅通和民主的行动不被任何可能出现的集权所破坏，所以，它是一个民主的制度；最后，在民主制度的框架下提供共同体所必需的秩序，安排共同体的生活内容，组织各种各样的维系共同体所需要的生产和创造活动，尽可能地促进共同体的发展。所有这些，名之曰民主治理。这就是族阈共同体内部的基本构图，它意味着民主是建立在族阈共同体成员以及一切构成要素间的差异的前提下的，而民主本身就是共识，是在各种各样的差异的基础上形成的共识。

总之，民主无非是在差异中寻求共识的活动及其过程，民主自身其实就是共识。这种共识只有在族阈共同体中才是必要的，在同质性的家元共同体中，是不需要这种共识的。所以，民主是作为族阈共同体的标志而呈现在了人类历史上，如果我们不是在族阈共同体的意义上来认识民主和理解民主的话，就会造成理论上的混乱，就会置民主的实践于莫衷一是的境地。从现实来看，的确存在着这个问题。其原因就在于，人们没有认识到民主与族阈共同体之间的这种特殊性的关系，而是试图到人类历史上的那个家元共同体中去发现民主的原型。对这样一个重要的理论问题，如果不加以澄清的话，不仅在作为共识的民主问题上形成不了共识，而且会不断地从中产生各种各样的误解和曲解，甚至会妨碍人们对未来社会的科学预见，会妨碍我们去积极地探寻完善共同体民主生活方式的努力。

当我们认识到民主的实质其实就是共识后，再来重新审察现实的民主政治时，就会发现，近代以来的民主追求在 20 世纪实际上发生了变异，最为清晰的表现就是共识被消融到了"公共舆论"之中。公共舆论是可操纵的，而且它总是受到集权者、利益集团、金融寡头的控制，虽然它常常被人们误读为共识，其实只是一种强制性共识，它在实质上是百分百的权力意志。由此可见，近代以来人们对民主的追寻到了 20 世纪却走进了公共舆论的陷阱。正是人们对共识的信仰，造就了公共舆论的怪胎。随着公共舆论的出现，共识受到了猥亵，因被猥亵而蒙羞，进而化为飞灰。所以，族阈共同体的民主之路也走到了尽头。尽管人们因为对民主的留恋而采取各种各样的改进措施，用各种各样的行动去修缮族阈共同体，然而，雨果在《巴黎圣母院》中所写下的那个结局，也许正是族阈共同体的命运。

三、 民主正面临着挑战

一切共识都是具体的，一时一地总会有属于此时此地的共识，彼时彼地又会因另一件事情而产生另一种共识。这就决定了人们对民主总会有着各种各样的理解，萨达姆与小布什都会表达对民主的无比赞同，而且，萨达姆成为总统是得到了伊拉克 90% 以上选民的选票，小布什得到美国选民的选票显然要大为逊色。萨达姆之所以会用选票证明自己作为伊拉克总统的合法性，说明在他内心深处有着对民主的信仰。相比之下，小布什在竞选的过程中开展了各种各样的活动去争取选票，但那是被迫的。当小布什被迫去拉选票时，他会不会因为在拉选票的过程中遇到一些困难而厌恨民主，特别是在他需要通过最后一个州的重新计票来决定他与戈尔谁能当选的那一刻，他的心里是否会产生哪怕是一闪而过的对民主的憎恶呢？如果这种心理分析能够成立的话，我们可以说萨达姆有着对民主的信仰，而小布什则憎恶民主。然而，由于小布什比萨达姆拥有更大的公共舆论控制能力，所以他通过公共舆论而让全世界都相信萨达姆是民主道路上的一个魔鬼，是必须加以消灭的。结果，真正反民主的人在推行民主的名义下把一个信仰民主的人送上了绞刑架。

我们这一推论可能显得非常荒谬，让人无法接受。但是，我们的推论却是根源于民主的逻辑而做出的。也就是说，民主作为共识是存在着一个无法解决的二律背反的。每一个人都有他自己的民主观，一个集权者可能会标榜民主，而且在内心之中有着对民主的敬畏和热爱；一个憎恶民主的人可能会因为在民主制度下而不得不接受民主，而且他可以在民主的名义下去做许多反民主的事情。当人被强制民主的时候，不用说民主不再是共识，而且作为其源头的"自主"也完全不存在了。

民主源于差异而系于共识，没有对差异的自觉，也就没有民主意识的生成。同样，如果在差异中不能形成共识，也就没有民主可言，更不可能出现民主的治理。从逻辑上看，民主作为共识是以差异为前提的，没有差异也就无所谓共识。同样，从历史上看，差异也是先于民主的，是因为家元共同体的解体而使人们的同质性消解了，是在族阈共同体的生成过程中让人们的自我意识萌生了，从而让人们意识到了他们间的差异，让他们出于共生、共在和相互交往的需要而在差异中谋求共识，从而产生了民主以及民主的治理。所以，差异之于民主，既是一个逻辑前提，也是一个历史前提。一切同质性的社会都倾向于产生集权，而一切承认差异的社会都倾向于追寻民主。

我们把差异描述为自我意识生成的结果，这是就差异的精神实质而言的。其实，差异不仅是一种精神现象，不只是人们感受到了和认识到了差异并在差异的前提下产生了形成共识的诉求，而且，就近代以来的历史看，社会本身就走在一个不可逆的持续分化的道路上。社会的分化在一切方面都造成了差异，持续的分化则造成了差异的扩大化。近代以来的人文学科之所以总是从个人出发去理解社会，近代以来的哲学之所以把一切都还原为原子化的个体，其原因就在于，近代以来的社会分化造成了共同体的个体化，使科学观察可以把共同体还原为个体的人。落实到社会设置和制度安排上，正如我们上述已经指出的，当一个社会开始分化并呈现出差异普遍化的时候，这个社会也就进入了民主化的进程。

在一切尚未开始展现出社会分化的地区或国家，在一切依然能够有效地维持着同质性群体的地区和国家，都不可能走上民主化的道路，即使由于某种外在的安排而建立起了民主制度和设置了民主治理的机构，也会在实际的治理过程中发生变异，甚至这些国家和地区会毫不怜惜地将其抛弃。我们已经说到，在"二战"后的殖民地解放运动中，许多新兴国家由西方帮助建立起了民主制度及其治理方式，但这些国家往往都会因"军政府"的上台而将民主制度及其治理方式抛弃。这也充分地证明了同质社会对民主的拒绝。所以，只有一个社会由于分化而产生了非同质性的个体的人，只有当人们之间的差异已经达到了一定程度并被深切地感受到，这个社会才有可能走上民主化的道路。

族阈共同体拥有一种追求共识的内在冲动，或者说，它拥有一种强烈的"同一性"追求，总是试图对差异化的事物进行同一化的处理，以便于在其中形成一种共识。当黑格尔哲学大谈同一性的问题时，可以说是揭示了族阈共同体的一个最为重要的特征，而且对于后世包括官僚制组织在内的所有治理要素的安排及其行为目标的确立来说，也都可以归结为同一性追求。所以，同一性无非是共识的哲学表述。不过，族阈共同体对共识的追求在很大程度上属于"为了共识而共识"，是把共识的发现和共识的形成作为社会治理活动的基本目标来看待的，至于社会的发展和人们生活的改善，都是次要的。如果它们不危及共识目标的达成，就可以不加考虑。只是当它们对共识的形成造成了严重影响的时候，才会为了共识而对社会发展和人们生活的改善等问题给予关注。比如，在总统选举中，"减税"就是最能获得选民共识的行动，至于减税对其社会将带来什么样的影响，那就只有等到当选后再说了。从民主选举来看，周期性的"大选"也就是周期性的发现谋求共识议题的过程，谁的议题最能凝聚共识，谁就在"大选"中获得了更大的胜算。

当共识本身成了目的时，差异的实际分布状况就变得无足轻重了。因为，即使在这些差异中形成共识的成本很高甚至根本无法形成共识，族阈共同体也总是有办法轻易地制造出一种"共识"。这样做当然会牺牲某些难以通约的差异，但是，由于族阈共同体拥有"公共舆论"这一法宝，它完全可以让人们意识不到这种牺牲，并接受和认同公共舆论强加给他们的"共识"。虽然民主根源于差异和以差异为前提，但当民主演变成一种共识崇拜的时候，也就走向了否定差异的另一极。由于差异越多就意味着越难形成共识，为了确保共识的生成与存在，族阈共同体也就发明了一系列过滤差异的机制。通过这些机制，要么把许多差异转化成共识，要么把差异作为共识的干扰因素而加以排斥。这其实就是马尔库塞所说的那种"单向度的社会"和"单面人"得以产生的原因。马尔库塞看到了我们所在的社会成了"单向度的社会"，但他不知道造成这种结果的原因。可是，当我们把民主还原为共识的时候，"单向度的社会"发生的原因也就变得非常清晰了。

族阈共同体是以法律来表示共识的。哈贝马斯看到，"在多元主义社会里，宪法表达的是一种形式上的共识"[①]。其实，不独宪法，在族阈共同体这个所谓"多元主义社会"中，所有法律表达的都是一种形式上的共识。法律的形成总是以对大量实质性差异的排斥为代价的。而且，法律体系越是完善，对差异的排斥也就越充分。社会的发展有着自身的逻辑，尽管近代以来人们的共识追求总是通过制度、组织以及治理活动去对差异作出排除，但差异的增长却呈现出与日俱增的状况，社会分化的客观进程从未止歇其脚步，而且到了 20 世纪后期，社会差异的增长呈现出了井喷之势。差异的迅速增长和扩大，使族阈共同体的法律体系越来越难以自洽，因而不得不通过制定新的法律而谋求分领域、分部门的共识，努力把分散在具体领域和部门中的差异加以归拢而纳入用法律来标示的共识之中。所以，随着差异的不断增长，族阈共同体也逐渐地把自己建造成了一个庞大的"法律帝国"。可是，我们发现，法律体系的膨胀并没有使共识程度得到提高。由于每一部法律都只能容纳有限的差异，法律结构的精细化不仅没有增进共识，反而制造出了另一种差异，那就是，不同的法律或法律部门间越来越难以形成共识，甚至经常出现法律间的冲突。不仅不同的法律之间，甚至一部法律自身也会出现矛盾。这样一来，被哈贝马斯视为法律共识之共识的"宪法共识"也就越来越流于形式了。就此而言，我们不能不敬佩美国立宪者们的远见，他们之所以把宪法搞

---

① ［德］卡尔·哈贝马斯：《在事实与规范之间：关于法律和民主法治国的商谈理论》，童世骏译，北京：生活·读书·新知三联书店 2003 年版，第 660 页。

得那样简短模糊，显然是对差异无限扩大的趋势有着深刻洞见的。

应当看到，近代以来追求同一性以及用共识掩盖差异和抹杀差异的问题也一直受到了那些有见地的学者们的批评，从20世纪70年代开始，要求承认差异的呼声变得越来越响亮。就如弗雷泽所说："承认差异的诉求现在推动了世界上的许多社会冲突，从争取民族主权和准民族自治的运动，转向了关于多元文化主义的斗争和新兴的国际人权运动，这种运动试图促进对共同人性的普遍尊重和对文化独特性的尊重。"① 就现实来看，作为对族阈共同体"同一性"追求的反叛，这场运动在普遍性与独特性之间实际上偏向了后者，并将所有的普遍主义诉求都作为意识形态和霸权话语而加以拒斥了。所以，它就造成了这样的后果："今天的世界，无数的族群——部落的、种族的、语言的、宗教的、民族的——正在进行一场激烈的抢人行动，规模之大堪称是全球性的。因为大家都认为，这种把人串联起来的大动作，可以改善、确保或扩大每个族群的力量或地盘，并使自己的族群更能免于其他力量的威胁或敌意。"②

也就是说，"承认差异"的合理诉求蜕变成了彼此孤立的敌对行动，从而使民主走向了另一个极端。如果说此前的作为共识的民主排斥了差异，那么，要求承认差异的运动则让共识的形成变得越来越困难，甚至出现了难于形成共识的局面。在一定程度上，已经把整个民主政治带入了困境。学者们在分析20世纪后期以来的社会时，总是使用"碎片化"一词，这实际上就是对这个社会以及民主政治实际运行之困难的深切感受。

在讨论共识时，我们谈到了"公共舆论"与"法律"这两个概念，从族阈共同体的实际运行看，它是通过公共舆论来形成共识的，一旦从公共舆论中获得某项共识，就会通过民主程序将其转化为法律，即成为法律共识，进而成为族阈共同体的治理依据。可见，公共舆论与法律其实是共识在民主过程不同阶段上的两种存在形态。这个过程是一个过滤

---

① ［美］南茜·弗雷泽：《重新思考承认：克服文化政治中的替代和具体化》，载［美］凯文·奥尔森：《伤害＋侮辱：争论中的再分配、承认和代表权》，高静宇译，上海：上海人民出版社2009年版，第129页。

② ［美］哈罗德·伊罗生：《群氓之族：群体认同与政治变迁》，邓伯宸译，桂林：广西师范大学出版社2008年版，第16页。

与筛除差异的过程。公共舆论通过自由的或者被引导的甚至受操纵的讨论来对差异进行抵消，中和并从中产生一些可以通约的因素。这样一来，总会有那么一些不可通约的差异被排除在了共识之外，从而被排除在了依据共识进行民主治理的视野之外。

从族阈共同体的实际运行情况看，尽管那些差异是不合于共识的，却又不能对其视而不见。所以，族阈共同体仍然需要对它们予以某种形式的满足。就现实而言，这种满足主要是以再分配的形式出现的，是对他们遭受民主过程之冷落的一种补偿。由于存在着这些补偿，也证明了族阈共同体认识到了民主共识的局限性，并且通过对那些被排除在共识之外的差异作出补偿的办法而对共识作出一些修正。不过，这种通过补偿而修正共识的做法却进一步排斥了差异，是一种排斥差异的行动。因为，通过这种补偿，往往把那些差异也或多或少地包容到了民主共识中来了。这就是民主政治发展的逻辑，根据这一逻辑所做出的制度安排走上了建构福利国家的方向，在被哈贝马斯称作"晚期资本主义"的形态中，几乎普遍地呈现出某种程度的福利国家特征。

然而，民主政治的逻辑也包含着自我否定的内容。差异越多，在形成共识的过程中受到排斥的差异也就越多，族阈共同体需要作出的补偿也就越多。随着差异与受到排斥的差异的共同累积，被排斥的差异可能会比那些因形成共识而消除了的差异更多。到了这个时候，作为共识的民主可能就会宣告破产，作为民主之必然结果的福利国家也将失去了存在的合理性。可以认为，福利国家是族阈共同体试图在高度差异化的环境中努力维系共识的结果。虽然福利国家的存在本身就说明了绝对共识的不可能性，但它却通过对差异的补偿而使所有差异都能在福利国家的共识中找到自己的位置。然而，当福利国家这样做的时候，它就破坏了原有的共识，因而又不得不作出新的补偿，并陷入差异与共识不可兼得的恶性循环之中。所以，只要族阈共同体坚持由自己提供共识，就会导致福利国家的无限膨胀，直至走到胀无可胀的境地而宣告破产。反过来，福利国家的破产也将宣告族阈共同体维持共识的努力陷入毁灭性的失败。从西方国家的情况来看，20世纪后期以来，由于福利国家无法满足民众的差异化需求，越来越多的人选择退出福利国家，由此进一步降低了福利国家的供给能力，使得福利国家这种共识对人们越来越没有吸引力，使得普通人越来越难以通过福利国家建立起彼此间有价值的共同联系。

在福利国家破产之前，大量的差异受到共识压抑的同时因为能够得到一定程度的补偿还不至于对民主政治造成毁灭性的打击，如果有那么一天，福利国家宣告破产，原来受到共识压抑的那些差异就会全部释放出来，而且，由于无法再得到任何共识的补偿了，也就变成了一种异在于族阈共同体的"绝对差异"。此时，族阈共同体再也无法在差异中去谋求共识了，从而无可避免地走向解体，并宣告一种新型的共同体开始登上人类历史的舞台。这种新型的共同体将是一种合作共同体。

对此，已经有许多学者意识到了，就弗雷泽所提出的问题而言，她显然是已经作出过慎重的思考：它们"赫然突显的不仅有来自偏爱的威胁，而且还有不可通约的幽灵。带有本质性的异类诉求，真的能够在一种单一的平衡中得到公平地权衡吗"[①]？弗雷泽肯定是不相信在差异与共识之间能够得到"公平地权衡"的，不相信在"不可通约的幽灵"之间能够形成共识。所以，她对民主政治的前景无法作出乐观的描述。可以肯定，在对民主的失望之中，必然会生发出新的制度和新型社会治理模式的愿景，随着社会变革的客观条件日渐成熟，合作共同体必将在族阈共同体的废墟上破土而出，差异与共识间的矛盾必将因此而获得一个综合性的解决方案。

家元共同体是同质性共同体，其中虽然存在着因等级分化而造成的差异，但这种差异是没有被意识到的差异，或者说是不可能被意识到的差异。正如王阳明所看到的，在没有被人发现的时候，"山中花自开自落"，是没有社会意义的。所以，这种差异也就不会成为激发自主要求的动力。族阈共同体在社会分化的过程中凸显了人们间的差异，而且这些差异得到了认识，并极大地激发出人的自主性要求。不过，在社会的差异化程度相对较低的情况下，是能够在差异中整合出共识的，民主政治的出现正是有赖于这种整合。而且，从近代以来民主政治的发展看，我

---

① [美] 南茜·弗雷泽：《正义的尺度——全球化世界中政治空间的再认识》，欧阳英译，上海：上海人民出版社 2009 年版，第 3 页。

们是可以作出一种量的比较的，那就是处在共识之内的差异大于处在共识之外的差异。所以，民主得以成立，而且在民主政治的强势作用下，对民主政治的追求，对民主制度的渴望，对民主治理的向往，都成了不容怀疑的共识。

20世纪后期以来，随着社会进入了一个高度差异化的阶段，当族阈共同体的共识小于那些对它而言无法通约的差异的时候，民主作为共识也就开始显现出这样一种迹象：成了人们背负的包袱。我们越来越清楚地看到，民主正在以自身的共识而阻碍共识的形成，民主通过排斥差异的方式而促成差异的扩大化。如果说在后发展国家中人们还对民主抱着无比美好的憧憬的话，那么在那些发达的民主国家，人们虽然表面上不敢直面民主这个共识的霸权，而在内心深处，对民主的爱恨交加是不难理解的。比如，美国总统奥巴马肯定会因其改革抱负实施之困难而对民主深恶痛绝，他也许最能感受到要通过民主的方式而在改革的问题上形成共识之艰难，他虽然可以因自己的当选而倚重于选民的共识，却在作为民主制度的共识面前进退维谷。但是，在民主霸权之下，他又绝不敢对民主说出一个"不"字。虽然他是总统和三军总司令，假若美国向北非或伊斯兰世界用兵的话，他却是无法阻挠的，他慑于共识而被迫接受共识，只是由于民主的霸权而消灭了自己的独立判断，失去了自主的行为。这就是共识的自反，是共识与差异间的矛盾走向激化的标志。可以断言，由于近代以来的传统，共识的自负将会变得更加顽固，而差异的扩大化将与日俱增，其结果就是，让社会为之付出惨痛的代价。

其实，民主并不是（在未来一个很长时期内都不是）一个完全失去了价值的共识。20世纪后期以来的民主困境其实只是近代以来的人们追求"形式共识"的结果。也就是说，近代以来，人们对共识的追求陷入或停留在对"形式统一性"的追求中，人们满足于在形式上达成共识，总是用同一性、共识去排斥差异和压制差异，从而陷入了差异与共识间不可调和的矛盾之中了。20世纪后期以来，随着差异的扩大化，随着人的要求和主张的个性化，标志着人类历史进入一个新的阶段，近代以来用共识掩盖差异和排斥差异的一切做法都显现出功能日益式微的状况。表面看来，这对民主造成了极大的冲击，而在实质上，则应当被理解成，它是对一种"实质民主"的渴求。只有当人类摒弃了族阈共同体条件下的"形式民主",并以真正的"实质民主"取而代之,才能从根本上实现差异与共识的辩证统一,才能真正地在差异中发现共识和在共识中包容差异。

近些年来,无论是在国际还是在国内,合作的理念都越来越得到人们的广泛接受,相信要不了多久,合作就会成为一种基本共识。当合作成为共识的时候,差异就会成为促进合作和支持合作的因素。这个时候,合作不仅不会排斥差异,反而会承认差异、保护差异和包容差异。承认差异、保护差异和包容差异本身就是民主的过程,而且属于一种真正尊重差异的民主,而不是那种用共识排斥差异的形式民主。当然,此时的民主依然是共识,只不过它不再是最基本的共识了,而是从属于合作的,是服务于合作之目的的共识。这样一来,民主制度也将得到提升,从而转化为一种合作制度;民主的治理也将得到改善,从而成为合作治理。合作倚重于民主,民主是合作的基本途径。但是,作为政治目标的民主则让位于合作。正是在合作治理的过程中,民主的价值才能得到充分的体现。此时,原先存在于民主之中的各种各样的逻辑悖论,也将随之而从根本上消解。

全球化正在销蚀族阈共同体的边界,随着合作理念成为一种基本共识,建构合作共同体的行动也就开始破土动工了。在合作共同体之中,人们所努力关注的将是合作的问题,这个时候,人们将不再斤斤计较民主的问题了,这是对民主追求的超越。其实,当人们不再斤斤计较民主的问题时,恰恰是人类的民主理想得到实现的时候。正如中国人见面不再问"吃了么?"的时候,就是人们已经能够吃饱穿暖的时候了。总之,人类社会已经走过了从家元共同体的解体到族阈共同体的建构的历史进程。现在,人类社会再一次进入了族阈共同体解体和合作共同体生成的进程。在共同体的视角中看民主,可以看到,家元共同体的集权曾经被族阈共同体的民主所取代,而在族阈共同体被合作共同体所取代的过程中,民主将实现一次全面的蜕变。正是这次蜕变,将把人类关于民主的一切美好愿望都付诸实施。

第三节 共同体中的人及其生活

一、 个人的生成过程

在 20 世纪后期，从生活的角度讨论人的存在问题是继存在主义之后的另一波哲学热潮。与存在主义从社会的角度关注人的异化问题不同，继起的"生活哲学"更加突出了人的生活的"碎片化"这一主题。从工业社会的情况看，人们的生活之所以会产生碎片化的问题，是由于公共领域、私人领域与日常生活领域的分化所致。近代以来的领域分化过程造就了三个不同的领域，从而使个人需要在不同的领域中扮演不同的角色，并获得了三种不同的身份和生活形态。工业社会的领域分化肢解了个人及其生活，工业社会的碎片化也导致了这个社会中的个人生活的碎片化。近一个时期以来，随着"生活世界"概念的兴起，学者们普遍表达了重寻个人及其生活之总体性的愿望。但是，就当前的现实而言，这一愿望没有表现出任何可以实现的迹象。这是因为，人们没有真正找到导致社会碎片化的根源，没有认识到，正是工业社会的领域分化引发了个人及其生活的碎片化。其实，对于完整的个人及其生活的重建而言，需要在发现领域融合的路径方面作出努力。只有当领域融合造就了一个合作共同体并实现对族阈共同体的替代的时候，才能使人真正成为完整的个人，并拥有完整的个人生活。

一个简单明了的事实是，社会是由人构成的，但社会却不一定是由个人构成的。可以说，没有人就没有社会，但有了社会却不一定就有个人。在现实生活中，可以说任何一个时代都存在着个人，然而，撇开自然意义上的个人不谈，作为社会意义上的个人也只是特定历史时期的产物。也就是说，作为哲学概念的个人与作为经验事实的个人是不同的，哲学上所说的个人是在自我意识生成中出现的。当人还不具有自我意识的时候，当人仅仅是以共同体的成员的身份而被融合在共同体之中的时候，他不是以个人的形式出现的。事实上，在漫长的农业社会中，人仅仅是家元共同体的成员，而不是有着独立的自我意识的个人。

埃利亚斯认为，"在现时代较发达的社会里，'个体'这个概念在人们的交流中应被看成是对自我—认同的优先地位的表达；但这种不言自明性也可能会使我们误认为，对自我—认同的这种优先设定，在任何社会的任何发展阶段上都同样存在，并且在任何时代，在世界上的任何语言里，过去和现在都现成地存在着与此相当的概念。然而，实际情形却并非这样。"① "在西方古代世界的社会实践中，单个个人的群体认同，或者他的我们—认同、你们—认同和他们—认同，还担任着比自我—认同重大得多的角色，以至于不可能需要一个把单个个人表示为准—非群体实体的普遍概念。"② 不仅在西方，而且在世界上的每一个地区，直至工业文明出现之前，个人都是不存在的，事实存在着的是"我们""你们"和"他们"。如果说工业社会是一个"个体的社会"的话，那么农业社会则是一个"群体的社会"。

在农业社会中，群体认同阻碍了个体意识及其自我认同的生成，因而，共同体成员总也无法作为他本人的一个独立的个人而出现在他人面前。"设想一个孤独的人、一个一旦褪去了所有我们—牵连的如他或她所是的人，一个一旦个体、一旦独自个人被赋予某种极高价值，以至所有我们—关联，比如氏族的、部落的和国家的归属性都显得不怎么重要时的如他或她所是的人——这样一种关于非群体的个体的观念，在古代世界的社会实践中还远在人们的视野之外。"③ 今人也许不理解，为什么"做人要低调，做官要夸耀"的行为规定可以并行不悖？那些动辄"夸官三日，招摇过市"的行为不是太过张扬了吗？其实，对于家元共同体而言，这是再平常不过的了。因为，"做人要低调"所要求的正是要把自己融入家元共同体之中去，而做官的夸耀恰恰是对家庭、家族以及整个共同体的炫耀。总之，一切行为都应突出共同体，任何时候都不允许突出

① [德] 诺贝特·埃利亚斯：《个体的社会》，翟三江、陆兴华译，南京：译林出版社2003年版，第179页。

② [德] 诺贝特·埃利亚斯：《个体的社会》，翟三江、陆兴华译，南京：译林出版社2003年版，第181页。

③ [德] 诺贝特·埃利亚斯：《个体的社会》，翟三江、陆兴华译，南京：译林出版社2003年版，第179~180页。

个人。

　　埃利亚斯列举了农业社会中"我们"群体的三种形式——氏族、部落与"国家"，其实，所有这些形式在本质上都是或大或小的家，是我们所说的家元共同体。也正是在这一意义上，我们把农业社会的构成形态称作"家元共同体"。也就是说，家元共同体的每一个成员都存在于或大或小的家中。随着家的依次展开，人在层层叠叠的家中得到层层庇护，在得到庇护的同时，也完全融解在家中或受到家的遮蔽，因而，不是作为个人而存在于共同体之中的。人生于某个家中，也就获得了属于这个家的身份，身份重于人的个性，规定了他在社会中的地位与活动的界限，决定了他的生活范围与生活内容，他举手投足之间都被要求与身份相符，他若忽视了自己的身份，就会被视为叛逆子。贾宝玉挨打，就是缘于他不顾及自己的身份而与书童厮混。

　　在等级制条件下，不同等级的家有着不同的社会地位，相同等级的家则分享着共同的生活空间。因而，相同身份的社会成员之间处于同一个生活的平面上，在生活的性质与内容上都极其相似；不同身份的社会成员之间在生活的性质与内容上则是迥然各异的。作为家元共同体的家又包含着不同的等级，家的核心有序齿之分，家中的家又有着等级不同。从中国农业社会的情况看，一人为奴，成家立业之后，再生产出来的家庭成员往往会加入为奴的队伍中来，从而表现为全家都在一家中为奴的情况，而且，这是可以祖祖辈辈延续下来的。家元共同体的基本特征就是，家是层层叠叠地展开的，是一圈圈地扩大开来的，家的成员几乎不存在社会化的问题，不会走出家庭而到社会中去求职或就业。如果说存在着走出家庭的行为，也不是进入社会，而是进入另一个家。你当官了，则意味着你离开了你的家庭和家族，进入皇上所代表的那个家族之中去为奴了。

　　家是不可分割的整体，一人得道，全家都会升仙；一人获罪，全家均获抄斩。在一些国家和地区，实现了工业化之后还会看到全家在一个企业或"单位"就职的情况，所反映的就是家元共同体的遗迹。家元共同体的生活单元就是家庭，基本上是不存在个人生活的，家庭成员的偶尔外出也需照会家庭其他成员或"请假"，而不是作为个人去自由自在地开展社会交往。总之，家元共同体中的人是作为家的成员而不是作为个体而存在的，当他试图逾越这一界限的时候，不仅会使自己陷入风险状态，而且可能破坏整个家的认同。进而，不仅会受到其他家的排斥，更会受到来自他所属之家的阻挠。

在工业化的过程中，个体的人的出现是一个显而易见的历史现象。中世纪后期开始，"在那些更加庞大、高度集中和不断城市化的国家社会里，单个人在越来越高的程度上要靠自己谋生立业。他们的流动性（在这个词的地域和社会意义上讲）增加了。从前他们那种必需的和终其一生的对家庭、对血亲族系、对地域社团和其他这类集体组织生活相称的协调性，与他们对后者的那种不言而喻的认同需要，这些都在减弱。"[1] 结果，"我们—认同和自我—认同的平衡经历了某种明显的变化，我们不妨用下述方式大致描绘出这个演变过程：起初，在我们—认同和自我—认同的平衡中，着重点很大程度上落在前者之上。自文艺复兴始，这种平衡的重心渐渐开始越来越偏向自我—认同。此时，人的我们—认同不断被弱化，以至于人之于自身越来越表现为一个个无我们的我。以前，人一出生或从其生命的某一时刻起，便终生都归属一定的社群，其结果是他们的自我—认同随即与他们的我们—认同拴在一起，并为后者所掩盖；随着时间的推移，这种平衡的钟摆却以一种极端的形式摆向另一端。此时，个人的我们—认同虽然毫无疑问仍一直在场，但它在人的意识中却常常由于现在的那种自我—认同，而被遮蔽，或完全被湮没。"[2] 比如，在古典文献中，我们经常会读到类似"燕人张翼德"的表达，这种表达说明，被言说者首先是作为"燕人"这一地域群体的成员而存在的，他的"自我"（张翼德）是从属于他的"我们"（燕人）的。到了现代，尤其是在城市之中，虽然很多人在相互交往中仍然拥有一种寻乡意识，却不会再有人把这种意识当成自己行为的规范因素了。对于现代人来说，他首先是"张翼德"，其次才是"燕人"，甚至不知道或不

---

[1] ［德］诺贝特·埃利亚斯：《个体的社会》，翟三江、陆兴华译，南京：译林出版社2003年版，第139页。

[2] ［德］诺贝特·埃利亚斯：《个体的社会》，翟三江、陆兴华译，南京：译林出版社2003年版，第227～228页。

想知道张翼德是"燕人"。在现代人的意识中，"自我"永远是优先于"我们"的，随着这种自我意识的生成，他就从家的一分子变成了一个独立的个人，游弋在社会这个陌生人的海洋之中了。

在人走出家元共同体而成为独立的人之后，也就获得了一种不同于家元共同体的另样生活。作为家的一员，他无须为自己的前途担忧，他一生的行迹在他落地的那一刹那间便已注定，他的家人将为他的成长提供最周到的呵护，以保证他在达到某个时刻的时候能够延续家脉，甚至光宗耀祖。但是，当人走出家元共同体而成为个人时，他就无法指望那些来自家的庇护，而是需要自己到社会中打拼，去用自己的努力开拓自己的未来，他的成功与失败都归于自己，他做了总统也不被允许荫蔽他得以出生的那个家；他不幸获罪，也不会要求他的家人代他服刑，更不会因他获罪而落个"满门抄斩"；服兵役也是他自己的事情，花木兰再生，也不允许代父从军。他就是他，如果像深圳的某个案例所示的那样，因他是"河南人"而对他另眼相看，那是极其愚蠢的，也是不可理喻的。①

也就是说，"一旦单个个人在日益分化的国家社会这个环境中，作为个体从那些较小的、联系密切的前国家的血缘和庇护集体中脱离出来，他们就把自己置于数量激增的各种不确定性面前。他们拥有了某种更大的选择空间，可以在更大的程度上为自己做出决断。但是，他们也必须在更大的程度上为自己做决断。他们不单是能够，而且也必须在更高的程度上自立自足。在这一点上他们别无选择。"② 除非在那些家元共同体遗迹尚存之处，他已经没有祖荫可享，他必须凭自己的本事去打拼。也许他有着一些遗传而来的聪明，但更为根本的是，他只有通过各种途径去提高自己的能力，才能取得成功。

"他可以去谋求固定的或自由的职业，如果它们能够像他预料的那样

---

① 2005年3月，深圳警方悬挂"坚决打击河南籍敲诈勒索团伙"和"凡举报河南籍团伙敲诈勒索犯罪、破获案件的，奖励500元"的大横幅。此举引起了社会上的一些争议，有人质疑警方这种打击犯罪的方式存在地域歧视，警方称此举可对犯罪分子起到威慑作用。其实，这种威慑是建立在对全体河南人的歧视的前提下的。

② ［德］诺贝特·埃利亚斯：《个体的社会》，翟三江、陆兴华译，南京：译林出版社2003年版，第140页。

给自己提供机会脱颖而出，提供机会自立门户，不依赖他人，甚至也不依赖自己的父母和宗族；或者让自己在他所有的亲朋和熟人中出类拔萃，在个人之间受控制的竞争中做出某种特别杰出的、独一无二的、不寻常的和'伟大的'事，或者成为这样的人。因为，在这类社会的价值序列中，所有这些都享有很高的等级，能为个人赢得荣誉、尊敬、掌声甚至是崇拜。"① 一旦所有的人都从家元共同体中脱离而出，不再因家庭出身而享有社会地位，而是依靠自己的努力去赢得社会承认，那么所有人的生活也就都处在同一个起点上了，也就都在同一个平面上起舞了。尽管每个人所扮演的社会角色有所不同，尽管每个人的生活都会呈现出不同的色调，但就所有这些都是个人的生活而言，是包含着某种抽象的普遍性的。

二、 个人及其生活

人在社会中的位置决定了人的生活及其内容，在这一点上，任何社会都是一样的。农业社会与工业社会的区别在于：在农业社会的家元共同体之中，人的社会地位是先天生就的。也就是说，人所在的家赋予他既有的身份和既定的地位，如果不是寻求叛逆之道的话，成"王"做"侯"至多只是由出生的时间决定的。所以，家给予他某种性质的生活，决定了他的生活内容，即使他因王莽篡位而流落他乡，也会声言是汉室宗亲而再夺大位。尽管他做了君主，也谈不上拥有属于自己的生活，他的生活的一切方面都是由他的家所给予并先天规定了的，或者说，他需要以家的名义去行事。正是这一点，决定了他并不是一个自主的个人，他根本就不是以个人的形式而存在的。

在工业社会，人在族阈共同体中的地位是后天取得的。也就是说，在工业化进程中，随着家元共同体的衰落和族阈共同体的兴起，每个人都不再由于家庭出身而是凭借自身的努力去打拼自己的生活，到社会中

---

① ［德］诺贝特·埃利亚斯：《个体的社会》，翟三江、陆兴华译，南京：译林出版社 2003 年版，第165 页。

扮演某个角色，到社会中去寻找自己的人生目标和实现自己的抱负。在这个过程中，他因需要自己去主宰自己的生活而成为自主的个人，他在一切场合都首先是作为个人而存在的。即使他可以代表某个群体或组织，也需要得到群体和组织对他个人的授权。而且，在这种情况下，他只是被赋予了某个角色，并不意味着他作为个人的属性发生了改变。你当官了，各个方面的恭维和掌声接踵而来，其中也许包含着对你作为当官前提和条件的某种资历的肯定，但这些恭维和掌声更多的是给予那个官位而不是给予你的，你若陶醉于其中的话，那实际上是失去了自我，忘记了自己是一个独立的个体。如果这样，你把你融化到了官位之中，一旦失去了这个官位，你也就失去了作为个体而屹立于社会的能力。

在家元共同体中，家在社会结构中的位置是不同的，相应地，人在家中的位置也是不同的。而且，一般说来，这种不同是不可改变的。中国的农业社会之所以会表现出超强的稳固性，是由于它发展出了一整套支持这种不同的文化体系，使人们在接受这一文化的前提下认同家元共同体中的所有不同。由于人们普遍地认同既有的所有不同，家元共同体中的一切都呈现出确定性的特征。同时，家元共同体中的确定性也使一切都变得可以信赖，家元共同体成员在相互交往的过程中表现出一种高度信任的关系，不需要借助形式化的契约，而是直接地表现为对人本身的信任。至于不信任的问题，都被放置到了共同体的外部了。只要不是同一家元共同体中的人，就先验地被认为是不可信任的，诸如"非我族类，其心必异"，所表达的就是这种排斥其他家元共同体成员的意涵。

家元共同体成员显然不会在"家人"与"外人"之间寻求共同标准，而总是要把"家人"与"外人"区别开来。也许皇上因为纳贡而迎娶了"香妃"，而对于作为平民的你来说，要娶异族女子为妻可能比把"七仙女"带入家中还要难一些。因为，一个普通的平民百姓与异族通婚可能是犯戒的。在共同体内部，家元共同体成员是普遍认同"长少有等，宗孽有别"的戒律的。因而，不仅会恪守"家人"与"外人"的界线，而且在"家人"之间也要分出个三、六、九等。只有这样，才算是合乎礼数。如果谁试图逾越不同共同体、不同成员间的分界，就会被认为是做出了无礼与失礼的行为，并极有可能因之而受到惩罚。所以，家元共同体成员祖祖辈辈复制着某个固定的生活模式，不仅同一身份的人有着同样的生活，而且他的生活既是他父亲的生活也是他祖父的生活，唯独没有属于自己的生活。

家元共同体成员的生活都是具体的，也是完整的，他们无论是处在家元共同体的何种位置上，都会获得全部生活的自足。正是由于这种生活的完整性，让农业社会中的人们可以追求和实现"鸡犬之声相闻，老死不相往来"的生活理想。家在社会结构中的确定性决定了他们生活形式的具体性，家在功能上的混沌性则决定了他们生活内容的完整性。然而，随着家元纽带的断裂以及家元共同体的衰落，家元共同体成员也被抛入陌生人社会之中，离开了家，他就必须独立地去面对陌生人社会中的一切，以个体的人的形式到社会中去寻找自己的位置。此时，他总会感觉到自己在社会中的位置是不确定的，他在面对不同的人时，往往呈现出来的是他的不同的方面。环境决定了他的生活内容，社会选择了他所扮演的角色。

在公共领域、私人领域和日常生活领域分化了的条件下，人在不同的领域扮演的角色不同，生活的内容也不同。而且，在每一个领域之中，人都不是作为完整的生活主体去过完整的生活。所以，人的生活已经失去了完整性，成为零碎不堪的生活片段。不仅如此，这些生活片段还是相互冲突的，当人生活在公共领域中的时候，他即使受到规则的约束而不敢谋取自己的利益，却也对自己的利益要求无所释怀。在自我的利益期求无法得到实现的情况下，也对自己维护和促进公共利益的职责产生了冷漠。当他把自我实现的追求放置到挣钱营利的活动中的时候，却忘记了日常生活所能够给予他的幸福感。人需要扮演各种各样的角色，在每一个角色扮演取得成功时也同时意味着他所扮演的其他角色失败了。当人专注于某个方面的生活时，他的其他方面的生活却被屏蔽了起来。这就是生活的碎片化和畸形化。

工业社会是埃利亚斯所说的"个体的社会"，但毋庸置疑的是，工业社会也有着自己的共同体形式，有着不同于家元共同体的和比家元共同体更加文明的共同体生活内容。这个共同体是由不同的个人所组成的族阈共同体。在工业化的过程中，族阈共同体对家元共同体的替代显然是人类历史上的一个伟大进步，正是有了族阈共同体，才有了我们现代生活的全部。反过来说，我们现代生活的全部内容都需要在族阈共同体的框架中来加以理解。无论是在社会的意义上还是在组织的意义上，族阈共同体都是以"分工—协作"体系的形式出现的。比如，从生产的角度看，族阈共同体中的所谓社会化大生产就是借助于市场机制而实现了分工和协作的。在组织之中，所呈现给我们的则是经由精心设计而造就出的明确的分工和协作系统。分工使人的角色功能具有明确性和有限性，同时，也使人的工作与生活相分离，工作不被看作是生活的内容，而是被作为生活得以成立的手段。

　　这样一来，"生活"一词变得狭隘了。每一个人都不能够只生活而不工作，只要他从事工作，他的生活也就只是他的活动的一部分内容，而不是他的活动的全部。同时，他的生活只能部分地证明他活着，而不能充分地证明他活着。当他工作的时候，是一个人；当他生活的时候，又是另一个人。由于他不能够同时既工作又生活，所以，他无论在工作的时候还是在生活的时候，都不是以一个完整的人的形式出现的。这就是族阈共同体成员与家元共同体成员的不同。作为家元共同体的成员，他的生活与工作没有分化，工作也就是他的生活，他无论是在工作的时候还是在生活的时候都具有完整性。族阈共同体虽然让他成为独立的个体，却又让这个独立的个体分裂成不同的方面，把他肢解成不同的碎片。其实，家元共同体本身就是一个完整的生活世界，作为生活世界的完整性决定了它的成员生活上的完整性；族阈共同体则是一个不完整的生活世界，它作为生活世界的不完整性也决定了它的成员生活上的不完整性。所以，在族阈共同体中，个人拥有属于他自己的生活，但这种生活却不是一种完整的生活。

　　梅因认为，从农业社会向工业社会的转变是"从身份到契约的转变"，这其实是在社会构成以及运行的意义上所看到的一种历史现象。从人的角度看，从农业社会向工业社会的转变则是一个从"身份"到"角色"的转变过程。

　　首先，农业社会中的人都是拥有一定的身份的，这种身份是混沌的和完整的，是政治、经济地位的混沌统一。拥有某种身份的人，也就拥有了相应的政治地位，其经济利益的实现也有着明确的和确定的途径。到了工业社会，除了"公民"等普遍性的基础身份之外，人不再拥有固定的身份，而是在社会中扮演着各种各样的角色。在公共生活、私人生活和日常生活中，人们所扮演的角色是不同的。在公共生活中可能扮演着领导者的角色，在私人生活中却可能会显得囊中羞涩，而在日常生活中，则可能是绝对的"被领导者"。如果一个社会尚未实现充分的角色分化的话，那么身份的遗迹就会显现出来了，"为官"的人就可以万事"通吃"，当官就可以有钱，回到家里依然做"大爷"。

其次，农业社会中人的身份是具有单一性和具体性的，是某一身份就不是另一个身份。如前所述，做事应与身份相符，不合乎身份的事是不允许做的。而且，身份可以继承却不可以替代，或者说，身份是与人联系在一起的，有了某个身份，终生都与之相随。到了工业社会，人则是可以同时扮演着多元角色的，而且每一个人都必然会穿行于公共领域、私人领域和日常生活领域，有着多重生活，也必须扮演多种角色，不可能存在着只扮演一种角色的人。与身份的不可替代性不同，角色是可以随时更换的，一个人可以被安置到新的岗位上去而扮演着新的角色，一个角色也可以由多人轮替扮演。身份与角色的这些不同，决定了人的生活内容上的不同，也决定了人对待生活的态度会有着很大的不同，更决定了人的生活方式不同。

从身份到角色的转变，既是生活主体的根本性改变，也是生活类型的革命性变革。在家元共同体中，人的生活也就是以身份为标识的生活，虽然人在共同体中的位置不同决定了生活的内容是不同的，但不同的生活却可以汇成共同生活。身份是属于共同体的，或者说共同体赋予了人以某个特定的身份，而身份又赋予了每个人（自然意义上的人）特定的生活内容。归根结底，他的生活无非是共同体生活的浓缩形态，每个人（自然意义上的人）都用自己的生活完整地展现和诠释了共同体的生活。

族阈共同体中的生活主体是个人（既是社会意义上的也是自然意义上的个人），个人是通过扮演各种各样的角色而立足于共同体之中并参与共同体生活的。但是，在这里，共同体生活不是个人生活的集合形态，而是个人生活的抽象形态。也就是说，一个人在不同的领域中由于扮演着不同的角色而有着不同的生活，一个人的生活具有多重形态和多重内容，不仅一个人的任何一个方面的生活，而且一个人的全部生活，都不可能完整地呈现出共同体的生活样态。个人的生活是各异的，每个人与每个人之间在生活上都有着不同的境遇和不同的内容，都相互独立和独立于共同体生活，都是属于作为个人的自己的生活。然而，所有人的生活又都是处于共同体之中的，都必须以共同体的生活为依据。这种共同体的生活是什么呢？显然，是根源于这些千差万别的个人生活的，是对这些个人生活的抽象，是一种抽象形态的生活。所以，在共同体的意义上，族阈共同体的生活也以一种客观现实的形态呈现给我们，但它不属于任何一个人，而是对全体共同体成员的个人生活的抽象，是一种具有抽象现实性的生活形态。这种生活也被名之为"公共生活"。

三、　各领域生活中的个人

工业社会实现了公共领域、私人领域与日常生活领域的分化，公共领域和私人领域都是工业社会所独有的，反映出工业社会的不同面相。日常生活领域有些不同，它基本上是作为传统的保留地而存在的，个人的日常生活与他作为家元共同体成员所过的生活也有着很大的相似性。对于家元共同体成员而言，他永远不是抽象的个人，而是作为家的成员而存在的，有着特定的身份，做着合乎自己身份的事，并以自己的身份而与共同体的其他成员开展交往。对于族阈共同体成员而言，虽然他已经是独立的个人了，但当他在日常生活领域中活动时，却不是作为抽象的个人出现的，而是以家为核心和在家庭关系之中开展交往活动。

由于公共领域、私人领域和日常生活领域的并存，在日常生活领域相对于公共领域和私人领域的方向上，有着一个较为广阔的灰色地带。家是日常生活领域的核心，在向外沿扩展的时候，家的色彩一圈圈地淡化，而公共生活或私人生活的色彩则一圈圈地增强。相应地，家的成员也转变为独立的个人，以原子化个人的形式而投入到公共生活或私人生活之中。如果说工业社会与农业社会还有什么相同的地方，也就是工业社会的日常生活领域保留了农业社会的特征。正是根据这一点，才会有人要求在所谓传统文化的基础上去寻求治理这个社会的方案。这实际上是不可能的，因为，在今天，所谓传统文化也就是家元共同体文化，如果把这种文化复制到工业社会中，就会提出消灭个人的要求，就会要求公共领域、私人领域和日常生活领域的分化发生逆转，就会要求重新唤回"家长式"的治理结构。虽然在那些工业化程度不高的地区经常可以看到陷入治理危机的时候就把其民族的传统文化搬出来的做法，但它并不能使这个社会走出治理危机的状态，反而会在危机中越陷越深。就这种行为是一种倒行逆施的做法而言，对于历史进步是不具有积极意义的。

在工业化的过程中，族阈共同体对家元共同体的替代反映了一种历史的必然。人一旦走出家（庭、族）而进入社会，就发生了根本性的变化，从家的成员转化为了个人。这个时候，日常生活领域的存在，只是作为个人满足忘却自我或规避自我等需求的心灵港湾才有意义。也就是说，当人作为个人而在私人领域和公共领域中奋斗时，那种孤独、苦闷和劳累让人产生一种需要，那就是应有一个地方让他忘记自己是一个独立于世的个人，而日常生活领域就是这样一个地方。你在这里同朋友餐叙的时候，谈论着一些与工作、与事业、与利益无关的事情，看上去是极其无聊的，但它使你的孤独感得以消失，让你的苦闷情绪得以缓解，让你的劳累心灵得以慰藉。

这表明，日常生活领域在工业社会有着极其重要的价值。尽管如此，却不能要求把日常生活领域中的生活特性推展到公共领域和私人领域中去，如果妄想按照日常生活领域的特点去谋求社会治理方案的话，那是非常荒诞的事情。工业化既已造就了个人，族阈共同体既然是由个人集结而成的，那么尊重个人就是一个无可选择的现实要求。今天，历史进步的道路绝不可能通过消灭个人的行动去铺设，而是要朝着马克思所说的"实现人的自由自觉和全面发展"的方向前进。工业化造就了个人，却使个人的生活碎片化了，使个人在每一个领域和每一个方面的生活中都不是以完整的个人的形式出现，让人无处不感觉到不自由。我们需要改变的正是这种状况，需要通过社会治理体系和方式的变革，去重塑完整的个人，让人成为自由自觉的个人。

在日常生活领域中，族阈共同体成员并不是个人，只是在公共领域和私人领域中，他才是作为个人去开展活动的，是作为公共生活与私人生活主体的个人而存在的。但是，在私人生活与公共生活中，个人能否得以成立以及实现状况又是不一样的。在 19 世纪以前，关于私人领域概念所指称的这部分社会存在，学者们更常用的表达是"市民社会"，而在市民社会中，"具体的人作为特殊的人本身就是目的；……在市民社会中，每个人都以自身为目的，其他一切在他看来都是虚无"①。甚至，根据自由主义者的看法，个人对于自我利益的追逐本身就是一种道德的或者说"善"的行为："如果我们所有人都追求自己合理的个人利益，其结果实际上就是整个共同体的最大利益。"② 所以，在私人生活中，个人乃是第一位的，其他一切即使不是虚无，也只是作为实现个人利益的工具而存在的。

在公共生活中，个人却无法像在私人领域中那样成为追逐自我利益的主体，反而是受到压抑的、承受异化之苦的人。甚至，公共生活无时无刻不排斥着个人的个性，使人丧失了作为个人而存在的权利。如前所述，在公共生活中，个人是以公民的角色出现的，公民是公共生活的一般参与者。在工业社会职业化的条件下，公共生活还有一些职业化的参与者。在代议政治与官僚行政并立的条件下，这些职业化的参与者就是"代表"和"文官"。无论个人是公民、代表还是文官，只要他参与了公共生活，就无法作为一个自主的个体而出现在公共生活的舞台上。也就是说，在公共生活中，人是个人，却不是自主的个人，公共生活的规范体系使他必须压制作为个人的那些特性。

自由主义者认为，"个人独立是现代人的第一需要：因此，任何人绝不能要求现代人作出任何牺牲"。③ 对于市民而言，的确如此，在私人生活中，独立自主是每个人的第一需要。然而，当他承担起公民角色，进入公共生活的时候，却必须把独立自主让位于其他需要。"如果我们希望

---

① ［德］黑格尔：《法哲学原理》，范扬、张企泰译，北京：商务印书馆 1979 年版，第 197 页。
② ［英］昆廷·斯金纳：《政治自由的悖论》，柴宝勇译，载许纪霖主编：《共和、社群与公民》，南京：江苏人民出版社 2003 年版，第 76 页。
③ ［法］邦雅曼·贡斯当：《古代人的自由与现代人的自由》，阎克文等译，上海：上海人民出版社 2005 年版，第 43 页。

在政治社会中尽可能地享有自由，那么我们有充分的理由首先做品德高尚的公民，把公共利益置于个人利益或集团利益之上。"① 对于族阈共同体而言，"只有当其公民培养出一种关键性的品质之后，一个自治的共和国才能得以存在：这种品质西塞罗称为 *virtus*，后来的意大利理论家称为 *virtù*，英国的共和主义者则将其译为公民美德（civic virtue）或公共精神（public－spiritedness）。这一术语用以指称我们每一个人作为公民最需要拥有的一系列能力，这些能力能够使我们自觉地服务于公共利益（common good），从而自觉地捍卫我们共同体的自由，并最终确保共同体的强大和我们自己的个人自由。"② 在斯金纳看来，这种能力就是个人承担义务的能力。如果说市民主要是一个权利主体的话，那么公民则主要是一个义务主体。并且，没有公民对于公共义务的承担，市民的权利也就必然无法实现。

也有学者对此持有相反的意见，施特劳斯就曾针锋相对地指出："一种以人的义务来界定的社会秩序的实现，必然是不确定的，甚而是不大可能的；这样一种秩序也许不过是乌托邦。而以人的权利来界定的社会秩序，其情形则大为不同。因为此类权利表达了、而且旨在表达每个人实际上都欲求着的某些东西；它们将人人所见而且很容易就能看到的每个人的自我利益神圣化了。对人而言，最好指望他们为了他们的权利而战，而不是履行他们的义务。"③ 不过，施特劳斯之所以会提出这种反驳性意见，那是因为他不理解工业社会领域分化的现实，没有认识到公共生活与私人生活的不同。就现实而言，在工业社会，私人领域自始就是一个"为权利而战"的战场，并且，正是这种"为了权利的斗争"，推动了工业社会的不断进步。在公共领域中，权利不应是至高无上的，如果权利成了公共生活的第一需要的话，那么公共生活就会变成"一切人反对一切人的战争"。

---

① ［英］昆廷·斯金纳：《政治自由的悖论》，柴宝勇译，载许纪霖主编：《共和、社群与公民》，南京：江苏人民出版社 2003 年版，第 76 页。

② ［英］昆廷·斯金纳：《政治自由的悖论》，柴宝勇译，载许纪霖主编：《共和、社群与公民》，南京：江苏人民出版社 2003 年版，第 74～75 页。

③ ［美］列奥·施特劳斯：《自然权利与历史》，彭刚译，北京：生活·读书·新知三联书店 2003 年版，第 186～187 页。

　　在工业社会的历史条件下，公民在公共生活中作为个人的不完整性和受到压制，恰恰是公共生活之健全的保障。一旦公民也像市民那样要求张扬自己作为个人的个性，无时无刻不宣布自己的权利，那么公共生活就会陷入混乱，每一个试图张扬自己作为个人的个性的公民也都会变成"暴君"。就启蒙思想家的本意来看，权利是为市民设定的。所谓"人权"，仅仅是指市民的权利，而不是对公民而言的。所谓"公民权"，在实质上，是同时承载了公民身份的市民的权利。也就是说，有权利提出权利要求的永远都是市民而不是公民，更不是代表以及官员。作为公民，任何时候所应申述的都是他对于共同体的义务。可能是由于人们不知道自己什么时候是市民和什么时候是公民，所以，才会总是看到一些无理的要求，才会总有人申述所谓"公民权利"。也就是说，现代学者也正是由于没有把市民与公民区分开来，才会泛泛地去谈论权利的问题。

　　另一方面，个人的个性受到了压制时也同样会使公共生活陷入异化状态。在代议政治的条件下，公民对于公共生活的参与往往表现为一种季节性的参与。虽然管理型社会治理模式也为公民提供了常规化的表达渠道，但一般说来，只有在选举周期到来的时候，公民的表达才能对公共生活的走向产生较大的影响。所以，在现实中，公共生活的主要参与者其实并不是公民，而是他们的代表。就词义而言，"代表"一词本身就表明了他们的非自主性，他们不是作为自主的个人，而是作为公民或者说选民的代言人而参与到公共生活之中的。当然，在近代历史上，代表一直都试图增强自身的自主性。比如，身为议员的密尔就曾对议员的角色提出过质疑，他问道："议会议员应该受选民对他的指示约束吗？他应该是表达选民意见的机关呢，还是表达他自己意见的机关呢？应该是选民派往议会的使节呢，还是他们的专职代表，即不仅有权代替他们行动，而且有权代他们判断该做的事情呢？"[1] 在密尔看来，答案是显而易见的："认为代表是使节的学说在我看来也是错误的，其实际运用是有害的"，[2] 也就是说，议员不仅仅是选民的使节，更应当是选民的全权

① ［英］J.S. 密尔：《代议制政府》，汪瑄译，北京：商务印书馆1984年版，第171页。
② ［英］J.S. 密尔：《代议制政府》，汪瑄译，北京：商务印书馆1984年版，第181页。

代表。

从现实来看，代表的确不仅仅是"使节"，更没有真正地成为选民的代表，在很多时候，代表总是背离了选民意志。但是，他并没有因为这种背离而变得自主，当代表背离了选民意志之后，总是表现出对另一种政治力量的归顺。在代议政治演变成了集团政治之后，代表在选举的时候也许会表现出对选民的百般讨好，而一旦当选，就必须极力地去维护特定集团的利益。这是因为，有了一定的利益集团作依靠，在下一次选举中，他就不会孤军奋战，而是能够得到一个强大靠山的支持。不仅有了资金的支持，还能够通过利益集团控制公共舆论。所以，当代表从一般选民的"使节"变成特定集团的"使节"时，也就从一种不自主状态走进了另一种不自主状态。这就是20世纪的学者们批评意见最为集中的公共生活的异化状态。

根据政治与行政二分的理念，代表所扮演的是政治人的角色，除了代表之外，公共生活的常态化参与群体就是职业文官。在黑格尔那里，职业文官被称作"普遍等级"，是以普遍利益为职业内涵的，"国家职务要求个人不要独立地和任性地追求主观目的，并且正因为个人做了这种牺牲，它才给予个人一种权利，让他在尽职履行公务的时候、而且仅仅在这种时候追求主观目的。"① 在这里，黑格尔通过普遍利益的规定而赋予了文官一种积极的角色。19世纪中期以后，德国国家法学者赋予文官的则是一种"中立者"的角色，虽然没有充分的根据可以判断德国国家法学者与黑格尔的政治哲学有着直接的联系，但二者之间的共同点却是非常明显的，那就是都希望排除文官的个体性。

为了排除文官的个体性，黑格尔甚至部分地取消了文官作为市民的资格，他写道："担任官职不是一种契约关系，虽然这里存在着双方的同意和彼此的给付。"② 这一观点被韦伯直接继承了下来，韦伯说："和私法上自由订定的契约有所不同的是，现今的官吏任命契约，在法理上普通并不被视为法律所规定的官吏义务的'起因'，而是官吏服属于服务权

① ［德］黑格尔：《法哲学原理》，范扬、张企泰译，北京：商务印书馆1979年版，第312页。
② ［德］黑格尔：《法哲学原理》，范扬、张企泰译，北京：商务印书馆1979年版，第312～313页。

力关系的一种行动。"① 既然文官与官职之间的关系不是一种契约关系，那么文官在履行职务的过程中也就不应产生任何权利要求了。相反，"近代官僚——不管他是在公家机构或私人机构——永远努力争取、同时通常也能享有一个（相对于被支配者而言）、卓越的'身份的'社会评价。"② 可见，同代表一样，文官也是没有个体性的公共生活参与者，当他获得了作为个人的个体性并产生了"营利"之目的时，就会导致这样一种情况：或者被剔除出公共生活的参与者行列，或者导致公共生活的异化。

到了 20 世纪后期，公众对代表和文官的日常生活表现变得越来越宽容，比如，一个叫克林顿的人同一个叫莱温斯基的女性偷情也许是公众乐意看到的，因为那是属于日常生活的范畴，公众可以批评他在日常生活中的表现是不道德的，却不会对他承担公共生活义务的能力加以否定。但是，当这个叫克林顿的人否认了这个偷情的事实时，公众对他能否承担公共生活的义务就表示了极大的怀疑，甚至要求通过司法程序对他进行审查。所以，工业社会对政治人以及职业文官的日常生活是没有特殊要求的，而对他们的公共生活道德、能力等方面则有着特殊要求。在 20世纪，人们发明了"公众人物"这个概念，其意思就是，公众人物不再是作为个人而存在了，他必须对他作为个人的那些个性加以掩盖或进行压抑，否则，他就会被排除到公众人物之外。这就是个人在公共生活中的表现，虽然工业社会造就了个人，但这个社会在公共生活中又是排斥个人的。

工业社会的领域分化导致个人生活的碎片化。如果没有公共领域、私人领域以及日常生活领域的分化，也就不会产生个人。然而，在这种领域分化中所产生的个人又是碎片化的个人。工业社会虽然也是以共同体的形式出现的，是一种不同于家元共同体的族阈共同体。但是，这个共同体由于领域分化以及在领域分化的基础上所产生的每一个维度上的

---

① ［德］马克斯·韦伯：《韦伯作品集Ⅸ法律社会学》，康乐、简惠美译，桂林：广西师范大学出版社 2005 年版，第 35 页。
② ［德］马克斯·韦伯：《韦伯作品集Ⅲ支配社会学》，康乐、简惠美译，桂林：广西师范大学出版社 2004 年版，第 24～25 页。

分化而变得支离破碎，所以，它也无可避免地对人做出了肢解，使人成为破碎的人，使人的生活成为残缺不全的生活。这就是人在工业社会这个历史阶段中必须面对的命运。

今天看来，家元共同体中那种没有自我的人是多么可怜，他作为人虽然有着自然意义上的个体形式，却不能自知，在社会的意义上却必须与他人融合在一起。为了改变人的这一命运，在工业化的进程中开始实现了自我的觉醒，让自然意义上的个体与社会意义上的个体统一了起来，从而出现了个人。有了个人，家元共同体的框架也被彻底地摧毁了，并建构起了族阈共同体。然而，族阈共同体却给予人另一种命运，那就是：我是个人，却不是一个完整的个人；我有生活，却没有一个完整的生活，我和我的生活都是不连贯的碎片。因而，我必须向我自己提出这样一个问题：我能够满足于做一个破碎的人吗？我愿意沉溺于这种破碎的生活状态之中吗？如果答案是否定的，那么重建人类生活共同体的动力就产生了出来，就开启了用合作共同体代替族阈共同体的进程，就会在合作共同体的框架下去把人转化成自由自觉的和全面发展的个人。总之，马克思的理想是包蕴在共同体的重建之中的，是需要通过合作共同体的建构而去将它转化为现实。

第二章

基于契约的社会治理

　　族阈共同体是在工业化、城市化过程中生成的，不同于家元共同体的基本特征就在于它是通过社会分化而造就了公共领域、私人领域与日常生活领域。家元共同体的一体性和同质性决定了它可以获得习俗和道德的规范，可以在习俗和道德的基础上形成权力治理体系。对于族阈共同体而言，其基本的规范体系是以法律的形式出现的，其他一切补充性的规则和规范都必须与法的精神一致。根据启蒙思想家的意见，法律无非是一种社会契约。正是这种社会契约，把工业社会中的人们整合了起来，从而以共同体的形式出现。社会契约能够发挥秩序、平等、公正的功能，也确实为人们间的交往提供了基础性的平台，让人们在共同的规则的基础上以独立的个人的形式去开展活动却又不与他人相冲撞。而且，在自我目标实现的过程中也同时能够增益于他人的目标实现。族阈共同体虽然是由人构成的，而且作为个人的人构成了族阈共同体的成员，但人是从属于规则和规范的，规则与规范才是族阈共同体中第一位重要的因素。与家元共同体相比，族阈共同体突出了规则和规范的意义。假设没有健全的规则和规范系统的话，一个个孤立的原子化个人是无法构成族阈共同体的。所以，法律是族阈共同体中的社会契约，而族阈共同体的治理则是在这种契约的基础上展开的。家元共同体是一个熟人社会，族阈共同体则是一个陌生人社会。在陌生人社会中，人们之间的交往是通过契约的中介才得以实现的，这个社会的治理体系也是建立在契约之上的。契约是一种外在于人的存在，是陌生人进行交往时必须运用的工具。正是契约的这种工具性质，使基于契约的社会治理也具有了工具理性的特征。当基于契约的社会治理满足于形式化和普遍性追求时，还造成了治理体系以及整个社会的道德价值失落。

第一节　习俗与道德的衰落

一、领域分离的后果

当马克思说"社会是一个有机体"的时候，他是出于批判的目的。也就是说，社会在应然的意义上是一个有机体，而资本主义破坏了社会的有机性，处处用阶级对立置换了社会的有机性。其实，近代社会不仅在阶级对立方面表现出社会的分裂，而且在一切方面都处在一个不断分化的过程中。最为根本的分化就是公共领域、私人领域以及日常生活领域之间的领域分离。理解族阈共同体的制度规范和规则，需要从工业社会的这一领域分离出发。在后工业化的进程中思考合作共同体的制度规范和规则体系建构的问题时，则需要从领域融合的历史趋势中去寻找根据。如果说近代以来的法律制度是领域分离的结果，那么后工业社会的道德制度将会在领域融合的过程中诞生。而且，如果我们今天能够自觉地去进行道德制度建构的话，将会进一步促进领域融合，从而大大地缩短后工业化以及合作共同体的建构进程，减少社会转型和共同体重建的震荡。对于中国社会来说，自觉地进行道德制度建设也是我们超越工业化的历史阶段和直接迎接后工业化进程的历史选择。正如西方国家没有一个发达的农业社会和健全的家元共同体却通过工业革命而进入世界先进行列一样，虽然中国社会没有发达的工业社会，没有建立起健全的族阈共同体，但是，如果我们自觉地根据后工业社会的要求去建构起道德制度，也就会争取到引领后工业化进程的主动权，就会率先建构起合作共同体。

正如制度经济学家康芒斯所说：即使在现代社会，"习俗还没有让位给自由契约和竞争……习俗只是随着经济状况的变化而变化，它们在今天可能还是非常命令性的，连一个独裁者也没法推翻它们"①。实际上，这些在今天被看作习俗的东西，是从农业社会那个历史阶段中继承而来的。在近代社会的领域分化过程中，随着公共领域、私人领域与日常生活领域的出现，农业社会的传统在日常生活领域中扎下了根，表现出不可摇撼的力量，而且时时刻刻地影响着私人领域和公共领域中的规则，影响着它们的运行。现代的学者们把这些因素看作一种非正式制度、"潜规则"，无疑是看到了它在形式上的特征。对它的来源以及实质，虽然目前尚未有人作出准确的把握，但当我们从近代社会三个领域分离的事实来看，习俗作为日常生活领域中的基本构成因素所具有的那些实质性内容是比较清楚的。而且，从公共领域、私人领域与日常生活领域的互动中是能够更准确地把握习俗作为一种非正式制度如何对公共领域、私人领域发挥影响作用的。

我们看到，哈贝马斯、阿伦特等人对公共领域作了较为深入的研究；列斐伏尔等人也对日常生活领域进行了批判性考察；源于亚当·斯密一系的自由主义对私人领域所进行的描绘已经无所不及了。但是，从总体上看，在近代以来的思想家们那里，关于公共领域、私人领域和日常生活领域的认识可以说尚未实现系统的把握，思想家们往往是从某一个领域出发去阐发他们的思想的。正是由于这个原因，在近代以来，我们看到不同的思想体系之间存在着明显的差异，陷入了聚讼纷纭、莫衷一是的持续论辩之中。从私人领域出发，必然走向功利主义；从公共领域出发，必然主张义务论；从日常生活领域出发，则陷入空想社会主义。从中国近年来呼唤传统文化的嘈杂声音中，我们可以读出日常生活的不尽如人意之处。也就是说，由于日常生活存在着习俗与道德失落的问题，存在着市场经济对日常生活的冲击问题，所以，一些人希望对它加以矫正，要求用传统文化来重振这一领域。但是，由于人们并不知道公共领域、私人领域与日常生活领域的区别，而是不分领域地泛泛谈论所谓传统文化的问题，要求从传统文化中去发现社会治理的方案，要求用传统文化来改造市场经济以及市场主体的行为，以至于陷入开历史倒车的逆

---

① ［美］康芒斯：《制度经济学》，上册，于树生译，北京：商务印书馆 1962 年版，第 90 页。

行方向上去了。显然，传统文化是有着现代价值的，但这种价值仅限于日常生活领域。只有在日常生活领域的意义上去恢复和重建传统文化才是积极的，一旦超出这个领域去谈论所谓传统文化的问题，就会染上"遗少"习气，而且是极其有害的。

"人性恶"的观点在霍布斯那里得到了最为清楚的表述，他说："我首先作为全人类共有的普遍倾向提出来的便是，得其一思其二，死而后已，永无休止的权势欲。"① 根据这一观点，人们自出生起，就自然地抢夺他们所觊觎的东西，进而欲求征服别人，征服世界，如果没有受到任何外在的限制与逼迫，人不会"安分守己"，更不会"满足于一般的权势"。这种无止境的追逐权势和利益的动机在于，人们希望在审视自己的优势、自己被人承认的优势的时候，去获得欢愉和满足，即博取虚荣和实现自负。人人都是"虚荣自负"的，因而"他们也不能长期地单纯只靠防卫而生存下去。其结果是这种统治权的扩张成了人们自我保全的必要条件"②。霍布斯这些关于"人性恶"的论述，其实是对他那个时期正在生成的私人领域的观察所得出的结论。也就是说，如果考察近代以来的私人领域的话，的确如霍布斯所说。从这一点出发，也能够自然地引出公共领域的功能性建构，即要求公共领域为了秩序的目的而把人的权利放置在首位。但是，在日常生活领域中，情况就不尽如此。日常生活领域中的道德以及人的奉献和赠予行为的普遍存在都不支持霍布斯的观点。这也就是说，如果把公共领域、私人领域和日常生活领域同时放在一个平面上来加以观察，所得出的结论就不会像霍布斯那样极端化了。

如果说霍布斯观察到的是私人领域中的事实，那么康德所觉察到的则是公共领域的特征。所以，康德才会作出这样的判断："真正最高的道德无不独立于一切经验，完全以纯粹理性为根据，那么如果我们需要区别于通俗道德哲学的道德哲学，我们可以不再有任何研究，便可认为道德的概念和从这些道德概念引申出来的原则，都是验前所予，而且是在

---

① ［英］霍布斯：《利维坦》，黎思复、黎廷弼译，北京：商务印书馆1985年版，第72页。
② ［英］霍布斯：《利维坦》，黎思复、黎廷弼译，北京：商务印书馆1985年版，第92页。

其一般上表现出来的。"① 虽然当代哲学史家们普遍认为康德哲学是近代以来最为庞大、最为系统和最为完整的思想体系，似乎可以把他的《纯粹理性批判》与科学追求对应起来，把他的《判断力批判》与生活原则建构联系在一起，把他的《实践理性批判》看作为确立社会目标而做出的努力。但是，在关于工业社会的认识、理解和如何建构的问题上，唯有《实践理性批判》表达了启蒙的愿望。当然，人们往往从义务论伦理学的意义上来解读《实践理性批判》一书，其实，再深一步地去看，就会发现，康德的义务论恰恰是要表达一种"公共精神"，试图提出的是公共领域的建构原则。

关于卢梭的思想也可以作出与康德相似的理解，甚至，我们可以把康德的思想看作对卢梭的进一步深化和提升。就卢梭在"公意"与"众意"之间作出区分而言，他显然是已经把公共领域与私人领域区分了开来。卢梭说："公意只着眼于公共的利益；而众意则着眼于私人的利益，众意只是个别意志的总和。"② "正如个别意志不能代表公意一样，公意当其具有个别的目标时，也就轮到它变了质。"③ 但是，卢梭仅仅直觉地感受到公共领域与私人领域的不同，他没有看到，在公共领域与私人领域出现的同时，也产生了一个相对独立的日常生活领域。其实，迄至当今，思想家们也一直没能够把私人领域与日常生活领域区分开来。考察卢梭的思想可见，他在具体的个别意志和私人利益之中抽象出了公共意志和公共利益，这可以看作是出于公共领域建构的需要。不过，在私人领域的问题上，可以说，卢梭并没有作出深入的研究。所以，他对公共意志和公共利益所作出的也仅仅是一种形式化的理解。正是这种形式化的理解，影响了其后整个近代以来的思想家们，以至于在公共领域的建构方面陷入了形式合理性的追求之中了。

在一定程度上，黑格尔实际上看到了日常生活领域与公共领域的不同，他说："行政事务和个人之间没有任何直接的天然联系，所以个人之

---

① ［加］约翰·华特生：《康德哲学原著选读》，韦卓民译，北京：商务印书馆 1963 年版，第 198 页。

② ［法］卢梭：《社会契约论》，何兆武译，北京：商务印书馆 2002 年版，第 25 页。

③ ［法］卢梭：《社会契约论》，何兆武译，北京：商务印书馆 2002 年版，第 43 页。

担任公职，并不由本身的自然人格和出生来决定。"① 在这一论述中，是包含着这样一个判断的：在日常生活领域中，人们是有身份的，但这种身份不应被带到公共领域中来，不应成为人们担任公职的前提。在农业社会，情况不是这样的。因为，在农业社会的家元共同体中，公共领域、私人领域与日常生活领域是混沌一体的，因而，人的身份成为影响人能否为官的前提也就是自然而然的事了。当公共领域、私人领域与日常生活领域分化之后，这种天然联系也就被割断了。所以，黑格尔其实是立足于工业社会的现实而作出这一论述的，正是工业社会使日常生活领域与公共领域、私人领域分离了，才会要求行政人员担任公职的时候不取决于自己的出身。

我们也看到，汉娜·阿伦特说："劳动分工是劳动活动在公共领域的条件下所经历的一个过程，它在家庭的私人化条件下是从来不可能发生的。"② 阿伦特这一描述中所包含的判断只能是部分的正确，因为，严格意义上的劳动分工是在近代社会才出现的，而在这个社会中，公共领域、私人领域与日常生活领域实现了分离，这种条件下的劳动或者发生在公共领域或者发生在私人领域，但不发生在日常生活领域。这是因为，日常生活领域仅仅是一个纯粹的生活领域，不存在社会化大生产意义上的劳动，对日常生活构成支持的劳动要么归属于私人领域要么归属于公共领域。这样一来，"劳动"一词的内涵是与农业社会有着根本性的不同的。在农业社会，由于没有出现领域分化，劳动与生活处于一种混沌的状态。阿伦特认识到劳动分工是在领域分化的条件下出现的，这一点是正确的，而且，她认为家庭这一日常生活领域中不可能发生劳动分工也是正确的。因为，劳动分工需要以明确的经济补偿机制为前提，而家庭中恰恰不存在这样的经济补偿机制。但是，把"家庭"与"私人化"联系在一起，又是认识不清的表现了。也就是说，阿伦特并不知道家庭与私人领域的不同。事实上，家庭作为日常生活领域的标志性和实体性的存在物，仅仅属于日常生活领域，而私人领域的代表性存在则是市民社

① ［德］黑格尔：《法哲学原理》，范扬、张企泰译，北京：商务印书馆1979年版，第311页。
② 汪晖、陈燕谷编：《文化与公共性》，北京：生活·读书·新知三联书店1996年版，第79页。

会和市场等。家庭是不同于市民社会的，也是不能够进入市场的。如果说家庭也会受到市场的污染，那是人们不愿意看到的一种状态，属于列斐伏尔所说的日常生活的异化。

所以，认识近代以来的这个社会和解析族阈共同体，需要基于公共领域、私人领域以及日常生活领域分离的事实。如果看不到这三个领域的相对独立性，也就无法去准确地把握它们之间的相互影响的过程。如果人们试图从某一个领域出发去把握整个社会的话，提出的意见就会显得偏激、片面；如果付诸实践，就会产生消极效应。当然，工业社会及其族阈共同体是人类历史上的一个必经阶段，在这个阶段中出现领域分离，既是人类进步的必要步骤，也是人类社会需要体验的痛苦经历。随着人类走向后工业社会的进程的启动，领域分离的历史也将终结，反而出现了领域融合的趋势。在这种情况下，我们更应当回顾近代社会领域分离的历史，把握新近出现的领域融合趋势，并根据这一趋势去思考和瞻望社会建构的前景。

二、　对生活空间的抽象

近代历史的起点时常被前溯到古希腊，思想家们往往到很久远的过去来回溯出当代思想的源头。这也许是源于文艺复兴时期的误读，或者是对文艺复兴中的"复兴"一词的误读。比如，如下的论述就是一个随手取来的例证："自希腊时代以来，西方思想家们一直在寻求一套统一的观念，……这套观念可被用于证明或批评个人行为和生活以及社会习俗和制度，还可以为人们提供一个进行个人道德思考和社会政治思想的框架。"[1] 然而，就这个例子中所说的"寻求一套统一的观念"的问题，很可能是近代以来的学者们强加给希腊的，现代人头脑中的希腊有多少是属于希腊的，可能是一个值得怀疑的问题。希腊著作经历过一次又一次的转译，哪些因素是文艺复兴以后的人们强加于希腊的，又有哪些因素

---

① ［美］理查·罗蒂：《哲学和自然之镜》，李幼蒸译，北京：生活·读书·新知三联书店1987年版，第11页。

是原本属于希腊的，都是很难再作出判断的问题了。显而易见，一个概念如果脱离了希腊的背景而被译为一个现代词语，就会望文生义地引发无限舛误。就"寻求一套统一的观念"这个问题而言，实际上是在近代社会中才突出地表现出来的一种哲学现象。

我们知道，在家元共同体中，人的社会空间尚未发展和完善起来，人们更多地是在自然空间中开展自己的活动。现代人可能会把"家"理解成一个社会空间，实际上，家完全是一个自然空间。在自然空间中，生活中出现的一切都似乎是自然而然的。如果有什么感觉不自然的话，在很多情况下，也是由（家的外部那个）自然加予他的。当然，自然中的灾害也是他的生活中经常出现的现象，但当他理解这些现象的时候，表现出的是对命运的悲叹。甚至那些由社会加予他的灾难，也会被放置到自然的解释中去，即作为一种自然性的命运。在命运面前，人们是不可能考虑自我的主体性和行为的能动性问题的，只要他的生存能够得以延续，哪怕是最低质量的延续，他也不会提出改变自己生活环境和改变既有家元共同体秩序的要求。

在人还不能把自己与自然分开的条件下，社会也就不可能分化。因而，家元共同体是一体性很强的社会，人们生活在熟人圈子里，受到习俗、习惯的规范，个人与群体浑然为一，是混沌的"一体性"和"同质性"的存在。在这种情况下，如果可以用"社会生活"的概念来形容人们的交往的话，那么文化同质性扩展到了多大的范围，人们也就会在这个范围内开展社会活动。超出了文化同质性的边界，人们也就没有实质性的社会活动了。所以说，家元共同体是一个在很大程度上具有"自然性"的社会，它是很难在今天这个"社会"的意义上来加以把握的。人的活动不会超出家元共同体的空间，即使人具有超出这个空间去活动的能力，也会像孙悟空那样因为惧怕跳出了天界而逗留在如来的手掌之中。

工业社会的大生产使人的生活具有了社会化的特征，从而使人们之间的关系失去了自然意义上的直接性和对等性，人们只有在间接性的社会联系中才能获得生活资料。获取生活资料的方式主要依据交换，交换一方面使人们联系在一起，另一方面又使人分化而成为仅仅关注自我利益的"原子化"的主体。这样一来，不仅人作为"社会化动物"的特征日益突显了出来，而且生活世界也开始了分化。与此同时，不仅生活世界被分化为符号世界和意义世界，而且，整个社会也被分成公共领域、私人领域和日常生活领域。在公共领域，一切实体性存在都在职能上走向越分越细的方向；在私人领域，分工体系也变得线条越来越明晰，并在市场机制的支持下实现了充分的社会化大分工。只有在日常生活领域中，人们依旧保持着传统的整体性，不是以分工而是以互助的方式生存。即便如此，人们在日常生活领域中所获得的观念、情感、意志等也变得与特定对象相联系，是属于某一方面所应有的而在另外的方面所不应具有的东西，甚至是可以从属于分析的原则和可以加以分门别类考察的。

工业社会使一切都变得具有可抽象的特征，在家元共同体那个不可抽象的世界被族阈共同体替代之后，一切都是可以抽象的，一切存在物都有着形式和内容两个构成方面，在所有的现象背后，都可以用哲学思考去把握其本质。所以，在人的现实生活中包含着一个可以加以抽象把握的生活空间。总的说来，近代以来，由于社会的分化而使族阈共同体处处表现出了存在的差异性，由于家元共同体的解体和同质性的丧失，形式的方面和实质的方面虽然同为一体，却在理论思考和哲学叙述中分化成不同的方面。所以，近代以来，哲学家们实际上为我们建构起了一个抽象的生活空间。在这个空间中，可以获得关于世界的"同一性"理解，可以使人们在差异万千的现象背后获得统一性。

即使建构起了一个抽象同一性的生活空间，对于矫正工业社会实质上的分化和分离来说，也依然是无助的。当然，我们也必须承认，族阈共同体确实找到了去连接它的不同部分的同一性媒介，特别是到了20世纪，符号世界已经变得非常发达了，许多实物形态的存在都实现了符号化，使那些作为实物形态而存在时的差异都被符号所抹去。比如，财富有着各种各样的存在形态，古董与鸡蛋没有可以比较的方面，但在用货币这个实物的符号来加以衡量的时候，却是可以互易其主的，而且能够取得双方都满意的效果。再比如，犯罪形式各异，定案量刑的标准也不同，但在其背后，总有一个终极性的标准，那就是"人权"。其实，在制定法律的时候，就已经充分考虑到一项罪名的成立背后所包含着的是它对人权构成什么样的侵害，是直接的还是间接的侵害？哪怕相距十万八千里，也会在最终的意义上落脚到人权上。

由于生活空间具有了抽象统一性的特征，共同体生活的那些实质性方面的内容失落了，像宗教形态、伦理形态的生活在公共领域和私人领域都被抛弃了。即使名义上还存在着宗教形态和伦理形态的生活，也被符号化和形式化了，而不再是根源于人的内心世界和反映了人的内在要求的生活形态。所以，它无法真正为人的生活提供包括终极关怀在内的意义系统。正是这一问题，成了工业社会中的最为根本性的问题。在后工业化的过程中，复杂性和不确定性的社会现象在很大程度上就是对这个抽象了的、形式化了的和符号化了的生活空间的挑战。

在一定程度上，族阈共同体构成要素的差异化也是社会进步的标志，是人类社会发展的成就，它为后工业社会的差异共存作出了准备。不过，在工业社会的历史条件下，哲学家们关于同一性（形式统一性）的追求，在意识形态上是具有终极关怀的功能的。因为，哲学家们对同一性的追求，为我们描绘出一个本体性的同一性存在形态，使我们相信在现象界的差异性背后，有一个本体论的同一性基础。在社会治理的意义上，这个本体性的同一性存在为普遍性的法律制度提供意识形态的支持，使一个社会能够在拥有同一性的法制框架方面表现出合理性。但是，在社会治理的实际过程中，同一性的追求往往又会把人们引入在现象界强化同一性而抹平差异的追求中去。结果，使人们在实践中丧失个体的自主性和从属于抽象的、形式化的行为规范。

从近代以来的思维进程看，对同一性的追求在哲学上并没有反映出消极功能。然而，一旦落实到实践上，就会走向自己的反面，即在追求生活空间的同一化的时候使个体的人丧失了同一性而分化为不同的存在，使人在某一方面的社会生活或活动中从属于这一方面的同一性要求，而在过另一方面的生活和从事另一方面的活动的时候又从属于另一种同一性。完整的人被不同的社会生活领域的同一性要求所分解而成为不完整的人，成为抽象的、在不同领域表现为不同面相的人，这就是我们上述所说的人及其生活的碎片化。时至今日，这种状况需要得到改变，可以相信，后工业社会将实现古希腊思想家们所向往的"一"与"多"相统一的境界。后工业社会道德制度的统一性本身就是差异性的框架，无论是在现象的层面还是在实质性的层面，都是这样。它不仅不会用同一性去抹平差异，反而恰恰需要得到个体的人之间的差异性的支持。

就人的共在共存而言，道德制度将是一个统一的框架；就人们的交往是差异互补的合作过程而言，道德制度将是差异实现的途径。道德制度是"一"，但这个"一"是共在中的人的相互承认、相互信任、相互关怀。同样，道德制度作为"多"的框架，又让人在共在中去张扬自我的主体性，让人在创造和创新的意义上去发挥主动性，即让人去实现对一切未完成的生存内容的完成，让人实现对片面性和单一性的生活状态的超越，从而实现人的生活内容和生活方式的多样性。

近代社会的分化造成了抽象分析对象的相对明确性，因而，在制度分析的视角中，由于领域的分化，即由于公共领域、私人领域和日常生活领域的并存，在广泛的社会生活中出现了正式制度与非正式制度的区分。在对正式制度的分析中，我们看到了规则（rule）与规范（norm）的不同，从而把正式制度看作是由规则和规范两个部分所构成的体系。一般说来，人们把由作为私法的程序法和实体法所构成的部分看作制度化的规则体系，是具有程序性和形式化特征的规则体系，它以"与价值无涉"为准绳，是怀着不同价值观的人们互动、交往、交流、交换的共同框架和准则，而且充分地体现了制度的技术性和可操作性。

规范与规则的区别在于，规范被认定为是制度中体现了价值诉求、具有实质内容甚至绝对命令特征的部分，在作用于人的过程中生成一种包含着一定价值观的行为模式，其典型代表就是实体法中的公法。也就是说，虽然规范也是特定群体中的人们的共同行为准则，但不同个体在不同时间和场合对它的含义的理解却是大不相同的，更多地表现为制度的政治性和价值取向。规范与规则的作用力常常受到误解，人们往往受到规范的表面弹性和规则的表面刚性所迷惑。其实，人们在规则面前有着很大的选择空间，而在规范面前却很少有选择的余地。规则的刚性根源于它对行为者要求很少，或者是最低限度和最起码的要求，只要人的行为不超出规则的那种最低限度要求，就有着很大的腾挪空间。规范表面看来有着很大的弹性，却总是因为人们对它的自愿认同和自觉服从而变得更具有刚性，它要求行为者乐意于服从，一旦服从也就无所不在地发挥着约束的作用。工业社会是一个强规则而弱规范的社会，或者说，工业社会很少利用规范对人的约束作用，往往表现出对规则的迷信。

在对非正式制度的分析中，也可以作出同样的区分，即把习俗、习惯以及道德准则作为规则体系来看待，至于伦理原则，则需要作为规范来认识。但是，这仅仅是工业社会中的现实，也只有工业社会中的非正式制度才适应于这一分析框架。到了后工业社会，当我们确立起一个道德制度的时候，这种分析就不再适用。因为，道德制度是以公共领域、私人领域和日常生活领域的融合为前提的。因而，道德制度已经无法再被分解为正式制度和非正式制度。进而，道德制度也是一种具有总体性的统一性制度。在道德制度中，规则与规范统一为一个整体，它们不再具有各自的独立特征。至多，我们在名词的意义上使用"规则"一词而在动词的意义使用"规范"一词。这样一来，哲学上的"同一性"追求也就失去了意义。生活空间会显现出具体性，一切行为也都是具体的，一切人都在伦理原则中找到自己的行为标准，都会让自己的行为自觉地合于习俗、习惯和道德所构成的规则。这是规范与规则相统一的境界，却在任何一个作用于行动者的人的地方，表现出具体性。

三、 想望道德的制度

在农业社会，以家庭为基本生产单位的自然经济直接限定了人的活动空间和意义空间。人的生活世界是极其狭小的，生活的意义也是极为有限的。尽管在那种生活状态中的人能够在经济上的自给自足中实现生活意义上的自满自足，但从现代的角度看，那种生活之于社会的意义是相当有限的。在那里，活动空间的"有限性"和社会关系的"简单化"与生活世界的"疏松化"是一致的。换言之，在自然经济条件下，人的生活密度和速度都是较为疏松的和缓慢的，因而，人的需要也是疏松的和简单的。而且，这种疏松与简单直接限定了人的活动的方式及其强度。人们为直接的需要而生产，生产与需要之间具有直接的对等性，效率概念此时远没有成为社会整个价值体系中的一个重要价值原则。因而，只要建立起一种集权的治理体系及其"权力制度"，就能够满足这个社会的治理需求了。

在人类的群居生活中自然会形成一些习俗性的规则系统。事实上，在人类社会的早期，这些习俗性规则主要是以禁忌的形式出现的，即通过禁止某些行为的发生而使社会获得一种整体性的秩序。由于禁忌不是立法规定而是以习俗的形式存在，所以，在现代的视角中，可以被看作一种义务性规范，发挥着习俗型的约束功能。甚至有些学者断言："禁忌体系尽管有其一切明显的缺点，但却是人迄今所发现的唯一的社会约束和义务体系。它是整个社会秩序的基石。社会体系中没有哪个方面不是靠特殊的禁忌来调节和管理的。"[①] 不过，需要指出，就习俗的自然生成过程看，作为禁忌规范而出现的习俗型约束力量是人类的社会规则的自在形态，而不是一种自觉形态。权力制度也无非是这种自在形态的自然提升，并不是一种自觉的建构。

近代社会不同，它用法律的约束力量取代了习俗的约束力量，所反映出来的是人类的理性自觉。但是，即使法律的约束力量已经成长了起来，习俗的约束功能依然发挥作用。在日常生活领域中，习俗的约束功能甚至远大于法律。或者说，在这个领域中，如果法律与习俗相冲突的话，那么最后低头的必然是法律。所以，在近代社会领域分离的条件下，尽管法律制度试图征服每一个领域，而在实际上，它却不是一个能够征服一切社会领域的制度，它在社会治理过程中是有边界的，它在日常生活领域中的表现并不是那么强有力。在人的心灵中，更不可能实现全面性的征服。

在欧洲，整个工业化、城市化的历史阶段或"整个文艺复兴时代，在本质上是城市的从而是市民阶级的产物。同样，从那时起重新觉醒的哲学也是如此。哲学的内容本质上仅仅是那些和中小市民阶级发展为大资产阶级的过程相适应的思想的哲学表现"[②]。市民阶级往往被看作是一种推动了历史进步的积极力量。科斯洛夫斯基根据韦伯关于"新教伦理"与"资本主义市场经济"相结合的观点而作出进一步的阐发，认为社会

①［德］恩斯特·卡西尔：《人论》，甘阳译，上海：上海译文出版社1985年版，第138页。
②《马克思恩格斯全集》，第21卷，北京：人民出版社1965年版，第348页。

发展取决于两个动力：一个是伦理的和道德的动力，这是一种"最好的动力"；另一个是市场经济，这是一种"最强的动力"。他说："人的最强和最好的动力相互处在一定的关系中，因为最强的动力不总是最好的，而最好的往往动力不强。"伦理与经济的结合，"不是由两种不协调的理论组成，而是承认人的最强、最好的动力和差异与同一整体性，设计需要两种动力的规则和制度。"① 这一论述用来理解西方近代工业社会是基本适用的，也证明了市民阶级并不是工业社会发展的唯一动力。但是，如果从公共领域、私人领域与日常生活领域分化的事实来看，这一论述又没有涉及公共领域，仅仅属于一种对"日常生活领域如何影响私人领域"的考察。

新教伦理的精神是存在于日常生活领域中的，它对私人领域发挥着影响作用，却又在私人领域中表现为并不是很强的动力。在私人领域中，只有市场经济是最强的动力。如果单就日常生活领域而言，其实，新教伦理精神也是最强的动力。即使这样，也还是仅仅看到了私人领域与日常生活领域的互动，没有把公共领域也纳入近代社会发展动力的范畴中来加以考察。对近代工业社会发展动力的完整考察，应当同时考虑到日常生活领域、私人领域和公共领域这三个方面。也就是说，对近代工业社会的更为科学的理解还需要把公共领域在社会发展中的作用也纳入进来，应当不仅从日常生活领域对私人领域的影响去加以认识，而是应当从这三个领域的互动中去形成结论。即使这样，也仅仅是从属于对近代工业社会的理解，对致力于工业化的国家来说是有意义的。如果一个国家所面临的并不是一个单纯工业化的任务的话，这种理解的意义就又会大打折扣。当前中国的情况是：一方面我们需要解决工业化的问题，另一方面我们又面对着后工业化的进程。这就使上述理解很难对我们的行动发挥指导作用，何况上述理解是一种不全面、不正确的理解。

在工业社会，由于公共领域与私人领域以及日常生活领域的分化，"道德所具有的使人理解社会环境的超科学手段，处在日常生活经验的水

---

① ［德］彼得·科斯洛夫斯基：《伦理经济学原理》，孙瑜译，北京：中国社会科学出版社1997年版，第14页。

平上，存在于每个人的日常活动中。人类的道德经验是独一无二的历史'实验室'，在这里可以找到社会发展和人类完善的最富有前景的、最人道的途径"[1]。一方面，在日常生活领域中，传统的道德价值得到了保存，并起到对这个社会加以调节的作用；另一方面，活跃的日常生活领域又会时时根据时代的要求而把人们日常生活经验中的要求纳入道德感受之中，充实甚至改变着道德的内容，推动道德的发展和伦理关系的变革。

工业社会的领域分离，使这个社会本应在不同的领域使用不同的标准和提出不同的解释框架，而不是用一个统一性的框架去对每一个领域都作出同样的解释，更不应寻求普遍适应的价值和标准。当然，在共同体的意义上，工业社会在每一个地区、每一个方面和每一个族群那里都拥有共同的框架，但是，一旦走进共同体，它的每一个具体的领域就都呈现出了差异。在后工业化的进程中，也许日常生活领域对私人领域的影响会受到削弱，但就当前的情况看，在一些"后发现代化"国家中，日常生活领域对私人领域的影响还是不可小觑的。因为，在这些国家中，是通过政府驱动而推动经济发展的，使公共领域、私人领域以及日常生活领域的分化不是经历一个自然过程，因而，其分化是不完全的，社会的公共生活、私人活动以及日常生活还在很大程度上处于一种混沌不清的状态。比如，在谈到中国的经济运行模式的时候，福山就看到，"要了解中国经济社会的本质，先决条件是需了解家庭在中国文化里所扮演的角色，这也能帮助我们了解今天世界上其他家族特性强烈的社会"[2]。对于改革开放后到整个90年代的中国经济发展模式而言，福山的判断也许是正确的，特别是在民营经济领域中，家族特征是比较突出的。但是，到了21世纪，随着企业治理结构的改变，随着经济结构的调整，福山的判断就不再具有解释意义了。

现在，人类毕竟整体上已经启动了后工业化的进程，在后工业化的

---

[1]［苏］A·N·季塔连科：《马克思主义伦理学》，黄其才译，北京：中国人民大学出版社1984年版，第100~101页。

[2]［美］弗兰西斯·福山：《信任——社会道德与繁荣的创造》，李宛蓉译，呼和浩特：远方出版社1998年版，第100页。

过程中，市民社会的再度兴起也同样意味着整个后工业化历史阶段都是属于市民社会的，非政府组织以及各种各样的社会自治力量将是这个时代的历史创造者，将会成为推动后工业化进程的积极力量。不过，应当看到的是，从15世纪开始的市民社会兴起过程是以它自身与国家的分离而造就了社会的分化，它为我们提供的最大成果就是使人类社会进入一个无处不分化的工业社会。然而，在后工业化的过程中，当市民社会再度兴起时，社会分化的路径却开始呈现出逆转的迹象，新市民社会是作为一支社会融合力量而出现在历史舞台上的。非政府组织以及各种各样的社会自治力量都是以自己的活动推动历史朝着社会融合的方向发展的。

20世纪80年代开始兴起的"新市民社会"是人类历史上的又一新生事物。一种新生事物甫一出现总会有一些不成熟的特征，也会反映出一些消极的方面。因此，在今天，人们对非政府组织以及其他的社会自治力量抱持怀疑态度是可以理解的，但这只能说明新市民社会尚未走向成熟。正如近代社会早期的市民社会刚刚出现的时候会表现出市侩作风一样，今天的社会自治力量也会表现出工业社会那种唯利是图的一面。不过，随着新市民社会的成长和成熟，这些方面就会逐渐地被克服。结果，人类社会必将因此而有一种新的制度与这个历史阶段相对应，我们倾向于把这种正在生成的制度确认为一种"道德的制度"。反过来说，我们需要去自觉地建构起一种道德的制度，有了这种制度，市民社会的再兴就会更多地表现出积极作用，就会促进领域的加速融合。

道德制度虽然是一个弹性化的生活空间，但它在强化人的道德价值观方面却发挥着很强的功能。有了这种制度，人们自然而然地就会拥有社会生活所必需的道德价值观，并自觉地接受道德的规范。当然，道德价值观也是变化的，会随着社会的进步而不断地发展，道德制度也会在道德价值观的发展中不断地得到补充、修缮和完善。鉴于后工业社会是人类以往历史发展的结果，是作为人类历史的一个新的历史阶段而出现的，它也会在一个相当长的时期内存在着以往历史阶段留下来的价值观，并与新的价值观之间存在着冲突。对于这种多元价值观念并存的状况，道德制度会体现出强大的包容性，会把以往社会历史阶段中那些主导性的价值观包容到道德制度的框架中，会尽可能地从中汲取一切有益于建构后工业社会生活模式的因素。

　　道德制度也将作为一个生活框架而存在，至于对历史承袭而来的价值观所进行的再度选择和继承的问题，是在这个框架下由后工业社会的人们自觉做出的。只是由于有了这样一个道德制度的框架，那些对作为遗产而存在的价值观的选择和继承才有了一个一般性的也是根本性的标准。我们知道，在工业社会的历史条件下，（正式）制度作为人们的社会行为准则主要是通过对人们行为的外在规范而发生作用的，而价值观作为人们考虑、看待、处理问题的思维定式和观念模式，则存在于人的内心世界，是内在于人的规范。不过，在后工业社会，制度一方面是将那些合乎这个社会需要的道德价值的制度化；另一方面，作为一种制度设置，它又不断地得到个体的人的内化。在社会生活的现实中，道德制度与由个体的人所承载的这个社会的主导价值观将是统一的。所以，在人的行为中，制度并不是以"他律"的形式出现的，也不是传统意义上的"自律"，而是表现为一种无内无外的综合性地发挥作用的过程。

第二节　契约的建立与扬弃

一、　契约的诞生及其功能

　　当我们认识族阈共同体时，应当从什么地方入手呢？哲学家看到的是人的"原子化"，社会学家看到的是"分工"，经济学家看到的是"商品"，政治学家看到是的"制度"，法学家看到的是"人权"，伦理学家看到的是"功利"……其实，工业社会之所以能够以共同体的形式出现，是应当归功于契约的。在近代以来的这个社会中，最为重要的共同体构成要素就是契约。一个显而易见的事实是，人的原子化决定了人们在交往的过程中必须以契约为依据。在分工的前提下，只有契约才能促使人们在社会活动中开展协作。商品之所以是商品，不是用来自己消费的，在商品价值实现的过程中，契约是须臾不可离弃的。寻着这个思路走下去，就可以发现，族阈共同体所拥有的制度无非是根源于契约的。

如果说族阈共同体像启蒙思想家所言的那样是在人们的约定中建构起来的，那么订约就是有意义的活动了。而且，对于追求自我利益的功利行为来说，也只有普遍化的契约才能对人有所约束。所以，对族阈共同体的把握，是需要从契约入手的。不仅族阈共同体的生成和演进，而且族阈共同体的一切基本方面，都是由启蒙思想家们加以规划和设计的。其中，历久弥新、影响深远的一脉，则被称作社会契约论。就思想的影响力而言，也证明了契约是如何影响了近代以来这个历史阶段的，或者说，近代以来的历史，作为我们生活之空间的族阈共同体，都是在契约的基础上和通过契约而建构起来的。

根据启蒙思想家的意见，制度其实就是订约的结果，同时，制度一经建立起来就是用来为契约提供保障的。或者干脆说，制度无非是为了契约能够稳定地发挥作用而作出的安排，而且这种安排也是通过契约的方式进行的。这样一来，所谓"人权"也就不再像启蒙思想家所宣称的那样是"天赋"的。无论在何种意义上，"人权"都是一种约定，是人们以普遍契约的形式而加以确认的。订约者拥有人权，而没有订约者，也就无所谓人权的问题。现代人如果横向地看世界的话，就可以用人权之标准去对世界的某个部分提出批评，那么，如果现代人纵向地看世界的话，应当提出什么样的批评呢？美国人能否发现独立战争之前的人权状况是什么样子？虽然美国人可以批评南北战争前的南部没有人权，但美国人怎样去评价20世纪前期那种妇女没有选举权时期的美国人权呢？更不用说美国人在多大程度上考虑过印第安人的人权。

我们已经指出，家元共同体是熟人的社会，而族阈共同体却是陌生人的社会。大约是从14世纪开始，在欧洲，进入了工业化、城市化的历史转型进程，开始把人无情地抛入完全陌生的环境之中。

家元共同体的稳定性使它显得似乎一切都是千古不易的，世界是那样的确定，熟人社会的格局是每一个人都熟悉的、习惯的和被看作自然的，人们甚至在心理上不能接受陌生因素的侵入，更不愿陌生的因素打破他们所习惯了的世界。虽然人们生存在一个狭小的空间中，虽然地域界限束缚着人们的行动自由，但这时的人们是有着人际和谐之理想的。在这个社会中，"包含着'世界'作为一个'宇宙秩序'的重要的宗教构想，要求这个宇宙必须是一个在某种程度上安排得'有意义的'整体，它的各种现象要用这个要求来衡量和评价。"① 然而，工业化、城市化的进程却把人们的这种理想完全抛弃了，选择在现实的利益追求中去把一切都作为工具的生活方式，并且，根据工具理性去建构整个世界。结果，这个世界向人们展示出来的是人的"价值中立"和环境的"客观性"，人们只看到"事实"和"逻辑"而放弃了对"意义"的追问。这就是韦伯所说的："今天还有谁会相信，天文学、生物学、物理学或化学，能教给我们一些有关世界意义的知识呢？即便有这样的意义，我们如何才能找到这种意义的线索？姑且不论其他，自然科学家总是倾向于从根底上窒息这样的信念：相信存在着世界的'意义'这种东西。"②

族阈共同体中的市场经济把完整的、个体的人的存在抽象化为"经济人"，使人陷入了只认识金钱和利益得失的狭小视野之中，让人时时处于计算与算计的行为谋划之中。对于家元共同体中的"亲情"来说，这显然是不可理喻的。所以，随着族阈共同体的出现，家元共同体熟人环境中的那种"亲情"即使被日常生活领域留存了下来，也不再能够发挥联结社会关系的纽带作用了。然而，族阈共同体又是以人的"集合"形式出现的，而且人的精心计算或算计所欲获取的利益也需要在共同体中去加以实现。所以，人们必须找到一种可以把他们联结起来而构成共同体的中介因素，契约就是这种因素。

在族阈共同体中，以契约为中介的社会关系是最为基本的社会关系类型。在经济活动中，契约直接以合同的形式出现；在其他社会生活领域中的交往与联系中，契约则以其他形式化的规则体系出现。就是这样，契约关系被确立了起来，成为族阈共同体中主导性的社会关系模式。契约作为实现公平的基本手段，作为社会的价值规范，似乎能够在以下三个领域体现它的特质和功能。

首先，在经济领域。在人类的经济活动中，由于每一个"经济人"都想最大限度地获取利润，在他们的经济交往过程中就不可避免地会发

---

① ［德］马克斯·韦伯：《经济与社会》，林荣远译，北京：商务印书馆1997年版，第508页。
② ［德］马克斯·韦伯：《学术与政治》，冯克利译，北京：生活·读书·新知三联书店1998年版，第33页。

生矛盾乃至出现欺诈和暴力行为，并导致商品交换秩序的混乱。这一结果，不仅会影响社会生产力的增长，也使得每一个"经济人"最终都受损。要解决经济利益的冲突和矛盾，莫过于保持一种交往关系的平衡，这种平衡正是由一种经济契约来提供的。正如罗尔斯所指出的："竞争市场的平衡被设想在这样一种时候出现：很多各自推进他们自己利益的人相互让步，以便他们能最好地以其让步得到他们最想要的回报。平衡是在自愿的贸易者之间形成的自发协议的结果。对每个人来说，这种平衡都是他通过自由交换所能达到的最好状态，这种自由交换是与以同样方式推进他们利益的其他人的权利与自由相一致的。"① 由于契约介入了经济关系，并以体现和维护经济公平的现实载体的形式出现，从而成为双方当事人能够理解并被社会和法律认可的交往手段，成为一套维持秩序的制度，成为让当事人进行交换的框架，成为在承诺交换的情况下使承诺得以履行的有效机制。

其次，在政治领域。一方面，市场经济优化了资源的配置；另一方面，如果任由市场经济自然发展的话，又会引发社会发展的不平衡和人们的角色错位。当资金、人力、物力都流向效益比较好的地方时，就会出现由谁来保障弱势群体的权益的问题，出现教育应由谁来管的问题，环境的责任应由谁来负的问题，等等。所有这些问题，又需要我们去寻找政治的公平，需要依赖公共权力。政治的公平就是保障每一个市民都有生存权和发展权，保障每一个公民都有平等参与政治的机会。但是，如何保障人们的政治权利不受侵犯，就需要通过契约的形式设置一种约定。在市场经济的运行中，任何一项决策都不可能是在真空中完成的，政治决策者也不是一个抽象的存在，它总是同特定的利益集团和党派有着千丝万缕的联系。简单地把政府的任何一项决策都看成是公平的，毫无疑问是一种幼稚想法。要做到政府政治决策在最大程度上的公平，就必须依赖各个阶层、各个利益集团在相互作用、相互制约中所达成的契约。每个集团甚至每个人都可以在法律程序内对政治决策发表自己的意

---

① ［美］约翰·罗尔斯：《正义论》，何怀宏、何包钢、廖申白译，北京：中国社会科学出版社1988年版，第114页。

见，保护自己的利益不受他人侵犯。由此可见，只有通过契约的方式来形成政治决策，才能在现实利益的制衡中保持政治的公平性。

再次，在价值层面。契约之所以具有最终的权威，也是因为它具有价值本体的含义。在契约产生的最初时期，契约精神中所体现的终极价值就已被人们所揭示。在康德看来，契约的公正和权威，人们对契约的虔诚，并不一定要求契约同某种特定的事实联系在一起，而是由于契约内在的道德根据所使然。最高意义上的契约不是从感性经验出发，也不把道德之外的其他目的作为依据，而是以自身作为约束根据的具有普遍必然性的道德自律。罗尔斯一直致力于用契约理论来构造其作为公平的正义，但他对契约理论进行了一种理性的提升，尤其提醒人们应将其观点同功利主义的契约理论分开，因而，贯穿《正义论》全书的中心思想就是他对契约的道德规定。鉴于"契约"一词可能引起歧义，罗尔斯还强调指出："要理解它就必须把它暗示着某种水平的抽象这一点牢记在心。特别是我的正义论中的契约并不是由此进入一个特定的社会，或采取一种特定的政治形式，而只是要接受某些道德原则。"[1] 可见，在现代思想家们的解读中，道德也成了契约的题中应有之义。

所有这些对契约的解读，都只是在理论建构中发现的契约功能，而在现实的社会生活中，建立在契约基础上的社会制度并没有为族阈共同体的全体成员平等地提供共有的生活条件，并没有在政治、经济以及广泛的社会生活领域中获得平等、公正和正义。所以，契约是有局限性的。

二、 由契约建构的人际关系

陌生人社会是契约得以产生的秘密所在。虽然契约的产生可能会被追溯到很古老的历史时期，然而，就契约成为人们社会交往的普遍性的中介因素而言，是在近代社会，是在陌生人社会生成之后。

我们已经指出，家元共同体中的人们生活在固定的地域，亲缘、地

---

[1]［美］约翰·罗尔斯：《正义论》，何怀宏、何包钢、廖申白译，北京：中国社会科学出版社1988年版，第14页。

缘等因素把人们联系在了一起。或者说,人生活在一个熟人圈子中,构成了一个熟人社会。在熟人社会中,人们之间的交往是一种直接性的交往,不需要中介因素。然而,在工业化、城市化的过程中,社会的流动性增强了,地域的限制被冲破了,人们大量地涌入了城市,亲缘体系也迅速地走向瓦解。结果,人们被置入一个陌生人的社会中了。这个时候,人们之间的那种习俗型信任开始消失,面对陌生人,人们是抱持怀疑态度的。所以,他们不愿意也不可能按照熟人社会的方式去与他人交往。事实上,如果他们沿用农业社会熟人圈子中的那种直接性的交往,就会面临很多难以预料的风险,上当受骗也就是自然而然的了。

在这种条件下,人们的交往就必须借助于某种稳定的、具有保障功能的中介因素而展开。契约就是这种中介因素,特别是当契约得到了法律制度的确认和得到了权力体系的支持时,它就能够稳定地发挥联系人们的桥梁之作用,就能够在人们进行交往的时候消除顾虑甚至信任陌生人。所以,契约产生于熟人社会的解体和陌生人社会的出现这一历史时期。或者说,是在工业化、城市化的过程中,由于陌生人的交往需求而造就了契约。因而,在整个工业社会,契约关系也就是社会关系的基本内容,工业社会的法律制度在本质上也无非是契约关系的反映和出于维护契约关系的需要而建立起来的。工业社会的陌生人通过契约和在法律制度的框架下开展交往活动,在交往活动中形成契约精神和造就契约文化,同时建立和健全了一种社会治理体系。这种治理体系从契约的原则出发,积极地为契约的普遍实现提供保障,让基于契约的和反映了契约特征的社会运行得以顺畅。

也就是说,既然族阈共同体是一个陌生人社会,那么在这个社会中,人与人的关系就只能借助于某些中介因素而联系起来。即使是有着血缘关系的人们,也会在他们之间楔入法律的、物质的等等因素,从而使直接的血缘关系中因介入了其他社会因素而变得陌生起来。在普遍的意义上,族阈共同体中的人是由无数有形的和无形的契约联系起来的,契约是理解族阈共同体的最基本的出发点。族阈共同体的一切现象,都需要根据契约或归结为契约才能得到理解。没有契约,人们就无法进行交往,也就不再有交往关系以及社会运行机制了,法律制度的设置也就会被作为一种完全主观性的创造了。正是在此意义上，启蒙思想的主流理论被称作"社会契约论"是有道理的，或者说是准确的。

在家元共同体这个熟人社会中，人们之间更多具有的是直接性的联系，要么是有联系，要么是没有联系，很少需要通过某种中介因素而发生联系和进行交往。在族阈共同体这个陌生人社会，人们之间既是陌生的又是有联系的和必须进行交往的，他们的联系和交往是通过契约以及在契约基础上建立起来的法律制度等社会性设置而成为现实的。也就是说，本来，族阈共同体中的人都是一群陌生的人，由于借助于契约而联系了起来，能够开展交往了。同样，由于契约的出现，原本是"熟人"的人因楔入了契约而陌生化了。

动态地看，我们也同样可以发现，工业化和城市化使人的迁徙和流动变得经常化，原先在熟人社会中，每一个人都是固定在社会的节点上的，交往关系存在于熟人之间，即使面对初次交往的人，人们也会按照熟人之间的交往规则而进行交往。结果，把初次交往的人变成了熟人，并且是恒久的熟人。但是，在族阈共同体中的人由于迁徙和流动而不再固定在社会的某个节点上了，交往关系已经失去了熟人的空间，因而，交往活动必须在陌生人之间进行。族阈共同体中的人们处在既是陌生人又必须交往的必然性之中，不同陌生人打交道也就无法生存下去。在人们的这种交往关系中，一方面，契约把陌生人联系了起来，另一方面，契约又把人与人间隔了起来。因为有了契约这个中介，人们之间不可能成为熟人，同时，由于有了契约这个中介，无论人们之间的关系是多么陌生，都可以交往。

族阈共同体是工业社会的共同体形式，工业社会的社会化大生产让农业社会的那种自然经济条件下的自给自足状态趋近于无了，社会化大生产把人们置于一个必须交往的普遍联系之中。而且，人们的交往又主要是以交换的形式出现的。或者说，交换行为以及交换关系是族阈共同体中的交往活动以及交往关系的主要内容。然而，交换必然是发生在陌生人之间的，熟人之间不存在交换或不应存在交换，熟人之间应当存在的是赠予和挪借。一旦出现了交换，熟人之间就包含了陌生化的因素；一旦出现了这种陌生化的因素，人们之间就有了裂隙，就必然会要求契约来填补这个裂隙。所以，在熟人社会中，由于陌生化因素只是偶然出现的，以至于我们所看到的总是一种交换的不严肃性。这种不严肃性使交换时常受到侵害，无法成长为普遍性的社会活动。熟人社会在本质上是反市场经济的，健全的市场经济必然是建立在熟人社会解体的条件下的，唯有陌生人才是推动市场经济健全的主体。如果说熟人社会受习俗的规约的话，那么陌生人社会则需要受到法律等成文规则的规约，正是在此意义上，人们作出了"市场经济是法治经济"的判断。但是，当我们指出陌生人社会需要受到法律等成文规则的规约这一特征时，是指一种低级形态的陌生人社会，在陌生人社会的高级形态中，将会出现规制自我否定的情况。

契约是人们之间信任关系的物化，由于在人们之间发现了契约这一中介，人们之间的信任具有了理性的特征，并成为一种能够推广到整个陌生人社会的普遍性信任。这种理性的信任就是一种契约型信任。但是，契约所包含的理性仅仅是一种工具理性，或者说，契约是工具理性为适应整合陌生人社会的需要而创设出来的。根据这个逻辑，当工具理性被合作理性所超越的时候，信任的形态和内容也会发生根本改变，人们之间的合作关系可以抛弃任何中介而直接地把开展交往的人们联结起来。人们的合作行为在形式上与熟人社会的交往相似，但理性化的合作行为不是发生于和存在于熟人社会的，而是存在于陌生人社会的。就这一点而言，人的合作行为的普遍化和合作关系的健全并不意味着人类向农业社会交往类型的回归，而是人类社会发展到了一个更高阶段的成果，是人类进入一个合作的社会的标志。

三、 工具化的社会治理

在工业化的进程中，随着社会分工的发展和科学技术水平的提高，人们之间的交往媒介不断发生变化。可是，人们之间直接的、面对面的交往则变得越来越少了，以至于人们之间的情感也变得疏离，社会也变成一个完全陌生化的世界。这个时候，家元共同体中的那种直接交往过程以及这个共同体的群体整合力量也被完全消解了。其结果是，个体在社会生活中不能不转向这样一个方向，那就是通过制度去实现对复杂社会现象的有效控制。结果，契约就成了制度建构的基石。就契约是制度以及整个社会治理体系的内容而言，则使制度以及社会治理体系自身成了一种抽象系统。

这种抽象系统无论是以符号系统还是以专家系统的形式出现，都是嵌入社会结构体系之中的，在社会结构系统中所承担的是一种特殊的功能。如果这个嵌入因素能够正常发挥其功能的话，就可以达到维护共同体生活秩序的目标，而在实质上，抽象性系统所反映的是族阈共同体需要在其结构上嵌入一个构成部分，让这个构成部分成为一种对共同体的全体成员作出的承诺，而且这个构成部分还必须保证它作为承诺本身能够得到兑现。正是共同体生活对这种承诺的需求，造就出了一个抽象系统，而这个抽象系统在族阈共同体中的结构性功能得以实现的过程又被编制成一种模式化的运行机制，从而以制度的形式出现。

在此意义上，法律制度无非是承诺的制度化形式，是承诺被物化为契约后而拥有的一种稳定的明确的形式。如果非制度性的个人承诺是以个人人格为担保的，即以对他人的感觉经验了解为依据，具有主观的不确定性，那么，制度性承诺则以非人格的制度构架及其客观运作机制为保证，具有客观确定性。制度性承诺使得生活在陌生人社会中的个人获得了某种可以依赖的客观性依据，陌生人的行为也因此而具有了可预期性，进而也拥有了安全感。所以，作为陌生人社会中的信任，契约型信任是深深植根于这种现代化的制度性承诺及制度性承诺的可信任性之中的。正是制度性承诺及制度性承诺的可信任性，使契约具有了承载信任的载体功能。

族阈共同体的治理体系在三个层面上具有工具性的特征：其一，它在整体上是一个抽象系统，它的一切要素都是符号化了的；其二，它的制度是一个普遍性的抽象的承诺机制，至于这种承诺适用于什么情况以及包含什么样的内容，都是无关紧要的；其三，它在治理过程中需要由具体的人来加以落实，而这些人必须作为非人格化的人的时候，才能有效地承担起社会治理的职责。这样一种社会治理体系在建构的过程中所遵从的是工具理性，在运行的时候所从属的是形式合理性，在发现社会问题并将其转化为政策问题的时候所追求的是同一性，在面对社会治理对象的时候所考虑的则是方式方法的普遍适用性。

就契约是一个普遍性的、理性的信任机制而言，它本身就是一种形式化的存在，而且，它也把整个社会改造成了一个形式化的社会。所以，工业社会在整体上就是一个形式化了的社会。工业社会的形式化使这个社会处处都表现出符号化的特征。在这个社会中，"记号的过度产生和影像与仿真的再生产，导致了固定意义的丧失，并使实在以审美的方式呈现出来。大众就在这一系列无穷无尽、连篇累牍的记号、影像的万花筒面前，被搞得神魂颠倒，找不出其中任何固定的意义联系"[①]。总之，族阈共同体生活失去了实质，人们被这些符号所掩蔽、所支配，把符号世界当作世界本身。在这里，人们也谈论创新、创造等问题。但人们的创新、创造无非是为符号世界再增添一些符号而已，是在本已定格了的图画上再增加几笔。形式化了的社会增强了治理体系的形式化和工具性特征，以至于我们在整个工业社会所拥有的就是一个基于工具理性而建立起来的社会治理体系。

马克斯·韦伯把工具理性在组织建构中的实现准确地概括为"祛魅"过程，即对实质理性的祛除。结果怎样呢？却是对社会治理过程中一切道德因素的祛除。根据马克斯·韦伯的理性官僚制设计，行政体系不鼓励甚至祛除了行政人员的道德价值，从而出现了普遍的行政人员道德不作为的情况。虽然这并不意味着行政人员在作为人的时候已经患上了道德缺乏症，但建立在工具理性基础上的行政体系由于追求形式合理性和科学性，致使行政人员作为人的那些道德价值发挥作用的空间不再存在了。所以，行政人员处于一种普遍的道德不作为的境遇中。

对于行政人员的道德不作为，可以作出三种理解：第一，行政人员受到行政职业活动中的工具理性所驯化，把他在日常生活领域中所形成的道德素养遮蔽了起来，在行政管理的职业活动中仅仅根据行政体系的要求而被动地履行行政责任和法律责任，因而不再以道德主体的形式出

---

① ［英］迈克·费瑟斯通：《消费文化与后现代主义》，刘精明译，南京：译林出版社2000年版，第21页。

现；第二，对公共利益缺乏热情，没有获得在公共领域中开展活动所应拥有的公共精神，不关心公共行政的公正责任；第三，对自己的行为缺乏进行道德激励的动力，拥有道德知觉但不愿意把这种道德知觉付诸行动。归根到底，是由于行政体系没有为行政人员的道德价值发挥作用提供适当的空间，没有一个健康的道德激励机制，致使普遍性的行政人员道德不作为的现象出现。

虽然行政人员的道德不作为并不是他作为人而丧失了道德意识的证明，但就其结果来看，却可以使行政人员变成不道德的人。其一，由于长期的行政不作为，他的道德动力不再发挥作用，因而会变得更多地关注个人的利益，表现出对权力的热衷和对感官享受的追求。其二，彷徨于道德生活与职业活动的冲突之中，在试图去作出道德行为选择的时候计算个人的得失，害怕因此而对自己的行政责任和法律责任的履行造成不利的影响；在没有作出道德行为选择并产生了一定的消极后果的时候又受到良心的折磨。也就是说，并不是成为行政人员的人没有道德意识和道德要求，而是由于行政体系没有提供这样一个条件去使他对自己的道德要求得到保持和坚守，以至于让他顺应环境、迎合他人，或者趋附权力、金钱、感官享乐等等，从而成为"行政人"。所以，行政道德的建设，关键还在于行政体系自身的改造，即把行政体系改造成一个适宜于行政人员作出道德行为选择的场所。

关于行政人员的考察所形成的这些意见也是适用于更为广义的社会治理者的。我们知道，人是社会治理体系中的基本构成要素，一切社会治理的职能也都需要由人来承担。当人的道德不再发挥作用的时候，这个由人承担的社会治理又在何种程度上能够满足于人的社会生活的需要呢？又在何种程度上能够把人整合为社会生活的享有者呢？以政治生活为例，我们看到，当民主变得形式化了之后，也就是说，当它成为制度之后，在这种制度框架下，开展民主活动的人成为民主的工具，是失去了生活内容的符号。就民主的本义而言，是与自主联系在一起的，是不同于君主制条件下的"他主"的。但是，在民主制度化和形式化的过程中，人们失去了自主性，人成了不自主、不自由的存在物，从而异化为符号和选票，成了可以通过数字来统计和计算的物品，而整个社会治理过程又是以这种数字统计和计算为依据而展开的。特别是到了工业社会的后期即"晚期资本主义"阶段，民主制度越来越像中国人常讲的那把"锁君子不锁小人"的锁，它成为一些政治家手中的玩物和操纵工具。在一些大国的政治家手中，民主还成了用来颠覆弱小国家政治的工具。由此可见，民主也有自己的演变过程，在早期启蒙思想家和革命者的心中，民主是浴血追寻的目标，到了其子孙那里，就成了可资消遣的"玩物"。不仅民主的制度需要遵从工具理性，而且当民主按照工具理性的原则去作用于社会的时候，也使自身成了工具。这显然是民主的堕落，然而却是我们生活于其中的这个世界以及社会治理的基本状况。

就整个社会而言，如果在人的社会生活中剔除了道德的因素，的确会像霍布斯所说的那样："在没有一个共同权力使大家慑服的时候，人们便处在所谓的战争状态之中。这种战争是每一个人对每一个人的战争。因为战争不仅存在于战役或战斗之中，而且也存在于以战斗争夺的意图普遍被人相信的一段时期之中。……正如同恶劣气候的性质不在于一两阵暴雨，而在于一连许多天中下雨的倾向一样，战争的性质也不在于实际的战斗，而在于整个没有和平保障的时期中人所共知的战斗意图。"① 但是，在权力发挥着维护社会秩序的功能的同时，又会有着对个人权利侵犯的可能性，所以才又走上了对权力本身加以制约的要求。

当18世纪启蒙思想中的"人民主权"原则演化成一种根据功利主义立场观察政治制度和国家权力合法性的方法时，这种方法的基本取向就是看政治制度和国家权力能否带来社会最大量的幸福，即，如果生活在这个制度中的所有个人幸福的满足有最大余额，那么这个社会就被认为是正确地组织起来并具有充分的合理性。这就是在边沁等人那里所看到的所谓"最大多数人的最大幸福"。从功利主义的方法中可以看到，它对政府的功能给予了一种较为务实的限制，即并不要求政府去追求对普遍利益的代表，只要政府能够满足"最大多数人的最大幸福"就已经是一个好的政府了。但是，我们不禁要问，一个社会中的最少数人在绝对的

① ［英］霍布斯：《利维坦》，黎思复、黎廷弼译，北京：商务印书馆1985年版，第94页。

量上应当是多大，他们的利益和福祉是否就不应得到政府的关照呢？现在看来，可能恰恰是这些最少数人的利益实现的状况，成了衡量一个社会是否健全的标志。所以，政府不能满足于关注"最大多数人的最大幸福"，而且要超越这一目标，要在对普遍性的公共利益的关注中去超越对"最大多数人的最大幸福"的关注。然而，由于工具性的社会治理体系追求形式合理性以及普遍性，从而决定了它恰恰无法去关注一个社会中的少数人的幸福。也正是由于少数人的幸福受到了忽视，社会不安定的因素不断地滋生了出来，更不用说社会的健全与和谐了。

在近代社会的治理体系中，法律被突出到了一个极高的位置上，人们往往把法律以及法律的制度看作近代以来社会治理体系的总体特征。但是，这种奠基于契约之上并为契约提供保障的法律及其制度，其实只是一种外在于人的强制性力量，它如果不转化为人心中的所谓内心的"法"的话，人们就会对它采取阳奉阴违的态度，就不存在着对它的自觉遵守的问题，它也就很难被落到实处。正如黑格尔所指出的："当个人尚未认识法律、理解法律时，法律在个人看来便是暴力。……法律在最初的时候，必须是强制性的暴力，等到人们认识了法律，等到法律变成了人们自己的法律时，它才不是一个外来的东西。"[①] 所以，法律其实只是一种外在于人的、被假定的秩序或规则，一旦遇到不具备内在美德的人，这种秩序和规则就不可能成为现实。

总之，无论对于一个社会还是对它的治理体系来说，道德价值都是极其重要的，正如福山所看到的："现代化制度固然很重要，但还不足以构成现代繁荣经济和社会福祉的充分条件，如果一套制度要运作顺畅，还必须配给若干传统的社会习惯与伦理习惯。契约的存在容许陌生人在缺乏互信基础下得以共事，但是当共事双方真的信任双方时，他们的合作过程绝对更有效率。法律模式如合资企业也许能使互相相关的人们携手合作，然而他们的合作顺利与否，就必须视他们能否和不具亲戚身份的他人融合相处。"[②] 所以，形式化、工具性的社会治理并不是一种理想

---

① ［德］黑格尔：《哲学史讲演录》，第 1 卷，北京：商务印书馆 1959 年版，第 166 页。
② ［美］弗兰西斯·福山：《信任——社会道德与繁荣的创造》，李宛蓉译，呼和浩特：远方出版社 1998 年版，第 171～172 页。

的社会治理方式，而是一种在历史的发展中应当得到扬弃和超越的社会治理方式。

第三节　社会治理的自我超越

一、契约功能的有限性

中国的改革开放经过 40 多年的历程后取得了举世瞩目的成就，但是，在这一过程中也出现了许多新的问题。从西方国家近代以来的社会发展看，中国当前出现的许多问题在现代化的过程中都是必然要出现的，属于工业社会自然发展进程中必然要出现的问题。然而，既然已经有了西方国家现代化的前车之鉴，为什么我们又没有避免这些问题的出现呢？显然，是需要通过对社会治理体系的检讨来寻求答案的。

在中国的改革开放和现代化进程中，虽然我们突出强调了依据中国国情去选择治理方略的设想，但在实际的行动中，还是存在着对西方国家既有社会治理模式简单化的学习和借鉴的问题。其实，在中国致力于改革开放和现代化的时候，人类历史的进程已经走到了一个与西方国家现代化大不相同的历史阶段。或者说，西方国家的现代化进程是一个较为纯粹的工业化、城市化进程，而中国这样做的时候，人类历史已经开始了后工业化进程。正是因为对后一方面考虑的不足，才使中国社会走上了对西方国家现代化模式简单化的学习和借鉴的道路上去了，未能避免西方国家曾经出现的社会问题。基于这种考虑，我们需要对西方国家近代社会治理体系形成的基础、存在的特征以及社会功用等进行考察，进而提出加以超越的设想。

近代社会的启蒙思想家们相信，正像在私人领域中市场机制能够自动地生成和谐的竞争体系一样，在公共领域，契约及其保障机制也能够自动地生成和谐的社会，以为有了契约以及对契约的遵守，一切矛盾和冲突都不再会出现，一切公平正义都可以实现。事实上，在契约精神不断地渗透到社会生活的各个领域的同时，人们之间的关系不是变得更加和谐了，反而矛盾冲突也不断地变换形式地出现在了我们面前；公平、正义不仅得不到实现，反而变得越来越成为一个似乎要压垮社会的问题。正如市场机制不是万能的一样，契约也不是万能的。因而，社会的发展需要发现新的代替契约的整合方案。

在家元共同体解体和族阈共同体诞生的过程中，产生了契约。英国古代法学家梅因在描述这一转型过程时说："在以前'人'的一切关系都是被概括在'家族'关系中的，把这种社会状态作为历史上的一个起点，从这一个起点开始，我们似乎是在不断地向着一种新的社会秩序移动，在这种新的社会秩序中，所有这些关系都是因'个人'的自由合意而产生的。"因此，"所有进步社会的运动，到此处为止，是一个从身份到契约的运动"。[①] 果真社会进步的运动"到此处为止"的话，那么人类20世纪的诸多悲剧难道就是人类社会理想境界中的应有现象吗？显然，在人类社会发展的总体进程中，契约被作为共同体建构的基础只是在一个特定的历史阶段中才是有价值的。契约既不是卢梭所认为的那样在人类社会的起点上就出现了；也不像其他的社会契约论者乐观估计的那样会永远成为人类社会交往框架的支点。

契约出现的同时也是人的原子化过程。如我们一再阐述的，在家元共同体中，人与他所处的群体在很大程度上是一体性的，社会尚未分化，人与人的界限也是不清的，在每一个家元共同体成员身上，都拥有和体现着他所属群体的整体性特征。但是，在工业化的进程中，人的利益意识开始觉醒。在利益追求中，人们之间的边界开始变得清晰了起来，为了保持这个边界不受任何有意或无意的逾越，人们必须不断地申述自己的权利。在基于契约的共同体建构过程中，恰恰是以对权利的维护为旨归的。所以，在社会契约论的社会规划中，所要维护的终极存在物就是原子化的个人。这就是福山所说的："自由主义学派不但认为有天赋权利，并且认为这些权利属于孤立、自足的个体。霍布斯和洛克所勾勒的自然人，最关心的事情是照顾自己，至于最主要的社会接触是与人冲突。对于未经文明洗礼的人而言，社会关系是不自然的，保有在个人无法独

---

① ［英］梅因：《古代法》，沈景一译，北京：商务印书馆1984年版，第96～97页。

立达成心愿时，才会借由社会关系的手段来达成；到了法国哲学家卢梭指陈的人类自然状态，其孤立情形更加严重：甚至家庭对人的生存与幸福都不是必要的了。"[1] "现代的早期的盎格鲁-撒克逊自由派政治理论所指的自然人，和后来古典经济自由派理论的经济人……都针对孤立的个人，都认为个人在本性上是追求保障自身的基本权利（政治自由主义），或是追求私人'功利'（经济自由理论）；两种理论都以为，社会关系只能透过契约关系产生，由于每一个个体都追求自己的权利或利益，最后自然会经由与他人合作来达成目标。"[2] 实际上，说"经由与他人合作来达成目标"还只是对这种原子化社会的一种较为模糊的肯定判断。因为，这种原子化社会是从个人出发的，是让人基于个人的权利和利益而进行交往的，因而，人在交往过程中必然会把他人作为工具，出现在他们之间的只是一种工具性的合作，更准确地说，是只有在官僚制的支持下才能实现的协作。

学者们往往把人的原子化看作为社会离析的根源，其实，人的原子化只是共同体构成的一种形态，真正使社会离析的根源则是对人的原子化所作出的制度安排。这在近代社会就是法律制度，是法律制度促使社会离析，重新进行形式整合，并以族阈共同体的形式出现。然而，关于法律制度建设的实质性结果则是：一方面，法律制度使社会在实质上得到离析甚至走向崩解的边缘；另一方面，法律制度又在形式上把它整合为一个共同体。考虑到法律制度是在契约的基础上产生的和反过来维护契约的，就可以清楚地理解：法律制度的局限性也就是契约的局限性。

以契约为基础的共同体建构要求赋予人以自由、平等的权利，并把这些权利神圣化为"天赋"的。但是，仔细地对契约进行分析就可以看到，虽然就人们的订约而言，是自由的和平等的，而就契约的内容来看，除了在抽象的宪法的层面上规定了人的自由、平等等权利之外，而在具体性的契约中，这些内容就完全消失了。以自由为例，正如阿马蒂亚·

---

① [美] 弗兰西斯·福山：《信任——社会道德与繁荣的创造》，李宛蓉译，呼和浩特：远方出版社1998年版，第305页。

② [美] 弗兰西斯·福山：《信任——社会道德与繁荣的创造》，李宛蓉译，呼和浩特：远方出版社1998年版，第306页。

森在《以自由看待发展》中所指出的：“一个人的‘可行能力’（capability）指的是此人有可能实现的、各种可能的功能性活动组合。可行能力因此是一种自由，是实现各种可能的功能性活动组合的实质自由（或者用日常语言说，就是实现各种不同的生活方式的自由）。”[1] 能力通过其“功能”才能显示出来，没有“功能”也就不会有能力。可是，不可能有任何一项具体性的契约会把人们的能力作为内容而规定进去，反而，契约恰恰是作为限制人的自由和限制人的能力的框架而存在的。

契约的局限性决定了它的历史性，这一点尤其反映在以契约为基础的法律制度的历史性上。也就是说，近代以来，虽然在工业化、城市化过程中借由契约而造就了法律制度的规则体系，而在社会交往以及一切社会活动中，法律制度的规范总被放置在主导性的地位上，来自家元共同体传统的习俗性制约因素越来越被边缘化。但是，在家元共同体所留传下来并在一定程度上实现了转型的日常生活领域中，习俗性规范依然在发挥不可低估的作用。或者说，日常生活领域依然接受习俗的制约。在历史的宏观视野中，工业社会只是人类历史上的一个必经的阶段，如果说契约构成了族阈共同体社会交往的基础并成为一切其他社会活动的前提的话，那么在族阈共同体中依然存在着传统的习俗性规范力量这一点也证明，在族阈共同体中也可能包含着新生的对族阈共同体作出否定的因素。事实上，族阈共同体正在生产着这些否定自身的因素，总会有一天让族阈共同体实现一种“自我否定”。

20 世纪 80 年代以来，后工业社会的概念越来越经常性地被人们提起。就后工业社会这一概念而言，显然是指工业社会之后的一个社会历史阶段。这个历史阶段的到来，无疑是工业社会对自我的否定。在后工业社会作为一场现实的社会运动呈现在我们面前的时候，就会向我们展示出这样的情景：从工业社会向后工业社会的转变也将像从农业社会向工业社会的转变一样，是共同体形式的替代过程，既然人类经历了族阈共同体对家元共同体的替代，那么现在将进入合作共同体

---

① ［印度］阿马蒂亚·森：《以自由看待发展》，任赜、于真译，北京：中国人民大学出版社 2002 年版，第 62～63 页。

对族阈共同体的替代过程。契约作为族阈共同体的基础性设置也可能在合作共同体中继续发挥作用，但它将不再是被作为基础性设置的因素而存在了。相应地，在社会整体的层面上，族阈共同体所拥有的以法律制度为特征的社会规则体系，也将继续在合作共同体中发挥作用，但这种作用不再是排他性的作用，而是表现为道德制度框架下的作用，从属于合作的需要，接受合作理念的支配。对于合作共同体而言，广泛的社会交往以及社会生活领域都将生长出合乎后工业社会特征的规范体系。契约、合同、依法而行等，虽然依然是人们行为的依据和规范性因素，但它们不再在规则体系中处于主导地位。如果说还有什么不变的因素的话，那就是，人们对公正、平等、正义等基本的社会生活价值的追求依然不变。

正像我们在族阈共同体中所看到的那样，一切客观性的自然和社会过程都可以通过科学和技术的手段来加以认识和规范；一切主观性的社会和行为过程都需要在基本价值的发现中才能找到规范的途径。随着合作共同体的建立，对于社会生活中的一切客观性的方面都可以实施依法治理，而对于一切主观性的方面都是无法进行依法治理的。比如，在合作共同体中，网络将作为一个新的生活世界而更加普遍地融入我们的社会生活之中，但它会更多地表现出主观性的一面。所以，按照族阈共同体的法律规范思路去实施"依法治网"，可能就是不切实际的。今天被称作互联网的那个东西，如果在进一步的发展中演化成一个相对独立的"虚拟世界"的话，会不会有着自己的运行规律和机制呢？在人类尚未出现之前，显然只有一个世界，那就是自然界。在人类出现之后，有了两个并存的世界，它们是自然界和社会。如果虚拟世界出现了，那么人类将拥有三个世界，需要在三个世界中穿行。自然界不是基于契约而建构起来的，人类社会只是以族阈共同体的形式出现时才是基于契约而建构起来的，那么，虚拟世界能够基于契约去加以建构吗？总之，当三个世界并存的时候，必然会与两个世界并存时的情况不同。因而，基于契约的共同体建构也就必须为另一种方案让路。

二、　契约将被扬弃

工业化、城市化历程虽然打开了"从身份到契约"的社会运动之门，但在整个工业社会，人的身份标识并没有完全消失。在很多情况下，身份往往以变异了的形式继续存在和发酵，并影响着人们的交往和生活。这是因为，族阈共同体虽然是一个陌生人社会，但它的开放性程度还很低，还不能发挥完全消解人的身份标识的功能。网络的出现，网络所造就的新的陌生人社会，以其充分的开放性而把人的身份标识彻底摘除了。

我们知道，在一切存在着身份标识的地方，人的自由和平等都受到了严格的限制，而身份标识的完全消除，首先就意味着人的自由和平等有了实现的社会基础。网络的自由属性不仅使人摆脱了真实身份的限制，而且使人摆脱了各自的传统文化、道德规范的约束，使人们之间能够进行跨地区、跨文化、跨民族的交往，充分地享有自由。因为，网络的开放性使世界失去了中心与边缘的区分，权威被摧毁，精英与大众的鸿沟被填平；网络的平等性使不同文化、不同历史传统、不同地区、民族、国家的人们可以平等地交流与对话；网络的多元性又体现了网络的包容性，不同肤色、不同信仰、不同价值观的人们都可以容纳。

从家元共同体存在和发展的历史看，由于不平等的社会等级结构制造了无数人间悲剧，使人们深刻地认识到平等之于人类的重要性。在18世纪的启蒙思想家那里，"人生而平等"是一个响亮的政治口号，也是一种引人入胜的道德理想。但是，认识到平等的重要性是一回事，如何在理论上理解平等以及如何在实践上来实现平等之理想，又是另一回事。人类社会的发展是一个不断地取得进步的过程，对平等的追求是需要物化为社会现实的，正是在人类的平等要求不断地物化为现实的过程中，我们发现了人类每过一个阶段就取得了很大的进步。关于平等理想的实现，是一个需要不断地通过人的努力和自觉的制度安排才能达成的目标。我们探讨平等的实现前提，就是要寻找在历史的演进中已经产生了什么样的条件以及即将产生什么样的条件，以便我们在这些条件下去进行制度安排，从而让平等的理想最终变成现实。

在契约被作为基础性设置提出来之后，的确为平等的理论提供了基础，使"人生而平等"得到了理论证明。因为，无论是在订立契约的过程中还是在契约执行的过程中，都要求订约者们之间是平等的。但是，现实并没有予人以平等。比如，人们通过订约而生成政府，可是，政府却维护财产的不平等，政府的政策也成了利益集团的意愿表达工具。所以，对平等的追求没有因为社会契约论的理论证明而得到一劳永逸的解决，反而成了贯穿于近代以来全部理论活动中的中心线索，所制造的是不平等的现实的周期性扩大。虽然生产力水平的提高和科学技术的进步使社会容纳不平等的能力增强了，使人们能够共存于更加扩大化了的不平等社会之中，但是，如果这种不平等继续累积下来，必将走到其临界点。从罗尔斯的正义理论在 20 世纪后期受到热烈的欢迎这一点也可以看出，正是现实社会中的不平等促使人们对一切关于平等的探讨表现出了特别的关注。

我们知道，在订立契约的问题上，罗尔斯与霍布斯、洛克、卢梭等人的契约论有所不同。罗尔斯不是在直观的"自然状态"的背景下订立契约，而是把这个背景设立为一种思辨的"原初状态"。在这种"原初状态"下，人们处于"无知之幕"中，它使得订约人平等。由于增设的这个"无知之幕"，消除了"自然状态"的含混性，从而在理论上显得清晰多了，似乎也更加理性了。而且，罗尔斯的全部理论活动都在于证明："在作为公平的正义中，人们预先接受一种平等的自由的原则，……这些原则指定了人们的目标体系必须尊重的界限。"[①] 可是，如果把罗尔斯用来证明平等的理论前提之"原初状态"也理解成"自然状态"，或者理解成理性的"自然状态"，又有何妨？所以，从本质上看，罗尔斯并没有走出启蒙思想家的思维框架，他在理论上所取得的发展只不过是在原有的框架下做得更细致了一些而已。只是由于做得更加细致了，才显示出与功利主义的不相容性。所以说，罗尔斯的正义理论依然是属于工业社会理论建构的范畴，无非是对契约论自身的理论合理性的进一步完善，对

---

① ［美］约翰·罗尔斯：《正义论》，何怀宏、何包钢、廖申白译，北京：中国社会科学出版社 1988 年版，第 28 页。

于消除现实中的不平等问题，并不能发挥切实有效的作用。只要人们不放弃对平等的追求，也就不会满足于罗尔斯的理论论证。

从根本上说，近代社会的平等观念只是中世纪平等观念的简单转换，只是取消了上帝这个前提而已。中世纪要求上帝面前人人平等，近代的平等观念则把平等直接地看作人自己的事情，不再需要一个凌驾于人之上的上帝存在了。虽然人与人的平等不再需要上帝的介入了，但这种平等还是需要一个凌驾于人之上的东西来提供保障。这就是非人格的"神"的产生。法律就是这样一个非人格的"神"，过去是上帝面前人人平等，现在则是"法律面前人人平等"了。不过，法律又不是一个终极性的存在，法律本身又无非是契约。由法律结成的制度，也无非是建立在契约的基础上的。由于这种平等观念只是中世纪的平等观念的简单转换，所以，在人类社会的发展史上，它还只能是一种较为初级的平等观念，它确立了政治领域的平等观念，但在广泛的社会生活中，却仅仅是作为一个理想而存在的。

随着人类社会的进步，平等观念必然要得到进一步的发展，会发展到要求贯穿更为广泛的社会领域中去的地步。这就要求平等不再仅仅落脚在契约上，不再以抽象的权利平等为内容。当平等观念落脚于契约上的时候，在契约基础上产生的法律制度就必然会把平等仅仅规定为一项基本人权。这样一来，也就会从中推导出对造成社会不平等的那些因素的维护，甚至会把这些制造社会不平等的因素也神圣化。比如，关于人权的保障就会落脚到财产权的实现和保障上来。所以，只有当我们不再落脚于上帝、契约等这样一些实体性的存在物之上，而是在社会整体的意义上来思考平等的问题，特别是在我们自觉地去根据实际需要而谋求具体的而不是普遍的平等的时候，才能在平等的实现中有所作为。

在族阈共同体中，人对人的服从也提出了要求契约来加以确认的情况。这就造成了一个奇怪的社会现象。服从是等级关系的确证，某人服从某人，本身就意味着一方拥有支配另一方的权力。这是一种支配与被支配的权力关系，在实质上则是等级关系。但是，这种等级关系却借助于契约来加以确认，而契约得以成立的前提又恰恰是订约者之间的平等。所以，这是一种悖理的现象。的确，在契约化的社会中，依然存在着有限的等级现象，并通过契约来对这种现象加以确证。但是，在契约对等级现象加以确证的过程中，又表现出了对等级关系的限制和规约，以防止它的扩大和蔓延。比如，在 20 世纪后期的政府运行中出现了行政合同泛滥的情况。在这些存在于政府中的以及以政府为订约者一方的合同中，包含着权力因素。但是，当它以合同、协议等形式出现时，又必须满足契约原则的要求。

认真地考察 20 世纪后期出现的这一现象后，在与此前的行政权力运行状况进行比较时，可以发现，它在对行政权力的制约方面发挥了很好的作用。但是，权力与契约的冲突在这里也被诠释得更加淋漓尽致了。因为，在这里，契约表现出了双重性，一方面，它确认等级存在的事实，政府是拥有权力的"等级"，与它发生合同关系的，则是没有权力的"等级"；另一方面，契约又限制了等级，从而获得理性的秩序。也就是说，政府对那个与它发生合同关系的相对方并不能随意所为，政府虽然掌握着权力，却被要求遵守合同的约定。契约的这种双重性正是契约自身矛盾的真实面目。如果说黑格尔所揭示的辩证法的规律是具有普遍性的话，那么一切矛盾着的对立统一体都会最终走向自我超越的结果。因而，在人类社会的发展史上，契约作为一个矛盾的统一体，最终实现自我扬弃也就势所难免了。

三、 管理主义的命运

韦伯在他的几乎所有理论探讨以及理想官僚制的设计中都极力去充分张扬工具理性的原则，然而，韦伯对工具理性的强调其实是来自莱布尼茨的传统的。就莱布尼茨而言，他为了建立具有普遍必然性的知识论体系，可以说把近代理性主义传统中的理性片面地发展到了极端。我们知道，在莱布尼茨看来，单子没有窗口、不发生相互作用，而是按照前定和谐的内在原则自由发展。这就是说，单子是一个以自我为据和实现自我完满的存在，它在与外在世界发生关系的时候，无非是在外在世界中发现进一步完善自我的因素，即把外在世界作为它自己存在的工具。单子没有窗口也就意味着单子不需要让外面的阳光照进来，也不愿意让自己的视线去关注外在的世界。在族阈共同体这一陌生人社会中，每一个人作为自利的存在物完全拥有了莱布尼茨的单子的全部特征。单子是一个个的独立存在，只有借助于某种外在的因素才能够把它们黏合到一起，作为族阈共同体成员的个人也是这样，必须通过契约而把他们结合起来。

在根本上，契约以及与契约联系在一起的制度总是外在于人的社会因素，它永远也不可能被人所内化。也正是这一点，决定了基于契约而建构起来的社会中的人不同于家元共同体中的熟人。因为，在家元共同体中的熟人之间，是拥有共同的习俗和习惯的，而且这些习俗和习惯是一种完全内在于人的社会性因素，人与人之间因为拥有共同的习俗和习惯而成为一种同质性的群体。人在家元共同体中是古希腊哲学中的"水""气"和"不定型"，是能够融合而且必然要融合到一起的存在。所以说，家元共同体中的熟人社会也就是一个同质性社会。与之不同，族阈共同体中的陌生人社会则是一个异质性程度较高的社会。在族阈共同体中，人与人之间也恰如单子与单子之间一样，在质上是没有共同性的。虽然在质上它们是各异的和不相同的，但在形式上却是同一的，都是单子。正是这种形式上的同一性，为社会治理体系的形式化、普遍性和工具性追求提供了基础性的支持。

注重形式而不是实质，追求普遍性而忽视具体性，强调工具性而不是目的性……所有这些，都逻辑地导向了社会控制的方向。也就是说，族阈共同体的社会治理是一种以控制为导向的治理，它的官僚制组织形式、权力体系和法律制度，都从属于社会控制的需要。当然，这种控制与家元共同体中的权力控制又是有所区别的。家元共同体中的权力控制属于统治型的控制，而族阈共同体中的控制则是以形式化的管理主义形态出现的。族阈共同体的社会治理体系是一个体现和张扬了管理主义精神的治理体系，这个治理体系的运行无处不表现出控制的特征。虽然不像家元共同体的权力控制那样具有单一性，或者说，它在实施控制以及达致控制目的时，途径和方式、方法都是多样的，但这种途径和方式、方法的多样性无非是它的所谓"科学性"的证明，在实质上，任何一种途径都依然是对"最有效"的控制的追求。控制手段的改进，只不过是从属于优化控制的目的。在这种情况下，如果存在着对人以及文化的关注的话，也无非是要建立更省力的自动控制机制，至于管理主义治理体系的控制目标，则没有发生改变。当然，为了达到有效控制的目标，管理主义的社会治理体系除了致力于外在的规范、规则体系以及组织结构的建设和改进，也在政治合法性的追求中提供了另一条维护或增强同一性的途径，那就是通过公众的价值认同而使被推荐的制度、政治组织模式合法化。然而，我们看到，在现代国家谋求合法性的努力中，包含着对人类理性的滥用和亵渎，而且，利用现代媒体工具而进行的欺骗性宣传走上了"强奸"民意的轨道。

我们知道，近代社会的科学观所提供的是这样一种逻辑顺序：一切事物都是"由小到大""由下到上"而构成的。比如，原子构成了分子，分子构成了有形物，有形物构成地球，地球与其他行星构成了太阳系……人类社会也是这样，个体的人构成了人群，人群构成民族；在政治结构中，则是自下而上地逐级构成国家；在生活结构中，则是由人构成共同体。这一逻辑顺序成了一种思维定式，以至于自然界中的任何变迁都要到微观存在那里去寻找根源，社会的变革也要到个体的人那里去寻找根源。可是，"大"与"小"、"上"与"下"的相互影响和互动往往受到了忽视。

实际上，在绝大多数情况下，无论自然界还是社会中的变动和发展都是发生在互动过程中的，相互影响、相互刺激以及它们的互动本身就是变化的根源。所以，近代以来的科学虽然取得了很大成就，但它所提供的逻辑顺序和思维方式并不正确。当人类的世界图式在构图上还比较简单的时候，它能够解释世界并具有科学的特征，随着人类的世界图式在构图上变得越来越复杂的时候，近代以来的科学思维就不再必然导向科学的结论，也很难再取得任何新的"科学成就"了。当我们认识到近代科学思维的这一局限性的时候，也就明白了官僚制组织甚至整个近代以来的治理体系在结构上的局限性。因为，它们所代表的都是或者"自下而上"或者"自上而下"的简单的线性模式。官僚制体系的"自上而下"的"命令—服从"关系，以及民主参与的"自下而上"的意见表达机制，所表现出来的都仅仅是一种线性的结构。

在族阈共同体的语境中，"科学"是"理性"的同义语。科学研究的路径是可以重复的，科学的理念是能够得到证明的，无论是科学的活动和理论，都包含着理性，而理性则借助于科学来加以体现和得到实现。长期以来，"理性"这个概念意味着一致的看法、共同的观点、普适性的标准，一切不能满足这一要求的思维结构或观念取向，都被归入非理性之列了。其实，关于理性的这种见解包含着工业社会的偏见。虽然理性在一定的层面上会表现为一致性、普适性和广泛认同的特征，但归根到底，理性属于这样一种观念形态，那就是与事实的一致性，以及能够满足事实进化的要求。

就理性是对事实的知觉、反映而言，它自身也是事实；就理性能够满足事实的存在与发展要求来说，它又是价值。所以，理性应当是科学与价值的统一。这样一来，我们在理性的科学面目中看到事实，同样，在理性的价值形态中看到事实的客观要求，事实的复杂性、多样性不允许理性仅以一种面目示人。然而，在工业社会的语境中，理性却是与事实不符的。因此，我们说工业社会的理性是思维抽象的结果，是与事实的复杂性、多样性相矛盾和相冲突的，仅仅是一种形式理性，与实质理性是无涉的，形式理性与事实的实质性内容相去太远。然而，这种形式理性却成了工业社会中得到广泛应用的工具理性，在制度设计、生活模式和行为模式的建构等各个方面都被作为理性的原则加以贯彻。结果，事实的多样性遭到扼杀，以至于再度物化的事实违背了人的本性，对人自身的存在构成了威胁，使人类步入了风险社会。

在人类社会的复杂性程度较低的情况下，如果说形式理性被作为社会建构的工具性原则还能够以科学的形式出现的话，那么当社会的复杂性程度增长到某一临界点的时候，形式理性再被作为不可怀疑的工具性原则，就会导致反科学的结果。所以，在走向后工业社会这样一个复杂性时代，如果我们进行社会重建的话，就需要让形式理性让位于与事实和与事实要求一致的实质理性。根据实质理性重建公共部门，传统的行政组织模式的单一性情况就演变成了公共组织模式的多样性。公共部门中的组织将会是多样的公共组织构成的组织体系，它们在总体上有一个基础性的元制度，而在具体的运行中，每一个组织都会根据自身的需要而进行创造性的具体制度设计和安排。不同的公共组织之间，没有普适的结构形式，它们之间在职能上的差异，都会反映到组织结构上来。在组织内部，标准化的行为模式已不再具有合理性，每一个组织成员的个性都会通过自己的创造性行为而得到充分的张扬和确认。

在我们重新回到陌生人社会这个话题上来时，可以作出这样一个判断：人类社会演进中的人的陌生化事实上增加了社会运行的防卫成本。在某种意义上，防卫在社会运行成本中所占的比重一直居高不下，社会运行的基本支出都是用于防卫方面的。对于族阈共同体的生活而言，需要这么多的法庭、法官和律师，名义上是为了主持和维护社会公正，实际上则是从属于陌生人社会的防卫需要。在行政体系的建构中，我们不仅需要建立与行政体系相对应的权力制约部门，而且，行政体系自身也需要围绕行政监督的问题而建立起相应的机构和配备相应的人，目的是防范行政权的滥用。甚至，许许多多职业心理从业医师虽然直接治疗的是陌生人社会的心理疾病，而实际上则是传授心理防卫的技巧。如果社会运行在防卫方面的成本得到大幅度降低的话，直接用来改进社会福利的支出将会得到多大的提高呢？所以，仅就降低社会防卫成本的愿望而言，我们也有充分理由追求一种理想的合作社会。

对防卫技术的需求是否促进了人类社会的进步，也许人们会给予肯定的回答。的确，官场上的以邻为壑使人变得聪明，制度化的抑恶安排使社会变得更加文明，甚至，人们会从美国的经验中看到尖端武器的研究推动了技术进步，似乎只有生产出尖端武器的需求才能给予技术甚至科学发展以决定性的动力。其实，这是一个绝对的"社会进步假象"，不仅是因为这样做经常性地造成资源的浪费，也不仅是因为那些不愿由于武器的淘汰而造成浪费的美国总统必然会发动战争，而是因为，人类如果没有防卫需求作为社会进步的动力的话，也必然会有其他动力推动科学技术的进步。比如，人类的防卫需求降低了，合作解决人类生存问题和改善人类生活的需求也将为科学技术的发展提供另一种动力。诚然，在历史上，发明了火药的中国人由于征服欲的不足而没有有效地将其用来改良武器，那完全是中国人求"和"厌"争"的文化使然。中国人不把火药应用于战争而使中国没有走向现代化之路的事实，是绝不能证明人类的进步必然是根源于征服和战争的，更不能证明防卫需求一定会推动科学技术的发展和生产力水平的提高。在合作的社会中，合作需求也会在各个方面为科学技术的发展提供充足的动力。因为，合作的社会虽然失去了防卫需求，但它绝不是一个自足自满、停滞不前的社会，它的发展和进步依然需要科学技术为其开辟道路。

在某种意义上，社会治理的功用体现在对人的力量的整合上。然而，我们知道，一切属于自然界的因素，它的力量就是它本身，它除了自身以外，是不可能借用、占有和整合出一种超越自己自然能力的力量来的。人则不同，人往往能把个体的力量整合成一种超越自己自然能力的整体力量，并能把这种力量集中起来去由某个个体加以承载。但是，在如何整合人的力量的问题上，不同的社会拥有不同的方式。或者说，在人类历史的不同阶段，存在着不同的整合人的力量的方式。总的说来，整合人的力量的方式处在不断的发展过程中，人类的进步在很大程度上也就体现为这种整合人的力量的方式上的进步。大致说来，在家元共同体中，是直接地通过权力来整合人的力量的；在族阈共同体中，则是通过契约的方式来整合人的力量。现在看来，族阈共同体的这种通过契约整合人的力量的方式已经不能满足社会发展的要求了，因而需要寻找新的整合人的力量的方式了。

在走向后工业社会的过程中，人们之间的交往关系的多向度性迅速增强，以往那种局域性的小范围的交往越来越为无边界交往所取代。在这种情况下，家元共同体中的那种熟人圈子内的交往和族阈共同体中的由组织结构和行动目标确定边界的交往，都已经和正在成为历史。新的交往关系既无边界也不固定在确定的交往主体之间。一旦交往是无界的，一旦交往主体是更加不确定的，那么家元共同体中的那种习俗规则和族阈共同体中的那种契约规则都将不再起到规约的作用。从个体的视角看，新的交往关系需要借助于交往主体的合作信誉而得到扩展。在社会的整体视角中，所需要的则是对交往主体的合作信誉作出记录，使这种信誉可以很方便地为进入特定交往过程中的人所获得，这在促进合作关系方面，可能比规则所发挥的作用更大。

当人们的交往关系在很大程度上还属于社会生活中的一种"自然状

态"时，"在寻求关于他我的信息上，自我求助于对他我有了解的受人信任的交往者，而且，这些交往者通过与自我共享所有的一切信息来维持与自我的合作关系。可能了解他我的经历并讲给自我的人们与他我自我都有很强的联系。所以，自我与他我通过共同的朋友与熟人的间接联系越强，他们听到的关于对方交往的经历就越多"①。随着合作共同体的出现，这种"自然状态"需要社会化，而且，在这一自然状态的社会化中，包含着无限的管理潜力。也就是说，通过把这种"自然状态"社会化，可以创造出全新的调整合作关系、规范合作行为的管理方式。

合作共同体将是对契约以及基于契约的社会治理体系的超越，它确立起了一种合作的理念，这种合作理念的根本就在于承认形式理性对于陌生人社会的必要性，与此同时，又自觉地去寻求实质理性的支持。合作共同体的建构，需要基于实质理性而去开展行动，必须超越族阈共同体在社会异质性存在中去谋求形式同一性的做法，必须在包容差异的同时把差异转化为合作的动力。在合作共同体中，差异将成为合作的动力而不是合作的阻力。合作共同体将实现对人的差异的普遍承认和包容，合作共同体中的治理将用服务的精神取代控制导向的原则，用合作的和谐观取代控制的同一性追求，用合作体系的总体性取代控制体系的整体性。因而，它将是人类社会治理史上的又一场革命性变革。

---

① ［美］罗德里克·M·克雷默、汤姆·R·泰勒编：《组织中的信任》，管兵、刘穗琴等译，北京：中国城市出版社 2003 年版，第 91 页。

第三章

在"自我"与"他人"之间

　　近代以来，以自我意识为前提的哲学建构所获得的是一个"自我中心主义"的世界。在这里，人是世界的中心，征服自然和改造自然是天经地义的，同时，自我又是无数个他人所围绕着的中心。就人与人的关系而言，在历史的维度上可以看到，家元共同体中所包含的是群体认同的形式，而在向族阈共同体转变的过程中，启蒙思想家们用"自我持存"的斗争消除了群体认同，并使承认关系成为族阈共同体中的主导性关系。然而，族阈共同体的承认关系出现了异化，这种异化造成了"自我认同""相互承认"与"普遍斗争"共存的矛盾局面，并在社会组织化的过程中将族阈共同体中的人们编织进了一张斗争之网中。就实践而言，族阈共同体的全部制度设置都是通过权利、荣誉与职权这三种基础性的承认形式而对人作出承认的。然而，在这三种承认形式中，权利属于社会承认的形式；职权则属于组织承认的范畴；荣誉既会以社会承认的形式出现，也会以组织承认的形式出现，但在实质上，是属于社会承认的范畴。权利、荣誉和职权代表了对人作出承认的三种形式和三个层次，同时，它们又共同营建起来了族阈共同体成员之间的统一的竞争氛围，即把所有人都置于"为承认而斗争"的过程之中了。在族阈共同体中，由于自我与他人的关系是一种工具化的关系，致使他人成了自我的风险源。然而，自我总是能够通过"中心—边缘"结构而成功地把风险转嫁给他人，从而维护自我的中心地位。随着社会风险度的增强，"中心—边缘"结构的转嫁风险功能陷入了全面失效的局面，自我与他人也因此而被卷入了同一个风险社会之中了。风险社会的出现，对自我与他人的关系提出了重塑的要求，要求发现一种自我与他人的共在结构。

第一节　从"自我"到"他人"

一、　自我意识与他人话语

"自我"与"他人"是一个哲学问题，历史哲学和政治哲学都无法回避对自我与他人关系的思考。但是，这一问题却是由自我意识的觉醒而推展出来的。当社会的发展唤醒了人的自我意识的时候，也就开始有了"自我"与"他人"的区分。这一点应当归功于工业化和城市化的历史进程。在家元共同体的熟人群体中，个体之间虽然也有差别，那却是一种自然的差异，是作为自然意义上的人的差异，即使以社会的等级差异的形式出现，在人们的观念中，也在事实上，是作为一种以社会形式出现的自然来看待的。在人类社会早期，有许多学说是把维护等级制度的做法看作为合乎自然正义原则的做法。从这里可以看出，等级差别恰恰是合乎那个时代的自然正义之要求的。由此也可以看到，家元共同体中的人们没有个体意识，更没有独立性要求。也就是说，家元共同体中的人尚未生成自我意识，人们是作为共同体成员而存在的，共同体既是他的生存空间，也是他的精神家园。

在工业化过程中，由于市场经济的发展和个人利益意识的生成，自我被置于世界的中心了，因而，自我意识也就开始了觉醒。到了此时，自我与他人的区分时时处处都是作为一个坐标而被放置到人的活动空间中的。学者们往往把自我意识生成的过程称作社会的"原子化"。的确，随着族阈共同体的生成，作为个人的自我意识迅速膨胀，每一个人都能够意识到和充分感受到自己是不同于他人的人，是作为一个独立的个体而被抛入社会之中的。当族阈共同体取代了家元共同体而成为社会整体的存在方式时，所依赖的是外在于人的制度和规则体系而把人们纠集到一起的。正是这些外在于人的力量，把人整合到了一个共同体之中。此时，对于族阈共同体的存在和发展来说，个人的共同体意识已经不再发挥基础性的作用了。这也是族阈共同体区别于家元共同体的一个重要方面。因为，家元共同体是凭借其成员的共同体意识而得以维系的。在家元共同体中，个人是把自己融入共同体之中的，是在消除了自我与他人的界限的情况下而获得了共同体感受。在这里，是没有可以进行哲学概括的自我与他人的区分的。如果说在农业社会也存在着自我的话，那么也只有共同体意义上的自我，即每一个家元共同体是以"我"的形式出现的，它与近代以来的原子化自我是根本不同的。

在族阈共同体中，个人有着强烈的自我意识，自我与他人的界限时时处处都被划得清清楚楚，个人与共同体之间存在着天然的矛盾和冲突。在这种情况下，之所以人们还会结成共同体，所依靠的完全是一种外在于个人的力量。所以，自我与他人同时出现在族阈共同体之中。有了自我和自我意识，也就有了他人。但是，与自我共在并处在一个共同体中的他人却是作为自我生存和发展的工具而存在的。也正是由于这个原因，在族阈共同体的成熟形态中，工具理性取代了任何其他的理性形式，从而成为一种占支配地位的理性，成为社会建构以及一切社会行动的基础性的观念形态。更为重要的还不只是在族阈共同体中出现了自我与他人的区分，而是在这种区分的基础上进一步地把自我作为中心，至于他人，只是自我的世界中的边缘性存在。不仅如此，在族阈共同体中，自我与他人的"中心—边缘"结构还不仅仅是存在于作为个体的自我与他人之间，而是得以扩大并转化成了社会结构，从而使整个族阈共同体在每一个层面上都以"中心—边缘"结构的形式出现。族阈共同体的治理体系拥有的是一种"中心—边缘"结构，其社会治理过程也是沿着"中心—边缘"结构的线索展开的。正是"中心—边缘"结构，发挥着秩序的功能，使整个社会中的一切因素都一览无余地被结构化到族阈共同体的框架之中了。

现代自由主义者往往喜欢引用古希腊的一句名言："人是万物的尺度"。然而，这句话在古希腊所拥有的内涵却是与现代自由主义对它的理解完全相反的。因为，现代自由主义者所理解的人是个体的人，而在古希腊那里，人却不是一个个体范畴，而是一个类范畴。"与此相应，在古代西方语言中没有与'个体'这种概念对等的表述。在雅典以及古罗马共和国阶段，氏族的或部落的或国家的归属性在人的形象中占据着无条件的地位。"① 所以，希腊人所说的"尺度"也不是衡量人与人关系的尺度，而是衡量人与万物的尺度。所以，这里的"人"其实是可以被等同于"我们"的，是与整个共同体没有区分的。"人们当时都首先是——用时髦的话来说——从'我们—视角'来进行思想和展开行动的。"② 对于古希腊人来说，我们而不是我们中的个体，才是万物的尺度。

人类学的研究也证实，在至今仍处于家元共同体状态的很多地方，当地语言中虽然包含着类似"自我"的词语，而当地人却并没有一种自我的观念。这就是苏盖等人所发现的："在众多非西方文化中，'我'鲜有意义，个人难以提及自己的名字，因为他只有在群体中才会有身份。"③ 在自我与他人尚未实现分化的条件下，个人之间也许在一些具体的事情上是矛盾的甚至对立的，但在观念上，却绝不包含彼此独立的存在。只是到了18世纪，人们才发现，每个人都有他自己的尺度。④ 18世纪是近代与古代的分界线，此后的人们在谈论所谓"人的尺度"的问题时，就不再是衡量万物的尺度了，而是成了衡量自我与他人关系的尺度了。到了这时，人已经不再是一个类范畴，而是作为一个个的个体而存在的，每一个人都有着"自己的尺度"，并以这个尺度去衡量他人，衡量他人与自我的关系，衡量自我存在的位置，发现自我存在的价值。这就是泰勒所看到的："在18世纪以前，从来没有人认为人与人之间的差异具有这种道德上的含义。存在着某种特定的作为人的方式，那是'我的方式'。我内心发出的召唤要求我按照这种方式生活，而不是模仿别人的生活。这个观念使忠实于自己具有一种前所未有的重要性。如果我不这样做，我的生活就会失去意义；我所失去的正是对于我来说人之所以为

---

① ［德］诺贝特·埃利亚斯：《个体的社会》，翟三江、陆兴华译，南京：译林出版社2003年版，第180页。

② ［德］诺贝特·埃利亚斯：《个体的社会》，翟三江、陆兴华译，南京：译林出版社2003年版，第149页。

③ ［法］米歇尔·苏盖、马丁·维拉汝斯：《他者的智慧》，刘娟娟、张怡、孙凯译，北京：北京大学出版社2008年版，第77页。

④ 见［加］查尔斯·泰勒：《承认的政治》，董之林、陈燕谷译，载汪晖、陈燕谷编：《文化与公共性》，北京：生活·读书·新知三联书店2005年版，第294页，注释6。

人的东西。"①

　　泰勒对 18 世纪前后所进行的这一比较，无非是要说明，从 18 世纪开始，人们发现了自我。当然，史实告诉我们，自我的发现还要再向前追溯几个世纪，但无论是在什么时候，自我的发现都同时是对他人的发现，"假如没有他人存在，作为个体的人就谈不上与他人的区别。"② 在近代以来的社会中，他人在与自我共在的时候，却只是围绕着自我这个中心而存在的，他人要么成为我的工具，要么与我相对立。总的说来，就"我"的存在形态而言，近代以前，是以"我们"的形式出现的，"我们"是一种不分"你""我"的混沌状态。或者说，我与你作为共同体的构成要素都不具有独立性，我与你只有在相互依存中才能作为一种具有现实性的存在物。在家元共同体内部，甚至不存在社会意义上的"他"，即便说有了"他"，也是与你和我一样的存在，你、我、他是混沌一体的，都被纳入了我们的范畴之中。到了近代，随着"自我"的发现，作为概念的"我们"日渐褪色，直至于无。这个时候，如果说共同体中还有什么存在物的话，那么所剩下的也仅仅是作为自我的"我"了。这个作为自我的"我"是区别与作为他人的"你"的。这就是自我与他人的分化，其结果就是我与你都是独立的个体，成为"原子化"的个人。

　　在 18 世纪及其之后的很长一段时期内，自我与他人的关系都是高度不对等的。自我总是具有凌驾于他人之上的支配性地位，而他人却总是不得不屈从于自我的支配。虽然也有一些具有人道主义情怀的学者对于这种现实表达了不满，却无法扭转人们在这个问题上的基本观念，更不用说出现改变这种关系的实际行动了。在 19 世纪，黑格尔在《精神现象学》中对自 18 世纪出现的这一现实进行了理论上的总结，通过对自我意识生成过程的逻辑考察，黑格尔揭示了"主人—奴隶"的辩证关系。其实，黑格尔是沿用了费希特经常使用的"主人"与"奴隶"的比喻来阐述"自我"与"他人"的关系的，这也使黑格尔更为形象地描绘出了近

①［加］查尔斯·泰勒：《承认的政治》，董之林、陈燕谷译，载汪晖、陈燕谷编：《文化与公共性》，北京：生活·读书·新知三联书店 2005 年版，第 294～295 页。
②［德］诺贝特·埃利亚斯：《个体的社会》，翟三江、陆兴华译，南京：译林出版社 2003 年版，第 212～213 页。

代人际关系的基本特征。黑格尔之后的历史仍然是自我意识高歌猛进的时代，幽灵一般的自我意识到处都能找到它的追随者。在某种意义上，被自由主义视为黄金时代的 19 世纪其实就是一个自我意识迅速膨胀的世纪，正是在这个时候，自我在世界上的中心地位得以完全确立。

19 世纪晚期开始，由于社会的组织化进程开始加速，在与组织相关的一切活动中，自我不再能够作为自我而得到自由，反而是作为组织成员而去与其他组织成员或其他组织开展各种各样的社会交往活动。这样一来，出于组织存续的需要，就不得不迫使组织中的每一个"自我"承认同为组织成员的他人的存在。任何一个组织成员，如果他仅仅看到了"自我"的存在而忽视了其他组织成员的存在，都必然会受到组织的否定。也就是说，在自我不承认其他组织成员的情况下，组织也就不会承认他作为"自我"而存在的事实，就会把他逐出组织，使他失去"自我"得以存在的条件。

社会的组织化使"自我"与"他人"的关系出现了转折。自我失去了中心地位，他人也不再单纯是自我的工具了，而是出现了这样一种情况，那就是自我与他人都被安排到了组织中。或者说，组织产生了一个"中心—边缘"结构，且组织根据工具理性而把组织成员安排在这个结构中的每一个位置上。在组织之中，自我失语了。如果说还存在着自我意识的话，那么由组织发出的和由组织所承载的"他人话语"就是自我意识必须接受的境遇。但是，组织仅仅意味着他人话语的生成，而组织自身也是处在既定的政治和社会环境之中的。法律确认了人的权利，即使一个人是以组织成员的身份出现，他作为个人的权利依然是得到法律保障的。所以，个人作为人的一面依然是以自我的形式出现的。在某种意义上，组织又可以看作放大了的自我，组织是把自我与他人间的那种"中心—边缘"结构复制到了组织的构成方式上来了。

在近代思想史上，是黑格尔发现了自我意识的生成过程，他的"精神现象学"也可以说就是关于自我意识的哲学。至于"他人话语"，则是在对黑格尔的背叛中显现出来的，这就是 20 世纪初期出现的"精神分析学"和"现象学"两大思想流派。从哲学发展的逻辑看，"精神分析学"与"现象学"都是发源于"精神现象学"的，但它们把精神现象学的主题肢解成了两个部分，并分别在自我意识的裂缝中建构出了两种不同的"他人话语"。

黑格尔在"精神现象学"中对自我意识所作的探讨实际上只是对前人研究成果的一项总结。因为，此前的哲学已经对精神现象表达了深度关切。也就是说，黑格尔之前的近代认识论哲学已经发明了"理性""实体""单子"等一系列概念去指称作为人的意识的精神现象，黑格尔只是去描述它的生成过程而已，即把自我意识的生成确定为从客观精神到主观精神转变的历史（或者说逻辑）过程。然而，到了 19 世纪晚期，以弗洛伊德为代表的精神分析学则不满足于黑格尔对精神现象的那种静态的历史描述，而是要求赋予精神现象以动力机制。所以，精神分析学深入到"潜意识"甚至"无意识"的层面去理解精神现象。当然，最初的精神分析学可能并没有意识到自己对无意识的研究将导向一种他人话语的产生。然而，既然近代认识论哲学关于人的意识问题的探讨就是服务于自我意识建构的目的，那么当精神分析学抛开自我意识而转战到其背后，所发现的也就只能是"他人话语"。这一点，在拉康关于"无意识是他人的话语"的命题中得到了确切的说明。拉康说，"我维系于他人比维系于自我更甚，因为在我承认的我的本性的深处是他在策动我"[①]。这无疑是在公开宣布，黑格尔"精神现象学"中的自我意识主题必须转变成"他人话语"。

虽然"现象学"所走的路径与"精神分析学"不同，但它在对"存在"问题的关注中也同样走向了对"他人话语"的发现。在古典哲学中，"存在"是与"本质"相对应的概念，人类社会的一切事物都具有存在与本质这两个不同的维度。在"精神现象学"的逻辑中，自我意识是存在的本质，而单纯的存在只拥有他人意识。正是在此意义上，黑格尔认为，奴隶是没有自我意识的单纯的存在，而主人则是具有自我意识的，所以，"就奴隶来说，主人是本质"[②]。自我意识的外化则显现为他人意识，因而，在奴隶这里，只有他人意识。应当说，整个近代哲学所追寻的就是

---

① ［法］拉康：《拉康选集》，褚孝泉译，上海：上海三联书店 2001 年版，第 457 页。
② ［德］黑格尔：《精神现象学》，上卷，贺麟、王玖兴译，北京：商务印书馆 1981 年版，第 129 页。

存在的本质，正是这种对本质的追寻，造就了认识论。然而，现象学抛弃了这一传统，转而直接将"现象"即存在确立为其探讨的主题。在黑格尔那里，存在是站在自我意识对面的，因而，存在也就只能意味着他人。当现象学仅仅关注存在的问题时，自我意识就被消解了，所剩下的就仅仅是"他人"了。这就是胡塞尔所发现的，"我和每一个人都可以作为他人中的一个人"①。

没了自我意识，自我也无非是一种存在，自我作为存在是与他人的共在，是一种"共现地映现"关系。如果在政治学的视角中来认识现象学的这一原理，我们看到，关于人与人之间平等的哲学论证是到了现象学这里才完成的。因为，启蒙思想家虽然作出了人与人之间平等的设定，但是，对于有着独立意志的个人而言，他人就是相对于自我的存在。黑格尔则更加准确地用"主人"与"奴隶"的比喻阐释了这种关系。也就是说，拥有自我意识的自我是主人，而这个自我则把他人作为奴隶，他人无非是承载和接受自我意识的外显状态——他人意识的存在。这样一来，启蒙思想家们的平等设定在哲学上是无法得到证明的，反而，哲学所证明的则是，拥有自我意识的"自我"与拥有他人意识的"他人"之间是不可能平等的。然而，现象学在剔除或"悬置"了作为存在之本质的自我意识之后，则可以把人纳入平等的共在之中。因此，海德格尔才可以对自我与他人的共在关系展开论述："世界向来已经总是我和他人共同分有的世界。此在的世界是共同世界。'在之中'就是与他人共同存在。他人的在世界之内的自在存在就是共同此在。""此在本质上就自己而言就是共同存在。"② 既然是共在，那么主客体关系也就变成了"主体间"的问题了。当用"主体间性"的概念来概括人与人的关系时，也就自然指向了"他人话语"，突出了他人话语在人与人的关系中的价值。

我们可以把精神分析学发现他人话语的路径看作对个体的人的内向追寻的结果，它是透过人的意识而深入到无意识的层面的，结果，发现

---

① ［德］埃德蒙德·胡塞尔：《笛卡尔式的沉思》，张廷国译，北京：中国城市出版社2001年版，第177页。
② ［德］马丁·海德格尔：《存在与时间》，陈嘉映、王庆节译，北京：生活·读书·新知三联书店1987年版，第146、148页。

了"无意识就是他人话语"。与精神分析学不同，现象学所选择的是一种外向的途径，它不去考虑现象背后的自我意识问题，而是直接地从现象开始，以现象的存在作为进行探讨的起点。可是，它也同样逻辑地导向了他人话语。到了勒维纳斯那里，现象学所开辟的这一传统真正结出了他人话语的硕果。勒维纳斯认为，"在世界中面对所有他者的我们不是自由的，仅仅是他们的见证人。我们是他们的人质。人质是我在自由那里得以确定自己的概念。……作为所有他者人质之人对全人类都是必要的，因为没有这样的人，道德不会在任何地方发生。世界上产生任何一点宽宏都需要人质之人。"① 显然，到了勒维纳斯这里，世界的中心发生了转变，自我不再是世界的中心，反而，他人才是世界的中心，自我只是他人的"人质"了。勒维纳斯似乎是要为道德的发生寻找根据，而实际上，所突出的却是他人话语。这是因为，只有当他人以及他人话语被放置到中心位置上的时候，道德才能让人自由地确定自我，才能让人甘愿成为他人的人质。

勒维纳斯所代表的是他人话语的兴起。到了勒维纳斯这里，哲学也从对自我的探讨转向了对他人的关注，要求在对他人话语的理解中实现交往。尽管不同的学者对他人的理解是不同的，但理论方向都共同地指向了他人话语。比如，拉康认为，"我在言语中寻找的是别人的回答"②，这就是说，应当关注的是"别人的回答"，而不是自我的要求、命令、训斥等。勒维纳斯认为，"话语最初的本质是对我们的他者即第三者的承诺"③。这似乎与拉康的"寻找别人的回答"有所不同，然而，他在这里却把"我们"放在了更为重要的位置。更为重要的是，在勒维纳斯这里，"我们"是作出"承诺"的我们，而不是提出要求、发出命令、进行训斥的"我们"。所以，更能够对他人以及他人话语作出关注。到了后现代主义那里，由于对现代主义"独白式元叙事"作出了全面否定，从而把他

---

① ［法］埃马纽埃尔·勒维纳斯：《塔木德四讲》，关宝艳译，北京：商务印书馆 2002 年版，第 125 页。

② ［法］拉康：《拉康选集》，褚孝泉译，上海：上海三联书店 2001 年版，第 312 页。

③ ［法］埃马纽埃尔·勒维纳斯：《塔木德四讲》，关宝艳译，北京：商务印书馆 2002 年版，第 25 页。

人话语放置到一个非常高的位置上了。

近代以来，自我中心主义的思维定式必然会以"我在说什么"的形式表现出来，即使我所说的在他人那里没有反映，我也要进行独白式的言说。后现代主义在用"作者"与"读者"去置换了自我与他人之后，使现代主义的作者中心主义显现得更加清晰了。因而，后现代主义要求通过对作者与读者关系的颠倒来解构一切独白式的叙述。那就是，"读者进入核心舞台并且取得了某种空前的自主权。读者已经不再是一个被娱悦、被教化或被逗乐的消极主体。他（她）被授予某种自由权，可以随心所欲地赋予文本以意义而不必计较任何后果或责任。但是，后现代主义者不想把读者塑造成一个作者（权威）的新核心，他们也不允许读者去建立某个元叙述或者为知识确立某个新根据，因为后现代的读者在如下意义上是平等的：谁都不能声称自己具有特别的见解或洞察力。在极端的意义上，所有见解都是旗鼓相当的。"[1] 因此，当后现代主义宣布"作者死了"的时候，也就等于宣布了作为作者的自我的死亡，取而代之的则是作为读者的他人的出现。这样一来，文本中所包含的就不再是作者自我的独白式叙述，而是读者的他人话语。

二、"承认"或"包容"他人

在近代以来的整个思想发展进程中，他人话语的兴起可以看作20世纪最重大的思想贡献，或者说，我们是可以这样来认识发现了"他人话语"的意义的。

启蒙思想家由于提出了天赋人权原则而把人设定为自由和平等的存在物，从而使人的自由和平等成为整个近代哲学的基本主题。然而，关于如何实现和保证人的自由和平等的问题，却成了社会科学寻求社会建构方案的目标。事实上，近代以来存在于实践中的一切被认定为积极的和促进了历史进步的社会建构行动，也都是为了实现人的自由和平等这

---

① ［美］波林·玛丽·罗斯诺：《后现代主义与社会科学》，张国清译，上海：上海译文出版社1998年版，第34~35页。

个目标而做出的努力。可是，启蒙之后的历史发展却展现出令人惋惜的一面，那就是走上了一条与人的自由、平等之目标愈行愈远的道路。从思想史来看，到了启蒙后期，作为一项历史使命，用人权否定神权、用人的世界中心地位取代神的中心地位等任务基本完成了，接下来的任务就是开展社会建构的问题了。社会建构则是需要建立在认识人自己的基础上的，需要对人的自由、平等加以引申。但是，当思想家开始关注人的时候，却发现人是分为"自我"与"他人"的，加之市场经济促使人的利益意识的觉醒，因而在理论上开始了把自我确立为世界之中心的行程。结果，"人是世界的中心""自我是人的世界的中心"等就成了一幅不断展开的画卷。

当自我被置于世界的中心之后，利己主义的合理性也就不证自明了。从启蒙后期的情况看，"经济人"对自我利益最大化的追求是可以在市场机制的作用下实现某种均衡的，而且，市场机制也的确能够保证人的自利追求在客观上形成利他的结果。在《道德情操论》中，亚当·斯密试图在社会的层面上证明个人的利己行为产生道德后果的可能性，或者说，他提出了这个自己试图加以证明的命题。其实，不仅是斯密，而且在这一整个时期的思想们看来，竞争都被认为是能够造就某种自然秩序的，只要在这个自然秩序之外再建构起法律制度等，就可以保证这种自然秩序不受破坏。即使出现了自然秩序受到破坏的情况，也是可以得以及时补救和恢复的。所以，自我中心主义在"市场机制"和"社会机制"的调节下，在被有效地控制在制度框架之中，是有益于社会的存续和发展的。这些观点不仅不会对启蒙思想家们的自由和平等追求造成冲击，反而恰恰是对自由和平等的积极诠释，在很大程度上，发掘和扩展了自由、平等的内涵。因而，自我中心主义也就成了全部社会建构的基础。

然而，这一时期的思想家所未预料到的是，在社会组织化程度提高的条件下，"自我"以及自我利益追求的膨胀通过组织而不断地放大了，在经济运行中造成了市场机制失灵的局面；在社会运行中导致了道德沦丧的后果；而在人与自然的关系上，人对自然的征服使人类的生存环境日益恶化。最为根本的是，人的自由和平等这一启蒙理想也在每一个领域都受到了严重的亵渎。正是这个原因，20世纪哲学必须对自我中心主义作出反思和否定，必须把关注点从自我转向他人。如果把思想演进的历史铺展开来，既然自我中心主义无助于实现启蒙理想，那么把关注点从自我转向他人也许是一条可以尝试的实现启蒙理想的道路。所以，在一定程度上，可以把他人话语的兴起看作是实现启蒙理想的另一种尝试，是对另一条道路的追寻。

尽管 20 世纪哲学都对"还原论"的思维推定表示不屑，但对于他人话语如何能够成立的问题，还是要寻找其前提的。一旦对这个问题加以思考，立即就会发现，他人话语肯定是建立在"承认"的基础上的。只有出现了对他人的承认，才会使他人话语得以成立。人与人之间如果没有承认关系的话，也就无所谓他人话语的问题了。所以，承认的问题因此而成为 20 世纪哲学中的一个重要问题，至少是以一个政治哲学主题的形式出现的。泰勒关于"承认的政治"的理论就是一项可以为他人话语作注脚的理论贡献。

泰勒通过对自我认同形成史的考察而引出了"承认"的话题，他认为，"我们的认同部分地是由他人的承认构成的；同样地，如果得不到他人的承认，或者只是得到他人扭曲的承认，也会对我们的认同构成显著的影响。"① 具体而言，当自我没有得到他人的承认时，或只是得到了他人扭曲的承认时，就会出现自我认同的危机。为了避免这种危机，自我必然会向他人提出承认的诉求。如果这种诉求不能在他人那里得到满足，自我就只能诉诸斗争的方式，通过斗争来寻求承认。在这里，虽然泰勒依然是从自我出发的，但自我的立足点已经发生了根本性的逆转，自我不再处于中心，反而需要建立在他人承认的基础上。所以，泰勒完全是站在他人的角度来审视自我的。根据泰勒的意见，在自我与他人的关系中，自我也是他人的"他人"。既然"自我认同"依赖于他人的承认，那么自我作为他人的"他人"而对他人的承认也同样是他人自我认同的前提。然而，自我中心主义妨碍了自我对他人的承认，因而，作为他人的"自我"就必然要"为承认而斗争"，即通过斗争去迫使作为自我的"他

① ［加］查尔斯·泰勒：《承认的政治》，董之林、陈燕谷译，载江晖、陈燕谷编：《文化与公共性》，北京：生活·读书·新知三联书店 2005 年版，第 290 页。

人"承认他。

如果回过头来去读黑格尔的"精神现象学",我们所发现的是这样一系列相对应的概念,即"自我意识"与"他人意识"、"自我"与"他人"、"主体"与"客体"、"主人"与"奴隶"等等。也就是说,自我与他人之间的关系是确定的,自我与他人可以处于一个对立统一的体系之中,同时,自我与他人又是矛盾的两极。所以,自我无须承认他人,只是由于某种外在的力量而把他们整合到了一个体系之中。在泰勒这里,自我与他人的相对性则显示了出来,自我即他人的"他人",他人也是面对着"他人"的"自我"。这样一来,自我与他人同处于一个体系之中,而且所需依赖的就不仅仅是外在的整合力量,而是需要相互承认。

自我在得到他人承认的情况下实现了自我认同,同样,自我也只有在承认他人的情况下才能得到他人的承认。从自我立场上看待他人,他人是工具,是可以加以利用的。为了较好地利用他人,就会要求他人服从自我的命令,听从自我的指挥,服务于自我的利益,作为自我的环境而围绕在自我的周围。因而,在自我相对于他人的关系中,是没有承认的问题的。相反,站在他人的立场上,情况就出现了根本性的变化,就必须考虑承认的问题了。可见,由于泰勒在思考自我认同的时候引入了他人的向量,从而把他人的承认作为自我认同的前提了,进而赋予了每一个他人以自我的地位。这样一来,自我与他人的关系就能够建立在一种真实的相互承认的基础上了。从理论上推断,通过建立在这种真实的承认关系基础上的承认政治,自我与他人的关系就可以从相互冲突走向彼此和谐。

泰勒并不是简单地在承认的基础上去阐述他的政治理想,而是对承认本身作了分析。在泰勒看来,承认关系有两种类型:一种承认是对与自我一样的他人的承认;另一种承认则是对与自我不同的独特个体的他人的承认。由于承认具有这两种类型,因而,与此相对应,也就有了两种不同的政治,即"普遍尊严的政治"与"差异政治"。泰勒所希望确立的是"差异政治":"我们承认每个人的独特性,只是对某种普遍存在的情况——人人皆有其认同——给以适当的承认。"① 泰勒所反对的是"普遍尊严的政治","普遍尊严的政治反对任何形式的歧视，它完全'无视'公民彼此之间的差异。相反，差异政治则对非歧视提出一种不同的理解，它要求以公民彼此之间的差异为基础对他们区别对待。"②

根据泰勒的意见，承认他人也是对他人与自我间的差异的承认。既然承认他人是与自我有差异的并对这种差异加以承认，无疑也就是对他人尊严的承认了，即承认他人拥有与自我一样的尊严。在泰勒这里，显然包含着这样一个逻辑，"普遍尊严的政治"表面上看来反对任何形式的歧视，而在实际上，由于它不承认人们之间的差异，也就等于不承认人所应有的尊严，在消除歧视的同时也就消解了人的尊严。比如，把人权看作人的普遍尊严，就会要求一切人都拥有同一标准的人权，这样的话，虽然赋予了人以普遍的尊严，而在实际上，可能正是用尊严的名义剥夺了一些人的生存权。"差异政治"则恰好相反，它从对人的个体差异的承认入手，却走向了对人的尊严的普遍承认。尽管他人与自我之间存在着差异，但他人与自我却拥有同样的尊严。

泰勒试图在承认的基础上进行政治建构，这是他人话语发展中的积极进展，而且也赋予了他人话语以更清晰的特征。这无疑是泰勒的一项比勒维纳斯更前进了一步的哲学贡献。我们可以想象，如果仅仅提出了对他人话语的关注和重视的话，那么完全可以从他人话语中去寻找和发现那些可以证明他人与自我相同的因素，对于那些不同的因素，则会加以删除，从而再度复制了认识论的霸权话语，即将同一性强加于不同的人。然而，当泰勒从他人话语走向承认的时候，就必须解决承认什么的问题。结果，泰勒立马就可以给出答案，那就是对他人与自我不同的那些方面的承认。这样一来，从他人话语中就可以解读出完全不同的内容了。

泰勒所要解决的依然是一个经典论题。在黑格尔所代表的古典哲学那里，自始至终都包含着对"普遍性"与"特殊性"、"同一"与"差异"

① ［加］查尔斯·泰勒：《承认的政治》，董之林、陈燕谷译，载汪晖、陈燕谷编：《文化与公共性》，北京：生活·读书·新知三联书店2005年版，第302页。
② 同上。

的讨论。虽然黑格尔在其表述中给予其辩证的解决，但就黑格尔哲学赋予绝对理念的绝对性地位而言，最终是归结为"同一性"的。近代社会的发展、近代政治的基本特征以及权力体系的结构都证明了黑格尔哲学所表述出来的是存在于世界的每一个角落的基本原理。我们看到，不仅一切集权体系都直接地要求抹平差异，或者把一切差异都归于某个"同一"的终极性存在上，而且诸如民主、自由、平等这些概念，所代表的也是必须统一到对它的基本理解上去。甚至美国在推广它的民主模式时，也是要求所有被它所征服的国家都建立起与他一样的政治模式。美国之所以要征服伊拉克、阿富汗，就是因为它不愿看到世界上存在着与它不同的那种"差异"。这一现实也说明，泰勒如果想要把他所构想的"承认的政治"转化为实践的话，还有很长的道路要走。诸如美国这样的霸权国家，所要求的是整个世界对它的承认，而这个世界上却没有什么值得它去承认的。

　　在 20 世纪的哲学史上，"承认政治"理念的提出立即引起了反响，哈贝马斯也专门就这一问题作出响应，在《民主法治国家的承认斗争》中，哈贝马斯肯定了泰勒提出的问题，即近代法治国家中存在着承认不足的状况，并认为这种承认不足确实导致了广泛的"为了承认的斗争"。有鉴于此，哈贝马斯肯定了承认政治所具有的理念价值，认为它的提出有助于消除"为了承认的斗争"。但是，哈贝马斯也认为，对于作为经典课题的"普遍尊严的承认"与"差异承认"的问题，承认政治理论并未给出一个理想的方案。所以，哈贝马斯不认为承认政治的理论足以成为一个能够消除"为了承认的斗争"的实践方案。哈贝马斯的这一看法是与他对传统哲学的一贯的温和立场相关的，也就是说，哈贝马斯虽然不同意传统哲学的自我中心主义，但他并不准备从根本上抛弃"自我"。因为，在哈贝马斯看来，一切承认都是根源于他人的诉求，尽管在自我凌驾于他人之上的情况下，他人的诉求总是不可避免地会受到冷落，但是，与其把消除"为了承认的斗争"之希望寄托于一个备受冷落的他人，还不如寄托于更具有积极意义的自我，即通过自我的某种特定行为去消除"为了承认的斗争"。这样一来，哈贝马斯就从泰勒努力去证明他人之价值的激进立场上退回到了自我这里来了。

哈贝马斯不是简单地恢复了自我，而是对自我进行了道德改造，即要求自我以"包容"去对待他人的差异性。所以，哈贝马斯的书也是以"包容他者"为题的。我们看到，哈贝马斯通过赋予泰勒所说的那种"普遍尊严的承认"以新的内涵而表现出了对传统的维护，他指出，"个人与其他个人之间是平等的，但不能因此而否定他们作为个体与其他个体之间的绝对差异。对差异十分敏感的普遍主义要求每个人相互之间都平等尊重，这种尊重就是对他者的包容，而且是对他者的他性的包容，在包容过程中既不同化他者，也不利用他者。"① 也需要指出，虽然哈贝马斯所表现出的是对传统哲学的维护，但是，由于他对差异的承认，甚至他把这种差异看作"绝对差异"，又使他与泰勒走在同一个理论方向上了。而且，哈贝马斯在一定程度上还表现出了比泰勒的承认政治更加深沉的哲学气质。

如果自我果真能够做到既不同化也不利用而是包容他人的话，那么对他人的承认就已经包容在了对他人的包容之中了。所以，在哈贝马斯这里，包容实际上是他试图超越承认的一种方案，他所寄予的是这样一种期望，那就是，通过自我对他人的主动包容来消除近代以来全部"为了承认的斗争"的问题。在哈贝马斯看来，只要自我能够在他人意识到了自己的承认诉求之前就主动地包容了他人，那么他人的承认诉求也就无从生成了，也就不会再有"为了承认的斗争"了。

从逻辑上看，"包容他人"无疑要比"承认的政治"具有更高的哲学睿智。这是因为，姑且不论"普遍尊严的承认"还是"差异承认"，显然都存在着是主动承认还是被动承认的问题。被动承认肯定有着承认诉求这样一个事实前提，即使是主动承认，也必然有着承认诉求这样一个逻辑前提，都可以看作对承认诉求的回应。包容则不同，如果自我主动地包容他人，那么他人的承认诉求就受到了釜底抽薪。结果，包含在承认诉求之中的那种还未显性化的"为了承认的斗争"也就不会出现了。然而，谁能保证自我对他人的包容？什么样的因素可以保证自我一定包容他人？哈贝马斯对此没有作出回答。事实上，哈贝马斯也是无法作出回

---

① ［德］尤尔根·哈贝马斯：《包容他者》，曹卫东译，上海：上海人民出版社2002年版，第43页。

答的。考虑到近代以来的自我中心主义、利己主义等都已经成了积淀到人的骨髓之中的"文化心理",即使哈贝马斯作出了回答,也肯定是苍白无力的。

为了回避对包容问题作出正面回答,哈贝马斯把包容的理念归功于启蒙思想家们。这其实是一切学者都会使用的伎俩,只要想不让人们对某个问题发生怀疑和否定,就必然会搬出古圣先贤,只要说是古人的思想,别人再要提出异议,就会成为一种不识趣的行为了。所以,哈贝马斯指出,包容他人并不是他自己的发明,而是对启蒙思想的一种重申,在18世纪的解放运动中,就已经有了包容的思想。"在18世纪末,这些解放的经验凝聚成了人民主权观念和人权观念。因此,自法国大革命和美国革命以来,一个政治共同体的任何一次新的闭合,在一定程度上都受到了平等的普遍主义的约束,而这种普遍主义的基础在于认为应当平等包容他者。"① 哈贝马斯辩称,作为这一解放运动的结果,就是建立起了现代法治国家,并通过法治国家中民主过程的开放,实现了对所有人的包容。

通过对发明权的技术转让,哈贝马斯成功地用"民主政治改革的方案"代替了泰勒的"用承认政治代替传统政治的革命性方案"。因为,根据哈贝马斯的意见,包容是18世纪的启蒙思想家们提出的,而且在此基础上建立了近代以来的民主政治。如果在包容方面出了问题的话,那肯定是民主出了问题,是由于议会民主和表达民主出了问题,从而使某些人无法参与到民主过程中和无法获得包容。所以,包容问题的解决,也就是一个重振民主的问题。正是在此基础上,哈贝马斯萌生了协商民主的思想。协商民主是建立在交谈伦理的前提下的,而提出交谈伦理的问题,显然是哈贝马斯的一项重大的理论贡献。因为,启蒙思想家仅仅确立了天赋人权的原则,其后的学者们对启蒙思想的解读也只是把作为个人的自我的物质的和精神的利益归入了人权的内涵之中,所走向的是一个突出作为个人的自我的方向。哈贝马斯的交谈伦理则把关注点从个人

① [德] 尤尔根·哈贝马斯:《后民族结构》,曹卫东译,上海:上海人民出版社2002年版,第96页。

转向了个人之间，从而开辟了解读启蒙思想的又一条道路。

在自我与他人的关系问题上，虽然哈贝马斯使"自我"的形象变得模糊了，但他依然是站在"自我"的立场上的，这是他与泰勒的根本性不同。从 20 世纪后期的情况看，之所以协商民主理论得到了学术界的普遍青睐，而承认政治的理论则大为逊色，其根本原因就在于，近代以来的哲学传统和政治传统都是建立在自我中心主义的基础上的。因而，比较起来，人们更愿意接受哈贝马斯而不是泰勒。但是，哈贝马斯的理论也证明了一点，那就是纯粹的自我中心已经去势，他人的在场已经成了一个不争的事实。既然哈贝马斯已经站在"自我"的立场上，而且看到了"他人"的存在，那也就只能说明近代以来的哲学传统开始向"他人"作出了妥协。就此而言，勒维纳斯的他人话语和泰勒的承认政治都是具有积极意义的。没有他们，哈贝马斯可能就会成为一个独断的"自我"。

三、"中心—边缘"结构

上述可见，泰勒的"承认政治"显然是一种空想，甚至勒维纳斯的他人话语在现实中也是难觅其踪的。这是因为，受到近代以来自我中心主义文化熏陶的人们并不会因为他们把理论视角从自我转向他人就会一下子变得愿意承认他人了。显而易见，近代以来，自我被放置到了一个极高的位置上了，有那么多的理论去证明利己主义的合理性，更有那么多的理论把自我实现作为最高宗旨。在这种情况下，即便是泰勒的理论成为一种宗教，自我也只有在是否信奉它的问题上拥有自我选择的权利。所以，泰勒的承认政治在现实面前是无力的。

哈贝马斯认为，之所以近代以来一直存在着"为了承认的斗争"，是民主过程的开放性不足所致。所以，哈贝马斯的意见是，只要在民主的过程中引入"包容他人"，就可以改变这种状况。其实，哈贝马斯的命运也必然是与泰勒一样的。因为，在这个由几十亿人构成的世界中，我们看不到多少人能够真正地按照他的要求去做的可能性，不会有多少人能够用对他人的包容去增益于民主过程的开放性。所以，关键的问题绝不是通过提出一种什么样的理论去改变人，以求他们脱离自我中心主义的窠臼。或者说，不可能通过写出几本书或提出一个理论主张就能够使近代以来的自我中心主义发生根本性的逆转。学者的任务只在于去分析造成自我与他人矛盾的根源，即分析近代以来是什么样的社会结构造成了自我与他人的矛盾。

在对历史的审视中，我们不难发现，人类社会亘古以来就存在着一种"中心—边缘"结构，当原始氏族有了长老或部落有了酋长的时候，世界就开始有了"中心—边缘"结构。在有了王权的时候，国王就是他所辖世界的中心。随着这个中心向外部展开，就会看到一层层的边缘性存在。在宗教所构成的观念世界中，神是中心，而信众则以信仰的状况而一层层地围绕中心展开；至于教会，所拥有的则是与世俗王权结构相似的"中心—边缘"结构。近代早期的革命运动在把原先的世界推翻并加以重建之后，虽然改变了中心与边缘的构成内容，但对于"中心—边缘"结构本身，并没有触动，重建起来的世界依然是一个有着"中心—边缘"结构的世界。所以，近代以来的社会治理体系也是在"中心—边缘"结构的图式中展开的。

在"中心—边缘"结构中，人们之间所具有的是一种不对等的关系，在中心与边缘之间，所存在着的总是一种支配与依附的关系，而且，一切建立在"中心—边缘"结构基础上的社会治理体系，也都是封闭性的体系。当然，人们可能会受到一种假象所迷惑，那就是，以为近代以来的社会治理体系已经是一个开放性的体系了。实际上，近代以来的社会治理体系所表现出来的也是边缘性存在对中心的开放，至于中心对边缘的开放，则是不可能的。即使在民主和公众参与已经成为政治生活中的常态现象的条件下，开放什么样的通道，或者开放度怎样，也都是受到中心性存在的严格控制的。在很大程度上，这种所谓的开放，恰恰是服务于中心对边缘的支配之需要。因为，这种有限制的开放可以使中心性存在更充分地了解边缘性存在，可以有效地置边缘性存在于透明的状态，从而更有利于实行对边缘性存在的那种无所不在的控制和支配。至于中心，在每一个国家中都有着无数被严格地封闭起来的东西，是不可能面向公众开放的。如果社会治理体系不是封闭的话，那么"维基解密"也就没有存在的价值了，甚至不可能产生。"维基解密"之所以一度引起了人们的关注，那是因为它冲击了世界的"中心—边缘"结构，把世界中心处的一些秘密告诉了处在世界边缘的人们。

就社会治理体系的"中心—边缘"结构而言，有中心才有权威。社会治理显然是需要权威的，因而，在哲学的理解中，全部社会治理活动都在于维护一种稳定的"中心—边缘"结构，以保证权威不受来自边缘的挑战。只要消除了来自边缘性存在的那些对权威的挑战，一个社会也就有序了，即进入社会的良序运行状态。我们看到，农业社会的治理体系之所以要把中心性存在神秘化，目的是要让边缘性存在无法透过神秘外衣去观察其中心性存在的真实面目。到了近代，随着身份等级关系的消除，社会的统治性特征逐渐地为管理性特征所替代，中心性存在的神秘外衣在色彩上也大大地褪色了。但是，为了维护中心对边缘的控制，却依然有着许多保密内容。比如，我们在美国那里就可以经常看到宣布一些政府文件解密，它说明，只是到了若干年之后，公众才被允许了解这些已经没有实际意义的保密内容了。在它们被保密的时候，恰恰是与公众的利益密切相关的，而公众往往是不被允许了解那些与他们的利益密切相关的内容的。

在"自我"与"他人"的理论视角中，政府显然是自我，而公众则是他人，自我想干什么，是自我自己的事，作为他人的公众是无权干涉的。同样，自我想让他人了解什么，或想在什么时候让他人了解什么，也都是由自我所决定的。政府为什么会有着这样的权力？那就是社会治理体系的"中心—边缘"结构所赋予它的。社会治理体系的"中心—边缘"结构无非是自我与他人关系的集中表现，或者说，社会治理体系的"中心—边缘"结构的真实基础就是自我与他人的关系，是建立在自我中心主义的基础上的，是自我控制他人的欲求实现了的形态，是服务于维护自我与他人关系不受破坏的保障性设施。

我们已经指出，在家元共同体中，自我与他人尚未实现分化，这主要是与近代以来的原子化自我相比较而言的。因为，在农业社会，虽然没有近代以来的原子化自我，却存在着以共同体形式出现的整体性自我，等级关系决定了每一个等级都把自己所在的等级整体作为一个自我来看待。所以，等级统治体系也是以"中心—边缘"结构的形式出现的。近代以来，随着原子化自我的出现，使每一个人都成为人所在世界的中心了，无数个中心被统合到了一起，才形成了社会治理体系的"中心—边缘"结构。也正是由于这个原因，整个社会呈现出复杂的状况：一方面，社会治理要求把所有的中心纳入治理体系的"中心—边缘"结构之中来；另一方面，每一个原子化的自我又都天然地拥有逸出社会治理体系"中心—边缘"结构的倾向。这种既矛盾又统一的状态却被安排到民主和法制的框架之中，这不能说不是一项最为伟大的发明。

原子化的自我是根源于自我意识的。中世纪后期，随着市民社会的生成，自我意识开始觉醒，从而，首先是把自我从神的笼罩中解放出来，其次是把人从等级统治之中解放出来，使人成为具有自主性的个体。特别是人的自由和平等的观念的提出，使每个个体的独立性都得到了确认，拥有了完整的权利。人的权利的完整性是不可剥夺的，尽管根据契约论者的意见每个人都让渡一部分权利从而组成政府，但让渡出了一部分权利并不意味着权利的完整性有所缺失。这是因为，让渡出去的权利依然属于他。甚至在卢梭那里，还提出了权利的让渡者保留随时收回他所让渡之权利的权利。

既然个体因其权利的完整性而获得了独立性，那么每一个人也就是一个自主的存在物了。这样一来，就内含着走向三个方向的可能性：其一，每一个独立的个体都把自己置于世界的中心；其二，每一个他人也都是独立的个体，也可以成为世界的中心；其三，每一个体都不是世界的中心，世界是无中心的。启蒙思想的后来发展是走上了第一条道路，即把作为自我的个体确立为世界的中心了。勒维纳斯的他人话语以及泰勒的"承认的政治"，所走的则是第二条道路。哈贝马斯的"包容他者"又回到第一条道路上去了。

在这里，我们也必须看到，自我中心主义的确立实际上包含着对启蒙思想的背叛。因为，启蒙思想的基本精神就是要用平等的世界取代近代以前的那种等级社会，自我中心主义的确立却在"中心—边缘"结构的意义上使人等级化了，在有着中心—边缘结构的世界中，自我作为中心肯定要高于作为边缘的他人。这种对启蒙思想的背叛之所以没有在社会的运行中引起人们的关注，那是因为有了民主和法制的外在框架。但是，在民主和法制的框架之下，治理体系以及治理过程的展开都还是建立在"中心—边缘"结构的基础上的。这样一来，使自我与他人间的那种隐性的不对等关系转化为了显性的不对等关系，并在社会控制的名义下实施着中心对边缘的压迫。这就是资本主义条件下社会治理的秘密。所以，只要存在着"中心—边缘"结构，无论是以自我为中心还是以他人为中心，都会造成人与人之间的事实上的不平等，从而使启蒙思想家们的平等追求无法真正得到实现。在此意义上，作为在"中心—边缘"结构的基础上提出的政治建构方案，"承认的政治"与"包容他者"都是不可能造就出一个真正平等的世界的。

无论是就治理体系来看，还是就自我与他人的关系而言，"中心—边缘"结构都是一种权力结构。或者说，权力结构是以"中心—边缘"结构的表现形式出现的，是"中心—边缘"结构的殊相。因为，当"中心—边缘"结构显现为权力结构时，中心对边缘性存在的支配和压迫也就是通过权力的行使来进行的。这种情况在家元共同体中和在族阈共同体中都是相同的。只不过，族阈共同体在权力结构之外又建立起了一种法律结构，这个法律结构把"中心—边缘"放置到一个平面之上了。在没有法律结构的家元共同体中，"中心—边缘"结构是立体性的，所以，会体现出一种自上而下的等级状态。而在族阈共同体中，由于有了法律结构，使得"中心—边缘"在一个平面上展开。这就如我们看一幅画一样，它有中心也有边缘，却是在一个平面上的。正是由于人被置于一个平面上了，所以，近代以来的一切哲学、政治学和社会学理论都能够指认人的平等。但是，虽然法律结构把"中心—边缘"置于一个平面上了，而中心与边缘间的位差依然让中心拥有对边缘的支配权。也许人们会说不应计较这种位差所造成的不平等，在理论思考的时候，这种位差可能会是数学上小数点之后的数字，而在现实的政治运行中，在治理过程中，这种位差所造成的不平等在很多情况下是社会不堪承受的。一国内部的人际冲突、群体性事件、国际战争以及恐怖主义……究其根源，都是这种位差所导致的结果。显而易见的是，所有这些问题都是"承认的政治"和"包容他者"所不能解决的，只有从根本上消除"中心—边缘"结构，才能解决既有的各种形式的矛盾和冲突。也就是说，既然当前我们所遇到的所有社会矛盾和冲突，在终极的意义上，都是根源于"中心—边缘"结构的，因而，只有针对这个"中心—边缘"结构去采取行动，才是治本之策。

我们已经指出，从启蒙思想家们的观点出发，除了"自我中心主义"的和"他人中心主义"的道路还有第三条可能的道路，那就是"无中心"的道路。如果在自我与他人的关系上出现了一种无中心状态的话，那么社会治理体系的"中心—边缘"结构必将得到根本性的改变。所以，当我们思考社会治理的根本性变革方案时，是需要回到"自我"与"他人"这个哲学原点上来的。

20世纪80年代初，全球都进入了一个改革的季节，世界各国都在改革的旗号下忙碌着。然而，世界各国的改革历程走了40年，而人类的生存环境却变得更加恶化了，各种各样的危机事件爆发得也更加频繁了。所有这些，在多大程度上能够证明世界各国的改革是成功的呢？事实上，从美国以及欧盟的情况看，特别是2008年爆发的金融危机所证明的，社会治理变革的道路越走越窄，甚至已经失去了方向。其实，之所以世界各国的改革会遇到无路可走的问题，其原因就在于最基本的哲学问题没有解决，甚至没有去自觉地加以讨论。这个哲学问题就是："自我"与"他人"的关系问题需要重新定位。

当我们触及自我与他人关系这个哲学问题时，一切都变得明朗了起来。今天我们所遇到的社会问题以及人与自然的关系问题，都是由近代以来的自我中心主义所造成的。虽然泰勒所提出的"承认的政治"是希望对此作出根本性改变的，但他人中心主义也必将复制出另一种形式的"中心—边缘"结构。而且，如果应用到社会治理过程中来的话，不难发现，由于他人话语左右了中心存在物的行为，那将是什么事也干不成。如果想象到他人中心主义将导致世界分裂的话，那就更不堪设想了。所以，虽然可以把20世纪后期以来的"公众参与"等运动与"承认的政治"联系起来，但是，如果公众参与不是像当下这样受到操纵和控制，而是真正按照他人中心主义的要求去做的话，肯定就不是一个"参与"的问题了，而是一个让公众"做主"的问题，即彻底实现民主的理想。果真如此，社会治理又会是一种什么样的景象呢？

就 20 世纪后期以来的改革而言，"承认的政治"并没有被应用到改革方案的设计中来是可以理解的。在这种情况下，上述所说的第三条道路就是一个必须加以考虑的选项了，那就是，在自我与他人之间造就出一种"无中心"的局面。自我与他人的无中心状态将是一种每一个自我都把自己放置到合作共同体之中去的状况，每一个人都将通过合作行动去成就他人和实现自我。沿着这样一个思路去思考问题的话，社会治理变革的方向就会变得非常清楚。而且，对于解决当前世界上的许多重大问题，都会有着正确的行为选择。比如，在伊朗和朝鲜的核问题上，在中国南海的问题上，都会找到合作行动的方案。总之，今天人类走向未来的道路取决于对自我与他人关系的重新认识，取决于对自我的重新定义。如果哲学能够解决这一课题的话，那么人类未来的道路就会是光明的，否则，就是不堪设想的。

第二节　通向合作之路

一、"为承认而斗争"

近些年来，认同与承认越来越引起了人们的广泛关注，甚至在许多当代著名学者那里，认同与承认的问题成了一个重要的学术话题。本来，只要思考人们的社会交往以及社会关系，就离不开认同与承认的问题。但是，随着族阈共同体的竞争氛围达到了无比激烈的程度，随着这种竞争所带来的社会后果日益显现出消极的影响，也随着后工业化进程中的复杂性和不确定性的迅速增长，人们空前地感受到认同与承认的问题对于维系良好的社会关系以及开展良性社会交往是那样的重要，以至于许多学者也开始将其作为一个重要的社会科学主题来加以思考。

认同与承认是社会交往的前提，但认同与承认是有所不同的，它们所导向的交往类型是存在着差异的。在一定程度上，认同的感性色彩较浓一些，而承认则是建立在理性判断的基础上的。

从人类历史上看，在家元共同体内部所存在的主要是人们之间的互助行为，而族阈共同体所包含着的主要是人们之间的协作行动。人们之间的互助需要建立在他们的相互认同的基础上，而协作却要以承认为基础。认同与承认的共同之处在于，它们都具有促进社会团结的功能，反过来说，当认同与承认成为人们反复讨论的话题时，也就意味着我们的社会出现了不团结、不和谐的问题了。事实上，与他人永不停歇的斗争也的确是族阈共同体中每个人时时都能感受到的一种生活状态，而当每个人都感觉自己身处一张无穷无尽的斗争之网中的时候，这个社会是不可能形成团结和和谐的气氛的。在这种情况下，唯有在争取承认的过程中去缓和人们之间的争斗一途。在走向后工业社会的过程中，在全球化运动空前地把人们日益紧密地联系到了一起的时候，在建构和谐社会的理念日益被世界所接受的时候，探讨认同与承认的问题也就显得更为必要了。

家元共同体因地域、血缘等方面的原因而具有高度的同质性，因而很容易形成坚实的内部认同。同时，对于共同体以外的人与事物，基本上所保有的是一种拒绝与排斥的态度。所以，家元共同体中只存在着"我"对于"我们"的认同，却很难生成对"他"与"他们"的承认。而且，在家元共同体内部的认同关系中，"我"是无法独立于"我们"而存在的。与之相比，族阈共同体打破了地域、血缘等客观条件的限制，摧毁了某些人天生的那些同质性因素，使社会表现出异质纷呈的状态，从而无法形成类似于家元共同体那样的内部认同。也就是说，族阈共同体只能通过对他人差异性的承认来开展社会交往。当然，我们说家元共同体仅仅存在着内部认同的问题，而族阈共同体所存在着的主要是承认的问题，那是在抽象的意义上谈论的，在实际的社会运行中，也不排除家元共同体中存在着某些局部的承认关系。同样，对于族阈共同体而言，也可能会因为家元共同体的遗迹尚存而保留一些认同关系。在日常生活领域中，还普遍地存在着认同关系发挥作用的情况。不过，总体上看，家元共同体是一个由认同关系主导的社会，族阈共同体则是一个由承认关系主导的社会。

　　家元共同体是一种等级制度支配下的社会形态，在这个社会中，等级交往的基本规则得到了等级权力的强制性保障。等级权力又是一种根源于人类社会中的"自然力量"，是得到了人们的等级认同的支持的。所以，人们接受这种等级权力的支配并不是一个是否要对它作出理性承认的问题，而是一个感性认同的问题。所以，在家元共同体内部，人们之间的交往不是基于交往主体（即不同等级的社会成员间）的承认而进行的，他们在交往的过程中并不是首先通过理性分析而谋求承认然后再进行交往，而是基于一种具有天然性的认同而做出的，天生的身份、地位就是认同的基础。即使那些希望改变既有身份、地位的人，也往往需要通过制造另一种认同来达成其目的。比如，当陈涉想做皇上的时候，就需要装神弄鬼地去制造所谓的"陈涉王"去谋求认同；再比如，梁山好汉"排座次"的时候，肯定会存在着难以认同的问题，所以，事前把一块石碑埋起来，然后，夜晚看准风向，放一盏"孔明灯"引导大家去把石碑挖出来，也就实现了认同。这种认同是经不起理性检验的，绝不是建立在理性判断的基础上的承认。这就是泰勒所看到的："在以往的时代里，承认从来没有成为一个问题。由社会地位决定的认同，由于其基础是人人都视为理所当然的社会范畴，内在地包含着普遍的承认。"① 其实，泰勒这里所说的"承认"只是一种默认，与建立在现代理性分析和判断基础上的承认根本就不是一回事儿。作为一种默认，既然它无法容纳个人的主体性，就只能被归入认同的范畴，而不能视之为承认。在族阈共同体这里，由于等级制度的解体，人们之间的交往失去了先验性权力的强制作用，转而必须依赖彼此间的承认，特别是个人利益意识的觉醒，要求通过对利益实现可能性的理性权衡去开展行动。结果，人们之间的承认关系也就建立了起来。

　　从承认关系生成的历史背景看，它可以说是在社会分化以及阶级斗争普遍化的过程中发展起来的。我们说家元共同体是一个以认同关系为主导的社会，所指的是群体认同，至于个体认同，在这个时候还没有得

---

① ［加］查尔斯·泰勒：《承认的政治》，董之林、陈燕谷译，载汪晖、陈燕谷编：《文化与公共性》，北京：生活·读书·新知三联书店 2005 年版，第 298 页。

到人们的自觉。这是因为，家元共同体中尚未生成个体，所以，也就没有个体认同的问题。当然，由于家元共同体中的人也是以自然个体的形式出现的，这个自然的个体也是认同关系的承载者，因而，在家元共同体的微观形态中，也不能排除个体认同的存在。但是，即使存在着这一意义上的个体认同，也无法想象它能够脱离群体认同，反而总是需要依附于群体认同的。

这一点在两个对立的方向上塑造出了家元共同体的基本面貌：在社会团结的意义上，它带来了群体内部的高度团结，并孕育出了丰富的以友谊为基本内容的传统文化；在社会斗争的意义上，由于个体性的缺乏，个体间的斗争不是一种普遍情况。而且，家元共同体中的道德也约束了个体间的斗争，至于群体间的斗争，也由于群体交往的稀疏而少于爆发的可能，更多地表现出偶然爆发的性质。比如，农民起义就是偶然爆发的反抗剥削和压迫的斗争。从中国历史来看，每一次农民起义的爆发都具有突发性的特征，往往让统治者措手不及。同时，家元共同体也很少有社会流动的问题，只是在一些偶然的情况下（比如，只是在饥荒、瘟疫等灾害流行的情况下），才会出现大规模的社会流动。一旦灾害状态得到解除，社会流动也趋于停止。总的说来，家元共同体成员是不愿意流动的，因为社会流动使人失去熟人圈子的生活空间，失去与生俱来的社会支持系统，在与其他家元共同体的人们的交往过程中，这种流动可能会引发群体间的摩擦甚至敌对，并有可能把人们引入一种群体间的战争状态。所以，家元共同体成员倾向于固守在家中，即生活在熟人圈子中，熟人圈子会给予人们以安全感。这也造就了和增强了家元共同体的封闭性。

在工业化过程中，地域界限被打破，社会开始走向开放，社会的流动性迅速地增强。结果，人们被置入一个陌生人社会中，人们间的同质性迅速地消解，以同质性为基础并以相互认同为保证的群体也日益消损。此时，社会已经变为由异质的人们所构成的生活和交往空间。在这样一个陌生人社会中，社会认同失去了基础，而人们间的交往却日益频繁，在社会交往以及社会生活中，依靠同质群体去开展活动已经不可能了。因而，人们必须依靠自己，这就促成了人的个体性，即促使拥有个体意识的人的生成。个体的人关注自己的环境、生活状态、利益实现的可能性以及权利的保障等问题，总是以自己为出发点去审视整个世界，以自己的利益以及权利要求和实现的可能性去判断他人，去决定是否开展与他人间的斗争或联合。但是，族阈共同体由于呈现出了个人及其利益这一中心，是从个人这个原点出发去开展一切活动，也就包含了斗争的内容和从属于斗争的需要。此时，原先存在于家元共同体中的人们之间的友谊以及调节群体和社会的习俗、道德等规范因素也就被抛弃了，从而出现了霍耐特所描述的状况："当社会生活作为基本概念被描述成一种自我持存的斗争关系时，现代社会哲学就在思想史中登堂入室了。"[①]

考察从家元共同体向族阈共同体转型的具体过程，可以看到，出现于家元共同体解体过程中的社会斗争在很大程度上仍然是一种群体斗争。甚至在更早的时期，当国王希望集结力量去抗衡教会的时候，就是通过在辖区内制造认同而去寻求支持的，即用一种空间上的地理认同去反对信仰上的宗教认同。就中国而言，在作为早期资产阶级革命标志的"同盟会"纲领中，就存在着反对异族统治的内容，这也是利用一种认同而去瓦解另一种认同的做法。在工业化过程中，许多地区反侵略战争的胜利也是可以归功于民族认同或群体认同的力量的。之所以一些国家在实现了民族独立之后还会长期陷入战乱，也是由于认同功能失去了目标而造成的后果。也就是说，一个国家在民族独立以及取得了反侵略战争胜利后，如果能够用"自我持存"去取代认同的话，就可以顺利地建立起族阈共同体；如果继续处在群体认同的氛围中的话，在地域界限被打破了的情况下，就会陷入长期的内部混乱和战争状态。

也存在着另一种情况，那就是某个群体取得了绝对支配地位，击败和打垮了其他群体，从而消除了混乱和战争状态。但是，这必须以不断强化群体的内部认同为条件，否则，就会变得非常危险。就西方来看，它在资产阶级革命取得胜利之后，由于市场经济的持续发展，由于启蒙思想家的贡献，由于催生出了个体意识，因而成功地把群体斗争转化成

---

① ［德］阿克塞尔·霍耐特：《为承认而斗争》，胡继华译，上海：上海人民出版社 2005 年版，第 11 页。

个体间的"自我持存"的斗争，用承认的问题取代了认同的问题。所以，成功地建立起了族阈共同体。

综观家元共同体解体过程中世界各地普遍存在着的战乱，无论是发生在民族间还是群体间，其中都包含着一个认同还是承认的问题。民族或群体内的认同度的高低，是在战争中取得胜利的基本条件，这可以说是作为农业文明的认同文化的燃烬复明。一些国家终结了认同文化，进入了自我持存斗争的阶段，因而在族阈共同体的建构中走上了世界前列；另一些国家由于没有终结认同文化，因而陷入了长期的混乱甚至战乱状态。即使那些成功地用一种认同取代了另一种认同的国家，由于更多地把精力用于增强认同方面，由于依然保有一种（尽管是一种新形式的、不同于家元共同体等级的）等级制度而制约了生产力的发展，因而在工业化的进程中落到了后面。

正是个体意识和个人利益意识的觉醒，把人类引入了一个普遍的自我持存的斗争状态，它从内部瓦解了群体认同，瓦解了家元共同体，并通过斗争而将个体从群体中释放了出来。然而，自我持存的斗争也会激化社会矛盾，会使社会陷入一种失序的状态，会破坏人们间的良性交往，会让一个社会无谓地付出巨大消耗。所以，需要通过承认来重新整合社会，使每一个已经有了自我意识的人都作为社会的一员而存在。也就是说，在个人的权利和利益得到维护和实现的过程中，也需要承认他人的权利和利益加以实现的要求。这种承认可以通过法律制度的方式进行，也可以通过政府的行政手段来提供保障，还可以通过意识形态的建构去获得。近代社会实际上把各种各样的手段整合了起来并加以综合性地运用了，因而建构起一个理性的承认空间，使人们能够通过承认而共在，出于自我持存的斗争而开展协作。

总之，在工业化的过程中，人们在自我持存的斗争中抛弃了传统的群体认同，摆脱了家元共同体的束缚，为了社会交往和公共生活的需要而提出了相互承认的要求。根据契约论的解释，当人们彼此承认对方的主体地位并作为契约双方而互相订约的时候，社会与国家也就相继产生了。这就是承认之于族阈共同体的价值所在。也就是说，根据社会契约论者的逻辑，自我持存的斗争消除了在国家之外形成任何共同体的可能性，而国家这个唯一的共同体则是作为所有人之间各种斗争关系的调节者而得以存在的。

在契约论者的设计中，由于国家的出现，斗争关系被转移和集中到了国家之内，并取得了合法的形式，社会也因此恢复了秩序，依靠个体间的相互承认而联为一体。即便出现了斗争，要么是在法律允许的范围内进行的（即合法斗争），要么就被归入不法和犯罪的范畴中去。这就是一个承认与不承认的问题，是与认同不相关的。即使存在着对国家、政府及其政策的认同问题，那也是感性意义上的存在，其价值在个体那里可能是有意义的，而且一些个体意义上的政治家或政府官员也会给予其高度重视，而对于国家和政府来说，则没有什么意义。在20世纪政治以及行政官僚化的条件下，认同的问题与工具理性也是格格不入的。直到20世纪后期，随着政治的民粹化，随着政治动员越来越依赖于对底层民众非理性认同的调动，认同才重新成为一个重要的政治和社会治理问题。

如果说家元共同体呈现出来的是敌对或认同这样两个面相的话，那么族阈共同体所呈现的则是斗争与承认共在的两个方面。家元共同体是不允许敌对与认同同时存在的，所以，在政治斗争中，失败的一方必然会被消灭。在族阈共同体中，由于斗争与承认并存，因而也就不难理解为什么在政治斗争中胜利的一方往往并不彻底把对手消灭。这是因为，虽然在斗争的意义上是对手，但作为对手却是被承认的。所以，除非在极端的情况下以及对那些给社会造成极大灾难的人，一般说来，都不去对政治犯动用死刑之类的惩罚。也就是说，即使可以不承认对手的政治主张和政治地位，但还是会保留对对手生命的基本承认。这标志着族阈共同体也是一个承认的社会，既是一个承认的社会，也是一个斗争的社会。

启蒙思想家们是用"自然状态"的比喻来描绘斗争的，而且所努力追求的是营造出"自然状态"的承认结构。直到19世纪，当黑格尔准备对启蒙思想以及工业化的实践进行系统总结的时候，仍然毫不犹豫地将市民社会称作"一切人反对一切人的战场"，并试图通过提出"凡是现实的都是合理的"的命题来化解斗争，即唤起人们对斗争现实的承认。黑格尔认为，人们间的相互承认是近代人际关系的基础，而且是自我意识中的一项内容："自我意识是自在自为的，这由于并且也就因为它是为另一个自在自为的自我意识而存在的；这就是说，它所以存在只是由于被对方承认。"① 接着，黑格尔推论道，尽管承认必然是相互的，但在实际的承认关系中，承认双方"作为极端相互对立着，一方只是被承认者，而另一方只是承认者"②。也就是说，虽然双方都是承认主体，但每一方却又都只是把自己看作被承认者，总是把对方看作能使自己得到承认的承认者。因此，在自我这里，承认双方的关系是不平等的，他人作为承认者对于作为被承认者的自我而言是必需的，但只是一种工具意义上的必需。如此一来，承认关系中就出现了一个纯粹的自我意识和一个不是纯粹自为而是为他的意识，"其一是独立的意识，它的本质是自为存在，另一是依赖的意识，它的本质是为对方而生活或为对方而存在。前者是主人，后者是奴隶。"③ 在这种承认关系中，"主人是通过另一意识才被承认为主人的"④，反过来说，奴隶也是通过它的另一意识才被承认为奴隶的。因此，承认关系就变成了主人与奴隶的相互承认了。

　　考虑到历史上的奴隶只是主人的财产，并不具有承认主人的资格，所以，黑格尔在这里所说的主人与奴隶间的承认就只能被视为一种比喻了，所表达的是对承认关系异化的批评，即批评这种凸显了自我意识的承认是相互承认的异化形态，而不是主体间的相互承认，它类似于主人与奴隶间的一种工具性承认。可见，黑格尔准确地描述了工业化进程中所出现的这种斗争与承认并存的现实，那就是，自我意识引发了斗争，同时，自我意识又包含着对他人的承认和要求他人的承认。在要求他人承认的过程中，却使承认异化为一种纯粹的他人承认。其实，在整个工业化进程中，甚至对于成熟的族阈共同体而言，黑格尔所揭示的斗争与

① ［德］黑格尔：《精神现象学》，上卷，贺麟、王玖兴译，北京：商务印书馆1981年版，第122页。

② ［德］黑格尔：《精神现象学》，上卷，贺麟、王玖兴译，北京：商务印书馆1981年版，第125页。

③ ［德］黑格尔：《精神现象学》，上卷，贺麟、王玖兴译，北京：商务印书馆1981年版，第127页。

④ ［德］黑格尔：《精神现象学》，上卷，贺麟、王玖兴译，北京：商务印书馆1981年版，第128页。

承认的关系都是存在的，而且愈演愈烈。既承认又斗争，这就是工业社会的真实写照。斗争要求承认，而承认又引发斗争。用霍耐特的一本书名来概括，就是"为承认而斗争"，如果反过来说成"为斗争而承认"，也同样能够描述出工业社会的特征。

二、"自我认同"与"组织认同"

在工业化的进程中，为了摧毁家元共同体的认同文化，启蒙思想家们将个体设定为一个个孤立的单子，目的是要消除在国家之外形成任何群体性认同的可能性。但是，启蒙思想却没有同时消除个体认同之需要。于是，随着家元共同体的瓦解，个体的认同需要就从群体认同转向了个体认同，准确地说，是一种"自我认同"。埃里亚斯认为："在现时代较发达的社会里，'个体'这个概念在人们的交流中应被看成是对自我—认同的优先地位的表达；但这种不言自明性也可能会使我们误认为，对自我—认同的这种优先设定，在任何社会的任何发展阶段上都同样存在，并且在任何时代，在世界上的任何语言里，过去和现在都现成地存在着与此相当的概念。然而，实际情形却并非这样。"[1] 实际情形则是，工业时代是自我认同的时代，农业时代则是群体认同（埃里亚斯又称其为"我们—认同"）的时代。

如果说家元共同体是群体认同的载体的话，那么自我认同所能寻找到的最为直接的载体就是自我的"身体"。在自我认同不成问题的时候，"身体"是不被意识到的。但是，20世纪后期以来，在经历了后现代主义者的解构之后，现代个体出现了严重的自我认同危机，作为自我认同载体的"身体"也就突然得到了理论家们的重视。"身体话语"也得以流行了起来，行为艺术也就成了时尚。同时，这也反证了自我认同在近代以来的社会中是普遍存在的。事实上，即便"身体"，也是需要得到承认的，而承认"身体"的方式就是"观看"。所以，族阈共同体在文化方面

---

[1] ［德］诺贝特·埃利亚斯：《个体的社会》，翟三江、陆兴华译，南京：译林出版社2003年版，第179页。

的发展走到了极端的地步时，就使"观看身体"的行动普遍化了，对自我身体的暴露以及出版"写真集"无非是自我认同需要的外显，是通过寻求外部承认而满足自我认同需要的行为。

群体认同是建立在共同体成员遵守某些先验性共同规范的前提下的，是一种天然地排斥任何承认关系的状态。自我认同则不是这样，由于失去了家元共同体的包裹，将个体赤裸裸地展现于社会之中，为了获得安全感，他必须寻求承认。只有被承认，才能证明自己的存在是真实的。把自己的身体展示出来，或者像被极端边缘化了的"芙蓉姐姐"那样把自己的欲望展示出来，或者像"凤姐"那样把一种不近情理的狂妄表达出来，就成了打破一切忽视和漠视的勇敢行动。正是这种勇敢，使她们的"欲望"或"狂妄"获得了暂时的承认，哪怕这种承认是以谩骂的形式出现的。这表明，当身体没有可以展示的价值时，或者说，当展示身体也不能得到承认的时候，还可以展示身体背后的另一重东西，以赢得承认。可见，在族阈共同体中，人们只有得到他人的以及社会的承认，才会拥有自我认同的安全感。这就是承认文化下的自我认同。在家元共同体的认同文化中，这种自我认同是不需要的，所以，也就不可能出现通过展示自己的身体和欲望等去引起他人注意的行为发生。也许你今天可以在李清照的诗中读出情欲，但你必须知道，那不是她要展示给你的情欲，在她那个时代，她所展示的情欲完全是有着特定对象的，而且，她所展示的情欲只是一种自然流露，并不是要谋求承认的回报。这与今天通过网络以及其他大众传媒去展示情欲完全不同。

承认关系发生的历史既是群体认同的瓦解史也是自我认同的生成史。根据弗里德曼的考察，自我认同需要的出现大约始自17世纪晚期，"在17世纪晚期，针对上等阶级的身份而提出的问题，有许多解释。私人领域从公共领域分离出来的切斯特菲尔德式的困境明确地标示着一种自我经验的出现。在这种自我观中，主体将他或她自身从他或她的社会角色中区分出来，她或他的个人任务就在于建立临时性的认同，……在社会先赋性衰落的地方，位置（position）就成了成就的产物，成了身份、知识及财富等的积累，即自我发展的产物。"① 就认同必然导致封闭而言，群体认同造成了群体的封闭以及群体间的隔离。同样，自我认同则造成了每一个作为自我的个体的封闭以及个体间的隔离。

封闭就意味着排斥，而排斥的显性化就必然是斗争。所以，近代以来的社会一方面呈现给我们的是以单子的形式存在的孤立的个人，另一方面则是"一切人反对一切人的战争"。孤立的个人永远有一颗孤独的心，所以，他需要谋求他人的承认；孤立的个人必须捍卫自己的利益而与他人斗争，他的斗争无非是要他人承认自己的利益。对于家元共同体而言，虽然群体间的互相排斥异常强烈，但由于群体交往相对较少，这种排斥没有得到太多显性化的机会，所以群体斗争反而不那么频繁。在族阈共同体中，由于承认关系的存在，个体间的排斥可能不似群体排斥那样强烈，但由于个体交往非常频繁，这种排斥无时无刻不展现出来。所以，个体间的斗争是族阈共同体中的一种极其普遍的现象，以至于法律制度也不得不承认这种斗争，只不过是通过法律的规范和制度化的设置而让这种斗争更多地以竞争的方式出现了，而不是像群体斗争那样往往以暴力的方式出现。

由此可见，族阈共同体中其实交织着三种关系，它们是"自我认同""承认关系"和"斗争关系"。其中，通过对群体认同的背叛而在斗争关系中呼唤出了自我认同，而自我认同则由于群体认同的瓦解而需要在承认关系中得到证明。但是，由于他人的承认只是服务于自我认同的目的，所以，承认关系就被工具化了。希望得到承认的人在承认关系中成了"主人"，他总是把作为承认者的他人视为"奴隶"而加以否认。结果，从承认关系中再度制造出了斗争关系，或者说承认关系转化成了斗争关系。这就是族阈共同体中社会生活的基本面貌。其中，自我认同、相互承认与普遍斗争是那样紧密地交织在了一起。

这三种关系的共在，赋予了工业社会以稳定的社会结构，特别是承

① ［美］乔纳森·弗里德曼：《文化认同与全球性过程》，郭健如译，北京：商务印书馆2003年版，第42～43页。需要指出，弗里德曼对于公私领域关系的看法反映了一种常见的误解。事实上，并不是"私人领域从公共领域分离出来"，公共领域与私人领域其实是在从农业社会向工业社会转型的社会分化过程中同时产生的。

认关系被作为社会契约而确立了下来，从而有了法律及其制度。法律承认个人自我持存的斗争，但又通过一系列的规范而让这种斗争以竞争这种文明的方式出现。结果，法律及其制度让斗争去赋予社会以活力，让承认发挥把为了自我持存而开展斗争的人们联系起来的纽带作用，个人则在斗争和承认的行动中去谋求自我认同。所以，自我持存的斗争并不足以危及社会秩序，而人们间的相互承认也不足以束缚人的行为和个人的目标追求。至于自我认同的问题，则被看作个人自己的事情。个人可以通过宗教信仰去放弃自我认同的需要，也可以通过展示自己的才智或财富去获得自我认同，在没有什么可以展示的时候，还可以去展示自己的身体，当自己认为自己的身体展示还不足以达到自我认同的目的时，还可以展示自己的欲望。事实上，在展示自己的欲望方面，"芙蓉姐姐"就创造了成功的范例，而"犀利哥"对于自己境遇的展示也是无比成功的。

族阈共同体还是一个组织化了的社会。从工业革命开始，社会的组织化程度就开始不断地提高，到了 20 世纪，整个社会都被组织了起来。组织无所不在，每一个社会成员都同时作为一个或多个组织成员而存在。我们说族阈共同体是由自我认同、相互承认与普遍斗争这三种关系编织起来的，而组织作为族阈共同体的微观共同体形式则更清晰地体现出了这一点。组织既是这三种关系的集中体现，也是这三种关系得以建构的途径。一个人的自我认同如果不是在组织中或通过组织去实现的话，那是不可想象的。同样，人们的相互承认也只有在组织体系运行的协作过程中才能得到充分的实现。而且，人也只有通过组织才能得到社会的承认。另一方面，组织无非是个人增强竞争能力的工具，即使个人想要单打独斗，与之打交道的也是组织。到了族阈共同体得到充分发育之时，可以说无人不在组织之中，也无人可以离开组织去开展社会活动。也就是说，我们今天所生活在其中的族阈共同体，就是一个由林林总总的组织所组成的组织化社会。

如果说家元共同体的细胞是家，那么族阈共同体的细胞则是组织。其实，家就是一个微观的家元共同体，同样，组织也是一种微观的族阈共同体。随着家元共同体的解体和族阈共同体的兴起，认同的历史走向终结，而承认的历史则得以开启。这是因为，与家元共同体不同，族阈共同体不依赖于先验性的认同，而是立基于人们的自主建构，是在人们相互承认的基础上所进行的共同体建构。但是，与族阈共同体相伴随的承认关系却在族阈共同体的成长过程中出现了异化，从而使族阈共同体获得了工具性的特征。族阈共同体的开放性也因为自身的异化而更多地属于一种单向的开放，即一种要求承认的开放，而在承认他人或对手的问题上，却表现出了封闭的特征。所以，无论是在宏观的意义上还是在微观的意义上，族阈共同体都是既开放又封闭的组织。它的开放，意味着必须与环境打交道，必须在环境中获得存在的资源和根据，也就是说，必须得到外界的承认。同时，它又是有着明确的边界的，这个边界把它封闭了起来。

认同的问题源于共同体的封闭性，既然族阈共同体由于其承认关系的异化而具有封闭的性质，那么它也就会与某种形式的认同联系在一起。本来，在理想的状态中，族阈共同体应当是一个承认的社会，但族阈共同体的异化却使这一社会依然受到认同问题的纠缠。当然，在这里，认同的形式和性质都不同于家元共同体的群体认同，而是一种组织认同。可以认为，随着自我意识和自我认同的觉醒，家元共同体及其群体认同便开始向族阈共同体及其组织认同转化了。但是，在族阈共同体产生之初，由于家元共同体在社会中仍然占据着比较大的比重，组织认同并没有得到人们的自觉。或者说，这种组织认同依然具有群体认同的色彩。这种情况在宏观上表现为对民族国家的认同，在微观上则表现在家族企业的产生和运营中。

到了 19 世纪晚期，随着组织形式的定型化（比如，民族定型为国家，家族定型为企业），随着组织的数量与规模的急剧膨胀，家元共同体的色彩已经完全褪去。因而，组织认同也就越来越显示出与群体认同的根本性区别。到了今天，我们所看到的是随处均有的组织认同问题。在某种意义上，管理学关于组织文化等的研究，都无非是出于增强组织认同的目的。在世界的范围内，只是在一些家元共同体尚存的地区，只是在一些宗教群体中，我们才能看到群体认同还在发挥作用。除了这些特定的地区和群体，已经很难再看到群体认同的存在了。在组织认同已经普遍化的今天，虽然只在一些有限的地区和群体中存在着群体认同，但是，很多地区性的甚至国际性的冲突，往往都是由于群体认同与组织认同的差异所引发的。组织认同环境下的人们不理解群体认同下的人们的那些"怪异的"行为，相反，那些受到群体认同支配的人则对组织认同表现出极大的不适应，即使他们已经极大地受益于组织认同环境为其带来的巨大物质利益，也依然表现出一种天然的抵触情绪，他们莫名地用暴力甚至恐怖行动去表达他们的反抗。

如前所述，群体认同具有一种先验的强制性，是由共同体赋予人的，或者说，是人与生俱来的。因此，在这种认同关系中，个体与群体天然地就是统一的，尽管这种统一需要以个体独立性的缺失为代价。组织认同则不然，组织认同是作为组织成员的人的选择的结果。尽管族阈共同体成员不可能不进入组织去获取生存的条件，但在决定是否进入某个具体的组织的时候，会表现出他的自主选择。所以，他选择了哪一个组织以及选择什么样的组织认同，都可以看作是体现了他的自主性的行为。进而言之，他是可以有选择地向组织以及他人开放自我的。一般说来，族阈共同体成员的组织生活决定了作为组织成员的人是不可能完全封闭自我的，因为，一旦一个人完全封闭了自我，就无法再作为组织成员而存在了。也许在现实中，组织以及其他组织成员宽容了他封闭自我的行为，继续保留了他的组织成员资格，但他对自我的封闭往往会演化成心理上的或生理上的疾病。

虽然组织成员不可能完全封闭自我，但他向组织以及其他组织成员开放他的哪一部分则是可以由他来作出选择的。他可以选择接受组织向他提出的条件而开放一部分自我，也可以有选择地向他人以及组织封闭其余部分的自我。然而，由于组织成员总是选择封闭了部分自我而不是像在家元共同体中那样无条件地向同一共同体中的其他成员开放自我，以至于作为个体的组织成员与组织之间是必然有着一种天然的隔阂的。个体属于组织，却不完全属于组织；组织包容个体，又没有资格完整地包容个体。因此，纵然个体作为组织的成员可以与其他组织成员一道形成一种共有的认同，但这种共同的认同却不能替代个体的自我认同。

在从家元共同体向族阈共同体转变的过程中，从群体认同中释放出了"自我认同"与"组织认同"。对于族阈共同体来说，原先在家元共同体中的那种混沌的群体认同转化成了明晰的自我认同和组织认同。在组织规模较小的时候，组织成员的同质性程度可能会比较高，虽然这时的组织不会像家元共同体那样把个体的人完全融入组织之中，个体还会保有其自我意识，但是，一般说来，组织成员都会向他人与组织作出较为充分的开放。这种情况下的自我认同与组织认同之间，会有着较大幅度的重合，无论是在认识上还是在行动上，个体与组织之间都会有着更多的统一性。随着组织规模的扩大，组织内部的异质性随之增长，个体就会降低自己对他人与组织的开放度，自我认同与组织认同之间的重合幅度也会相应地减小，个体与组织之间就会更多地表现出不统一的一面。

从历史上看，19世纪晚期以前，一般说来，组织规模都相对较小，很多组织还没有完全褪去家元共同体的痕迹，因而具有较高的同质性，自我认同与组织认同间的矛盾也就没有充分地暴露出来。虽然直到19世纪前期都依然存在着大量的自发性的工人运动，但主要存在于生产性的组织中，是由于资本家的利润导向激化了矛盾。当然，其中也存在着群体认同与组织认同的冲突问题，那些刚刚从农民转化为工人的人对组织认同的不适应也会激发出对资本家的天然对抗。19世纪晚期以后，社会组织化的进程迅速发展，不仅组织数量急剧增加，而且组织规模也迅速膨胀。结果，无论是在组织之间还是在组织内部，异质性程度都迅速增强，自我认同与组织认同之间的矛盾也随之而激化。

自我认同与组织认同之间的矛盾并不仅仅存在于组织内部，也逐渐地被扩大到了组织外部，而且在更大的组织框架下或在社会的大舞台上复制着这种矛盾，从而造成了作为个体的自我的分裂。或者说，使作为个体的自我分裂演化成了一个社会性的问题。根据现代哲学以及心理学的表述，自我分裂成了"主我"与"客我"两种对立性的存在。其中，"主我"代表着形成自我认同的那一个我，"客我"则代表着形成组织认同的那一个我。如果自我认同与组织认同是统一的，"主我"与"客我"就能统一为一个完整的自我；如果自我认同与组织认同发生了矛盾，"主我"与"客我"就将联手去撕裂自我。事实上，整个20世纪呈现给我们的就是自我被撕裂的景象。其实，就自我分裂为"主我"与"客我"而言，本身就说明，在自我内部已经建立起了斗争关系。或者说，是将个体间的斗争关系内化到了个体内部。究其原因，就是承认关系的异化，正是由于承认关系发生了异化，才造成了自我认同与组织认同的矛盾。进而，当这种矛盾被扩散至个体内部的时候，就在个体内部也建立起了斗争关系。对于这个问题，精神分析理论给了令人信服的解释。

　　从承认与认同的视角看，工业社会后期的社会冲突基本上是由于自我认同、组织认同与群体认同间的矛盾引发的。在自我认同与组织认同的矛盾中，由于承认关系的异化，实际上是沿着两个方向不断地把人们之间的冲突扩大化了。在外向的路线中，首先是个体间的冲突，然后是个体与组织的冲突，再者是组织与环境（组织间）的冲突，直至扩大到了国家间的冲突。在内向的路线上，个体与组织的冲突以及个体与个体的冲突被内化到了个体内部，造成了“主我”与“客我”的冲突。

　　在近代以来的几个世纪中，全球各地的发展是不平衡的，有些地区还存在着家元共同体，还处于群体认同的阶段，而在那些建构起了发达工业社会的地区，已经造就了典型的族阈共同体，属于承认关系占主导的社会。但是，即便在这些建立起了发达的族阈共同体的地区，由于承认关系的异化，也总是处于自我认同与组织认同相冲突的困扰之中。然而，全球化把这两类地区纠集在了一起，把群体认同与组织认同放置到了一个平面上了，因而产生了冲突。而且，这种冲突正在以所谓恐怖主义的形式出现。这说明，承认的社会对群体认同不承认，而认同的社会则对承认的社会不认同。所以，就以对立和冲突的形式出现了。

三、　超越认同与承认

　　组织化是理解人类 19 世纪晚期以来的这段历史进程的锁钥。在很大程度上，正如我们今天需要借助于复杂性的概念才能理解 20 世纪后期以来的全球化和后工业化运动一样，在 19 世纪与 20 世纪的交接处，只有通过“组织化”的概念才能把握那个时期的历史特征。虽然整个近代以来的社会都处在组织化的过程中，但在 19 世纪后期，却呈现出组织化飞速前进的特征，它可以说人类在 19 世纪出现了一场伟大历史运动——社会组织化。在进入组织化进程之前，契约论者关于原子化社会的假定是合乎当时的历史状况的，但当组织化进程取得了实质性进展时，独立自主的个人形象逐渐地被组织成员的身影所遮蔽。尽管发源于启蒙思想的现代法律及其制度依然是建立在对原子化个人的承认的前提下的，但作为个人的生活内容却日益式微，代之而起的是个人的组织生活以及通过组织而进行的活动。哈贝马斯就清楚地看到了这一点："在政治舞台上，针锋相对着的是集体行为者，他们为了集体目标和集体财富的分配你争我夺。只有在法庭上和法学话语中，具有行为能力的个体才能要求得到应有的权利。"① 的确，在实现了组织化的工业社会里，人们只在法律生活中还保持着独立的权利主体的地位，而在其他场合，这一地位则全然让位给了组织成员。由此也就不难理解，为什么作为启蒙思想主流的契约论到了 19 世纪晚期突然销声匿迹了，那是因为，"个体行动者"这一由它建构起来的社会基础已经不复存在了。

社会的组织化打破了工业社会早期的自我认同、相互承认与普遍斗争三种关系间的那种平衡，在造成了几种认同形式间的尖锐对立的同时，也将工业社会中的人们编织进了一张更加紧密和更加牢固的斗争之网中。如果说从封闭的家元共同体到半开放的族阈共同体的演变是一项历史进步的话，那么这种进步则使我们付出了一些意料之外的沉重代价，使我们的社会因为承认关系的异化而变得非常脆弱。当前，这种脆弱性在很多方面都已经转化成了实实在在的危机。这些危机的出现提醒我们，是需要对工业社会中认同、承认与斗争间的关系作出一次系统性的反思了。

斗争关系是自人类社会产生之时就已经存在了的，但是，却从来没有任何一个时期像工业社会这样把斗争关系推展到如此普遍化的程度，更没有任何一个时期像工业社会这样崇尚斗争，甚至将斗争本身视为荣耀。尽管今天的人们在追寻斗争精神的根源时总是习惯于溯及古希腊的体育竞技，然而，根据泰勒的看法，在那时人们的观念中，"荣誉场上的失败者固然得不到承认，但即使是那些赢家也遭到一种说不清道不明的

---

① ［德］尤尔根·哈贝马斯：《民主法治国家的承认斗争》，曹卫东译，载汪晖、陈燕谷编：《文化与公共性》，北京：生活·读书·新知三联书店 2005 年版，第 339 页。

挫辱，因为他们赢得的是失败者的承认，后者不是和赢家处于同一地平线的自由自足的主体，所以他们的承认实际上毫无意义。"[①] 泰勒所揭示的是农业社会的竞技观，在那里，竞技与其说是为了分出个高下，倒不如说是为了激发出一种群体荣誉感，而这种荣誉感又会增强群体认同。所以，那时的竞技其实在很大程度上具有政治动员的性质，或者说，是对政治动员的一种演练，如果把它看作斗争精神的源头，是不恰当的。

　　泰勒的观察对于中世纪以来的决斗活动同样适用。决斗无疑是一种斗争，并且是黑格尔所说的"生死斗争"，然而，在这种生死斗争中却很难发现我们所认为的它具有的残酷性。比如，尽管几乎不存在什么约束斗争双方的明文规范，但斗争双方对于"公平竞技"原则的遵守程度却简直令人难以想象，更难以见到工业社会中的人们那种为了蝇头小利而使出的各种龌龊伎俩的状况。究其原因，也就是因为决斗活动是等级荣誉感的一种展示。所以，它虽然表现为斗争，实际上却是对等级认同的一次增强。然而，到了工业社会，情况立即发生了变化。工业社会一个显著的特征就是它拥有了空前繁杂的规范体系，而这些规范在终极意义上都是为了保障"公平竞技"的原则得到遵守，这是因为"公平竞技"已经失去了内心冲动的支持，必须通过外在的规定去获得。所以，就"公平竞技"被提到了一个前所未有的高度来看，"竞技"所标志着的斗争关系在工业社会也就拥有了支配性的地位，在人的一切社会活动中，都包含着被称作竞争的斗争关系，而且，社会是鼓励这种斗争的。在各种各样的体育活动中，我们看到，最能对工业文明作出形象而逼真的诠释的运动莫过于篮球和足球运动了。在这两种运动中，人们拼命去完成最为精妙的协作，却并不为社会带来任何实际的产出，而只能生产出一种纯粹的胜负关系。它们的流行表明，在工业社会中，协作本质上只是斗争的一种手段。

　　由族阈共同体构成的工业社会具有有限的开放性。在这个社会中，从社会、组织到个人，对于他人的开放都是有条件的。这个条件就是他

---

① ［加］查尔斯·泰勒：《承认的政治》，董之林、陈燕谷译，载汪晖、陈燕谷编：《文化与公共性》，北京：生活·读书·新知三联书店 2005 年版，第 311 页。

人的承认，他人的承认是工业社会每一个层面上的开放性的底线，或者说，承认就是开放的尺度。为了获得承认，个人需要向他人开放，组织如此，国家也是这样。一俟获得承认，开放也就停留在被承认的水平上了。因为，过度的袒露可能意味着风险的加大，会置自己于斗争关系中的不利位置。所以，在工业社会中，如同承认一样，开放也受到工具理性的支配，为了获得他人的承认，开放的主体往往是策略性地向他人开放自身。至于对他人的承认，只不过是出于让他人能够更多地向自己开放的目的。但是，无论是这种承认还是这种开放，都不是真实的承认与开放，而是一种异化了的承认与开放。承认他人，并不是建立在平等的理念下的，更不是出于对他人的尊重，而是为了交换他人对自我更大程度的开放。向他人开放，也不是出自真诚的信任，而是为了使自己得到承认。无论承认还是开放，最终又总是服务于使自己在斗争中占得先机的目的。总之，在自我与他人的关系上，他人总是被放在一个工具性的位置上，他人总是作为自我的工具才得到承认的。用黑格尔的话说，他人总是被自我视为"奴隶"而得到了承认。也就是说，作为他人的你只是在认为有些用处的时候才得到了承认，如果没什么用处，谁会理会你呢？

我们已经指出，黑格尔关于"主人"与"奴隶"关系的比喻准确地描绘出了族阈共同体中人际关系的基本特征。族阈共同体不同于家元共同体的基本特征就在于，自我永远都是作为主人而凌驾于一切他人之上的。正是这一点，导致了自我认同与组织认同的矛盾，并随着组织化时代的到来而将斗争关系渗透进了社会生活的各个层面。对于这一点，20世纪的思想家们已经有了比较清醒的认识，所以，20世纪哲学的一大使命就是重新发现他人。随着他人的再发现，人们开始重塑自我与他人的关系，并试图通过这种重塑来改变普遍斗争的社会现实。在勒维纳斯关于"自我永远无法偿清对他者的债务"的提法中，我们可以看到一个哲人代表了整个工业社会所作出的忏悔。同样，在"主体间性"的思考中，也可以看到一种对"自我"与"他者"之间的那种"主人"与"奴隶"不对等关系的否定，所包含的也是一种把自我与他人的关系修正到主体间对等关系的追求。

但是，实践却没有承认哲人的这种追求。当然，"主体间性"的概念是有益的，它在 20 世纪中期以来的人文社会科学文献中得到了广泛应用，霍耐特甚至用它来修正黑格尔关于"主人—奴隶"的辩证法，试图通过对黑格尔耶拿时期文本的重新解读去发现一个新的黑格尔，即把一个发现了自我意识的黑格尔重新装扮成一个承认"主体间性"的黑格尔。姑且不论这种为主体间性概念寻找思想来源的做法是否合适，就这种行为本身而言，已经足以证明"为他者正名""重塑自我与他者关系"的问题是一个重要的学术主题。然而，当以法兰克福学派为代表的一大批西方学者对资本主义作出了严厉的批判后，却找不到终结工业社会（即资本主义）现实的积极方案，而是更多地抒发一种工业社会早期的契约论理想。所以，虽然他们提出了主体间性的概念，却没有认识到组织化社会中的个体在社会交往中是作为组织成员而存在的，没有意识到此时的主体已经不再是早期契约论意义上的完整主体了，因而，也就更想不到他们所提出的主体间性概念实际上是虚幻的。

既然现实中已经不再有完整的主体，哪里还会有主体间性呢？可能正是由于这个原因，虽然众多学者都不遗余力地鼓吹主体间性的概念，而现实中的自我与他人的关系并未因此而得到任何实质性的改变。不过，主体间性这一概念还是给予我们以巨大的启发，那就是，自我与他人的关系在理论上不是一成不变的，主人与奴隶的辩证法并不是一条永不褪色的真理，如果我们能够找到终结承认关系异化状态的道路，那么主体间性概念中所包含的那种平等的社会交往形态也就会不仅以理想的形式出现，而且是能够向现实转化的。在我们看来，要终结自我与他人关系的异化状态，就需要首先实现对认同与承认的超越。

就认同而言，无论是群体认同还是组织认同以及自我认同，都具有对某些方面进行排斥的特征。群体认同在不同的群体间制造对立，组织认同把世界营造成竞争的战场，而自我认同则呼唤出普遍的斗争。当这几种认同形式交织到一起的时候，彻底地把工业社会变成了一个矛盾、对立和冲突无处不有的社会。这一状况在"民进党"当政的台湾表现得最为典型，由于台湾是一个既存在着族群又有了个体觉醒的社会，而且组织化程度也达到了相当发达的地步，民进党人精明地利用了群体认同、个体认同和组织认同去营造一个社会混乱的局面，并从这种混乱中获取其所冀望的利益。因此，对认同问题的超越是实现主体间平等承认的第一步。

就承认而言，我们已经指出，族阈共同体虽然用自我持存的斗争关系消除了认同关系，但由于出现了承认关系的异化，导致了认同斗争的复活与泛滥。从逻辑上看，承认关系不是一种能够独立起来的关系，它总是需要附着在某种基础性的关系之上。比如，如果一个社会中的基础性关系是一种斗争关系，那么关系双方就会彼此承认对方为斗争主体，其结果自然就是斗争，事实上，族阈共同体的法制也因为承认这种斗争而使斗争合法化了。我们也可以想象另一种情况，那就是，如果一个社会的基础性关系是一种合作关系，那么其关系双方就会互相承认对方为合作主体，他们的社会交往就会被结构化到合作行动中去。但是，族阈共同体中没有出现这种合作关系，所以它的承认关系出现了异化。也就是说，这种承认关系不是一种平等的承认，而是一种在被承认者那里以自我为中心的、视自我为主人的承认关系。而且，在一切层面上都不例外。所以，我们在族阈共同体中所看到的人的一切社会活动也都成了"为承认而斗争"的行动，要改变这种状况，就必须从根本上改变族阈共同体所建构起来的基本社会结构。

当族阈共同体已经充分实现了组织化的时候，它的基本结构也就蕴含在组织结构之中了。认识到这一点很重要。因为，谈论社会结构变革的人太多了，而所有就这一话题提出的方案又都总给人以空想的印象，以至于我们总是感觉到，所有谈论社会结构变革的人都找不到变革的路径。然而，当我们发现族阈共同体的社会结构是蕴含于组织结构之中的时候，实际上也就真正找到了社会结构性变革的路径了。

我们知道，到了20世纪，整个社会都被马克斯·韦伯所命名的官僚制组织结构化了。在官僚制组织中，组织认同具有强制性，组织成员必须无条件地接受组织认同。这一点在形式上是与群体认同非常相似的。二者的不同在于，群体成员没有意识到自己的自我认同需要，组织成员则强烈地意识到了自己的自我认同问题。所以，群体中几乎不存在群体认同与自我认同的冲突，而组织中的自我认同与组织认同间的冲突，却总是显得无比激烈。但是，官僚制组织以祛除价值"巫魅"以及非人格化等原则和规范压制住了自我认同与组织认同间的冲突。另一方面，在社会复杂性程度相对较低的工业社会，官僚制组织的存在也是有其现实合理性的，它可以有效填补家元共同体解体之后的空白，能够化解个体必须面对的那些风险。所以，组织中所存在的斗争倾向往往因组织能够提供相对于外部的安全环境而得到了容忍。然而，20 世纪 80 年代以后，随着后工业化进程的开启，社会复杂性程度急剧增长，不仅组织外的各种风险因素层出不穷，而且官僚制组织自身也因为在这些风险面前的笨拙而变成了一种风险，成为组织成员丧失安全感的场所。到了这个时候，官僚制组织的现实合理性也就丧失了。

既然官僚制组织的衰落已经不可逆转，也就必须去建构起一种新型的组织去替代它，这种新型的组织应当是一种合作制组织。如果人类实现了用合作制组织去替代官僚制组织的变革运动，那么共同体基本结构的变革也就在这一进程中实现了。因为，随着合作制组织成为一种基本的组织形式而立于我们的社会，整个社会也就会形成一种合作结构，进而促进合作关系的普遍生成。在合作关系的基础上，人们也就成了彼此对对方完全开放的合作主体了。

合作主体是完整的主体，它自由自觉地对他人开放，自由自觉地与他人交往，自由自觉地与他人合作，而在交往与合作的过程中，彼此间的相互承认也就真正是平等的主体间的互动。当然，个体间、组织间的斗争行为也可能还会出现，但是，由于失去了斗争关系为这种斗争行为提供稳定的支持，斗争行为也就不会构成一种普遍性的社会现象了，更不会危及整个社会的正常运行。而且，即使出现了斗争行为，也会比较容易地通过合作机制予以化解。由此，我们就步入了一个超越了认同与承认的合作社会。在这个合作的社会中，承认是建立在合作关系的基础上的，同时，承认又是合作的前提。在某种意义上，合作也是承认的产物。所以，这是一个普遍承认的社会。当承认关系普遍化了，当人们不再需要"为承认而斗争"的时候，实际上，承认本身也就不再是一个需要谈论的话题了。这也就是承认得到了超越的境界。

第三节　权利、荣誉与职权

一、 对人的生命的承认

尽管工业社会在微观的群体和组织的层面上还具有某些同质性，但那些根源于人的内在的自然以及社会因素已经丧失了把人们联结起来的天然纽带之功能，而是代之以那些外在于人的强制性力量去把人们组织起来，从而构成了族阈共同体。

家元共同体与族阈共同体的心理特征有着根本性的不同，前者表现为人对人的认同、人对共同体的认同；后者则表现为人对人的承认以及人对共同体的承认。认同与承认的客观化，就构成了具有不同特征的社会关系，即认同关系和承认关系。对于家元共同体而言，认同关系编织起了共同体的经纬线，存在于这一共同体中的习俗与道德、生产和生活中的互助、政治以及经济上的依附等等，都需要在人们的认同关系中来加以理解。随着家元共同体的解体和族阈共同体的生成，人的个体意识开始觉醒，社会差异迅速扩大，特别是在人从农村走向城市之后，与之打交道的是陌生人。面对陌生人，先验性的认同会立即把自己置于一个极其危险的境地。所以，必须首先对交往对象以及赖以交往的世界作出怀疑，然后作出评估，才能再作出承认或不承认的选择。

与认同相比，承认是理性的，承认关系是在承认的过程中建构起来的一种社会关系。认同是先验的、模糊的、简单的，而承认则是理性的、清晰的和复杂的。因而，承认以及承认关系具有多种多样的表现形式。其中，权利、荣誉与职权是承认关系的三种最为基本的表现形式。承认的形式是多种多样的，谋求承认的方式也是多种多样的，"竞争者在市场上投机，密谋身边的对手，为蝇头小利而讨价还价：如果你称赞我，我就称赞你。他们行使权力、花费金钱、展览商品、馈赠礼物、传播闲话、登台表演——都是为了得到承认。"① 然而，一个人要能够通过这些方式而得到他人甚至社会对自己的承认，首先需要成为一个社会成员，然后才能谋得他人以及社会对自己作为社会一分子的承认，这一承认的形式就是权利。所以，权利是一切承认关系赖以成立的基础，是最具有基础性意义的承认。

我们知道，在家元共同体中，拥有特权是所谓"人的条件"，没有特权的人在制度与习俗上都是不被作为独立的人看待的。也正是出于这一现实，我们说家元共同体中不存在普遍的承认关系。族阈共同体用被视为每个人天然享有的权利取代了家元共同体中那种为某些人享有的特权，从而实现了对其成员的普遍承认，拥有权利也就成了一个人作为社会成员（特别是作为人）的标志。这就是范伯格所说的，"有权利，我们就能'活得像人'，就能注视他者，就能在根本上感到人人平等。认为自己是权利的占有者，感到骄傲就不是过分的，而是合适的；同时也具有最低限度的自尊，这是为了赢得他者的爱和重视所必不可少的。的确，尊重个人……可能仅仅是尊重他们的权利"②。这番宣言可能包含了作者太多的浪漫情怀，但它对于权利作为社会成员资格的标志之定位却是准确的。事实上，当社会需要对某些人——比如罪犯——施加惩罚的时候，也是通过剥夺其特定权利来部分或者全部取消他作为一个社会成员的承认。

任何社会都存在着某些惩罚行为，会因为某些事情而对某些社会成员作出惩罚。但是，在工业社会，存在着惩罚本身所表明的是权利的社会性。正因为权利是一种社会建构的结果，它的范围才可以随着社会的发展而不断扩展，社会也才能在特定的情况下将其剥夺。否则，如果权利真的像 18 世纪启蒙思想家所宣称的那样是天赋的和神圣不可侵犯的，那么通过剥夺或部分剥夺人的权利而实现的惩罚就将无从证明是具有合理性的，法律恐怕也不能判定谁应受到惩罚，或者，法律没有存在的意

① ［美］迈克尔·沃尔泽：《正义诸领域：为多元主义与平等一辩》，褚松燕译，南京：译林出版社 2002 年版，第 339 页。

② Joel Feinberg, "The Nature and Value of Rights", in his *Rights*, *Justice and Bounds of Liberty*: *Essays in Social Philosophy*, Princeton, NJ: Princeton University Press, 1980, p. 143 and the following pages. 转引自［德］阿克塞尔·霍耐特：《为承认而斗争》，胡继华译，上海：上海人民出版社 2005 年版，第 125 页。

义了。反过来，没有了法律，或者失去了法律的保护，权利也就变成了一句空话。

早期启蒙思想家关于权利的一切理论证明其实都是因为法律体系的建构而成为现实的。正是因为有了法律的保障和对侵犯了他人权利的人实施惩罚，才使关于权利的社会建构成为现实，才使每一个人都被认为有着天赋的和神圣不可侵犯的权利。这又反过来证明权利是一种社会性的设置，而不是来自自然的，更不是由上天所赋予的。所谓"自然权利"，只不过是启蒙思想家们在走出中世纪那个特定的历史条件下提出的一种意见。然而，我们不难理解的一点是，由于近代以来的几乎全部社会性建构都是在启蒙思想家的天赋权利的原则下进行的，所以，今天的社会设置，特别是政治设置，才能够反过来证明"天赋权利"的观念，才不会有人对天赋人权提出质疑，甚至在"人权"一词成了霸权主义者挥舞的大棒时，也不会有人敢于对它说一个"不"字。

谈到自然权利，我们自然而然地就会想到"自然人"的概念，即作为一个法律术语的与"法人"相对应的概念。就"自然人"与"自然权利"的关系而言，是指每个自然人都享有自然权利。根据自然权利论者的看法，人享有权利，这是一种天赋，所以一切自然人都天然地享有所有权利。从工业社会的情况看，的确如此。我们每个人生来就被认为是一个权利主体，在达到一定的年龄之后，就会被承认拥有所有应当拥有的权利，这一切似乎都是自然而然的。然而，事实并非如此。我们从来没有自然而然地享有过任何权利，我们之所以能够享有那些被认为我们应当拥有的权利，是因为法律承认了我们，从而享有了所有的法定权利。只不过，在依据自然权利观念而建构起来的这个社会体系中，法律平等地承认了所有自然人，所以，才会表现出我们自然地享有权利的现象。在这个意义上，自然权利是与其名称不相符的，它实际上并不是根源于自然的权利。虽然可以在一定的意义上把自然权利理解成对于我们作为自然的那部分——身体的存在所作出的承认，而就其表现为承认而言，还是属于社会性的。

无论承认的客体是自然的还是社会的，承认本身就是社会性的。所以，无论是人的自然的部分还是社会的部分，得不到承认，它就只是哲学意义上的"存在"，只是在得到承认的意义上才与权利联系到了一起。不过，自然权利是近代以来的全部政治的一项基本原则，民主、法治等所有政治实现方式都是在这一原则之下展开的。如果一个国家的法律不对所有的自然人的自然权利加以承认，那么这个国家的治理肯定是不能被贴上民主、法治等标签的。20世纪后期以来，随着全球范围的流动性的增强，移民的权利地位问题成了各国共同面对的一道难题，而这一问题的实质，则在于是否应承认这些处于流动状态的人以及流动进来的人的权利的问题。所有这些，都说明并不真正存在着自然权利的问题。所谓自然权利，完全是一种社会设定，是由一个社会来决定它是否承认生活于这个社会之中的人的权利。

　　自然人是拥有自然生命的人。与财产权、选举权等权利相比，生命才真正是天赋的而不是社会建构的。因而，从理论上说，社会是无权剥夺它的。这也是一些国家和地区反对死刑的最主要依据。然而，历史经验表明，如果法律不对生命施以必要的保护或者限制而任由其处于一种自然状态的话，那么生命是得不到保全的。所以，出于现实而不是理论上的需要，法律最终也将人的自然生命纳入其保护或剥夺的范畴中了，使生命也成为个体的一项权利。这就是自然生命的社会化过程。从此，个体获得了关于其生命的权利，可以要求法律对其施以最坚决的保护。同时，由于生命得到了法律的保护，也就获得了社会建构的性质，它作为自然的那种天赋之神圣性也就失去了，从而使死刑在理论上得到了合法化。结果，个体获得了使自己的生命得到保护的权利，却失去了最终保有自己生命的权利，而是把生命交由社会去处理，可以根据作为社会建构成果的法律去决定是否剥夺生命。这就是为什么在权利观念已经普及的条件下依然保留了死刑这样一种刑罚的原因。也就是说，人们在使自己的生命被承认为权利的过程中，付出了让社会去决定自己的生命被剥夺的代价。

　　近年来，随着克隆技术的出现，生命本身原先所具有的自然性质也开始遇到了新的问题，那就是，在生产的意义上，生命也完全可以变成一种社会建构。如果果真有一天克隆人被制造了出来的话，那么自然人的概念也就遭遇了巨大的挑战。克隆人显然不再是自然人，这样一来，近代以来作为社会建构成果的法律体系如何确认克隆人的权利呢？这必然是一个在理论上必须加以思考的问题。其实，我们已经指出，权利是一种社会建构，既然自然人已经在社会建构中得到了社会承认，从而在一定程度上失去了自然属性，那么克隆人作为一项社会成果其实是更加合乎法的精神的。但是，对法的普遍性提出挑战的将是，克隆人的出现意味着两种生命形式的并存，一种是有着自然生命的自然人，另一种是有着人造生命的克隆人。法律应当平等地对待这两种人还是区别对待这两种人呢？无论是平等对待还是区别对待，都是对法的精神的背离，都是对权利的挑战，都将置权利于自我矛盾的境地。

人的自然生命的社会化是权利观念的产物，因为权利承认了人的生命而使其不再完全具有自然属性，从而成为社会建构的结果，拥有了另一重意义上的生命，即社会生命。应当看到，自从人有了社会生活，也就具有了社会生命。人与动物的不同就在于，人既有自然生命又有社会生命，是自然生命与社会生命的统一体。就个体的人而言，他的自然生命是其社会生命的载体，有了自然生命，才能在社会活动中获得社会生命。尽管他在自然生命终结的时候还可能保留社会生命，甚至有些人的社会生命能够延续千年，"永垂不朽"，但从历史上看，并不是所有拥有自然生命的人都必然拥有社会生命。比如，在古希腊的雅典，奴隶、妇女和外邦人拥有自然生命却不被认为拥有社会生命，只有那些作为"政治动物"的人才拥有社会生命。近代以来，随着权利设定的确立，一切人都被认为获得了天赋人权，所以，也在社会生活中获得了社会生命。可见，如果说家元共同体中的特权是人的社会生命的实质和基本内容的话，那么在族阈共同体中，权利则是人作为社会成员的条件，是人的社会生命的实质和基本内容。

由于人拥有自然生命和社会生命这两重生命，而且在近代以来，人已经普遍获得了社会生命，也就使对人的生命加以社会建构成为可能，使社会生命变得可以赋予和可以剥夺。近代以来，罪犯也是拥有自然生命的，但由于他被剥夺了某些权利，从而暂时或者终身地丧失了自己的社会生命。事实上，在工业社会的历史条件下，除了死刑是对人的自然生命的剥夺以外，其他刑罚都是针对人的社会生命而作出的。这与早先的情况大不相同。在农业社会，在家元共同体中，并不是每一个人都拥有社会生命，只有那些拥有特权的人才拥有社会生命，或者说，拥有社会生命也是一种特权。这样一来，剥夺人的社会生命的刑罚也就无法得到普遍实施，因而也就没有必要去发明剥夺人的社会生命的法律，而是通过权力意志去剥夺某人的特权，即剥夺人的特权而让人失去社会生命。比如，将某人贬为庶人，就是在保留其自然生命的前提下而对其社会生命的剥夺。

由此也可以看到，在农业社会，既然剥夺人的社会生命的刑罚是不可以普遍实施的，所以，也就更多地采用了剥夺人的自然生命的刑罚。在世界上几乎每一个处于农业社会历史阶段的地区，其刑罚都更多地是直接针对人的自然生命做出的，即表现为对人的"肉体"的摧残和对自然生命的剥夺。即便是针对人的社会生命而做出的惩罚，也往往是通过改变肉体的外在特征来加以标示的，比如"黥"刑。或者说，农业社会的刑罚是通过对自然生命的惩罚来实现对社会生命的惩罚或剥夺的。工业社会的刑罚重心转移到了针对人的社会生命进行惩罚，而不是广泛地针对人的自然生命做出惩罚，这是因为权利的社会建构而使人普遍获得了社会生命。正是因为人有了自然生命和社会生命两重内容，才使针对人的社会生命做出的惩罚能够达到惩罚之目的。从工业社会惩罚的基本情况来看，只是在极端的情况下，才会超出社会生命的界限而对人的自然生命进行惩罚。

总之，权利所赋予人的是社会生命，从自然权利的设定到对人的自然生命神圣性的承认，所实现的是赋予人以社会生命这样一种结果。同时，这也是权利从政治建构到社会建构的逻辑路径。根据现代法学理论，"个体权利分为保障自由的人权、保障参与的政治权和保障基本福利的社会权利。人权是指保护个人生命、自由和财产免受非权威的国家干涉的消极权利。政治权利是指保障个人参与公共意志形成过程的机会，是一种积极权利。社会权利是指保障个人公平占有基本产品分配，这也同样是一种积极权利。"① 在这一定义中，除了保护（自然）生命的人权以

① ［德］阿克塞尔·霍耐特：《为承认而斗争》，胡继华译，上海：上海人民出版社2005年版，第121页。

外，其他权利都是对人的社会生命的承认。并且，随着社会的发展，后者在形式上还呈现出不断丰富的趋势。在这些形式中，所有权是一个核心范畴，工业社会对人的社会生命的承认主要是通过承认所有权来实现的。这就是米德所看到的："如果一个人在共同体中维持他的所有权，那么至关重要的是他就是那一共同体的成员，因为，正是他采取对他者的态度，向他保证了对他自己权利的承认……确定了他的立场，也给了他作为共同体成员的尊严。"[1]

霍耐特认为，"属于法人的特征是他与共同体其他成员所共有的"。[2] 这句话简洁地描述出了农业社会与工业社会的区别。农业社会也有法律，在某些地区甚至发展出了较为发达的法律体系，但属于农业社会这个历史阶段的法律所承认的人的社会生命还只是那些享有特权的人的社会生命，而不是所有人都能够获得的社会生命。即便"罗马法"中那些关于财产权的规定，尽管有着形式上的普遍性，但考虑到人在社会结构中的不同地位和不同的财产占有状况，事实上还是对特权的确认和维护。对农业社会的法律的解读，会让我们看到对人的自然生命的承认，也正是这种承认，决定了这个历史阶段的刑罚总是针对人的自然生命做出的。权利的出现改变了这种状况，权利以及基于权利而进行的全部政治建构和社会建构都被凝结到了法律规定之中，实现了对每一个体的自然生命和社会生命的普遍承认，使每一个人都成了自然生命与社会生命的统一体。所以，正是权利，实现了对人的生命的普遍承认。

二、 对人的价值的承认

权利所要求的是对人的生命的普遍承认，而且也确实在理论上实现了对一切人的生命的普遍承认。正是由于权利的发现或发明，第一次在

---

[1] G. H. Mead, *Gesammelte Aufsaetze*, ed. Hans Joas, Frankfurt am Main, 1980, p. 242 and the following pages. 转引自［德］阿克塞尔·霍耐特：《为承认而斗争》，胡继华译，上海：上海人民出版社 2005 年版，第 85 页。

[2] ［德］阿克塞尔·霍耐特：《为承认而斗争》，胡继华译，上海：上海人民出版社 2005 年版，第 93 页。

人类历史上实现了对所有个体自然生命与社会生命的平等承认，从而使社会成员的资格不再为一些人所独享，而是成了所有人共享的一种基础性角色。但是，"由于承认的法律关系不能给共同体成员的个体差异以一种肯定的描述，因此，这些承认关系是不完善的"[①]。就个体而言，得到承认而成为社会成员只是宣告了他拥有社会生命，却不意味着他的社会生命能够得到实现。虽然人的自然生命也需要得到权利的确认，而且在医疗以及各种各样的社会保障等公共服务体系中，自然生命能否实现也需要得到社会设置的支持，但与人的自然生命不同，社会生命的实现更多地取决于个体的主观追求以及社会对这种主观追求的承认状况。

人的任何社会性行为都是有价值的，即便这种行为是工具理性的，也是有价值的和需要在价值判断中得到评估和确认的，只不过根据工具理性原则建立起来的组织及其制度通常不愿意承认它罢了。事实上，社会生命的实现首先就是人的社会价值的实现，一个人在社会交往以及其他社会实践中证明了自己的价值，就等于实现了自己的社会生命。反之，如果他不能证明自己的价值，尽管他也拥有社会生命，却无异于一种社会意义上的"植物人"。如果说人的自然生命在近代以来是因为权利设置而得到了确认的话，那么社会生命则是在一系列制度框架下的交往活动中得到他人承认的，作为社会生命实现形态的价值也需要得到承认。

在讨论"社会承认关系的结构"时，霍耐特区分了法律承认与社会重视这两种承认形式，认为这两种形式的承认分别对应于社会生命及其价值。根据霍耐特的意见，"在这两种形式中，人都可能因某些特性受到尊重。在法律承认之中，它就是使人们完全成为人的一般特性。在社会重视之中，它就是将人们互相区分开来的个别特征。故此，法律承认的中心问题是如何限定个人的构成性，而社会重视的中心问题则是借以衡量特殊个性的'价值'的评价参照系统的构成性"[②]。也就是说，法律承认的关键在于保证所有人平等享有一切权利，防止任何例外与特权的出

---

① ［德］阿克塞尔·霍耐特：《为承认而斗争》，胡继华译，上海：上海人民出版社2005年版，第86～87页。
② ［德］阿克塞尔·霍耐特：《为承认而斗争》，胡继华译，上海：上海人民出版社2005年版，第120页。

现。比如，当人们在选举活动中去证明自己的社会生命时，一人一票是社会生命得到平等承认的结果。如果出现了一部分人可以投多张选票，那显然是对社会生命的差等对待。这对于法律承认而言，是不允许的，即不允许一部分人的社会生命比另一部分人的社会生命更加特殊。但是，作为社会重视的另一种承认则不同，它恰恰是要突出某个人或一些人的特殊价值，从而得到社会的特别承认。在工业社会的社会设置中，是存在着这一承认例外的承认体系及其机制的。

作为社会重视的承认具有多种形式，一般说来，所有这些例外承认或特殊承认都伴随着荣誉。无论具体做法有着什么样的差别，目的都是要以物质的或精神的奖励而给予某人荣誉，通过授予其荣誉来承认或者说重视个体的价值。在大众传媒发展得极其成熟的今天，我们已经可以明显观察到工业社会中存在着一种荣誉崇拜的趋势，其根源可以说是因为已经形成了一种要求特殊承认的文化或社会心理结构。也就是说，人们不仅要求法律所承认的一切人都拥有的社会生命，而且要求这一社会生命的特殊价值得到承认。虽然人的社会生命是齐一的，但社会生命的实现状况是不一样的，有些人的社会生命能够得到部分实现，有些人的社会生命则能够得到充分实现，还有一些人的社会生命甚至可以得到超常实现。荣誉就是人的社会生命实现的标志，荣誉的差等可以在一定程度上反映人的社会生命实现的状况。尽管现实状况并不总能对我们所说的这种理论推定提供支持。

就荣誉的差等结构而言，它可能是根源于农业社会的，农业社会中的人们不仅重视荣誉，而且会把荣誉看得高于一切，甚至会为了荣誉而牺牲自己的自然生命。从荣誉的思想形态看，我们知道，柏拉图与孟德斯鸠在分析历史上的政体类型时甚至是将荣誉作为特定的政体原则来加以定义的。但是，在等级制条件下，荣誉也在很大程度上表现出与人的身份之间的关联性。首先，荣誉是一种身份，比如，贵族身份本身就是一种荣誉；其次，处于较低等级的人们也可以通过自己的努力而获得某种荣誉，但是，他所获得的荣誉往往是由他所处的等级赋予他的。要在等级制的政治体系中获得统治者所给予他的荣誉，那是极其艰难的，即使出现过由统治者给予那些处于底层的被统治阶层成员荣誉的事例，那也是在特殊情况下出于某种特殊的需要而授予他的，比如授予军功。

一般说来，农业社会的历史阶段都具有英雄主义色彩，所以，在社会处于战乱纷争的条件下，一些低等级的人通过军功而获得荣誉是可能的。在更多的时候，这些低等级的人的军功往往也是属于统领他们的"主人"的。当然，中国的农业社会中开辟出一条通过科举考试求取功名并获得荣誉的途径。但是，在科举考试中取得功名的人事实上已经发生了等级地位的变更，是因为跻身于更高的等级而拥有了荣誉。即便上述因军功而获得了荣誉，也往往会伴随着身份的变更。所以，荣誉总是与身份联系在一起的。而且，农业社会中的荣誉并不完全是一种社会承认的形式，而是作为统治者的嘉奖而出现的，所反映的是等级特权的内容。柏拉图自身的经历已经可以证明荣誉与特权的关系，那就是，当他作为一个哲学家的时候，有着大批追随者，他拥有一定的荣誉，但当他因误会而成为奴隶的时候，我们相信，是不可能还有什么荣誉存在于他身上的。因为，在他成为奴隶的那个短暂时间内，他的社会生命都丧失了，甚至他的自然生命都处于危机之中，还有什么荣誉可言。

在工业化的进程中，等级身份制开始解体，经历了18世纪的启蒙运动，人们的身份平等得到了理论上的确认。所谓身份的平等，其实就是身份的消解，人们失去了身份，转而用各种各样的社会角色取而代之。权利的发明，就如我们已经指出的，使每一个人都获得了双重生命，成为自然生命与社会生命的统一体。人通过扮演一定的社会角色而实现自己的社会生命，并在社会生命的实现过程中获得荣誉。即使他在社会生命实现过程中所获得的荣誉没有得到社会承认，在他内心之中也会生成荣誉感，达到一种自足的状态。当然，得到社会承认的荣誉仍然具有一种社会标识的功能，但这种社会标识绝不像农业社会那样是对社会身份的标识，而是对他的社会生命的实现程度的承认。这就是霍耐特所说的："社会重视与任何形式的法律特权都不再有联系，在结构上也不包含对个人人格的道德品质的指代。反之，'社会地位'或'社会声望'，仅仅是指个体在某种程度上帮助社会抽象限定目标的实际实现，进而自我实现并由此赢得社会承认的程度。"[①] 也就是说，荣誉成了承认人的价值的一种形式。

人的价值具有社会性。然而，并不是所有人的价值都能够得到社会承认，也不是人的所有价值都一定会得到社会承认。但是，当社会承认并以授予荣誉的形式出现时，荣誉就成了社会标识。荣誉这种社会标识可能会表现出给予许多人同一种荣誉，但这不意味着人的价值都是一样的。每一个个体的人的特殊性都会反映在其价值上，因而每一个人的价值也是具体的和特殊的，具有独特性。当得到社会承认并授予某种荣誉的时候，其实是对人的价值作了抽象的把握，是把人的价值还原成了人的社会贡献，即你为社会作出了某种贡献，因而授予了你一定的荣誉。其实，人对社会的贡献有大小之别，而人的价值则是无法比较的，没有高低之分。就此而言，荣誉作为一种社会标识是不能够真正反映人的价值状况的，也就是说，荣誉并不真正构成人的价值的标识，而是社会承认的标识，所标识的是社会对某人的价值承认的状况。但是，考虑到社会承认是对人的价值的承认，是以人的真实价值为前提的，所以，也就没有必要计较荣誉究竟是人的价值的真实反映还是作为社会承认状况的标识了。我们指出价值与荣誉的不相一致性，只是要说明，人的价值在根本上是不可比较的，而荣誉则是可以比较的，有的人获得了较高的荣誉，而有的人则获得了次一等的荣誉。人们在都充分地实现了自身的社会生命时所获得的荣誉却可能不同，更不用说一些实现了自己的社会生命并切实地对社会作出了贡献的人却没有得到任何荣誉了。虽然这种情况在我们的社会中并不占少数，但我们还是倾向于把它看成例外，否则，就只能到我们社会中的阴暗面中去寻找解释的理由了。

与农业社会相比，工业社会毫无疑义地是一个价值多元的社会，但工业社会却不能被看作承认多元价值的社会。为什么这个社会存在着多元价值却不表现出对多元价值的平等承认呢？究其原因，在很大程度上，是因为这个社会用荣誉去标识人的价值，结果，荣誉赋予了某些价值以

---

① ［德］阿克塞尔·霍耐特：《为承认而斗争》，胡继华译，上海：上海人民出版社 2005 年版，第131～132 页。

霸权地位，从而造成了其他价值的边缘化。比如，可以设立一项世界性的奖项，通过把这个奖项授予某人来表示对某种价值的承认，从而实现对其他价值的压制和贬损。荣誉在一定程度上也是可以操纵的，工业社会通过对荣誉的操纵和滥用而造成了价值上的"单向度"局面。而且，在进入 21 世纪的今天，这种通过对荣誉授予的操纵而实现的价值霸权有增无减，甚至有愈演愈烈的状况。令人惊异的是，某些显然是被操纵的荣誉却引发了群蝇逐臭般的热捧。由于存在着通过操纵荣誉建立起来的价值霸权，由于这种价值霸权把一些价值排挤到了边缘地位，也会引发冲突。比如，一旦那些受到边缘化的价值要求重新证明自己并付诸行动的时候，就会与那些霸权价值发生冲突，从而出现了"价值冲突"的问题。所以，通过荣誉这种形式来标识对价值的社会承认已经走向了使荣誉自身蒙羞的局面，当荣誉推崇某些价值而贬抑其他价值的时候，当荣誉变得狭隘而不是宽容的时候，不仅在这个社会中制造了价值冲突，而且也使荣誉自身遭遇了社会承认的危机。

承认是理性的，承认关系也是理性的社会关系，但当承认以荣誉的形式出现时，却具有了非常明显的感性特征。一般说来，当人们面对一个拥有荣誉的交往对象时，往往会失去作出理性判断的能力，倾向于本能似的做出趋附的举动。这表明，荣誉可以生成权威，而这种权威却卸去了我们的理性防御能力。其实，荣誉本身并不包含权威，拥有荣誉者之所以能够显现出拥有了权威，乃是因为荣誉背后体现了得到社会承认的价值，而价值是可以成为生成社会权威的基础的。在这个意义上，如果荣誉是对价值的真实承认的话，那么人们趋附权威的行为尽管从形式上看是非理性的，而在结果上，却可能是有益的。但是，随着荣誉这种承认形式的泛滥，随着人们因对权威的趋附而产生了荣誉崇拜，价值、荣誉与权威之间的联系发生了断裂，人们已经不再关心荣誉背后究竟是否包含着价值，只要一看见荣誉，就会将拥有荣誉的人认作为权威。尤其是在大众传媒成为荣誉的主要供给者之后，荣誉在很大程度上已经被转化成了一种舆论压力，这种舆论压力正在使我们的社会生活越来越表现出更多的非理性特征。作为承认价值的一种形式，荣誉正引导着人们在开展社会生活时越来越远地偏离价值理性的方向。当荣誉成了获取权威的工具时，人们也就可以通过对荣誉的操纵而实现对权威的建构，也就可以在权威建构的过程中去把支配性的权力意志付诸实施。

三、 对人的能力的承认

权利与荣誉所代表的是两种不同的社会承认形式，权利具有平等承认的特征，而荣誉却意味着一种差别承认。但是，在现代社会，这两种承认形式则是个体的人能够从社会中获得承认的基本途径。就权利是社会对人的平等承认而言，是近代以来的每一个人都能够得到的社会承认，而荣誉作为一种差别承认所代表的则是更高的承认。一般说来，荣誉是基于人的社会贡献而获得的承认。工业社会是一个充分组织化的社会，几乎所有的人都是某个或某些组织的成员。作为组织成员，人必然会被安排到一定的岗位或职位上，并获得一定的职权。职权虽然是从属于工作的需要，但也代表了组织对拥有职权的人的承认，是组织对其成员的承认。如果说权利是一种纯粹的社会承认，荣誉既可以以社会承认的形式出现，也可以以组织承认的形式出现，那么职权则是一种纯粹的组织承认。

职权是与职位联系在一起的，一个人只有被安排到某个职位上，才会获得这个职位上所应有的职权。但是，职权与职位又不是必然一致的，或者说，职位并不构成组织承认的实质，大量经验事实表明，两个或多个占据着同样职位的人在组织之中的实际地位或者说他们受到组织承认的程度往往是大不一样的。究其原因，就是因为他们虽然占据着相同的职位却被赋予了不同的职权。也正是由于存在着职权上的差异，才出现了所谓"实职"与"虚职"之说，更有所谓"有职无权"的情况，即出现了人虽处在一定的职位上，却由于种种原因而被他人所架空，失去了他所在职位上应有的权力。所以，职权才是组织承认的实质所在。当然，也存在着并不拥有具体职权的所谓荣誉职位，但它也是一种承认形式。不过，荣誉职位所代表的承认是属于我们上述的那种承认形式，是在人们普遍承认职位的条件下以授予某个职位而表达承认。之所以称作荣誉职位，就是指这个职位所具有的是一种荣誉性质，并不与职权相关联。

韦伯认为,"在每一项职业任务中,职责本身需要有它们的权力,并且将依照它们自身的规范而得到实现。"[1] 这句话指出了职权的两大属性:第一,职权是一种权力,因而,每一个拥有职权的人都获得了相对于他人的权力;第二,职权是与一定的责任联系在一起的,根据官僚制组织的权责一致原则,在一定职位上获得的权力受到责任的规范,所以,也是一种规范化的权力。韦伯看到,"一个发展成熟的官僚制,其权力经常极大,(在正常情况下)甚至可说是凌驾性的"。[2] 正是因为存在着这种状况,所以,韦伯非常重视职权与职责的一致性。其真实原因就是要通过职责去制约和规范职权,使职权不至于被滥用。如果从关于职责的规定中发展出了完整的责任追究机制,也确实能够发挥对职权的规范作用。不过,避开职责不论,仅就组织与职权拥有者之间的关系来看,职权其实所代表的是一种组织承认,是对组织成员能力的承认。正是因为职权本身就是组织的承认机制,所以,我们才看到几乎所有的组织都会把能力较强、工作出色的人选拔到一定的职位上去,并授予其职权。至少,所有的组织都有着这种冲动。

与荣誉一样,职权也表现为一种差异承认,与职位的等级结构有着基本相对应的结构形式。

如果说在不同的荣誉之间有着高下不同的社会承认内容的话,那么职权的大小则是由组织结构及其制度所决定的。也就是说,职位结构呈现出了分层的状况,不同层级上的职位基本上都会被赋予相对应的职权。尽管在职位与人结合到一起的时候会使职权表现出差异,但一定层级上的职位也是这个层级职位上的人的活动空间,即使一个人把其拥有的职权发挥到淋漓尽致的地步,也不可能超越他所在的层级。所以,职权是有界限的,组织结构框定了职权发挥作用的范围。这也说明了职权具有承认的性质。拥有一定的职权,也就意味着所有行使职权的行为都得到了承认,而超出职权范围的行为就不再得到组织的承认,甚至会受到组

① [德]马克斯·韦伯:《社会科学方法论》,韩水法等译,北京:中央编译出版社 1998 年版,第 140 页。
② [德]马克斯·韦伯:《支配社会学》,康乐、简惠美译,桂林:广西师范大学出版社 2004 年版,第 71 页。

织的制裁和惩罚。如果说出现了那种被人所"架空"或其他的"有职无权"的情况，那也是得不到承认的状况，至少是得不到与他相关的一些较为重要的组织成员的承认了。

另一种有权无职的情况也证明了职权的承认性质。比如，一个人可能通过"架空"某个职位上的另一个人而实际拥有了某种权力，但他拥有权力却没有占据职位。这个时候，他所拥有的权力并不能算作职权，或者说，他所拥有的权力是未经承认的权力。在此意义上，职权又是与职位相称的权力，只有当一个人同时拥有职权与职位时，才表现为组织承认。在现实之中，我们也经常看到一种以副职的角色"主持工作"的情况，这个时候，组织虽然授予他超出了其职位的权力，却不授予与权力相称的职位，所表明的也是一种部分的组织承认，是有保留的承认。在更多的情况下，这是组织带着怀疑的眼光而作出的承认，即先授予其权，观察其行使权力的状况，看一看他是否具有与某个职位相适应的能力，如果证明其拥有相应的能力，则再行授予其职位。

官僚制组织是能力本位的，其实，一切组织都表现出对组织成员能力的重视。即便是在农业社会的那种混元组织中，也反映出对人的能力的重视，尽管在农业社会的等级制条件下组织也是以人的身份为基础而建立起来的。所以，职权是对组织成员能力的承认，职权的大小应当反映拥有职权的人的能力状况。如果一个组织在授予其组织成员职权的时候不考虑他的能力的话，就会削弱组织在环境中的生存能力。在近代以来这样一个竞争的社会中，组织竞争力的下降将意味着组织生命的危机。在当今国际竞争的环境下，作为组织的政府甚至整个国家在授予职权时如果存在着对人的能力的忽视的问题，也会把自己置于国际竞争的劣势地位上。单就环境压力这一项而言，组织也必须根据组织成员的能力去授予其职权，如果组织这样做了，也就意味着职权实际上成了拥有职权的人的能力标识，组织授予某人以某种职权，也就是对他的能力的相应承认。人是处在成长和进步之中的，当一个人的能力得到了提高，组织也就应当授予他更大的职权。只有这样，才是有利于组织目标实现的。

对于一切组织而言，职位都具有等级特征，正是由于职位的等级化，决定了职权的大小不同。但是，与社会的等级身份制不同，组织职位上的人是流动的。也就是说，农业社会中的人一出生就是固定在某个等级上的，而工业社会的组织则用流动的人来填充固定的职位，组织成员作为人并没有一个固定的身份，而是因为与职位结合到了一起才获得某种角色。比如，处长、局长等都是人在组织之中扮演的角色，用人们常说的一句话就是"分工不同"。这种身份的同一性与职位角色上的差异决定了职权只是人的能力的证明，组织授予某个人职权所表明的是组织对他的能力的承认。当然，我们可以说职权是一个职位上的人开展工作的必要条件，但把职权授予谁却不是随意的，而是根据人的能力作出的。

为了保证职权切实地发挥对人的能力的承认功能，就必须让职位具有开放性。职位的开放性意味着组织中的每一个成员都具有竞争某个职位的资格。当然，在农业社会，其组织也是由职位构成的，这种组织中的职位也具有一定的相对于人的开放性，这就是古人所说的"铁打的衙门流水的官"。但是，农业社会是分配关系占主导地位的社会，职位与人的结合也具有分配的特征，把职位分配给某个人的时候，更多地考虑的是其身份。即使在中国的农业社会中可以通过科举考试而选拔出平民去填补职位，但科举考试本身也完全是获得身份的过程，只有那些经科举考试而得到了特殊身份的人才有可能被授予职位。就此而言，完全是身份而不是与职位相应的能力成了获得职位的前提。在这里，是不存在竞争的问题的，所以，也才会有那么多怀才不遇的人无法施展抱负。工业社会组织职位的开放性所营造的是竞争的氛围，是通过竞争的途径而实现了组织成员的能力比较，从而将有能力的人选拔到了职位上，并授予其职权。

组织在考察和衡量组织成员的能力时，为了增强可操作性，往往更多地关注组织成员能力的物化形态，即看组织成员已经做出的成绩和对组织的贡献，至于组织成员实际拥有的能力，则是包含在其预期绩效和对组织的预期贡献之中的。新公共管理运动批评官僚制缺乏竞争性，这实际上是一种偏执的看法。其实，官僚制是鼓励竞争的，只不过，在公共部门中，官僚制组织中的竞争性经常受到"年资"等因素的束缚，无法像在私人部门中那样得到充分释放。需要看到的是，"年资"恰恰是基于组织成员在组织中的经历以及他对组织的贡献而做出的设计，在一定程度上，组织成员在组织中的长期工作经验也是他的能力培养和实现过程。"年资"所反映的正是组织成员的能力，是对组织成员能力的一种制度化承认。当然，"年资"所承认的是组织成员长期的、稳定的能力，所以显得有些死板，对于要求承认组织成员即时能力的新公共管理运动而言，这一点是不能接受的。所以，新公共管理运动对"年资"的设置提出批评，要求用当下的即时竞争取代组织成员平缓的数年甚至一生的竞争。在职权是对组织成员能力的承认这一点上，应当说官僚制与新公共管理运动之间是没有分歧的，只不过新公共管理运动更加注重对组织成员即时能力的承认而已。

职权的表现是很复杂的，就职权的功能以及对职权的行使而言，所表现出的是一种支配关系；就职权的获得来看，则反映了组织成员间的竞争关系。同时，与市场经济中的通过竞争而实现利益追求不同，组织成员在通过竞争而获得职权的过程中又有一个组织确认的问题。即使一个人的能力很强，但组织却没有授予他职权，这表明组织不承认他的能力。一般情况下，也许组织对一位能力很强的人的道德素质和人格状况不表示承认。因而，由于对这些支持能力实现的因素表示怀疑而不授予其职权。这也说明，在组织的运行中，组织成员的能力是一个复杂的多元混合因素，组织在授予某一成员职权的时候，会综合性地考虑能力以及支持能力实现的多种因素。这样一来，职权作为组织对其成员的承认机制又包含着一定程度的分配行为的内容。但是，无论职权有着多么复杂的内涵以及表现形式，都可以归结为组织对拥有职权的人的能力的承认，即使一个人并不具有行使组织所授予他的那种职权的能力，那也只是一个客观事实，组织在授予他职权的时候，可能是因为失察而没有看到他缺乏能力的一面。这其实没有改变职权的承认性质，只是组织错误地承认了一个人的能力，误以为一个没有能力的人是有能力的。

通过对权利、荣誉与职权这三种承认形式的考察，可以发现，工业社会不仅通过权利的设置而承认了社会成员共有的和共同的方面，同时也通过荣誉和职权而承认了人们之间的差异。但是，通过权利而对人作出的承认却让人们为了护卫权利和争取权利而开展斗争；通过荣誉和职权而对人的价值和能力作出的承认则让人们为了荣誉和职权而开展竞争。

这就是霍耐特所说的"为承认而斗争"的状况。为了承认，工业社会陷入普遍的竞争和斗争状态之中，人们因为这种竞争和斗争而失去了彼此间的信任。在一定程度上，工业社会经历了数百年的发展，不仅没有变得更加文明，反而呈现出向霍布斯所说的那种"丛林"状态回归的状况，正是斗争以及引发斗争的权利设定和荣誉设置所赐。在后工业化和全球化的进程中，人类正面临着层出不穷的风险和危机，它要求人们通过合作来应对不确定的生存环境。然而，工业社会所营建起来的这种让一切人不信任一切人的人际关系却妨碍了人们间的合作。所以，从根源上看，工业社会的这三种承认形式是否有利于人类社会的文明和进步，都是可疑的。

第四节　重塑自我与他人的关系

一、　承认、竞争的结构化

在 2008 年的金融危机后，美国出台了一项涉及数千亿美元的所谓"量化宽松货币政策"，引起了世界的恐慌。为什么美国要出台这样一项政策呢？为什么世界各国对它的反应又是这般强烈？可能要从自我与他人的共在关系中去加以分析。

我们知道，20 世纪后期以来，人类社会再一次进入了转型期。每一次人类处于转型期的时候，都会呈现出风险迅速增长的局面，而这一次社会转型显得更加剧烈，危机事件的频繁发生标志着人类陷入了"全球风险社会"。尤其是进入 21 世纪后，不论是自然的还是社会的危机，都以浩荡的声势席卷而来。所以，尽管对这场社会转型的走势仍然存在着争议，但就当前的情况而言，人们普遍认识到风险社会是一个我们必须正视的现实。在某种意义上，风险社会已经成了所有面向现实的理论研究首选的主题，如果我们的思考不是在风险社会的背景下展开的话，很难说会有什么时代意义。

正如"风险社会"概念的提出者贝克所指出的，风险社会的出现是一个自反性的结果，它充分展现出工业社会发展逻辑的悖论性质。就风险自身而言，作为一种社会建构，所有风险都是相对于人而言的风险，所有风险最终也都是由人的活动所造成的风险。这也就意味着，所有风险都具有人际关系上的根源，只要我们能够找到这个根源并对它采取必要的行动，风险就不是不可避免的了。所以，虽然风险社会在今天置人类社会于一个空前危险的境地，但从长期来看，它又是人类社会发展中的一次机遇，它迫使我们在风险之中去思考如何重塑自我与他人关系的方案。如果我们能够对自我与他人的关系进行重塑的话，就能够改变社会建构的方向，就能够把建构了风险社会的进程扭转为走出风险社会的进程。

一般说来，在认识一个社会的时候，我们通常需要关注彼此区别但又紧密相关的三个层面，即社会关系、社会结构与社会形态。所有的社会关系共同构成或者说决定了一个社会的基本结构，而这种结构又进一步决定了这个社会的基本性质与存在形态。在这里，社会结构具有一种中介性的功能，社会关系的演变经由社会结构的变革而引起了社会形态的变迁。这就是社会演进的逻辑进程，自然发生的或者说原生性的社会变革所经历的都应当是这样一种进程。然而，这一逻辑进程并不具有历史的普遍性，从工业化的过程来看，非自然发生的或者说次生性的社会变革其实是更为常见的社会变革途径，这种途径通常不是通过社会关系的变革而引起社会结构与社会形态的转变，而是通过对社会结构的变革去促使社会关系与社会形态的全面转型。在这种情况下，社会结构显然就不再是一个中介，而是成了社会形态转变的直接诱因了。

由是观之，对于社会转型而言，社会结构的变革比社会关系的变化有着更为直接的意义。尽管一种社会结构必然是特定社会关系的产物，但一经建立，它便将相应的社会关系结构到了其中。因而，即使在一种社会关系尚未发育成熟的情况下，只要建立起了一定的结构，也就会从这种社会结构中迅速地生成相应的社会关系，并由此实现社会形态的总体转型。这一点对于身处变革时代的我们是有着重大启示意义的，它意味着社会变革的路径并不是唯一的，我们不必一定遵循社会形态的转型经由社会关系与社会结构渐次发生的路径，而是可以在把握社会关系演变趋势的前提下通过对社会结构的自觉建构而去促进新型社会关系的生长，进而推动社会形态的顺利转型。

我们还应看到，除了社会关系、社会结构与社会形态这三大方面，要想完整地把握一个社会，还离不开对一种被称为"时代精神"的认识。这是因为，如果不去认识时代精神方面的社会构成要素，也就无法真正理解社会以及人的关系。以工业社会为例，如果不考虑自我意识这一工业社会的时代精神，我们就不可能理解竞争关系、承认关系与社会治理的"中心—边缘"结构及其他社会结构。当我们把这些精神的因素也考虑在内的时候，关于社会变革的思考就不应仅仅采取客观主义的路径了。

我们知道，近代启蒙思想家是在所谓"自然状态"中寻找竞争关系得以形成的根源，这种做法使他们回避了对竞争关系历史合理性的追问，从而表现为是在默认了竞争关系的历史普遍性的前提下进行社会治理模式建构的。然而，启蒙思想家们没有追问竞争关系历史合理性的事实是否就意味着竞争关系是人类社会自始至终都普遍存在的一种社会关系类型呢？答案应当是否定的。诚然，从历史来看，斗争一直是人际关系中的一个显著特征，却不是任何一种斗争都可以被等同于竞争。否则，我们就有可能陷入泛历史主义的泥潭而无法获得关于历史的真切认识了。

在具体的历史分析中，我们发现，农业社会中的人际斗争可以被归结到生存斗争的范畴中，是一种出于生存的目的而进行的斗争。当然，生存并不是斗争的唯一目的，但在总体上，生存需要是导致农业社会中一切斗争的一种终极性的因素，只不过在表现上存在着直接根源于生存需要的斗争或间接地根源于生存需要的斗争而已。到了工业社会，尽管生存仍然是一种基本需要，而且阶级斗争理论也准确地揭示了失去生产资料并进而失去生活资料的无产者为生存而斗争的事实。但是，与农业社会相比，工业社会在总体上表现出了出于生存需要的斗争日益式微的状况。在很多情况下，是为了斗争而斗争，用一种较新的解释，就是为了自我实现的需求而开展的斗争。这就是沃尔泽所看到的："首先由霍布斯于 17 世纪提出的一种竞赛的形象已经成为我们社会意识的一个核心特征。这是一种民主竞赛，一种参与性竞赛，没有观众；每个人都得跑。……我们为什么要赛跑呢？'没有别的目标，也没有别的花环，'霍布斯写道，'只有处于领先位置'。"① 这种为了斗争的斗争就是竞争。之所以会出现这样的差别，那就是沃尔泽所揭示的，工业社会具有一种不同于农业社会的社会意识，它就是竞争意识，也就是自我意识。

竞争关系是在自我意识的生成过程中建构起来的，它不从属于亘古以来的自然演进史，所以，不应对它作出构成主义的理解。我们一再地指出，人的自我意识是与工业化同步的，是与市民社会的出现和市场经济的发展联系在一起的。在农业社会，一种先验性的群体认同严密地把人们包裹了起来，人的实质就是一种群体性的存在，个体的人没有生成，自我与他人尚未实现分化。因而，用德国古典哲学的术语，人只是一种"定在"，而不是一种"自在"的存在。在工业化进程中，随着社会交往的不断扩大，逐渐地冲破家元共同体的边界，熟人社会开始解体，人的群体性质日益削损，人的个体性质则迅速增强。结果，原子化了的个体的人开始屹立于社会之中，不仅个体的人之间成为相视而立的陌生人，而且整个社会也逐渐地变成了陌生人社会。

陌生人不再背负熟人所固有的先天性负担，而是作为个体而独立地存在，即成为自在的存在，自主自为的意识强烈地排斥和冲击着原先那种"他主""他为"的使动状态。这就是黑格尔所描绘的自我意识生成之景。正是自我意识的生成和个体的人的出现，实现了自我与他人的分化，产生了自我与他人共在的社会。在心理层面上，拥有自我意识的个体总是希望成为一种自为的存在，但一个拥有自我意识的个体并不必然就是一个自为存在。只要意识到了自我，个体就是一个自在的存在。只有通过与他人进行竞争，才能证明自己不是为了他人而存在，而是为了实现自我的一种自为的存在。于是，为了实现自我，使自我成为一种为了自己的自为的存在，就需要在自我与他人之间建立起竞争关系。与此同时，自我意识或者说竞争意识也就成了工业社会的时代精神。

竞争关系并非自我意识的唯一产物，除了竞争关系，自我意识还同时造就了一种承认关系。近代以来的历史表明，在自我意识生成的过程

---

① ［美］迈克尔·沃尔泽：《正义诸领域：为多元主义与平等一辩》，褚松燕译，南京：译林出版社 2002 年版，第 340～341 页。

中，群体认同逐步瓦解，原先作为家元共同体成员的那些人失去了共同生活的熟人圈子而进入陌生人社会。面对必须交往的陌生人，自我意识不仅具有把自己与他人区分开来的内容，而且也同时需要具有承认作为交往对象的他人的内容。因为，如果不承认他人，如果仅仅把自我与他人区分开来，那么作为陌生人的他人就无法成为交往对象。现实情况则是，到了此时，不与他人交往就无法生存。这就是交往的必然性对自我意识作出的必须承认他人的规定。基于这样一重规定，具有自我意识的个体之间也就建立起了一种承认关系，并在相互承认的基础上开展交往。所以，竞争关系与承认关系都是根源于自我意识的，或者说是自我意识的两个方面的内容和双重面相。结果，工业社会的人们之间就被结构到了既相互承认又相互竞争的关系模式之中，不再像在农业社会那样，要么是作为一个群体中失去了自我的人，要么是不同群体中相互对立的敌人，并进行着殊死的生存斗争。

农业社会的生存斗争是残酷的，它是由生存环境的恶劣以及资源的匮乏所决定的。同时，家元共同体中的群体认同关系也决定了这个社会并不看重人的生命的社会价值，生与死都是自然（物理）意义上的存在与消失。所以，在认同关系占据主导地位的农业社会中，生存斗争总是直接指向人的（自然）生命。可能是出于矫正农业社会残酷现实的需要，几乎所有产生于这一时期的宗教都有着"不杀生"的戒律，试图让人们在对一切生命的珍重中养成对人的生命的尊重。但是，它在某种意义上也从反面证明了这个社会对人的生命的不尊重。与农业社会不同，随着自我意识的生成，根源于自我意识的承认关系是一种重视个体生命与价值的关系。所以，随着承认关系被建构了起来，人们间的斗争也就很少采取生存斗争的形式了，而是表现为在承认彼此生命与价值的基础上去开展竞争。在某种意义上，自我意识可以视为一种自觉了的斗争意识，只是当它与从自身中产生出来的承认关系结合到一起之后，才变成了竞争意识。

在承认的前提下进行竞争，使竞争比农业社会的斗争显得文明得多了。因为，竞争不再以消灭而是以击败对手为目的。与消灭相比，击败是一个相对性的结果。此时，竞争关系的主体同时也是承认关系的主体，是彼此承认和竞争的平等主体。虽然竞争会造就出不平等的结果，但是，既然个体要与他人展开竞争，就必须承认他人，而且首先是承认他人的平等竞争地位。所以，在工业社会中，自我与他人之间具有一种既平等又不平等的复杂关系，平等之中包含着不平等，不平等之中又包含了平等。其实，自我与他人的平等只意味着人们处于同一个平面之上，在这个平面上，自我是处于中心的，而他人则是处于边缘的。每一个自我在承认他人平等的同时又总是试图通过竞争而把他人置于边缘化的位置上。这样一来，就形成了自我与他人的"中心—边缘"结构。

应当看到，工业社会的自我与他人并不是仅仅以个体的人的形式而存在的，而是从个体的人扩大到群体，从而形成了群体意义上的自我与他人。这样一来，也就出现了群体意义上的自我与他人的承认与竞争关系。所以，承认与竞争并不仅仅是人际关系的范畴，"中心—边缘"结构也不仅仅是人际关系的结构形态。或者说，承认与竞争扩大为社会关系，"中心—边缘"结构也扩大为社会关系的结构。在全球化运动中，还扩展到了全球，成为国家间的关系。所以，工业社会在每一个社会层面上都表现出了承认关系和竞争关系的普遍性，而且都呈现出"中心—边缘"结构，并反映到社会治理体系上来，使社会治理体系也拥有了"中心—边缘"结构。

"中心—边缘"结构的普遍性决定了社会治理也拥有这种结构，而且是在此结构的基础上开展社会治理活动的，全球治理也不例外。事实上，工业社会把自我意识、承认关系与竞争关系就都建构到了"中心—边缘"结构之中了。社会的"中心—边缘"结构又会反过来作用于个体，把个体的人改造成承认与竞争的主体。也就是说，任何一个个体只要进入了这个拥有"中心—边缘"结构的社会就肯定会生成自我意识，就会自然而然地处于与他人之间的承认与竞争关系之中，就会以自我为中心而与他人开展竞争。从自我意识非原生性的国家和地区的情况看，当这些国家或地区移植了社会治理的"中心—边缘"结构体系之后，在建立起市场经济之后，很快就培育出了自我意识，并逐渐确立承认与竞争的关系，进入了工业化进程。

二、"中心—边缘"结构的功能失效

自我意识是一种自为的意识，因而，从自我意识成长过程中萌生出来的各种关系都是个体实现其自为存在的一种手段。但是，个体并不因为有了自我意识就能够保证自己成为一个自为的存在，而是需要外在的保障。这个外在的保障就是法律及其制度。正如哈贝马斯所指出的，"现代法律所保障的虽然是获得国家认可的主体间的承认关系，但是，由此产生的权利确保的却是永远处于个体状态的法律主体的完整性，说到底就是要维护个体的法律人格，亦即，使个体的完整性——在法律上并不比在道德中要弱——取决于相互承认关系的完整结构。"[1] 也就是说，由于承认和被承认是由法律所确定和保障的个体权利，从而使个体的人能够在相互承认中获得作为竞争主体的权利，即作为一种自为的存在。而且，这种自为的存在也因得到了法律的保障而被提升到了法的精神的神圣性位置上了。

就自我意识所具有的承认和竞争双重内容来看，沿着承认的线索而使个体的自为存在获得了法律上的和道德上的确认；沿着竞争的线索，则可以看到个体的自为存在发挥着外向作用和得以实现。个体显然是作为自为的存在和为了自我而与他人展开竞争的，是在竞争中使自己的自为存在得到实现的。当然，由于竞争关系的相对性，竞争结果也具有不确定性，一旦在竞争中失败，个体就可能丧失其自为存在的资格。也就是说，竞争可能产生两种结果：对于竞争中的胜利者而言，是其自为存在的实现；而对于竞争中的失败者而言，则是自为存在的丧失。不过，对于失败者来说，这只是作为结果的不自为与作为前提的自为之间的区别，而就他能够投入到竞争活动中去这一事实来看，就已经意味着他是自为的存在。

既然竞争可能产生两种结果，那么竞争也就是自我的不确定性，就

---

[1] ［德］尤尔根·哈贝马斯：《民主法治国家的承认斗争》，曹卫东译，载汪晖、陈燕谷编：《文化与公共性》，北京：三联书店 2005 年版，第 338 页。

有可能导向威胁自我的自为存在的方向。正是在此意义上，他人才成了自我的风险，或者说是自我的风险的来源。所以，在自我与他人的"中心—边缘"结构中，虽然自我是中心，而他人却构成了自我的风险。这样一来，在"中心—边缘"结构成为一种社会结构的时候，自我与他人的"中心—边缘"位置就会受到社会的规约。在竞争中失败的人，就会在社会的意义上被边缘化，而在竞争中胜利的人，就会走向中心。尽管一次性的胜利与失败不足以确立自我在社会"中心—边缘"结构中的位置，却可以激发出人们对中心位置的争夺。中心与边缘的位置是相对的，竞争活动无非是人们对中心位置的争夺。一切试图确立自我的中心位置的人，也都同时意味着迫使他人边缘化。因而，竞争中的每一个人都同时拥有了中心化和边缘化两种可能，都处在被边缘化的风险之中。

如果按照近代以来的逻辑去推断的话，我们发现，正是因为自我意识中包含着竞争意识，竞争意识必然物化到人际关系中，会转化为竞争行为和竞争活动，而竞争活动又会导向不确定性的方向，所以，才出现了降低竞争后果不确定性的要求，即要求竞争风险最小化。根据这种要求，就需要建立起能够规范竞争和降低不确定性的社会治理体系，保证每一个竞争者所遇到的风险都能够在其所承受的限度内（比如，为企业破产立法就典型地反映了控制风险的精神）。但是，所建立起来的社会治理体系却克隆了自我与他人间的"中心—边缘"结构，从而生成了一种具有确定性的社会治理"中心—边缘"结构，而且呈现出权力线条中的"中心—边缘"结构。

也就是说，在社会治理体系中，中心与边缘的区别不再是相对的，而是一种稳定的定在。这样一来，虽然中心与边缘都是在一个平面上展开的，而且近代以来的权利设置也保证了所有人都立足于同一个平面之上，但是，由于社会治理体系的"中心—边缘"结构中贯穿着权力的线条，从而表现为中心与边缘之间的不平等。不过，这种不平等其实是不应被理解为人的不平等的，而是应当理解成职位和岗位的不平等，是属于自我意识之外的一种社会设置，是在社会治理体系组织层面上的不平等。可是，在现实中，由于职位和岗位总是与人结合到一起，而人总是表现为行使权力的主体，以至于社会治理体系的"中心—边缘"结构也总是表现为：或者是处于中心的人，或者是处于边缘位置上的人。这就是职位与岗位的"中心—边缘"结构再度异化为人的"中心—边缘"结构的情况。当然，这一点与自我、他人间的"中心—边缘"结构不同。因为，每一个个体在以自我为中心的时候都不可能不使自我成为他人的边缘存在，而处于社会治理体系中心的"自我"，则因为权力的作用机制而把"他人"永远打入边缘位置上去了。

由此可见，在自我与他人间的"中心—边缘"结构中，风险的分布是均匀的，由于每个自我同时都是一个他人，每个人因此而面临着同样的风险。在社会治理体系的"中心—边缘"结构中，风险的分布则是不均匀的，处于治理体系中心的人可以通过边缘化他人而将风险转嫁给他人，处于治理体系边缘的人却不可能通过同样的方式来转嫁风险。所以，在社会治理体系中，不仅中心与边缘成了一种定在，"自我"与"他人"的区别也获得了确定的含义，只有处于中心的人才在一定程度上表现为是一个自为存在的自我，而处于边缘的人则是一些为了自我而存在着的他人。在这种关系中，自我可以通过转嫁风险从而不再承担风险，而他人却被强加了所有的风险，变成了风险的倾倒场与清道夫。于是，随着社会治理"中心—边缘"结构的确立，也就使个体对其自为存在的追求获得了一种单向的确定性。只要他能进入社会治理体系的中心，他对于自为存在的追求就不再会面临风险，如果他不幸被挤到了社会治理体系的边缘，即使他能够克服从中心倾倒过来的所有风险，也不一定能够实现自己的自为存在。

"中心—边缘"结构其实是具有一种转嫁风险的功能的。正是因为具有这种功能，才同时在自我与他人间制造出了结构性的对立，并将全体社会成员划分成自为的（中心性的存在）和为他的（边缘性的存在）这样两个不同的类别。这就是近代以来人际关系与社会治理关系演变的历史。也就是说，随着工业化进程的开启，个体的自我意识得以普遍地觉醒，并在相互交往中建立起了由承认关系与竞争关系编织起来的具有风险内容的"中心—边缘"关系。为了克服风险，人们在社会治理体系中建立起了"中心—边缘"结构，从而将"中心—边缘"人际关系转变成了社会治理的"中心—边缘"结构。自此而始，人们只要能够进入治理体系的中心，也就能实现其自为存在，反之，则沦为一种为他的存在。

自我意识的普遍生成最终造成了自我与他人在社会治理体系中的结构性对立。这种对立虽然没有消除自我在人际关系中所面临的风险，却已经有效地将自我在社会治理体系中可能遭遇的风险转嫁到了他人头上。于是，在工业社会，"自我"肯定会面对人际交往中的风险，而"他人"却不得不经受各种风险的洗礼。就国家间的关系来看，民族国家的出现意味着以国家形式出现的"自我"拥有了自我意识，因而在民族国家间也形成了"中心—边缘"结构。处于中心地位的国家，在每一次面对危机的时候，都总是运用各种方式而把危机转嫁到处于边缘地位的国家中去，其中，贸易和战争就是最为经典的两种转嫁危机的方式。在2008年金融危机爆发之前，美国也发动了对阿富汗和伊拉克的战争，但是，由于金融危机是一种新的形式的危机，这场战争并没有取得有效地转嫁危机的效果。所以，美国又转而选择另一种方式，那就是成立了G20。

联合国在一个很长的时期内也是处于中心地位的国家转嫁危机的有效机制。大约从20世纪70年代开始，联合国作为转嫁危机的机制逐渐呈现出失灵的迹象。所以，美国不断地要求联合国做出改革，让联合国重新担负起发达国家转嫁危机的功能。但是，联合国没有按照美国的意志去进行改革，以至于美国在国际事务上越来越倾向于撇开联合国去采取行动。也正是这个原因，当2008年金融危机爆发的时候，美国彻底撇开联合国而成立了G20，试图通过这个新的机构去确立新的"中心—边缘"结构，并根据这个新的"中心—边缘"结构去转嫁危机。我们发现，在G20中，是围绕美国这个中心去画出向外扩展的圆圈。美国在这个"中心—边缘"结构中是确定的自我，而其他国家都是相对于这个自我的他人。在美国国内出现危机因素的时候，也就可以通过这个"中心—边缘"结构而向外转嫁危机。进而，G20成员又可以在传统的"中心—边缘"结构中把从美国接受过来的危机再度转嫁给其他国家。

如前所述，竞争关系是风险的泉源，工业社会自身就内在地孕育着风险社会的胚芽。由于"中心—边缘"结构的形成，自我得以通过这一"中心—边缘"结构去回避主要的社会风险。所以，在相当长的时期内，尽管他人总是处于风险应接不暇的遭遇之中，工业社会却没有变成一个风险社会。然而，20 世纪后期以来，随着新的历史转型的开启，社会中的风险源急剧增多，社会风险的范围也急剧地扩大。在这种情况下，自我依然在社会治理的"中心—边缘"结构中去转嫁风险和规避风险，结果，造成了他人的风险超负荷。显然，如果他人因为其风险的超负荷而发生了崩溃，就将使风险从他人那里回流到自我这里，进而将自我也卷入风险的浪涛之中。甚至，在自我此时孤独地面对风险的惊涛骇浪并陷入绝望的时候，他人还可能将自身也点燃为风险，并随着风险的回流潮而一起袭向自我。这样的话，"中心—边缘"结构也就面临着功能失效的局面。

也就是说，在"全球风险社会"的条件下，在风险规模迅速扩张的条件下，自我却无法继续通过转嫁风险来规避风险了，整个社会也就因此而呈现出这样一种状况："社会发展的自反性和不可控制性因此侵入了个人的分区，打破了地区的、特定阶级的、国家的、政治的和科学的控制范围和疆界。在面对核灾难后果的极端情况下，不再有任何旁观者。反过来说，这也就意味着处在这种威胁下的所有人都必须是参与者和受影响的当事人，且同样都可以为自己负责。"[①] 无疑，在工业社会的历史上，风险的回流是一种早已存在的现象，只是到了这个时候，它才具有了普遍性，也只是到了这个时候，自我与他人、中心与边缘才被一同卷入了风险的滚滚洪流之中，而工业社会也由此变成了一个风险社会。

在社会治理的"中心—边缘"结构形成后，他人一直是作为自我转嫁风险的工具箱和垃圾箱而存在的。在自我看来，只要能将风险转嫁给他人，自我就可以实现自己的自为存在。然而，随着风险社会的出现，自我却发现，他不仅无法继续通过转嫁风险来回避风险，甚至，他越是试图转嫁风险就越会使自己面临更多的风险。所以，转嫁风险的道路已经走不通了，而是需要另谋新路。吉登斯看到，"在不确定性及多样选择的情形下，信任（trust）和风险（risk）的概念有着特殊的应用价值"[②]。

---

① ［德］乌尔里希·贝克、［英］安东尼·吉登斯、［英］斯科特·拉什：《自反性现代化：现代社会秩序中的政治、传统与美学》，赵文书译，北京：商务印书馆 2001 年版，第 15～16 页。

② ［英］安东尼·吉登斯：《现代性与自我认同：现代晚期的自我与社会》，赵旭东、方文译，北京：生活·读书·新知三联书店 1998 年版，第 3 页。

"风险和信任交织在一起,信任通常足以避免特殊的行动方式所可能遇到的危险,或把这些危险降到最低的程度。"① 也就是说,信任有助于化解风险。这是一个极其重要的发现。回想工业社会,不正是由于自我不信任他人,不正是自我把他人当成一个可资利用的工具,最终把人类引入风险社会之中的吗?通过这种反思可以发现,随着风险社会的出现,也许能够使自我逐渐意识到他人以及信任的价值,也许将会领悟通过信任他人而与他人一道在合作中共同走出风险社会的可能性。从而把他人从转嫁风险的对象变成合作应对风险的伙伴。这样的话,就是风险社会对他人的再发现。可是,从当前的现实看,走到这个地步还有很长的距离,就美国多次实行的所谓"量化宽松货币政策"来看,它正是为了自我而把风险转嫁给他人的做法。这无疑会加剧风险,甚至会再一次导致全球危机。

回顾 2008 年金融危机后的 G20 及其表现,我们需要提出这样一个问题:他人是否只是在风险社会中才可能作为一个合作的伙伴而存在?如果自我只是出于走出风险社会的短期需要才把他人当成合作的伙伴,那么可以想象,即使暂时走出了风险社会,自我也将由于对他人的滥用而重新受到他人与风险社会的惩罚。因此,自我也就永远也摆脱不了风险社会的处境。事实证明,在人类还未走出危机状态的时候,美国已经开始把暂时的合作伙伴改变为它用来转嫁风险的他人。在危机条件下,这个作为自我的美国滥用了他人;在危机刚刚缓解的情况下,这个作为自我的美国就开始把风险倾注到他人头上。这种做法如果得不到纠正的话,风险社会就将成为一个人类摆脱不掉的厄运。总的说来,风险社会的出现能够使自我重新发现他人的价值,但这种发现本身,却不足以使自我走出风险社会。所以,对于陷入风险社会的人类来说,首要的任务是改变这样一种维持着自我与他人不平等地位的"中心—边缘"结构。只有解构了这一结构,才能使他人的价值得到充分的释放。进而,才能在自我与他人的真诚合作中携手走出风险社会。

---

① [英] 安东尼·吉登斯:《现代性的后果》,田禾译,南京:译林出版社 2000 年版,第 31 页。

三、 自我与他人的共在结构

早在 20 世纪前期，哲学家们就已经对"他人"给予过高度的肯定。如果说近代哲学一直到黑格尔都是在为了发现自我而努力的话，那么黑格尔之后的哲学史则悄然发生了一场向他人转向的运动。到了 20 世纪，这场运动已经演变成了一股颇具声势的他人话语。可以说，黑格尔以前的哲学家大都把确立自我的自在存在地位作为首要的任务，而黑格尔之后的哲学家则开始在自我的庞大身躯下寻找他人的存在条件，即关注他人的存在，并通过"他在性"的发现而进一步尝试着寻找一种统一了"自我的自在"与"他人的他在"共在的结构。

我们知道，在家元共同体中，人以对共同体的认同而成为同质性的先验性共在，这是一种没有自在也没有他在的混沌一体的共在。当然，家元共同体成员之间也有区别，但这种区别是具体的，它是父母与子女、主人与奴隶之间的区别，而不是抽象的自我与他人间的区别。虽然黑格尔曾借用主人与奴隶的关系来比喻自我与他人的关系，但二者在性质上却是截然不同的。在家元共同体中，主人与奴隶并没有实现存在意义上的分化，甚至，由于缺乏自觉了的利益观念，二者在利益上的对立可能远不如他们彼此间的依赖来得显著。

我们并不怀疑主人与奴隶的关系中存在着依附与奴役的事实，但我们需要看到的是，在这之中，也包含着相互依赖的一面。如果说在依附与奴役的关系中已经出现了一些可以被现代哲学理解为"自为"和"为他"的特征，其实是在依附与奴役的意义上的一些直接性的表现。就其实质而言，奴隶与主人都不可能成为具有独立性的存在，依附与奴役在实质上只是主人与奴隶作为共同体的构成要素而不可缺少的共在结构。因而，在家元共同体中的人与人之间是不存在现代意义上的分化与对立的，不存在自我与他人的对立。所以，家元共同体能够表现出极强的向心力和很高的团结特征，特别是在共同体面对风险的时候，在人的个别存在的意义上会被全部抹杀。

在工业化的过程中，由于自我意识的生成而把自我与他人区分开来，使自我与他人发生了存在意义上的分化。自我与他人的分化打破了人们之间原先在家元共同体中的共在结构，使自我与他人走向了全面对立的局面。近代以来，当人发现了自我的自在时，却遗忘了对他人的他在的发掘。所以，族阈共同体中的人虽然共在于共同体之中，而自我却成了孤立的存在，他人则被视为完全为我的或者说作为自我的从属性的存在。进而，当每个人都从自己的自在出发去追寻自为的结果时，就把族阈共同体变成了一个离心化或者说原子化的社会了。在族阈共同体中，自在无论在观念上还是在事实上都高于人的共在，甚至时时挑战和破坏着共在的基础。如果不是因为有着系统化的制度设置和治理机构的支撑，自我与他人的"中心—边缘"结构就会在这种挑战和冲击下瓦解。现在，随着风险的增长并超出了制度以及社会治理机构的覆盖范围，自我与他人的"中心—边缘"结构也就必然陷入被拆除的境地。当然，尽管自我与他人是对立的，而在用哲学的对立统一范畴去加以解释时，这种对立也是共在中的对立，毕竟自我与他人在空间的意义上是共在的。也就是说，在空间的意义上，自我与他人、自在与他在都依然是一种共在，共在于一个共同体之中。

海德格尔否定了黑格尔及其以前的哲学家们关于个体的存在论规定，他抛弃了"自在"范畴，而是将个体改写成"此在"这一空间性的存在。在他看来，"此在本身有一种切身的'在空间之中的存在'，不过这种空间存在唯基于一般的在世界之中才是可能的"①。这里的所谓此在，其实就是在此的存在。在这种存在形式中，"此"规定了存在的空间性。由于这个"此"在终极意义上必然指向世界，所以，"此在本质上就是：存在在世界之中"②，也就是在世界之中存在。显然，世界并不为任何人所独有，而是为所有人所共有，在世界之中存在着的不仅有自我，也必然包含了他人。即使就世界属于谁的问题可以给出明确的答案，但世界肯定是由自我与他人构成的。因而，作为一种在世界之中的存在，此在就绝

① ［德］马丁·海德格尔：《存在与时间》，陈嘉映、王庆节译，北京：生活·读书·新知三联书店1987年版，第70页。
② ［德］马丁·海德格尔：《存在与时间》，陈嘉映、王庆节译，北京：生活·读书·新知三联书店1987年版，第17页。

不可能是自在，而必然是一种共在。由此，海德格尔断定，不是自在规定了他人为我而存在，而是共在规定了此在。于是，通过世界这一开放空间的引入，海德格尔就在自我与他人的关系中重新发现了共在的存在，从而消解了自在与他在的矛盾。可以说，在哲学上，海德格尔使黑格尔的"主人"与"奴隶"、"自我"与"他人"的结构失去了合理性，也使整个近代的工具主义精神丧失了基础性的支撑。但是，在现实中，海德格尔的规定却没有转化为共在的事实。

我们知道，空间属于一种先验性的存在，因而，从"在世界之中"这种空间观念中去发现自我与他人的共在，在某种意义上，可以看作是向家元共同体的先验性共在的回归。考虑到海德格尔与胡塞尔之间的渊源关系，就可以清晰地看到，胡塞尔所提出的"先验自我"的概念就是为了证明"先验共在"的经验，即"每一个人都先天地生活在同一个自然中"①。到了海德格尔这里，被胡塞尔所证明的经验又被重新描述成自我与他人在世界之中的共在。如果说胡塞尔重新发现了自我与他人间的先验共在的话，那么海德格尔则进一步把这种共在绝对化了，以至于得出这样的结论："即使他人实际上不现成摆在那里，不被感知，共在也在生存论上规定着此在。此在之独在也是在世界中共在。他人只能在一种共在中而且只能为一种共在而不在。"② 所以，不在与"出门在外"就都成了共同此在的存在方式，还未出生的未来某个时间才出现的人，也成了共同的此在。在环境与资源保护问题上，海德格尔的这一意见显然是有意义的，我们需要把作为子孙后代的"他人"纳入此在的共在中来加以考虑。但是，在当代人的共在受到自我吞噬和破坏的情况下，仅仅去让人们认识到先验空间上的共在，最多也就是制定出一些类似于宗教教条一类的东西并强迫人们去接受，对于消除自我与他人的矛盾来说，并不能发挥实质性的作用。

个体之间在空间意义上的先验共在是在任何一个时代中都无法表示

---

① ［德］埃德蒙德·胡塞尔：《笛卡尔式的沉思》，张廷国译，北京：中国城市出版社 2001 年版，第181 页。

② ［德］马丁·海德格尔：《存在与时间》，陈嘉映、王庆节译，北京：生活·读书·新知三联书店1987 年版，第 148 页。

怀疑的事实，也正是这个原因，如果我们仅仅在空间的意义上去理解共在的话，就会把共在概念泛化，而这又可能造成把任何一种人际关系都看成共在关系的结果，进而无法理解人类社会的不同历史阶段及其人际关系的实质性差别。就农业社会而言，地域化的空间的确是人的先验共在关系的一个决定性的因素，但也不是唯一的决定因素，其他的决定了家元共同体同质性的因素也是这个社会历史阶段中的共在关系的前提。比如，另一个家元共同体的成员在进入此一家元共同体中的时候，往往是很难融入这一共同体而共在的。这就是一个很好的证明，说明人在进入某个地域的时候并不意味着就能够实现与这个地域中的人的共在。到了工业社会，随着城市化进程的开启，地域界限受到了破坏，地域或者说空间对于人际关系的塑造已经退到了一个非常次要的位置上。所以，尽管工业社会中的人们共享着一种"流动的空间"（曼纽尔·卡斯特语），但他们却没有因此而形成事实上的共在关系。所以，胡塞尔与海德格尔从空间角度出发所进行的哲学思索虽然在思想史上重新发掘出共在的理念，却由于找不到足以承载这种理念的现实社会关系与结构，因而无助于自我与他人关系的实质性改善。可见，虽然海德格尔试图通过确立共在的概念去缓和自我与他人的对立，却是一个不成功的方案。

即使我们同意胡塞尔与海德格尔所提出的"共在"概念是哲学史上的一大进步，也不意味着我们能够从"共在"的概念中导出和谐社会的理念。因为，共在着的世界也可能是共在各方矛盾和对立着的社会。事实上，族阈共同体中的自我与他人是共在的，却又是矛盾和对立的，自我总是把他人作为自在的工具和实现自为的途径来看待，自我总是处于中心，而他人总是围绕着自我这个中心的边缘性存在，在自我与他人之间，所结成的是一种"中心—边缘"结构。也就是说，是共在的，却是被结构化为"中心—边缘"结构的共在。如果把这种"中心—边缘"结构中的"在"的关系看作一种共在关系的话，那么在共同体的意义上，这只能是一种"伪共在"。进而，如果把这种"伪共在"看作天经地义的共在，也就永远不可能去主动地认识共在关系中的和谐内涵。

农业社会中的人们作为家元共同体的成员所拥有的是一种先验性的、混沌的共在关系，而到了工业社会，在家元共同体的解体中生成的自我与他人所拥有的则是一种"伪共在"的关系。人的共在关系的重构，绝不意味着向农业社会的共在关系的回归。事实上，人类社会的发展史已经充分证明了历史进程是不可逆的，自我与他人的分化已经是一个历史事实，先验性的和混沌的共在体系已经解体，人类不可能再度回到那个共在体系中去了。工业社会既然能够用一个"伪共在"体系取代农业社会的先验共在体系，也就说明人的共在关系是可以建构的。现在，随着工业社会的"伪共在"体系把人类引入风险社会时，所要采取行动的目标就只能是去建构一种人的真实共在关系，用新的共在结构去取代既已存在的"中心—边缘"结构。也就是说，在实现了自我与他人充分分化的条件下，需要承认自我与他人分立的事实，需要在承认这一事实的前提下去谋求自我与他人、自在与他在的新的共在形式，建构起新的共在关系。

在农业社会中，家元共同体作为其成员的先验共在空间包容了人们之间的斗争与互助，它是出于生存需要的斗争或互助。与之不同，工业社会的自我与他人的"伪共在"关系则是由竞争与协作来加以诠释的。在这里，实际上并不从属于达尔文的生存竞争原理，而是由自我加以理性谋划的对他人进行工具性利用的活动。无论是竞争还是协作，都取决于自我的理性选择。在社会的复杂性和不确定性程度都较低的情况下，理性的计算和谋划都能够在将他人工具化的行动中发挥作用。然而，在社会的复杂性和不确定性积累到了很高程度的情况下，理性的计算和谋划开始呈现出效用失灵的情况。因而，自我与他人间的竞争与协作都经常性地超出了理性计算和谋划的轨道，甚至产生自反性的结果，从而置人类于风险社会之中。

在这种情况下，从人的共在的视角来看问题，就必须实现对竞争与协作关系的超越，通过合作去应对风险和走出风险社会状态。所以，在风险社会已经成为一个压迫人类的现实条件下，人类必须抛弃工业社会中的"伪共在"关系，并建构起一种真实的共在关系。这种新的共在关系就是合作关系，而且是能够结构化为和谐社会的共在关系，无论是在一国范围内，还是在国际社会中，合作都是应对风险和走出风险社会的必由之路。从 20 世纪的情况看，无论是哲学的转向还是现实的演变，都向我们提出了重新认识他人的课题。20世纪后期以来，当人类陷入风险社会时，重塑自我与他人的关系已经成为一项迫在眉睫的任务了。就此而言，工业社会所实现的自我与他人的分化只是人类文明化的序曲，其中所包含的一切引发野蛮行为的因素都在全球风险社会到来的时候充分地暴露了出来。这种暴露，既表现为自我与他人关系的全面恶化，也是自我与他人关系重塑的重大契机。所以，在社会生活的所有领域中，人们都会看到自我与他人合作的价值开始张扬。一旦合作的理念得以全面确立，自我与他人的关系就会进入自觉的重塑进程。从属于自我与他人关系重塑要求的社会结构、制度以及行为方式也都会进入新的建构过程，即在合作的理念下进行改革和推动社会变革，让人类尽快地走出风险社会。

"全球风险社会"是我们这个时代必须加以接受的事实，却不是必须承认的"定在"。正如风险具有流动性一样，风险社会则具有暂时性。然而，风险社会的暂时性却是包蕴在人类的自觉建构中的，合作理念下的自我与他人关系的重塑，合作理念下的社会建构，将大大地缩短风险社会的持续性。反之，风险社会的梦魇就会成为窒息人类的恶魔，甚至把人类引入一个毁灭的境地。就现状而言，处于社会治理"中心—边缘"结构中心的自我肯定不愿意放弃把他人当作工具的既定范式，比如，在日本崛起的时候，可以让日本失血而失力；在中国崛起的时候，可以在中国与周边国家之间挑起矛盾和对立，可以联合巴西或印度来击垮中国；当中国被击垮之后，再对巴西和印度一个一个地加以收拾……总之，维护这个世界的"中心—边缘"结构不变就是自我的既定追求。但是，这种陈旧的思路将为人类带来的可能是一场同归于尽的灾难。在全球风险社会的条件下，人类的共生共在唯有在合作中才能获得保障。面对不愿意合作的处于世界中心的自我，唯有处于边缘地带的"他人"积极行动起来，才能给予人类以希望。如果合作的理念能够在所有边缘地带结成一股无坚不摧的力量，那么处于世界中心的自我也就必须承认他人存在的事实，就会不得不接受与他人共在的理念。这样一来，"中心—边缘"结构就会走向消解，而且，在这一"中心—边缘"结构消解的过程中，任何试图根据这一结构而转嫁风险的行为，也都会成为自我毁灭的掘墓行动。

第四章

权利、民主与公共性

    权利观念是资产阶级意识形态的基本内容，近代以来，在权利观念的基础上建构起了法制及其法治。但是，权利观念是具有历史性的，建立在权利观念基础上的社会治理也同样具有历史性。在对权利观念进行历史考察时，我们发现，启蒙思想家们之所以能够提出"权利"的概念，是与工业化进程中的差异觉醒联系在一起的，市民社会的成长促使个体的人的生成并通过自我意识而实现了差异的觉醒。权利作为一种理论设定，应当具有满足差异与普遍性之共同需求的功能，在权利的基石上建构起来的社会治理体系，应当承担起承认差异和供给普遍性的双重职责。然而，从近代以来的政治实践看，权利在形式上满足了差异与普遍性的双重要求，而在实质上却造成了对差异与普遍性的双重损害。20 世纪后期以来，"承认差异"的要求再度出现，特别是"新市民社会"的出现，指示出了一条超越权利的路径。社会治理变革的实践也印证了这一历史趋势。自 20 世纪 80 年代始，公共选择理论、委托—代理理论、产权理论等经由以新公共管理运动为旗帜的政府改革运动而在逻辑上呈现出了反民主的内涵。本来，公共选择理论、委托—代理理论、产权理论等都是在西方政治学谱系中产生出来的经济学理论，但当这些理论被应用到国家及其政府建构的时候，却表现出了对社会契约论所确立的民主原则的颠覆。新公共管理运动作为这些理论的综合实践形态，更是在改革过程中加速了民主的没落。新公共管理运动在进行治理的功能外包时，其实是用具体的契约取代了社会契约论的普世契约，这是对社会契约论的反叛，而且在这种反叛中实现了社会治理体系的结构重组，即把原先界线分明的治理主体与客体间的关系打乱，使治理者与被治理者之间的边界模糊了。结果，带来了公共性的扩散，并在逻辑上开拓出了政府与社会合作治理的前景。

第一节　权利观念的历史性

一、　权利观念的诞生

在当代人文社会科学中，"权利"的概念可能是使用频率最高的词语之一。其实，权利的概念是近代个人主义话语的核心范畴，所反映的是资产阶级意识形态的基本内容，在表达资产阶级意志、推动资产阶级革命以及确立资本主义制度的过程中发挥了巨大作用，有着辉煌的历史功绩。但是，权利的社会建构性质决定了它的历史性。或者说，个人权利只有与那种表现了个人主义精神的政治学联系起来才有意义，只有在以个人主义为原点的所谓民主的集体行动中权利才会得到证明。所以，权利仅仅是与资产阶级意识形态联系在一起的，仅仅对于民主制度的建构才有理论价值。一旦人类需要超越民主制度，一旦宣布资产阶级意识形态历史使命的终结，权利的话语价值也就会悄悄地消隐了。

从共同体的角度来看，不同的共同体必然有着不同的生活方式和行为模式，所拥有的基本观念和价值取向也会表现出很大的不同，整个共同体得以存在的基础性设施也肯定是完全不同的。虽然农业社会的家元共同体不是建构起来的，而是在历史演进中自然生成的，但家元共同体成员间的等级关系决定了它是立基于权力的基础上的。随着家元共同体的解体和族阈共同体的生成，作为共同体存在的基础也发生了根本性的变化，族阈共同体显然是建立在权利的基础上的。或者说，权利观念的生成冲击了家元共同体和摧毁了家元共同体，同时，也正是权利观念的生成，造就出了族阈共同体。

从思想史上看，权利的概念是在近代早期被提出来的。虽然人们可以在"自然法"的传统中发现权利的设定，但在古希腊甚至中世纪，

right 这个词一直都是用来指称某种"正义"的状况，而且，属于对"自然正义"（natural right）的描述。只是到了近代，人们才在"自然法"中解读出"自然权利"的内容。实际上，是在 18 世纪的启蒙时期，才由霍布斯确立起一种与个人相关联的"自然权利"。后来，是由洛克等人从哲学上做出了进一步的阐发。思想是现实的反映，正是历史发展对权利提出了现实要求，思想家们才根据这种要求而确立起了权利的观念。也就是说，近代工业社会是权利观念赖以确立的历史前提，如果人类走出了这个历史阶段的话，权利观念也就会自然而然地失去其实践价值。正如人们在走出中世纪的时候"神"的价值开始衰落一样，当人类走出工业社会，权利的价值也会逐渐衰落。

与权利概念的提出相比，权利观念的生成可能更早一些。从社会实践的历史看，关于权利的观念，我们大致可以在 12 世纪德国北部城市关于土地的物权变动登记制度中看到，它规定土地物权的变动要到市政会进行登记。但是，这项制度实行不久就中断了。从中可以看到，当时的人们还不具有普遍的权利意识，不用说抽象的自由、平等权利，就是财产权的意识也远未确立起来。但是，到了 18 世纪，当普鲁士和法国在《抵押法》中再度推行土地物权变动登记制度的时候，财产权的观念也就很快风靡于欧陆各国，得到了各国的接受。[①] 这说明，到了 18 世纪，权利观念普遍确立了起来。正是有了权利观念，人们才会把这种观念制度化。

思想发展和实践进程的历史都说明，权利并不是自古以来就有的，它是因应私有财产保护的需要而在长期的历史发展中逐渐产生的，是在人的个体意识觉醒的过程中提出的要求，是因应个人的自主对"君主"以及"神主"的否定要求而做出的设定。如果认为在人类社会很早的历史时期中就存在着权利观念，那是不符合历史事实的。严格说来，权利观念作为一种意识形态，仅仅属于近代资产阶级。正是 18 世纪的启蒙思想家们把权利的观念系统化为一种思想体系，正是一代又一代的思想家们在工业社会的整个社会建构中所进行的不懈努力，使权利被作为一个

---

① 梁慧星：《中国物权法研究（上）》，北京：法律出版社 1998 年版，第 194～195 页。

基础性的坐标而确立了下来。随着资产阶级意识形态的解构，随着工业社会的制度模式的解体，也就是说，随着后工业社会的到来，权利观念作为社会的基础性坐标的意义也将不会再存在了。

从中国的情况看，在整个农业社会，或者说在中国的传统文化中，权力的概念得到了充分的诠释，"权利"的观念只是在近代以后才出现。而且，主要是作为一个政治和法律的概念而存在的，是由于西学东渐而被引入的，带有很大的"嵌入"性质。严格说来，中国社会是在改革开放后，即在建立市场经济的过程中，人们才开始认真地接受权利的观念。即便如此，权利观念也没有像近代西方国家那样成为主流的或主导性的意识形态，在社会生活的诸多领域中，人们并不是按照权利观念去划定群己界限，也不是按照权利的规定与他人交往。在日常生活领域中，人们唯恐因为关注了权利而丧失了他人的信任，更不愿让权利掺杂于人们的友情之中。

关于权利的观念，在马克思主义经典作家的论述中也可以看到其历史性。我们知道，马克思在经济史的考察中发现，商品经济的独立发展完全是以等价交换为原则的，商品是天生的平等派，它在根本上否定了血缘、门第、权力、地位、地域、民族、国家、宗教之间的差别，而是把社会必要劳动时间作为交换的唯一尺度。在市场经济已经出现了的时代，假如还存在着帝王和平民的话，那么一个帝王和一个平民面对同一商品时，起决定作用的是价格而不是身份。事实上，有了市场经济，也就不可能存在着真正意义上的帝王与平民了。因为，面对同一商品的平等本身，就是对帝王与平民之关系的消解。不过，对于参与市场竞争的生产者而言，就他们的活动是发生在市场之中来看，则是平等的。不管他们在生产手段与生产能力上有着什么样的差别，只要他们所生产的商品经由市场而接受消费者的选择，那么他们就必然是平等的。在市场之中，出售与购买绝非强迫关系，在商品交换的过程中，交换者始终都需要依循平等自愿的原则。这就是自由，平等是与自由联系在一起的，没有平等也就没有自由。反之亦然。所以，平等与自由是权利观念的基本内容，也是权利概念的基本内涵。

一般认为，权利来源于契约，正如雅赛所说："契约是权利显而易见、不言而喻的根源。"① 但是，基于契约的权利却是极其残酷的。在马克思对权利的虚伪性的揭示中，我们清楚地看到了这一点。马克思说："劳动力的买和卖是在流通领域或商品交换领域的界限以内进行的，这个领域确实是天赋人权的真正乐园。那里占统治地位的只是自由、平等、所有权和边沁。自由！因为商品例如劳动力的买者和卖者，只取决于自己的自由意志。他们是作为自由的、在法律上平等的人缔结契约的。契约是他们的意志借以得到共同的法律表现的最后结果。平等！因为他们彼此只是作为商品所有者发生关系，用等价物交换等价物。所有权！因为他们都只支配自己的东西。边沁！因为双方都只顾自己。使他们连在一起并发生关系的唯一力量，是他们的利己心，是他们的特殊利益，是他们的私人利益。正因为人人只顾自己，谁也不管别人，所以大家都是在事物的预定的和谐下，或者说，在全能的神的保佑下，完成着互惠互利、共同有益、全体有利的事业。"②

二、 权利的历史适用性

权利是一种建构性的社会关系，或者说，是对一种社会关系的政治规定。当人类社会尚未出现财产关系以及尚未实现对个体自主性加以认识的要求时，个人在与他人交往的过程中，在社会系统的结构中，是没有权利的问题的。只有到了这个时候，即个人对物的所有需要都要求得到他人和社会的承认时，个人的人格需要都要求得到普遍的他人尊重时，才会出现权利的问题。权利是对个体的人的社会地位的认可，这个个体又是具有普遍性的个体，是立于社会之中的并构成了整个社会的每一个个体。就人的基本权利的内容是平等和自由的而言，是指一切个体之间的平等和一切人的行为自由。自由是平等的自由，而平等则是自由的平等，它们相互规定。总而言之，在等级社会中，权利关系没有生成，即使在等级社会中存在着财产关系，这种财产关系在普遍性上也是不完整

① ［英］安东尼·德·雅赛：《重申自由主义》，陈茅等译，北京：中国社会科学出版社1997年版，第110页。
② ［德］马克思：《资本论》，第1卷，北京：人民出版社1975年版，第199页。

的，是随时都有可能受到剥夺而解体的财产关系。所以，在财产关系中也就无法概括出权利的观念和原则。

人们在亚里士多德的著作中是不难找到与英文 right 相对应的词语的，但词意的演化往往使人们阅读亚里士多德的时候把原本属于"正义"的内容读成了"权利"。权利是具有历史性的，当一个社会需要以个体为中心，或者说，是建立在个体的人的原点上的时候，就应当突出人的权利的价值。就此而言，关于权利的所有政治上和法律上的规定，都是个体中心主义的实现。当历史演进使社会性质发生了变化的时候，权利的历史价值也就有可能朝着日益式微的方向运动。

在人类社会的每一次重大的历史性转型时刻，都会出现社会建构原点的根本性变迁。农业社会是建立在等级关系的基础上的，而工业社会则需要用权利的概念来表达人们之间的平等和自由，随着人类向后工业社会的迈进，首先需要解决的问题就是去发现后工业社会赖以建构的原点。在某种意义上，我们也看到，工业社会是一个竞争的社会，正是这个竞争的社会，需要在权利的原点上展开，如果没有权利的保证，竞争就会变成剥夺，就不会持续地发生。同样，近些年来，我们看到现实的历史进程中已经出现了合作理性迅速成长的势头，它可能预示着后工业社会的基本特征。也就是说，后工业社会将是一个不同于竞争社会的合作社会。如果这个判断是正确的话，那么后工业社会将不是奠立在个体的人这个原点上的，而是奠立在合作的交往关系的基础上。因而，关于权利的政治规定、法律规定以及意识形态的宣示，到了合作社会都不再是非常重要的事了。

同 right 这个词发生了词义演化一样，自由这个概念的意涵在不同历史时期中也是不同的。在古希腊，自由是幸福生活的基本条件，或者说，自由的就是幸福的，即使在近代社会，当自由被作为号召革命的口号时，也模糊地包含着幸福生活的意涵。但是，在法治体系确立起来之后，自由的意涵发生了根本性的变化，自由与幸福的关系越来越疏远，成了一项基本的政治权利和准则。在个人生活以及关于个人生活的社会学研究中，人们很少关注自由的问题，只是在思考政治和法治体系的建构时，才会把自由作为一项基本原则提出来思考，即使在哲学的层面上思考自由的问题，其含义也不可能脱离开政治领域，甚至直接就是出于政治批判的目的。既然自由的意涵包含着这样的历史演进逻辑，也就可以根据这种逻辑推导出未来：在合作的社会中，自由这个概念将会用来审视人的合作行为，即成为衡量人的合作行为自主性程度的标尺。

在各种各样的权利主张中，我们看到的是个人偏好，是因应权衡个人利害之要求而提出的主张。法律文件所认可的权利无非是这些个人偏好和要求的集合形态。即使一项权利是由法律文件作出了认可和规定的，在具体的实施过程中，也总会遇到无数扯不清、辨不明的龃龉。一旦落实到个人身上，法律规定了的权利就会暴露出相互冲突的本性。一般说来，法律文件认可和规定了的权利越是具体，在实施中就越困难，当它主张一项权利的时候，就会与另一项权利相冲突。因而，只有通过第三方或某类专业机构来作出裁定。多数情况下，这种裁定是用更具一般意义的抽象权利来否定具体权利。所以说，权利作为一种主张，一开始就是近代社会的运行在矛盾中展开的结果，而权利保障又一点一滴地为工业社会的矛盾体系加入催化剂。

从当今世界的国际关系看，权利主张作为一种偏好被淋漓尽致地展现在一些霸权国家的行为中，被做出了完美的策略性诠释。比如，在2011年埃及的内部矛盾爆发为一种冲突的时候，美国便发出命令和恫吓，要求埃及"迅速、立即、现在"实施政权过渡。这时，美国眼中的埃及是不是一个主权国家呢？

我们知道，在启蒙思想家们的"天赋人权"设定中，自由和平等是最为基本的内容，在个人这里，被设定为自由和平等的个体，而在逻辑扩展的过程中则转化为了"国家不分大小，一律平等"的设定，任何一个主权国家都应得到国际社会平等的尊重，正如每一个人都应得到平等尊重一样。显然，美国并不充分理解启蒙思想家们的天赋人权设定，或者说，它从来也没有准备去认真对待启蒙思想家们的天赋人权设定，它只是根据自己的偏好和需要随时对权利做出策略性的使用。当美国需要谈论个人的人权的时候就将其作为一个大棒来加以运用，但它从来也不知道人权与主权之间是有着逻辑上的一致性的。所以，美国自从拥有了在世界上的霸权地位之后，从来也不知道或不愿意去尊重任何一个国家的主权，它所需要的只是它的附庸。即使将人权与主权放在一起讨论，也宣称人权高于主权。不过，之所以美国可以对人权加以策略性的运用，也证明了权利概念之中是包含着裂隙的，是不能够满足一个更高历史形态的社会建构的需要的。

对于社会合作体系来说，权利主张显然是无益的，因为合作需要突出的是社会共识，而且是"元共识"，即使权利主张也趋向于形成共识，但这种"平衡共识"与"元共识"的社会价值是根本无法比较的。事实上，从权利主张中是很难产生共识的，即使产生某些临时性的共识，也是发生在同等条件下的共识，甚至那些一般性的权利主张也是这样。比如，所谓人权，是近代以来的最一般性权利主张，这种主张对于还处在农业社会阶段的地区来说，往往不被接受甚至无法理解。同样道理，对于后工业社会的人们来说，这种根源于工业社会的人权主张也会受到摒弃。总之，权利主张中包含着法的精神，反过来，也是法的精神的生存吁求，只有在法的精神主导了其他各种社会理念的时候，这种主张才有意义。到了后工业社会，当伦理精神主导了一切社会理念的时候，当社会进步走向建构社会合作体系的历史阶段的时候，社会的"元共识"也就取代了权利主张的优位性了。

在既往的理论中，也存在着一些不愿谈论权利问题的学说。一般说来，这些学说是以批判个体中心主义为理论目标的，它们反对从个体的人的原点上来理解社会和重构社会，代之而要求从群体的人出发去把握社会和重建社会，所以，不愿意在权利的原点上去谋求社会重建方案。但是，这些学说往往具有"乌托邦"的色彩。合作社会的理论既反对从个体的人出发去理解社会，也反对从群体的人出发去把握社会，而是像马克思在《德意志意识形态》一书中所宣布的那样，从社会交往关系出发去认识社会和重建社会。合作社会的理论所要进一步指出的是，所谓交往关系，不是一种抽象的交往关系，而是在合作社会中成熟起来的具体的合作交往关系。

在近代社会，权利观念的积极意义表现在对权威的挑战方面。或者说，是因为权威更多地具有非正义的特性时，或者说，当人们意识到了权威的非正义性质时，才发明了权利的概念，才要求确立权利的观念。

从历史上的实际情况看，虽然权利的观念没有能够对权威造成根本性的冲击，也没能在根本上遏制权威在历史进程中的不断增强，却在改造权威的性质方面发挥了重要作用。最起码，在抑制权威形式上的非正义方面作出了贡献。由于权利观念的生成以及权利观念为人们所普遍接受，把国家中的人民从臣民的地位中解脱了出来，改造成了公民。权利的观念造就了公民，反过来，人们关于权利的要求又得到了公民的尊重。正是这一点，对权威中的非正义的方面产生了抑制作用。这就是权利观念发挥作用的机制。

这也表明，权利的概念是与权威中的非正义因素联系在一起的，权威中的非正义因素是权利概念存在的前提。当权威中的非正义因素消减时，权利观念也就会相应地弱化。同样，当权威能够通过其他途径来遏制其非正义因素的存在和增长时，权利的观念也会失去存在的价值。我们相信历史的进步趋势，也就意味着我们相信权威的形态和性质都会发生改变。在权利观念被用来抑制权威的政治实践经历了几个世纪却没有给我们指出乐观方向的情况下，我们相信，通过其他途径抑制权威和改造权威是完全可能的，相信会有更积极的方案会被提出来。因而，我们也就不再愿意朝着编造权利神话的方向上迅跑。

对于人的共同体生活来说，权力是人的依赖或依附关系的基础，而权利则使人处于竞争和冲突的状态中。然而，后工业社会的高度复杂性和高度不确定性则要求人们更多地关注共在共生的环境。因而，要求人们通过合作的方式去开展共同行动。也就是说，在后工业社会的人们的共同行动中，合作的理念是凝聚共识和融合人际、群际关系的基本理念，是整合人们的能力去应对复杂的和不确定的环境的必要前提。所以，无论是权力意志还是权利观念，在后工业社会中都会更多地表现出消极的一面。只有合作理念，才是能够适应后工业社会要求的正确观念，才能成为建构合作共同体的基础。

三、　基于权利的治理

一个共同体的存续，必然是以一定的秩序为前提的，而秩序的获得则有赖于治理活动。族阈共同体的社会治理与家元共同体的社会治理无论是在治理活动赖以展开的依据上还是在表现方式上，都是根本不同的。家元共同体的治理方式基本上是依据权力去开展社会治理的，族阈共同体则基于法律而进行社会治理。这就是家元共同体与族阈共同体在治理依据上的不同。

社会契约论认为，政府及其权力来源于人们的协议，是人们的权利的让渡。也就是说，一个社会中的人们在结合成共同体时，各自放弃了单独行使的权利，交由他们中间指定的人去行使。"这就是立法和行政权力的原始权利和这两者之所以产生的缘由，政府和社会本身的起源也在于此。"[①] 人们之所以自愿放弃一些权利，是为了更好地保护自身的安全、财产和自由。"人们联合成为国家和置身于政府之下的重大的主要的目的，是保护他们的财产。"[②] 可是，在家元共同体中，人们并没有根据这样的权衡去把自己的权利让渡给国家和政府。这是因为，在那个时候，人们并没有什么可以让渡的权利。因为，在权利的设定尚未提出的时候，人们是没有权利的，也就不可能让渡出他们所没有的东西了。人们之所以可以让渡出一些权利给国家和政府，那是因为人们有了权利。而这种权利恰恰是由启蒙思想家提出来的，是因为他们提了出来并得到了人们的广泛接受。只是当人们接受了它并拥有了它之后，才有可能将其中的一部分加以让渡。

启蒙思想家赋予人们以权利，只不过启蒙思想家把这一功绩归于"天"了，将其说成是所谓天赋权利。这可能反映了启蒙思想家不自信的一面，也可能是出于策略上的考虑。因为，考虑到从中世纪走出来的人们更愿意相信"神"和"上天"，所以，把权利的发明权交给"上天"就能够得到更多的人接受，而对于有着世俗之身的启蒙思想家来说，要是声明自己对权利的发明权的话，可能会没有几个人愿意接受。正如我们今天的人只愿意读古代人写的书，而对自己这个时代的人写出来的东西往往不屑一顾一样。在启蒙时代，还有另一种情况，就是把自己的思想

---

① ［英］洛克：《政府论》，下篇，叶启芳、瞿菊农译，北京：商务印书馆1964年版，第78页。
② ［英］洛克：《政府论》，下篇，叶启芳、瞿菊农译，北京：商务印书馆1964年版，第77页。

和见解归于异域，伏尔泰就是典型的代表，康德也偶尔玩弄一下这个伎俩。这也说明，那个时代的人要么把自己的思想归于"神"和"上天"，要么归于异域，目的是要对付那些瞧不起自己时代的人。从这种情况看，也就不难理解为什么我们这个时代的人要么迷信古代、要么迷信西方，而我们自己要提出一个什么观点或写出一本什么著作，是很难让我们这个时代的人接受的，是不可能让我们这个时代的人去读的。我们之所以要写作，也是冀望于我们的后人把我们当作古人的时候再来读我们而已。

在康德的一项循环论证中，我们可以看到，公共性、权利与正义之间的关系如果仅仅在形式上加以理解是非常困难的。康德说："从公共权利的全部质料之中（就国家之内人与人的或者还有各个国家相互之间各种不同的由经验所给定的关系）进行抽象，那么我就只剩下公共性这一形式；这种可能性是每一项权利要求中都包含着的，因为没有它就不会有正义（正义是只能被想象为可以公开宣告的），因而也就不会有权利，权利仅仅是由正义所授予的。"① 在这里，康德把公共性作为权利的抽象形态，在公共性的基础上，产生了社会治理的正义，而正义又反过来授予人们以权利。究竟是谁产生了谁，就只能用德国古典哲学的所谓"辩证法"来提供辩护了。

在康德这里，权利、公共性和正义都是形式上的存在形态，是丧失了质的纯形式，都是关于现实的抽象表达。如果放在具体的历史条件下，它们之间的关系就变得显而易见了。权利的观念是产生于近代工业社会和陌生人社会的要求，是对这个陌生人社会实施治理的抽象前提，它所提供的是陌生人中共同的和唯一性的普遍法则。至于陌生人之间在实质上有着什么样的差别，则是不予考虑的。到了政府这里，权利的概念转化为了"公共性"，而在私人领域以及日常生活领域的要求中，则是以权利的名义出现的。虽然权利到了公共领域而被更名为公共性了，但其内容却没有发生变化。所以，对于工业社会的社会形态而言，权利是贯穿于全部社会生活之中的具有普适性特征的基础性设置。当权利存在于公共领域中的时候以及在公共领域作用于私人领域和日常生活领域的过程

---

① ［德］康德：《历史理性批判文集》，何兆武译，北京：商务印书馆1990年版，第139页。

中，则需要以公共性的形式出现；在私人领域以及日常生活领域中，则直接地表现为人们对公共领域提出的要求。就此而言，政府的公共性无非是权利这一普遍设定在公共领域中的特殊形式。

至于康德所说的正义，则是就公共性的抽象功用而言的，是在公共性反过来维护权利、支持权利的时候所应具有的理想状态。在这里，同样的问题是，正义也是一种失去了质的正义，是一种抽象了的和形式化了的正义。如果考虑到近代社会的所谓权利首先应当落实到财产权上的话，就会清楚地看到，因为拥有财产的不平等而造成了社会生活中的各种各样的不平等是一个基本事实，对权利的维护恰恰是要维护这种不平等的，公共性在维护和支持权利的时候，在实质上正是维护社会的不平等。就正义是在公共性维护和支持权利过程中的表现而言，恰恰反映了公共性的不公正一面，因而也就是不正义的。可见，一旦涉及实质的方面，包括康德在内的近代以来的思想家们所谈论的公共性、正义等都是虚假的理论建构，完全脱离了社会生活的实际。

同政府一样，近代社会的法制是在所谓"天赋人权"的基础上建立起来的。但是，如前所述，作为天赋人权之基本内容的自由却表现出了与法制的冲突。因为，作为法制构成要件的法律本身就是一个限制自由的设置。正如恩格斯所说："如果可以说英国人一般是自由的话，那么他们的自由就不是法律的赐予，而是反对法律的结果。"① 也就是说，法律意味着一种限制，人必须把自己置于法律的约束范围之内，严格按照法律的规定开展行动。美国学者博登海默也表达了同样的看法，他说："规范性制度的存在以及对该规范性制度的严格遵守，乃是在社会中推行法治所必须依凭的一个不可或缺的前提条件。"② 如果说法律只是人的行为规范的一种形式的话，那么在其他规范形式中，我们所看到的就不是这种情况。比如，道德是一种不同于法律的人的行为规范，相对于人的自由而言，它与法律的功能就有着完全不同的表现。

法律限制人的自由，或者说，通过限制人的自由而为自由提供保障，

---

① 《马克思恩格斯全集》，第 1 卷，北京：人民出版社 1972 年版，第 704 页。
② ［美］E·博登海默：《法律哲学与法律方法》，邓正来译，北京：中国政法大学出版社 1999 年版，第 239 页。

在实际发挥作用的过程中，是通过限制人的具体的自由而让人拥有一种抽象的自由。道德完全不同。因为，道德恰恰是以人的具体行为的自由为前提的，要求人在行动中突破一切外在的限制。所以，道德所反映的是人的自由意志，一切道德行为都是建立在人的道德自由意志的基础上的，表现为人的自觉、自愿的行为。如果我们可以想望道德的治理的话，那么可以相信，基于道德的社会治理与基于法律的社会治理会有着根本性的不同。道德的治理不仅不会表现出对人的行为的限制，反而恰恰是建立在人的行为自由和自主行动的前提下的。这样一来，就会提出用道德治理取代法律治理的要求。鉴于法律诞生于权利设定的基础上，那么对权利的社会治理功用提出怀疑，也就是顺理成章的事了。

对于近代以来的人们而言，法制是被建构起来的一个基本的社会生活框架，而法制与政府的结合，则是以所谓"法治"的治理形式出现的。就工业社会在近代以来数百年内所取得的辉煌成就而言，法治之优越性是不容置疑的。但是，法治的优越性只是在把它与两种治理形态加以比较的时候才体现出来的：一种是与集权的治理相比较；另一种是与无政府状态相比较。如果考虑集权的治理也比无政府状态要好的话，那么法治就只是与集权的治理相比较时才是一种较好的治理。但是，法治绝不会成为人类最为理想的治理方式，法治只是人类社会治理发展史上的一个必经的阶段，在对更为优越的社会治理方式的追寻中，必然会实现对法治的超越。

也有人认为"法治是不可能的"①。这种观点实际上是基于一些经验事实而提出的，在很大程度上是根据法律的抽象性和模糊性而作出的判断，是用法律的模糊性来判断法治的不可能性。实际上，法治是不能归结为法律的，法治是一种社会治理方式，法律只是这种社会治理方式赖以展开的手段之一。最为重要的是，要看这种社会治理方式是否依据法的精神而展开。根据法的精神去开展社会治理，就是法治的，否则，就不是法治的。我们认为，如果不是对法治作出完美性的苛求的话，那么

---

① T. A. O. Endicott，"The Impossibility of the Rule of Law，"*Oxford Journal of Legal Studies*，Vol. 19，No. 1（March，1999），pp. 1—18.

法治并不存在着不可能性的问题。只要一个社会依据法的精神而开展治理活动，就已经实现了法治。

从现实的社会治理过程看，也的确存在着一个"法治不可能性"的问题，只不过，这种"法治的不可能性"是一个法治的历史性的问题。也就是说，基于天赋人权的法制及其法治都是与特定的历史阶段联系在一起的，当包含着权利观念的法的精神失去了历史合理性的时候，法制的合理性也就丧失了，法治也就变得不可能了。在走向后工业社会的进程中，法的精神的历史合理性将会显示出逐渐式微的趋势，而伦理精神的合理性将会不断地被张扬出来。也正是在此意义上，我们说法治只是人类社会治理的一种历史形态，它必将为"德治"所取代。可见，我们并不否认工业社会法制的合理性和法治的现实性，我们只是在历史发展的必然趋势中去把握德治替代法治的可能性。

总之，近代社会关于权利的设定是服务于社会治理体系建构之目的的。有鉴于家元共同体条件下的权力治理具有不稳定性，卢梭提出："即使是最强者也绝不会强得足以永远做主人，除非他把自己的强力转化为权利，把服从转化为义务。"因为，"强力并不构成权利，而人们只是对合法的权力才有服从的义务。"① 但是，在后工业化进程中，人们再一次发现，仅仅出于个人权利的考虑并不能实现有效的治理，治理体系依然会陷入失灵的状态，依然会因为回应性的不足而受到怀疑。所以，社会治理中的"权力本位"在近代社会失去了合理性和合法性，而近代社会的"权利本位"在后工业化的过程中也同样会失去合理性和合法性。历史在进步，我们不能不顾这一点而恪守权利的观念不变。

在生产的意义上，族阈共同体所拥有的是社会化的大生产，正是生产的社会化把人们紧密地联系在了一起，无论人们是相识的还是从未谋面的，都被紧紧地裹挟在了一起。然而，在生产活动之外的各种各样的社会生活中，人们的依存与分离同时存在。而且，由于权利观念的提出以及根据权利观念所作出的法律制度安排，把人们之间相互依存的主观内容几乎完全抹杀了，使人们在心灵上变得相互隔离了。也就是说，就

---

① ［法］卢梭：《社会契约论》，何兆武译，北京：商务印书馆1980年版，第76页。

族阈共同体依然是一个共同体而言，它虽然在物质的意义上使人们之间的依存性增强了，而在心理上，则让人完全丧失了相互依存的需要。因而，在行为上，人们往往用个人利益的效用最大化之标准来取舍与他们发生关系的内容。结果，人们之间的合作就完全成了工具。

在后工业化进程中，已经有各种迹象表明：族阈共同体在生产领域中的以及生活必需品获得方面的社会依存性正在从经验性的层面转向实质性的层面，社会生活中依存与分离的矛盾越来越为依存性的增强所取代。在这种条件下，自觉地增强社会依存性的制度安排由于适应了历史发展的客观要求而变得非常显著和具有现实意义。而且，这种制度安排的直接结果就是普遍合作行为的出现。对于一个合作的社会而不是竞争的社会来说，一切关于权利的宣示都会变得多余，因而，权利的观念也就会走向消解。

第二节　差异与普遍性的矛盾

一、 差异的觉醒与普遍性的生成

族阈共同体的政治建构是在权利的基石上展开的，甚至族阈共同体的整个社会建构也是以权利为坐标的。在某种意义上，我们可以说权利就是族阈共同体成员的社会生活本质。当我们认识法制以及基于法制的法治时，如果看不到权利的价值，也就不能作出科学的把握。反过来，法制及其法治都无非是作为确认和规范权利的工具而得以应用的。在某种意义上，民主政治也就是围绕着确认和规范人的各种权利的问题展开的，民主政治本身就是人们的权利得以行使的过程。同时，民主政治又为人们的权利行使提供了保障，并对人们的权利作出延伸性的设置。可以说，在族阈共同体这里，公共生活的基本内容就是权利的展示，失去了权利这一尺度，公共生活也就无法成立，政治的合理性和合法性也就失去了判断标准，甚至市场经济也无法得以正常运行。

我们已经指出，权利是一种设定，是在人类走向近代的时候，由于自我意识的觉醒以及个体的人的生成而提出的要求和主张。就权利是近代以来的社会设定而言，权利主体天然地就是个体的人。在家元共同体中，正如我们一再指出的，当人还是群体性的存在物的时候是不可能产生权利要求的，社会也没有必要去作出权利的设定。权利根源于个体的人独立于社会和他人的历史进程。反过来，权利的设定又使个体的人相互区别，也同时使个体与群体相区别。虽然每一个人都拥有同样的权利，但"你的是你的，我的则是我的"，在"你"与"我"之间是有着明确的分界线的。然而，人们之所以能够构成一个群体，是因为每个人都承认和尊重他人的权利。群体也只有在人们的权利得到平等尊重的前提下才能开展其他活动，才能形成共同目标。这样一来，权利实际上就是人与人之间的界限，是你与我的界限，也是群己之界限。有界限就会有矛盾，在权利划定了界限的每一处，都制造了矛盾。

从哲学的角度对所有这些矛盾加以概括，就可以发现，所有的矛盾都可以归结为差异与普遍性的矛盾。如果仅仅看到权利制造出了矛盾的话，是很难解释为什么近代以来会把全部政治建构都放置在权利的基础上。之所以人们会对权利加以神化，是因为权利还具有协调差异与普遍性的功能。在很大程度上，权利其实也是差异与普遍性间的一种平衡机制，或者说，权利承担着满足差异与普遍性之共同需求的功能。德国古典哲学显然是看到了这一点，才用差异与普遍性的概念去对启蒙思想作出进一步的诠释。也就是说，权利的合理性取决于它满足差异与普遍性之需求的状况，如果它不能满足差异与普遍性的共同要求，就将失去存在的合理性。

我们知道，"世上没有两片相同的树叶"是莱布尼茨的著名论断，不过，我们所要提出的问题是，虽然这是一项亘古以来就存在的基本事实，为什么作为一个论断会由莱布尼茨提出呢？那是因为，只是到了莱布尼茨所处的时代，人们才意识到世上不存在两个相同的人，莱布尼茨其实是用树叶间的差异来比喻人与人之间的差异。之所以在莱布尼茨之前的千百年里人们没有意识到这种差异，那是因为此前的整个农业社会都是以同质性的家元共同体的形式出现的。在家元共同体中，虽然人们之间存在着差异，却忽视了这种差异。或者说，那时候人们没有产生根据人们之间的差异去进行社会建构和政治建构的要求，因而没有产生认识差异的需要。即使面对着那些无可忽视的等级差异，人们也会在给予了"命定"的同质性解释之后而加以接受，从而使差异失去了把人与人区分开来的价值。

在近代以前的漫长历史时期中，人们是没有差异意识的，客观上存在着的差异只是一种不被自觉的自然状态。正如自然界的物种没有意识到它们之间的差异一样，在漫长的农业社会中，人们也并不刻意地去认识和表达彼此之间的差异。当差异还是一种客观的自然现象时，就是没有社会价值的差异，就不能够被纳入自觉的社会建构进程中来。家元共同体的等级结构也许会让一些学者认为它是建立在人与人之间的差异的基础上的，但我们必须指出，家元共同体的等级差异完全是一种自然差异，它的等级结构绝不是自觉建构的结果。也就是说，这种等级结构的生成与近代以来基于启蒙思想的权利设定而进行的社会建构是完全不同的过程。

对于家元共同体而言，"总的说来社会安排的自然性，特别是等级差别的自然性都与社会生活在自然界中占有一个预先注定的位置的认识相联系。"① 所以，家元共同体的等级差异并不是社会建构的原则，而是社会构成之现实。与之不同，族阈共同体的全部社会建构都是首先需要承认人与人之间的差异的，是在人们的差异中发现了普遍性，并根据差异与普遍性的统一去做出保证人与人之间平等的设置。权利首先是这样一种普遍性的理论设置，然后才转化为了制度安排和社会治理的依据，并用制度和社会治理方式的普遍性去框定差异和限制差异的扩大化。差异与共性的矛盾是最为基本的一对矛盾，人类社会中任何时候都是既包含了差异又包含了共性的，或者说，人类社会就是一个差异与共性的复合体。

共性与普遍性却不是一回事，在哲学的意义上，是应当加以区分的两个不同范畴。就如任何两个个体之间都必然存在着差异一样，任何两

① ［美］昂格尔：《现代社会中的法律》，吴玉章、周汉华译，北京：中国政法大学出版社1994年版，第210页。

个个体之间也都必然存在着某些共性，只是由于人们的交往疏密不一，人们之间的共性受到了自觉的程度不一样而已。但是，我们不能说任何两个个体之间都存在着普遍性，即便我们把比较的范围扩大了，扩大到社会的层面上，也不能说任何一个社会中都必然存在着普遍性。事实上，家元共同体中就不包含普遍性，与拥有了法制框架下的族阈共同体对其成员一视同仁不同，拥有等级制度的家元共同体对它的成员是区别对待的。而且，这种区别对待还不仅仅体现在社会治理活动中，而是通过等级意识形态的扩散而渗透进了家元共同体成员的日常行为之内的。这就是费孝通所看到的："在这种社会中，一切普遍的标准并不发生作用，一定要问清了，对象是谁，和自己是什么关系之后，才能决定拿出什么标准来。"[①]

关于普遍性的生成问题，沃尔泽曾经用17世纪以来英语中Mr.（先生）与它在其他欧洲语言中的对应词的出现以及最终取代了其他称谓而成为所有男性通称的过程予以概括。[②] 虽然沃尔泽的概括不够全面，却是可以窥见一斑的。其实，这就是人的陌生化的过程。"先生"这个统一称谓的出现表明，只有对陌生人，我们才能采取一个统一的称呼，所以，也只有在陌生人之间，才能形成普遍性。中国自晚清以来逐渐采纳了"先生"这一称谓，可是，直到今天，由于熟人社会的解体尚不充分，"先生"一词在社会交往的许多领域中仍然表现出了极大的不适应性，这反映出的也是中国社会普遍性不足的现实。当然，新中国成立后也一度流行过甚至连性别差异也抽象掉了的"同志"这一称谓。即便如此，"同志"这一称谓也是具有排他性的，肯定是一个不具有普遍性的称谓。所以，改革开放后，随着市场经济的形成和发展造就出了社会的普遍性之后，这一称谓的适用范围就大大缩小，到了今天，在非政治性的领域，同志的称谓已经变成了一个特殊的性别群体使用的称谓了。

由此可见，"差异与共性"同"差异与普遍性"是两对不同的矛盾。其中，差异与共性是贯穿于人类社会各个阶段的一对矛盾，而差异与普

---

① 费孝通：《乡土中国　生育制度》，北京：北京大学出版社1998年版，第36页。
② 见［美］迈克尔·沃尔泽：《正义诸领域：为多元主义与平等一辩》，褚松燕译，南京：译林出版社2002年版，第十一章"头衔社会学"部分。

遍性则是人类社会进入工业社会以后才出现的一对矛盾。之所以会有这样的不同，乃是由这两个历史阶段中差异的不同所决定的。我们已经指出，在农业社会的家元共同体中，差异没有得到其成员的自觉。差异之所以得不到自觉，是因为家元共同体的同质性与群体认同抹杀了差异。家元共同体是建立在地缘、血缘等自然共性的基础上的，它的自然共性在家元共同体成员的意识中植入了一种想象中的同质性，使得这些成员可以想象自己是处在一个同质群体之中的。本尼迪克特·安德森将民族称为"想象的共同体"，其实，包括民族在内的所有家元共同体都是这种想象的共同体，它所呈现出的，是由共同体成员想象出来的同质性汇集成了群体自身的认同。最为重要的是，存在于家元共同体中的想象完全是感性的，而不是一种理性的自觉，想象的共性赋予共同体以同质性，从而拒绝承认差异。在家元共同体成员之间，仅仅具有一种想象的而不是理性自觉了的共性，共同体成员并没有形成一种后来被称作"阶级意识""民族意识"等理性自觉了的共同意识。想象的共性让人们获得了群体认同，而对差异的自觉则让人们在差异中去发现普遍性，从而生成共识。总的说来，家元共同体中显然存在着差异，却没有实现对差异的自觉，因而不可能在差异中去发现普遍性。所以，家元共同体实际上是一个先验的自然同质性群体，这种同质性促成了群体认同。反过来，群体认同又增强了共同体的同质性，进一步阻碍了对差异的认识。

家元共同体具有明显的群体认同特征，而认同本身就是一个去差异化的过程。考察家元共同体中的等级认同，可以发现，它虽然存在着等级这样一种差异，而且这是一种制度化的差异，但等级认同却表现出了对不同等级之间具有不可通约性之差异加以认同的特征，能够有效地把客观上的差异转化为主观上的无差异。具体地说，家元共同体的等级结构意味着共性存在于等级之中，差异则存在于等级之间。等级认同在同一等级内部是对其共性的认同，而在等级之间则是对差异的认同。作为结果，两种认同是一样的，都是去差异化的过程。特别是存在于等级之间的等级认同，往往把等级间的差异作为一种天生命定的自然现象而加以接受。这本身已经不再是对差异的包容问题了，而是对差异的主观消除。正如在一个家庭之中存在着父子之差、兄弟之异却有着血肉相连、手足之情的同质性一样，家元共同体作为扩大了的家庭，虽然有着不同的等级，却在等级认同中感受到了同质性而不是差异。所以，差异的觉醒是在家元共同体解体的过程中开始的。只是在差异觉醒的时候，人们才在差异之中去发现普遍性，才出现了差异与普遍性这样一对矛盾。

反过来说，差异的觉醒也就是个体的人生成的过程，是人从同质性的家元共同体中解放出来的过程。在家元共同体中，人是以群体的形式出现的，一个人不是因为其个体拥有了什么而具有相应的社会地位，恰恰是因为一个人所处的社会地位决定了他能够拥有什么。也就是说，正是由于他所处的等级，决定了他的身份以及他在社会中的地位和对生产资料、生活资料的占有。"不管是王侯、国王或皇帝，作为个体，他们在其社会中享有的至尊地位以及总是由此带来的财富，都要归功于他们的出身，归功于他们生来就是某一世袭特权的家族或统治集团的成员。就是那些贵族，也是靠了他们出身其中的家族集团，才在社会上占据较高的地位。"[①]

在中国，君主自称"寡人"，这并不意味着他是作为一个个体的人而存在的。其实，君主所拥有的至高无上的特权恰恰是他所在的等级赋予他的，他本身就代表了他所在的等级，并通过他所代表的等级而拥有"天下"。所以，家元共同体的治理对象不是个体的人，而是作为群体的人。在家元共同体的政治活动中，作为个体的人从来都不是需要加以考虑的对象，而且政治活动的主体总是以群体的形式出现的。即使在今天，我们依然可以看到这种情况，在群体性事件频繁发生的地方，在经常出现群体抗法行动的地方，都是家元共同体尚未充分解体的地区，都是依然有着较强的群体同质性特征的人群。如果家元共同体已经完全解体了，如果社会行动和政治行动的主体已经是个体的人了，那么个体的人要么单独采取行动，要么通过其代表采取行动，往往会诉诸法律或在法律的框架下开展行动，一般说来，会选择组织的方式或通过组织的途径去开展行动。总之，不会以突发性的群体事件的形式出现。

---

① ［德］诺贝特·埃利亚斯：《个体的社会》，翟三江、陆兴华译，南京：译林出版社 2003 年版，第 228 页。

　　由于个体的人出现了，个体间的差异也被普遍地意识到了。正是到了此时，人们同时意识到自己不可能离开他人、离开社会而生存，反而是要在与不同于自己的他人的交往中才能生存和发展。这就出现了一个既保存自我作为独立个体的个体性又承认差异的问题，汇集到社会治理的过程中，就是一个承认差异而谋求普遍性的问题。所以，普遍性是建立在差异的前提下的，是在差异中实现的一种抽象。

　　从欧洲历史看，自西欧中世纪后期开始，由于商品经济不断扩张的刺激，社会飞快地进入了一个差异化的进程。随着社会差异程度的提高，个体性差异开始觉醒并引起了所有差异的觉醒，并一步步地侵蚀着家元共同体及其群体认同的基础，使家元共同体逐渐衰落与解体。家元共同体的衰落与解体又反过来进一步促进了差异的觉醒，最终形成了一种普遍的差异化状态，造就了普遍差异化的个体，并在这些差异化的个体之间包含着普遍性。到了 18 世纪，这种包蕴在差异中的普遍性被发现，并被启蒙思想家提炼了出来，凝结成了一个政治概念，它就是权利。所以，权利无非是个体差异中的普遍性。同样，政治活动在同质性群体中表现为权力支配行为及其过程，而在差异化的个体间，则表现为权利的主张和要求。

　　黑格尔认为，"法律代表了一种互相承认的形式，在结构上规定了对密切的社会关系的特殊领域的约束。因此，一个社会仅仅是随着'法人'的确立才产生最低限度的交往共识即'普遍意志'，因为核心制度的集体再生产成为可能。"[①] 在这里，黑格尔是以"法人"作为普遍性的前提的，而法人无非就是权利主体。也就是说，普遍性是随着权利主体的出现而出现的。所谓权利主体，其实就是差异化了的个体。与特权主体相比，权利主体是作为个体而不是特定群体的成员而享有权利，因此，普遍性是随着差异化个体的出现而出现的。当普遍性被概括为权利的时候，一方面，是对差异化的个体的确认，是为了维护和保障个体的差异性不受侵犯；另一方面，又把所有差异化的个体纠集在了一起，使他们共存

---

① ［德］阿克塞尔·霍耐特：《为承认而斗争》，胡继华译，上海：上海人民出版社 2005 年版，第 56 页。

和共在于一个社会之中，成为可以治理的对象和共同发展的力量。

在历史进程中，权利首先是市民社会发展的理论成果，然后才在政治实践安排中把市民转化为了公民。所以，在现实的社会运行中，我们看到的市民是一个差异性的范畴，公民则是一个普遍性的范畴；市民社会是一个包容差异、崇尚多元性的领域，公民国家则是一个供给普遍性、追求同一性的领域。在市民社会中，人们是丰富多彩的；在公民国家中，人们必须是千篇一律的。我们无法想象会存在一个"市民国家"，也无法想象一个国家会像对待市民一样而把它的公民加以区别对待。同样，我们也无法想象会有一个"公民社会"而把市民的所有差异都消除殆尽。今天，在中国学术界，"公民社会"的概念甚为流行，从差异与普遍性的视角来看，使用这个概念其实是对哲学的嘲讽，是对辩证法的鞭挞；在政治学的意义上，则是要把权利这个概念变成既无历史内涵又无现实意义的抽象术语。不过，很多假装深沉的学者在使用这个概念时，也许并不知道它的含义。

二、 权利观念及其法制框架

在社会构成的意义上，差异的另一个面相就是"多元"，社会的差异化其实也就是社会的多元化。近代以来的社会演进既是差异化也是多元化的进程。既然个体的人成了制度安排以及社会治理过程展开的前提，因而，也就必须在承认人们的差异的基础上去寻求普遍性。所以，对权利的发现（发明）无疑是一项极其伟大的历史贡献，正是这项发现（发明）而使法制以及法治的建构有了一块坚实的基石。在政治哲学的逻辑中，工业社会经历了这样一个理论进程：从个体的人的差异中抽象出普遍性，然后把普遍性物化为权利，并在权利的基础上建构起法制和在法制的框架下开展法治，用法治去维护和保障权利。所以，我们认为，近代以来的全部政治建构都需要从差异与普遍性的哲学视角来加以认识。也正是在这一点上，我们无比敬佩德国古典哲学的深邃。

我们已经指出，工业化是一个差异觉醒的过程，这种觉醒是由作为个体的人的自我意识承担起来的。通过自我意识，个体的人提出了捍卫自身免于任何他人、群体与权威之压制的要求，并最终通过权利观念的确立而使这一要求得到了合法化。权利概念的提出，不但使人们之间的差异得到了承认，还在人们之间的差异中确认了普遍性。所以说，权利源自差异，却是所有差异中的一种普遍性。或者说，权利这一概念实际上包含了差异与普遍性这两重内涵。一方面，权利确认了个体间实质上的差异性；另一方面，权利又把这些彼此殊异的个体框定在一种普遍性的形式之中，使每一个人都成为共同的权利的主体。在这个意义上，我们可以说，差异与普遍性在权利这个概念中达成了统一。由于权利概念的提出和权利观念的生成，族阈共同体成了一个同时包容了差异和普遍性的社会，从而使差异与普遍性的矛盾处在对立统一的社会运行过程中。在某种意义上，这就是作为一项伟大发现的辩证法得以提出的历史前提。

根据辩证法的理解，差异与普遍性是互为条件的。普遍性寓于差异之中，没有差异就没有普遍性。反过来，普遍性又是差异得以成立的条件，不具有普遍性之实质的差异不能称作差异。既然差异与普遍性是互为前提的，那么差异与普遍性的相互转化也就表现为一个辩证过程了。权利是差异与普遍性的统一，因而权利也就成了差异与普遍性相互向对方转化的机制。权利的普遍性意味着绝不允许某些人享有某种权利而其他人不享有这种权利的情况出现。任何权利都必然是所有人普遍享有的，如果出现了相反或例外的情况，那就只能说明这些情况中的"权利"根本就不是权利，而是等级特权的回光返照。反过来，一个人享有与所有人同样的权利本身就意味着"我之于我的一切"都是应当受到尊重的。我的独立和自由就是我的权利，它与你的独立和自由一样，都应平等地受到法律的确认。这样一来，权利的普遍性所维护的实际上是每一个个体的人所拥有的一切，即让社会永远处在人与人之间的差异之中。

在工业化的过程中，差异与普遍性的生成是与领域分离同步的。权利产生于差异的觉醒和普遍性的生成过程中，却在政治发展中以市民社会与公民国家的分化去发现赖以成立的空间。其实，早在德国的启蒙时期，黑格尔就已经清晰地认识到市民社会与公民国家的不同，而且，黑格尔哲学的全部秘密都可以解读成是在揭示市民社会与公民国家分化的逻辑进程。正是这样，我们才体悟到了黑格尔哲学关于市民社会与公民国家的规定是那样的深邃。在黑格尔看来，市民社会是差异的领域，而公民国家则是一个普遍性的领域。引申来看，当权利的享有者处于市民社会之中时，所关注的仅仅是差异，也就是差异的排他性，即我的利益不是他人的利益。然而，作为权利保障者的国家所关注的则是普遍性，属于一个人的也同时属于全体公民，任何排他性的设置都是对权利的亵渎和侵犯。

这样一来，处于市民社会中的人通过享有权利而护卫着自身的差异性，而国家则通过为权利提供保障来供给普遍性。与领域分离相对应，整个社会在权利的统一框架下也产生了差异与普遍性的结构性分离。不过，作为这种结构性分离的结果则是确认了市民社会与普遍性无涉，免去了市民社会供给普遍性的负担，从而赋予市民社会以自由。与此同时，实现普遍性的希望又被寄托在了国家身上，一切普遍性的要求都需要由国家来提供。如果国家没有承担起供给普遍性的职责的话，那么市民社会中所蕴含的那种对差异的自由的追求就将造成极不正义的后果。然而，从近代以来的政治实践看，国家虽然承担着保障普遍性之权利的使命，却没有真正实现对普遍性的供给，即使在作为普遍性之妥协方案的"公共性"的概念被发明出来之后，由于利益集团等对政治的影响，社会也一直是处于一种因普遍性供给不足而造成的不正义状态之中的。

施特劳斯看到，"在对于多样性或个性的尊重与对于自然权利的认可之间存在着紧张关系。"[①] 这是因为，"要将权利个别化到完全对应于个体之间的自然差异的地步，显然是不可能的"[②]。这番话准确地描绘出了权利的悖论：权利若能得以成立，就需要承认差异，而对差异的承认，却不能逾越卢梭所划定的"不可为个别意志立法"的界限。所以，权利就只能确认差异的主体，而不是对差异本身加以确认。

既然差异的主体平等地拥有共同的权利，那么在差异继续得到保留的情况下，权利的普遍性就只能是一种形式上的普遍性了。这一形式普

---

① ［美］列奥·施特劳斯：《自然权利与历史》，彭刚译，北京：生活·读书·新知三联书店 2003 年版，第 5 页。
② ［美］列奥·施特劳斯：《自然权利与历史》，彭刚译，北京：生活·读书·新知三联书店 2003 年版，第 16 页。

遍性背后的实质性因素则依然是差异。这样一来，为了保证差异不对社会的整体构成破坏，就必须强化形式普遍性，以保证作为实质性因素的差异不至于突破普遍性的形式。所以，在整个工业社会这一历史阶段中，我们所看到的政治过程总是表现为不断地通过新的立法来重新界定权利和不断地把一些具有普遍性的因素确认为权利的活动，以至于到了今天，权利的内涵已经变得极其复杂和含混了。更加让人困惑的是，当西方国家在挥舞人权大棒去打击对手的时候，除了提出罪犯的人身保障等事例，基本上不知道人权还有什么其他的内涵了。这也许是由于与启蒙思想家们渐行渐远，资产阶级的子孙们已经忘记了其祖先确立人权原则的本意，转而把人权当作霸权来加以经营了。

政治哲学在 20 世纪的贡献是以公共性概念的提出为标志的。对于政治建构而言，对于社会治理的实践而言，20 世纪实现了从普遍性向公共性的转变。在立法实践中，公共性是普遍性的操作形态，可以断言，几乎所有的法律都是按照公共性的原则制定出来的，但在制定出来之后，人们则赋予它们以普遍的适用效力。比较而言，普遍性的概念是与差异相对应的，而公共性的概念则是与私人性相对应的，名之为公共性，也就不是"私人性"的，在实践上则表现为"不可为私人意志立法"。在公共性的视角中，差异与普遍性的关系被转化成私人性与公共性的关系，这在技术上是一种简化，而在理论上，则含有庸俗化的成分。因为，公共性的概念的提出，虽然使权利的规定获得了可操作性的特征，但在这同时，也使关于权利的立法可以名正言顺地将某些差异作为私人性的因素看待，从而加以排斥。这一点突出地反映在近代以来的民主政治之中。

近代早期的民主理想是包含着对普遍性的追寻的，但在民主政治建立了起来后，实际遵循的却是"少数服从多数"的原则。"多数"显然不是普遍性的，然而，为了证明"多数"与普遍性之间的可替代性，就干脆放弃使用普遍性的概念了，转而使用"合法性""公共性"等词语。然后，再根据合法性和公共性的要求去制定法律，并通过法律而把公共性转化成了普遍性。在逻辑上，这是转了一个大圈之后重新落脚到了普遍性上来。但是，此时的普遍性已经发生了变异，不再是真实的普遍性，而是一种虚假的普遍性；不再是一种客观的普遍性，而是一种主观臆造出来的普遍性，是借助于法律的强制力而强加于社会的普遍性。所以，公共性这一概念的出现所反映的乃是民主政治普遍性不足的事实，或者说，是因为早期的思想家们的普遍性追求遇到了无法实现的问题才不得不作出的妥协。

我们并不否认公共性范畴的合理性，而且这一概念也确实能够对社会治理的公正发挥导航的作用。如果不是提出了公共性的概念，我们很难说近代以来的政府会不因利益集团的控制而逆转为统治型的政府。然而，就政府以及政治的现实表现看，在客观存在着公共性与私人性对立的情况下，即使从普遍性退居到公共性的位级上，也属于无法充分实现的社会治理理想。即便如此，我们仍然要指出，公共性与普遍性在理论上是不同的。如果社会治理不考虑超越普遍性的问题，反而简单地用公共性去置换普遍性，甚至通过营造公共性的意识形态而诱使人们放弃对普遍性的关注，那么就不再是沿着早期启蒙思想家所指出的方向前进了，而是一种彻底的倒退。就 20 世纪的政治以及政府活动来看，正是在公共性的概念不断地得到高调重申的情况下，依然时时都在公共性的名义下偷运利益集团的要求。

既然普遍性寓于差异之中，那么普遍性的实现也就是对差异的充分包容了，而且，这种包容可以导向一种差异间的和谐。反之，当普遍性不能实现的时候，由于差异得不到充分的包容，也就会产生一种你争我斗的局面。我们知道，近代革命表现为一个"为权利而斗争"的过程，其结果是摧毁了非普遍性的特权支配模式，建立起了被认为具有普遍性的权利支配模式。这种具有普遍性的模式的建立，意味着斗争理应随之消除。然而，在族阈共同体的每一处，我们仍然都能见到"为权利而斗争"的影子。甚至可以说，每个人都在自己的私人生活和公共生活中为了争夺那些被认为是自己的权利而彼此进行着斗争。具有普遍性的是不可争夺的，可以争夺的必然是不具有普遍性的。在近代革命中的那种以整个社会为主体的争夺权利的斗争取得了胜利之后，为权利而斗争的主体变成了个人。这个时候，当个人为了权利而斗争时，所证明的恰恰是权利不再具有普遍性了。正是由于这个原因，普遍性的追求被公共性所阉割，黑格尔极力描绘的普遍性却在黑格尔主义的子孙那里被公共性的色彩所遮掩。

图海纳认为，"我们面临的真实选择可以被重新表述为：个人与群体之间的任何一种平等都是一种权利上的平等，就如'人权与公民权利宣言'所准确指出的那样，而不是事实上的平等，它适用于一种特定的超脱社会与文化现实之上的政治与法律秩序，或者说，这种权利平等暗含了一种对差异的权利，它可以适用于一种特定的社会范畴，也可以适用于一种文化。"① 也就是说，族阈共同体中的平等是权利意义上的，而不是事实上的。在这种平等观中，差异与普遍性都是一种权利，我们有要求差异得到尊重的权利，也有要求得到普遍性供给的权利。在族阈共同体的政治实践中，这两种权利分别表现为自由的权利与平等的权利。我们拥有自由的权利，它保证了我们可以尽情地挥洒自身的差异，但同时，我们也拥有平等的权利，它要求无论我们之间的差异有多大，都要受到法律的平等对待。这两种权利互不相让，它们的共同实现，也造成了权利平等与事实不平等的矛盾。这种矛盾的存在却被认为是自由的象征，如果没有这样的矛盾，我们就会被认为是不自由的。或者说，我们越是自由，就越是不平等；越是平等，就越是不自由。

这就是权利给差异和普遍性造成的困境，权利竭尽全力地满足着差异与普遍性的需要，而这种努力的结果却是造成了差异与普遍性、自由与平等的不可兼得。总之，一方面，普遍性因公共性概念的出现而失去了政治建构的价值；另一方面，差异与普遍性又陷入了无法调和的矛盾之中。这不仅是权利的悖论，也是法制的尴尬。

三、 差异再次觉醒的前景

权利可以保护差异，但仅限于将承载着不同差异的个体确认为权利主体这一情况；权利可以供给普遍性，但同样仅限于将承载着不同差异的所有个体都确认为权利主体的情况。然而，普遍享有权利的个体如何

① Alain Touraine, *Equality and/or Difference：Real Problems，False Dilemmas*，The Canadian Journal of Sociology/Cahiers canadiens de sociologie，Vol. 28，No. 4（Autumn，2003），pp. 543—550

对待他自己与别的个体所分别承载的差异呢？或者说，在个体的差异之间能否真正形成普遍性？却不在权利观念的视野之内。所以，基于权利而建立起来的制度设置，无论是实施着对差异的保护，还是兢兢业业地供给普遍性，都只能流于形式。权利以及基于权利的制度设置既无法包容实质性的差异，也无法涵盖实质意义上的普遍性，而这又反过来强化了那些实质性差异不受包容的局面。

经过权利意识形态的洗礼，族阈共同体成员时时都会提出包容差异的诉求，即希望把差异纳入普遍性之中。但是，权利事实上是无法真正实现对差异的包容的。尽管权利在通过社会治理活动而被付诸实施的时候是需要落实到个体的人身上的，而个体的差异如果不被抹平的话，就会出现每一个人都会提出自己的权利主张和诉求的状况。现在，权利以及基于权利的设置所面对的还不只是这样一个经典问题，而是一个个体与群体相纠结时所带来的问题。因为，随着权利观念的泛化，不仅那些实现了人的原子化的社会存在着个体的权利问题，而且，在那些尚未建立起族阈共同体的地方，在那些社会分化尚不充分的地方，人们也会不是以个体而是以群体的形式提出权利诉求。当这种群体性的权利诉求与残存的群体认同结合到一起的时候，就会出现悖论，就会使权利的观念陷入崩溃的困境。比如，在分析加拿大原住民问题时，塔利就发现，"当原住民族争取承认时，他们被迫以现有的规范性语汇表达他们的要求，即使这些语词可能扭曲或错误传达他们的主张；也就是说，他们不得不企求被承认为'人民'以及'民族'，要求具有'主权'或'自决权'。如果他们能以自身语言表达出他们的要求，他们真正希望的可能是另一种要求。"[1]

也许有人会说，原住民问题是一个农业社会的遗留问题，原住民与权利的抵牾是因农业社会与工业社会的性质不同而产生的，随着在原住民中存在的家元共同体的解体，这个问题自然就会迎刃而解了。我们却不能赞同这种观点。不难理解，原住民所需要的可能并不是权利，而是

---

[1] ［加］詹姆斯·塔利：《陌生的多样性：歧异时代的宪政主义》，黄俊龙译，上海：上海译文出版社 2005 年版，第 40 页。

继续保有他们的群体认同，但工业社会却必须给予他们中的每个人以权利，即给予他们既使他们成为差异的个体又使他们之间具有普遍性的权利。对于工业社会中的那些差异化的个体来说，权利是他们护卫差异和谋求普遍性的保障，但对于原住民来说，他们的群体认同决定了他们并不需要在其民族中把每一个成员都区别开来，不需要这种差异意识。因为，他们会满足于拥有其民族的共同性，他们都认同自己的民族并同时认同其民族中的每一个成员。荒唐的是，他们被赋予了权利，这种权利让他们有资格也有了能力去排斥工业社会。也就是说，权利成了他们捍卫其原有的群体认同的武器。这是一幅多么具有讽刺意味的图景啊，原本作为群体认同瓦解之产物的权利观念在得到普及的时候却在很多地方导致了群体认同更加顽固的结果，并把权利作为一种武器去对付那些强迫他们接受权利的人。所以，当原住民践行起权利的时候，就会与工业社会产生激烈的冲突。如果说在近代早期，由于权利的发现，市民社会拥有了打碎家元共同体的武器，而在今天，当原住民族被强迫接受权利的时候，却必须使用权利这个武器去维护他们的家元共同体，使之不被摧毁。

事实上，在权利观念的影响下，在存在原住民族或类似情况的地方，分离主义几乎是不可避免的。令人尴尬的是，如果为了避免出现分离主义而不承认这些原住民族成员具有作为差异的权利，就又与权利的普遍主义精神相违背了。这就是权利观念在不断推展和扩张的过程中呈现出来的悖论。由于这种悖论，工业社会不得不面临着形形色色的分离主义的冲击，甚至，权利观念越是普及，这种冲击也就越是剧烈。比如，澳大利亚的原住民以其所在地的资源占有都是他们以权利为由而极力反对中国"资本家"的采矿活动，而且，这些要求以及诉诸行动的过程，对这个国家的政治产生了很大影响。澳大利亚作为一个资本主义国家，它的政府显然希望在中国"资本家"的采矿活动中去获取经济利益，但在其赋予了原住民以权利意识的时候，就不得不承受因权利主张而带来的巨大经济损失，特别是对于采矿以及矿石交易所设置的各种各样障碍，会对澳大利亚的战略利益造成极大损失。可以肯定，澳大利亚政府是清楚它在战略利益上的得失的，但在原住民的权利要求面前，它却是无能为力的。对于澳大利亚的政治家们来说，为了赢得原住民的选票，又是不得不以牺牲这个国家的经济和政治利益为代价的。

应当看到，分离主义的出现已经开始动摇了人们关于权利的信念，但是，由于权利以及建立在权利基础上的法制被神化了，以至于人们不得不维护权利的意识形态地位，不得不去寻找另一种解释。正是在这种条件下，西方学者与政客抛出了"文化冲突论"，将矛头从引起冲突的权利转向了被视为冲突根源的文化，尤其是那些被视作差异的文化。关于矛盾和冲突源头的这种转移，致使原本就备受冷落的那些差异性的群体及其文化在当今世界中进一步边缘化，迫使他们以恐怖主义的方式去表达对这种边缘化的抗争。

这说明，在权利话语之下，那些处于认同文化中的群体如果想利用权利来固守自己的差异性，其实是非常不利的。对于原住民以及仍然处于认同文化中的其他群体或国家来说，他们发展的"自然历史进程"已经中断了，因而，也就不可能再寄望于顺其自然地化解其前进道路上的各种矛盾了。在自身的工业化以及他们与其他工业社会交往的过程中，他们必须接纳权利的观念，以维护自己的利益。但是，当他们接受了权利观念的时候，又会以自己的权利主张而反对那些与他们关联在一起的已经实现了工业化的社会，并导致周期性的矛盾激化，受到镇压。这就是当前世界上的许多民族冲突以及那些被认定为所谓"文化冲突"的国际冲突频繁发生的原因所在。

即使对于已经完成了工业化的西方国家而言，它们发展的"自然历史进程"也中断了，全球化已经把整个世界卷入一个全新的历史进程之中。西方国家在全球交往中如果继续以权利作为衡量一切的尺度，就只能给自己的发展带来越来越多的困难和阻力。但是，西方国家却跳不出以自我为中心的权利思维，不愿意去在世界的范围内开展真诚的合作，反而采用局部战争、遏制、贸易战、围堵等方式去制造对立。

分离主义及其变种（恐怖主义）只是工业社会面临的一种极端情形。不过，这种极端情形在近年来的频繁出现却揭示了工业社会自身发展的一种趋势，那就是，在权利框架下没有得到包容的那些实质性差异开始觉醒了。这种觉醒的表现是随处可见的，政治层面上的分离主义与恐怖主义，行政层面上的社区自治与参与治理，社会层面上包括女性主义运动、同性恋运动、环境运动等在内的狭义上的新社会运动，文化层面上的后现代主义，等等，都是它的具体形式，而贯穿在这些运动之中的核心原则就是需要"承认差异"。

承认差异之困难又是显而易见的。我们知道，在法国的历史上曾经有过"大革命"的辉煌经历，这是近代以来全世界都表达敬意的历史运动，因为它废除君主而建立了共和国的行动使权利以及权利基石上的政治建构成了典范。但是，在当代法国，是不乏否定这场伟大历史运动的人的，而且，在今天，我们看到这个国家频繁地出现排斥移民、排斥少数民族的骚乱。究竟是出了什么问题了呢？难道资产阶级革命时期的那些废除不平等的追求都被抛弃了吗？难道早期革命者要求人人平等的理想已经过时了吗？显然，这是对差异的排斥，同时也是对普遍性的排斥。像法国所出现的这种主流社会排斥差异的情况如果得不到改变，那么一切来自边缘群体的承认差异之要求就都是没有意义的。国际社会也是如此。

权利是差异觉醒的结果，在整个工业社会中，权利也是作为承认差异的一种方案而得以成立的，它无时无刻不以捍卫差异为其使命。但是，权利及其法制在持续建构的过程中却走向了不承认差异的方面，"如今已居于正统地位的现代宪政主义语言本就是用来排除，乃至于同化文化歧异性，并且为文化一致性之正当性辩护的语言"[1]。以权利为基石的社会建构总是试图否认乃至同化差异，以求维护权利在形式上的普遍性。这就是我们所指出的，作为社会建构和政治建构之基础的权利本身就存在着在差异与普遍性之间加以协调的困难。在某种意义上，虽然权利被赋予了承认差异的功能，而在走向社会建构和政治建构实践的时候，在转化为社会治理行动的时候，却显现出了不承认差异的一面，反而让权利表现为一种凝固差异的机制。

这是因为，"对差异的完全捍卫很容易造成边缘化与自我毁灭的结

---

[1] ［加］詹姆斯·塔利：《陌生的多样性：歧异时代的宪政主义》，黄俊龙译，上海：上海译文出版社 2005 年版，第 59 页。

果，也忽视了真正的问题"。① 也就是说，用权利去承认差异，是对差异的一种"完全捍卫"，它使差异获得了合法性，保护了差异不受任何外在力量与权威的侵犯。结果，就会造成差异间的孤立和整个社会的原子化。社会原子化的结果则是，使社会成员间无法产生普遍性因素。然而，用权利的普遍性去抹平差异，又会造成社会的同质化，使个体齐一化，甚至表现出对异质存在以及异质文化等的排斥，并因这种排斥而把整个社会领进对立、冲突频繁发生的境地。正是因为在制度安排中存在着这种差异与普遍性无法处理的问题，20世纪的学者们才抛弃了权利主张，转而用"公共性"置换了权利和普遍性，并对不具有公共性的大量差异加以排除。这样一来，又以另一种方式造就了不承认或者说歧视差异的后果。

在家元共同体中，差异不被承认是由其等级结构所决定的。等级结构也是一种特权体系，而等级特权则是建立在对某些差异的歧视之上的。工业化初期，觉醒了的差异提出了用权利取代特权的要求，希望通过权利来实现对所有差异的平等承认。然而，随着族阈共同体建构使命的完成，却宣告了这一理想的破灭。权利在实现了取缔特权的功能后也同样呈现出对差异的歧视。我们看到，族阈共同体在形式上是一个具有普遍性的社会，法制确认了承载差异的每一个体的权利主体地位，并通过对这种主体地位的维护而供给一种普遍性，而在权利供给了普遍性时，却使人们之间的差异深深地掩盖在法律的普遍性背后，以权利平等的方式纵容了事实上的不平等。

图海纳在对农业社会与工业社会作出比较后说："一个没有大家都承认的差异的社会，将是一个专制独裁的社会；它将强制性地把社会成员都等量齐观，硬说他们是不分高下，一般齐的——这是在整个社会生活中推行的泰勒制，甚或是一种种族清洗。反之，一个不讲平等的社会，将把我们带到一个整体主义的等级社会——这种等级社会，我们在实施

① Alain Touraine，*Equality and/or Difference：Real Problems，False Dilemmas*，The Canadian Journal of Sociology/Cahiers canadiens de sociologie，Vol. 28，No. 4（Autumn，2003），pp. 543—550

政治现代化的开始，就把它摧毁了，就再也不想让它重新出现了。"① 权利政治的发展却在法制框架下使等级"重新出现了"。在权利的名义下，"强制性地把社会成员都等量齐观，硬说他们是不分高下，一般齐的"。就此而言，"承认差异"的口号所指向的其实是一种实质上的普遍性而不是形式上的普遍性。也只有实质上的普遍性，才能真正满足差异应当得到承认的要求。

承认差异与供给普遍性是辩证统一的政治过程。如果在社会治理过程中只承认差异而不供给普遍性的话，就不仅仅是歧视差异的问题了，而是对作为差异承载者的人的歧视。在美国，我们可以看到，一些人被确认为公民，而另一些人持有"绿卡"，还有一些人被称作"墨西哥人"。这似乎是对差异的制度安排，但是，却没有供给普遍性的内容。所以，美国社会是一个最缺乏权利的社会。权利应当是一种同时满足差异与普遍性之需要的制度方案，但这一方案在实践中却没有承担起承认差异与供给普遍性的历史使命。可以说，在承认差异与供给普遍性的问题上，权利是一种失败了的方案。权利的失败引起了差异的再次觉醒，并通过"承认差异"的口号而表达了寻找一种新的普遍性形式的追求，要求找到一种能够真正满足差异与普遍性之需求的治理方案。

如果说差异的觉醒在工业化的初期是以市民社会的生成为标志的，其结果是以"天赋人权"的形式提出了差异与普遍性的共同诉求，那么差异的再次觉醒则是以"新市民社会"的生成为标志的。新市民社会在"承认差异"的旗号下表达了寻找实质普遍性的愿望，并通过新社会运动与非政府组织的参与治理等形式努力地去实践着自己的这一愿望。当然，在今天，新市民社会尚未发育成熟，它寻求承认的活动在很多时候还没有能够摆脱权利观念的束缚。比如，非政府组织以及其他社会自治力量对普遍主义的治理方式的不满，就是以提出"自治权"的要求而表达出来的。就"自治权"依然是一种权利主张而言，显然没能跳出权利观念赋予它的思维定式。

---

① ［法］阿兰·图海纳：《我们能否共同生存？：既彼此平等又互有差异》，狄玉明、李平沤译，北京：商务印书馆 2003 年版，第 232 页。

　　由非政府组织以及其他多元社会自治力量构成的新市民社会正在成长中，它的出现改变了社会治理体系的格局，意味着由某一社会构成要素去承认差异和供给普遍性的历史即将终结。如果说因市民社会的生成而引发的近代社会政治革命成功地以民主代替了君主、以管理型的社会治理方式取代了统治型的社会治理方式，那么新市民社会的出现将会再一次引发革命。不管这场革命以什么样的形式去为人类社会的发展开辟道路，都将建立起一种能够取代管理型社会治理方式的全新的社会治理方式。在此意义上，以权利为基石的全部社会建构和政治建构都将得到超越和扬弃，而作为社会治理体系建构之基石的权利也会因此而失去其历史价值。

　　一个简单的事实将是不难想象的，那就是多元社会治理主体的出现必将打破原先单一治理主体承担社会治理功能的政治格局。瞻望人类社会的发展前景，也许在经济领域中的垄断还未得到根除的情况下，社会治理领域中的垄断就已经丧失了合理性，取而代之的是一种合作治理。就多元化的合作治理主体的出现而言，它所代表的新型的社会治理方式绝不会像任何一种单一治理主体的统治或管理那样忽视差异、否认差异和歧视差异。同时，合作治理又是多元社会治理主体的共治，这种共治对差异的承认又是绝不允许差异成为隔离治理主体、治者与被治者之间关系的因素，反而会提出把差异看作合作之前提和基础的要求。

　　就合作治理是对近代以来的既存的社会治理方式的超越而言，也必然是对近代哲学的超越，因而，关于差异和普遍性的问题也将得到扬弃。合作治理从属于一种全新的思维方式，合作治理的建构逻辑将以合作行动为起点，它的一切制度安排都将以合作行动的顺利开展为目标。这样一来，存在于近代早期市民社会之中的那种出于身份证明需要的要求和主张，都不会在新市民社会这里重演，从属于身份确认的理论以及制度安排也都不再有意义。对于合作的社会及其治理而言，一切都以合作为前提和出发点。这就是我们正在进行社会建构和政治建构的时候所应遵循的逻辑。

第三节　民主的没落与公共性的扩散

一、 对社会契约论的颠覆

我们正处在一个高度复杂性和高度不确定性的时代，在这样一个时代，随着族阈共同体的各种构成要素彼此联系的加深和相互作用的加强，任何一个看似简单的历史事件都可能造成复杂的社会后果。当然，在族阈共同体的框架尚未得以突破的时候，许许多多两不相容的事件都依然能够共处于一个体系之中，甚至每一个事件都会表现为同一社会事件的两个或多个方面。以社会治理领域为例，20 世纪后期以来，在公共选择理论、委托—代理理论、产权理论等的影响下，出现了新公共管理运动。然而，新公共管理运动在各国改革实践中的应用，却同时造成了"民主的没落"与"公共性的扩散"这两个看似矛盾的后果。

作为一种经济学理论，公共选择理论在 20 世纪后期受到多门学科空前的追捧，可以说，很少见到有一种理论能够像公共选择理论这样被多学科用来解释社会生活中的各种现象。然而，正是这一理论，与近代以来的基础性意识形态框架之间存在着实质性的冲突，在某种意义上，它是一种反民主的理论。表现在行政学这门学科中，根据公共选择理论等而进行的理论建构和改革实践，总是把官员与公民、政府与社会看作同一政策市场中的平等主体，这实际上颠覆了由社会契约论所确立的民主原则。

20 世纪 80 年代以来，在新公共管理运动把公共选择理论、委托—代理理论等付诸实践的时候，加速了民主的没落。不过，我们也应看到，上述理论对社会契约论的颠覆也具有一种正向的功能，它在终结了社会契约论的普世契约的同时，也为政府与社会间的具体契约关系的建立扫清了理论上的障碍。通过治理职能的外包，新公共管理运动带来了公共性扩散的结果，赋予了许多社会构成要素以公共性的内涵。也正是由于许多社会构成要素获得了公共性的内涵，从而在人类的社会治理体系演进中首次呈现出治理主体多元化的趋势，进而使社会治理变革呈现出走向合作治理的必然性。

我们已经指出，民主是近代社会的最伟大发明，这项贡献应归功于工业社会的启蒙思想家们。正是社会契约论者确立起了政治民主的原则，并由一代又一代民主的信奉者将其推展到了社会生活的各个领域，才使民主成为一种普遍性的行为标准。回顾近代早期的启蒙运动，虽然不是每一位契约论思想家都是民主的支持者，但就社会契约论的逻辑证明路径而言，基本上都是从"自然状态"的假定出发而展开理论叙事的。这决定了社会契约论必然导向民主的政制设计。因为，将社会的起点设置为"自然状态"就等于取消了所有的"王侯将相"，就等于推翻了代代相传的身份等级制。进而，当社会建构和政治建构的路径从自然状态延伸出来的时候，也就使原先凌驾于社会之上的君主及其国家的先验支配地位丧失了合理性，社会治理赖以展开的原则和机构也就可以被认为是自然状态中的人们彼此订立社会契约的产物。这样一来，参与订约的人民就成了国家的主权者，国家及其政府作为订立社会契约的产物，在根本上应受到社会契约的约束，并需要对作为立约者的人民负责。这就是民主的基本内涵。

作为一种民主理论，社会契约论的全部秘密都蕴藏在它关于"自然状态"的理论假定之中。正是这一假定，从根本上确认了人民主权、国家及其政府等都是作为社会建构结果而出现的，从而使民主成为进行一切社会建构都必须遵循的基本的和普遍的原则。反过来，当政府与国家承担起社会治理的职责时，也必须遵循民主的原则，按照民主的方式去开展活动。如果不是把国家及其政府视为一种社会建构的话，实际上，就会把它们默认为一种先验性的存在，就会把民主的原则搁置起来，甚至走向不民主的方向。总之，在社会契约论那里，作为订约者的人民是平等的，自然状态赋予了他们平等的地位，他们在平等的基础上订立契约，国家及其政府是他们订约的结果，他们对国家及其政府拥有主权。也就是说，在作为人民的构成要素的人之间是平等的，但在国家及其政府与人民之间，却不应存在平等的关系。因为，国家及其政府是不具有独立的主体地位的，人民对国家及其政府拥有主权本身就意味着：只有人民才是国家及其政府的主人。

当公共选择理论把国家及其政府的运行当作一个经济过程来看的时候，其实是否认了它作为政治过程的性质。就实践而言，在新公共管理运动这里，国家及其政府成了市场经济中的"法人"，可以同其他社会构成要素（即社会契约论中的立约人）之间开展平等的交往，在服务外包的过程中签订合同，建立起国家及其政府与它们的主人间的契约关系。也就是说，根据社会契约论，国家及其政府作为订约的产物所反映的是人民的契约关系，而新公共管理运动则要求国家及其政府作为独立的行为主体去与社会签订合同，形成契约关系。因而，从根本上动摇了民主原则赖以成立的基础。事实上，当公共选择理论把国家及其政府的运行看作经济过程而不是政治过程时，就已经否认了民主的价值。

卡蓝默感叹道，随着民主制度的定型化，"社会契约理念本身已经烟消云散"[1]。到了20世纪，由于民主的原则已经通过宪法而得到体现，人们便不再关注国家及其政府的起源与创立的问题了，而是把注意力转移到了思考既有制度框架下的政府运行问题上来了。所以，与启蒙时期的政治学理论相比，20世纪的"政治科学"发生了研究方法上的转向。启蒙时期的政治学理论通常都是从生成中的市民社会出发去探讨国家与社会之间的关系，并依此对政府的角色与职能作出规定。所以，不论研究者自身的理论倾向与政治倾向如何，而出发点上的共同性决定了他们必然把国家及其政府看成是一种社会建构的结果，从而导向民主的结论。

总体看来，虽然社会契约论由于引入"自然状态"的范畴而在对市民社会进行解释时显得较为困难，但在国家与社会的关系问题上，依然是从社会出发而不是从国家出发的。20世纪的政治科学则不同，他们将研究的起点转移到了国家及其政府本身，即从国家及其政府出发去确立研究路线，结果，研究者也就不可避免地把国家及其政府看成与社会平等的存在物，甚至会误以为国家及其政府先于社会而存在，进而导向了反民主的方向。在《民主的经济理论》中，公共选择学派的代表人物之

---

[1]　［法］皮埃尔·卡蓝默：《破碎的民主》，高凌瀚译，北京：生活·读书·新知三联书店2005年版，第37页。

一唐斯就毫不掩饰地表达了他试图为政府地位"平反"的要求。他说："在全世界，政府支配着经济舞台。政府的支出决定了就业的程度，政府的税收影响了无数的决策，政府的决策控制着国际贸易，政府的国内规制（regulations）涉及几乎每一个经济活动。……然而，政府在经济理论世界中的作用却同它在现实世界中的这种支配地位毫不相称。……政府迄今未能与私人决策者一起成功地结合在一个统一的一般均衡理论中。"① 有鉴于此，唐斯从古典经济学中借用了"理性人"的理论假设，并从这一假设出发构造了一个关于民主过程的理性选择模型，以求对政府与私人决策者的行为方式作出一个一般性的解释。

在唐斯的模型里，所有的政治主体都存在于一个定期举行选举的"市场"中，都以自身效用收入的最大化为目的。其中，政府无非是与其他政党争夺国家机构领导权的一个政治实体，作为政党，它"是为了赢得选举而制定政策，而不是为制定政策去赢得选举"②。同样，构成了这种政党的政治家也"绝不是为实施某些特定的政策而谋求执政；他们唯一的目标只是获得执政本身的报酬。他们将政策纯粹看作是达到他们私人目的的手段，而这些目的他们只有通过当选才能实现"③。也就是说，作为政策制定者或者说供给方的政府、政党及其政治家都是以赢得选举为目的的理性人。同样，在唐斯看来，作为政策接受者或者说需求方的选民，也只是一些握有选票的理性人，"在我们的模型中，每一选民将票投给他相信在未来的任期中将带给他较之任何别的政党都更高的效用收入的政党。为发现这样的一个政党，他对每一政党上台他相信他将得到的效用收入进行比较。"④

这样一来，政治领域就被描述成了一个政策市场，政府、政党、政

---

① ［美］安东尼·唐斯：《民主的经济理论》，姚洋等译，上海：上海人民出版社 2005 年版，第 3 页。

② ［美］安东尼·唐斯：《民主的经济理论》，姚洋等译，上海：上海人民出版社 2005 年版，第 25 页。

③ ［美］安东尼·唐斯：《民主的经济理论》，姚洋等译，上海：上海人民出版社 2005 年版，第 25 页。

④ ［美］安东尼·唐斯：《民主的经济理论》，姚洋等译，上海：上海人民出版社 2005 年版，第 35 页。

治家与选民也都变成了平等的市场主体。他们之间的区别仅仅在于，前三者是政策的生产者，而后者则是政策的消费者。进而，"民主过程"就被解释成了生产者与消费者之间的一个理性选择过程，即一方用政策交换选票，而另一方则用选票交换政策。表面看来，正如商品市场的出现将消费者变成了"上帝"一样，政策市场模型似乎也提高了选民的地位，从而增强了民主。正是这一表面现象，使公共选择理论赢得了无数人的追捧。然而，在实质上，当政治过程被理解成争夺选票的过程时，却必然造成不民主甚至反民主的后果。这是因为，选票的理性争夺者既可以通过符合社会福利的政策来谋求选票，也可以通过操纵公共舆论甚至选举过程等方式来获取选票。当后一种情况发生时，民主就成了泡影。

唐斯毫不避讳这种理性选择模型所蕴含的反民主推论，他坦承，"在不确定世界中，民主政府在政治上平等对待所有人，是非理性的。"[1]"政治理性不必是以一种民主的方式实行的，就像在我们的模型中那样。只要不确定性减少了，引进并保持了稳定的秩序，理性的行动便是可能的，即便在专制制度下也是如此。"[2] 其实，对于一个以谋求选票为目的的政府而言，无论它处于什么样的环境中，平等对待所有人都是一种非理性的行为，事实上，这种非理性的行为是根本不可能发生的。因为，这样的政府必然会计算自己的选民群体，进而在自己的选民与其他公民之间作出区别对待。否则，它就将面临选民流失的危险。所以，理性选择造就的是一种对选民而不是对公民负责的政府，更不是对作为公民之总体的人民负责的政府，更不用说在全球化条件下迅速增长的那些非公民群体了。

随着"人民"这一总体被肢解成不同的选民群体，政治过程就变成了这些群体或者说集团之间赤裸裸的利益争斗，并最终演化为集团政治。随着集团政治的出现，"在民主制度中，即使每个投票人都仅拥有一张选票，他们也不具有对政策的同等的影响力。……尽管公民权具有普遍性和平等性，但是，政府仍不能理性地把每个选民视为同等重要。因为某

---

① ［美］安东尼·唐斯：《民主的经济理论》，姚洋等译，上海：上海人民出版社 2005 年版，第 76 页。
② ［美］安东尼·唐斯：《民主的经济理论》，姚洋等译，上海：上海人民出版社 2005 年版，第 10 页。

些选民的影响系数要比整体的影响系数大得多。所以，在制定政策时，理性政府就必须把他们放在比其他大部分选民更重要的位置上。"① 也就是说，政府完全成了只对影响系数大的选民集团负责的政府了，至于那些对它的当选影响不大的选民，则不在考虑之列，更不用说那些在全球化条件下没有选举权的一群实际居住在它治下的居民了。至此，民主政府就变成了反民主的"理性"政府，公共选择理论也因而实现了对社会契约论从起点到结论的全面颠覆。本来，民主是理性的造物，然而，当理性与自我的算计联系在一起的时候，则成了反民主的力量。

对于 20 世纪的政治现实，公共选择理论表现出了极强的解释力，并因此而俘获了大批信徒，特别是在那些民主制度发育不甚健全的国家和地区，公共选择理论得到了更多的推崇。自产生之日起，公共选择理论就在政治生活中受到了可以说被滥用的广泛应用，并由此而得以从政治经济学的一种理论变成了受到社会科学各领域推崇的学说。然而，我们不禁要问，一种反民主的理论为什么会在现实中表现出如此强的解释力呢？在民主已经成为一种霸权话语的条件下，为什么会有那么多的人崇尚一种反民主的理论呢？这只能说明现实中存在着一种反民主的要求，或者说，现实的政治过程中存在着严重的不民主，而这种不民主却有着现实合理性。

近代以来，虽然社会契约论为工业社会中的人们确立起了民主的理想，但这一理想却从未得到真正的实现。随着近代政治从代议政治经由政党政治而一步步演变成为集团政治之后，民主政治已经与社会契约论的理想渐行渐远，直至走到了反民主的方向。正是在这一背景下，公共选择理论才得以对 20 世纪的政治现实作出貌似科学的描述，并立即得到了强烈的反响。所以，公共选择理论仍然是现实要求的一种反映。也就是说，在 20 世纪，一方面，民主话语取得了决定性的霸权地位；另一方面，在实际的社会治理过程中，反民主的行为无处不在，在民主的旗帜下从事反民主的活动是治理者的普遍做法。公共选择理论无非是通过把

---

① ［美］安东尼·唐斯：《民主的经济理论》，姚洋等译，上海：上海人民出版社 2005 年版，第86 页。

政治过程转化为经济过程而去把在政治领域中活动的人们的反民主心声表达出来而已。当然，公共选择理论的表述和论证都具有科学面目，在对政治过程进行经济学解读的时候，似乎是从事实出发的。然而，政治领域中并不存在所谓"纯事实"的科学，在公共选择理论看似客观的描述背后，其实仍然隐含了某种价值取向。所以，随着公共选择理论的出现，反民主的政治现实就获得了价值上的正当性，即得到了理论上的确认，政治过程作为这样一个反民主的过程也就可以被认为是理所应当的了。

如果说现实政治的反民主化并没有摧毁民主理想的话，那么随着公共选择理论的出现及其滥用，集团政治也就彻底地征服了人们的心灵，民主也就完全走向了没落。这就是 20 世纪后期以来的现实。作为一种话语体系，也许民主依然处于政治学概念群落的中心位置，而且政治家们也不愿放弃任何一个表达他们信仰民主的机会，一些国家甚至以民主的名义去发动战争（如伊拉克、阿富汗）和制造"颜色革命"（如东欧以及从西亚到北非的广大地区），以求颠覆他国政权。但是，他们并不知道，正是他们的行为造就了反民主的现实，他们所表达的民主信念，已经被公共选择理论等各种各样的当代经济学说所颠覆，他们是按照公共选择理论所给予的反民主路线去表达捍卫民主政治的决心的。

二、 公共性的扩散

由于引入了"自然状态"的假设，启蒙时期的社会契约论合乎逻辑地对国家及其政府进行了社会建构。从历史上看，近代国家及其政府的产生、分化与定型，毫无疑问，是不断地进行人为建构的结果，而进行这种建构的主体就是从中世纪城市中脱胎而出的市民社会。当然，在近代早期，市民社会对国家及其政府的建构主要是通过斗争的方式进行的，随着资产阶级革命的发生以及代议制度的建立，逐渐地转变为通过合法的途径去进行这种建构了。这就是通过选举去对国家及其政府加以建构。所以，在现实的政治生活中，所表现出来的是通过选举各自的代表而建构起国家及其政府，而不是像社会契约论者所描述的那样，是在自然状态中彼此订立契约而形成了国家及其政府。

这样一来，现实政治生活中的民主选举的结果，在理论上就被表述为公民与其代表间的委托—代理关系。在更广泛的意义上，也把社会与政府之间的关系看作一种委托—代理关系。政府只要履行了法律规定的职责，也就被认为是扮演了代理人的角色，从而证明了民主政制的合理性。在这里，委托—代理关系的全部秘密就在于代议制度的确立，是代议过程所造就出来的一种关系。所以，其政治性质是不容怀疑的。代议过程是一个政治过程，委托—代理关系也是一种政治关系。然而，自公共选择理论产生以来，运用经济学方法来分析政治过程以及政治关系成了时尚，作为政治关系的委托—代理关系也被一些学者纳入了经济学的解释框架之中，被比附为企业经营中的委托—代理关系。

"委托—代理理论"本来是一种纯粹的经济学或企业治理理论，在这一理论的视野中，私人组织尤其是股份制公司的股东与管理者之间是一种委托—代理关系。由于股东群体内部的复杂性、股东与管理者利益的不一致性以及信息的不对称等因素的影响，委托人往往很难保证代理人对代理职责的履行，以致后者的决策并不总能体现他们的意志。这就是所谓的"代理问题"。作为一种针对企业治理研究而提出的理论，是有着具体的适应性的，即使扩大到对所有私人部门中组织的考察，也是合理的。但是，在公共选择理论产生后，特别是在新公共管理运动兴起后，一些学者却将委托—代理理论应用到了公共部门，用以分析公民与代表、社会与政府间的委托—代理关系。结果，他们发现："我们难以确定谁是委托人或难以发现他们的真正愿望是什么。公共服务的委托人——所有者——是选民，但是他们的利益非常分散，以至于不可能有效地控制代理人——公共管理者。对于代理人来说，在任何情况下都难以确定每一个委托人可能希望他们做什么。没有对利润动机的严重影响，没有股票市场，没有可与破产相提并论的事情。如果委托人没有适当的手段确保代理人实现他们的愿望，代理人极少可能付诸行动。如果说私营部门中也存在着代理问题，在公共部门中则更为严重。"①

　　经济学中的委托—代理理论并没有为私人部门中的"代理问题"提出有效的解决方案，而在这种理论被应用到了公共部门中之后，"该理论的提出促使某些人极力主张公共部门尽可能多地对外签订合同。按照这种方式，代理关系将变成私营部门的代理关系，一般认为，它将会起到较好的作用。"② 也就是说，社会与政府之间通过选举建立起来的政治性的委托—代理关系可以通过合同外包而转变成一种政府与社会之间的经济性的委托—代理关系。这样一来，在理论上，政府就变成了整个委托—代理关系链条中的中介。经由政府，社会既是委托人，又反过来成了代理人。同时，在事实上，政府本身也获得了代理人与委托人的双重角色。

　　作为代理人，政府把原先需要承担的职责转移到了社会，从而成了委托人。作为委托人，政府又拥有使它成为代理人的委托人所不具有的那种事实上的权威和权力，可以把行政的力量加予合同之中，使契约关系发生变异。这从形式上看，与私人部门中的契约关系没有什么不同，而在实质上，却又与私人部门中的契约大为不同。这就是新公共管理运动赋予契约关系的一种新的内涵。对此，莱恩的评价是："新公共管理是一种使合同制成为公共部门中的沟通媒介的理论。新公共管理设计了一种合同制国家，在这个国家里，人事和其他资源都通过一系列的合同来管理。这些合同不仅涵盖了所有的雇佣关系，同时它们还被用来界定公共服务提供的目标与任务。"③ 莱恩对新公共管理运动基本特征的这一描述是准确的。事实上，新公共管理就是一场以合同制为基本内容的市场化改革运动。正是这场改革运动，在政府与社会之间建立起了契约关系，而且不断地将其推展到了社会生活的各个领域。

　　新公共管理运动把公共选择理论和委托—代理理论运用到改革实践

①　[澳] 欧文·E·休斯：《公共管理导论》（第2版），彭和平、周明德、金竹青等译，北京：中国人民大学出版社2001年版，第15页。

②　[澳] 欧文·E·休斯：《公共管理导论》（第2版），彭和平、周明德、金竹青等译，北京：中国人民大学出版社2001年版，第15页。

③　[英] 简·莱恩：《新公共管理》，赵成根等译，北京：中国青年出版社2004年版，第168页。

中后，既实现了公共选择理论把政治过程转化为经济过程的理论追求，也实现了把委托—代理理论移植到公共部门而对政府与社会的关系进行改造的目的。从逻辑上看，首先是公共选择理论颠覆了由社会契约论所建立的立约人与政府间的传统关系，从而为社会与政府之间的契约关系扫清了理论上的障碍；其次是委托—代理理论被移植到了公共部门中来，使政府与社会的契约关系找到了一种具体的形式，那就是，政府与社会订立外包合同。正是这两个方面，构成了新公共管理运动的基本内容。所谓"用企业家精神改造政府"和实现"政府再造"，则是根据交易成本理论而对政府自身进行重新建构的过程。虽然这样做是用竞争机制取缔了基于民主的法制（治），却不属于政府与社会之间关系的范畴。就政府与社会之间关系的重建而言，则是基于公共选择理论和委托—代理理论作出的。当然，在新公共管理运动这里，交易成本理论对公共选择理论和委托—代理理论提供了效率支持。也就是说，基于交易成本理论而进行的改革，为契约主义的效率优势提供了极为适时的证明。

新公共管理运动是一系列经济学理论在公共部门中的运用。就经济学在 20 世纪的发展而言，当起自 30 年代的各种微观经济学研究发展到了公共选择学派这里时，重新获得了政治经济学的定位，在直接观察和考察国家及其政府过程的时候，表现出了对经济分析方法的滥用，从而对启蒙时期以来的政治民主理论提出了挑战。尽管要在近代以来所形成的政治生态下去明确地作出反民主的宣示是不可能的，但其理论的反民主实质却暴露得非常清晰。因而，当新公共管理运动在政府与社会间建立起了契约关系时，也包含了反民主的倾向。

这就是我们已经指出的，在代议制度的条件下，民主体现在社会与政府之间的委托—代理关系的确立中，政府作为民主政治的结果，必须承担起社会通过民主途径而赋予它的社会治理责任。在新公共管理运动这里，当政府与社会之间建立起了契约关系的时候，也就把委托—代理关系颠倒了过来，政府成了委托者，因而，可以对作为代理人的社会追究责任了。尽管这种责任在现实中更多地表现为一种经济责任，却无疑是对民主逻辑的破坏。从实践看，当政府运用合同竞标的手段时，激化了不同社会组织之间的竞争，使社会出现了进一步的分化，也阻碍了社会内部民主共识的形成。更为重要的是，委托—代理关系的这种颠倒对民主的观念造成了极大的损害。在一些民主观念并不深厚的地方，它可能更加强化了社会对政府的依赖，从而在根本上破坏了政治生活的民主化。

从上述分析看，新公共管理运动无论是在逻辑上还是在现实中，都造成了民主的没落，使近代以来政治发展的历史路径出现了断裂。但是，这并不是政治发展史上的一件坏事，反而，它可能意味着政治发展获得了走向未来的一个重大契机。在公共性的分析视角中，当政府与社会之间建立起了契约关系时，显然带来了公共性的扩散这样一个意想不到的收获。

社会契约论虽然确立了民主的原则，但它同时也通过主权唯一性的规定赋予了国家及其政府垄断社会治理的合法性。所以，从社会契约论中推导出来的是一种国家主义的民主治理。在这种治理模式中，国家在民主的途径中获得公共性，政府被认为是公共性的集中体现，而社会则被看作纯粹的私人性存在，并需要得到具有公共性的国家及其政府对它的治理。当然，在国家及其政府垄断社会治理的局面下，也一直存在着局部性的治理外包行为。但是，这种治理外包行为的发生具有很大的偶然性，只是一种补充性的因素，而且是受到严格控制的，从来也没有对国家及其政府的社会治理垄断地位形成挑战。然而，新公共管理运动赋予治理外包以普遍的合理性，不仅鼓励、倡导合同外包，而且在事实上也造成了普遍的治理外包局面。这样一来，一些原本由国家及其政府所承担的治理功能，也就被转移到社会之中。由于社会承担起了这些治理功能，不仅原先那种社会与国家及其政府分立的格局发生了变化，而且社会自身的性质也在悄悄地发生变化。其中，最为重要的变化就是，社会因承担起了治理功能而必然获得一定的公共性。本来，社会被看作私人性因素存在和成长的温床，国家及其政府才具有公共性，现在，公共性却从国家及其政府扩散到了社会。

对于社会治理变革而言，公共性的扩散具有非常重要的意义。在工业社会的形成和发展史上，社会治理体系的建构是基于公共领域与私人领域以及日常生活领域分离的事实而得以进行的。这种分离使治理者与被治理者之间的界限变得非常清晰，特别是对民主政治所作出的设计，都保证了社会中的私人性因素得到尊重和制度保障，同时，也使国家及其政府的公共性在不断的矫正中得到增强。民主政治的深刻底蕴就在于不容许国家及其政府与社会之间的边界变得模糊。"有限政府"的概念就明确地要求政府恪守其边界而不能逾越，但也正是由于民主政治对国家及其政府所做出的这些原则性规定，使政府获得了社会治理的垄断地位。

当然，就新公共管理运动的做法而言，也可以说它并没有破坏传统民主政治的基本原则，也可以说它恪守了"有限政府"的原则，因为它不是让国家及其政府逾越其边界而侵入社会。在凯恩斯主义盛行多年后，新公共管理运动在逻辑上是反其道而行的。不过，新公共管理运动虽然没有按照国家和政府侵入社会的方向运行，却是通过把这个方向逆转过来而同样破坏了国家及其政府与社会之间的边界。也就是说，新公共管理运动不是让国家及其政府走出自己的边界，而是把社会拉入到国家和政府的边界内来了。尽管这种把社会拉入治理体系之中来的做法主要体现在治理外包上，但其影响却是打破了国家及其政府对社会治理的垄断，模糊了治理者与被治理者之间的边界，造成了社会治理主体多元化的格局。

三、 治理主体的多元化

在政府垄断社会治理的情况下，人们对政府的规约依赖于责任机制的确定。所以，我们才会看到"责任政府"的概念以及这一概念之中所包含的愿望和要求。近代以来，人们一直努力对责任加以法律的确认，即通过法律去对责任作出明晰的规定，以便在过程责任没有得到实现的情况下而对后果责任加以追究，让这种追究能够有一定的法律依据。但是，责任首先应当是一个伦理学范畴，或者说在追踪溯源的时候，是可以看到其伦理内涵的。在法律的意义上接受了责任规定并不意味着它的伦理内涵的削弱，更不意味着其伦理内涵的消失。也许是由于伦理关系的普遍性，让人们在使用"责任"概念时不甚关注其伦理内涵，而是表现为在一切具有岗位、职位设置的领域中普遍地使用责任的概念。比如，在政治学与行政学的叙述中，我们往往谈及责任的问题，而且是把责任的确认与追究作为民主的象征和重要内容来认识的。也正是因为人们已经失去了对责任的伦理内涵的认识，才更加证明透过责任的法律规定而去把握责任的伦理内涵是必要的。

表面看来，责任也许并不为民主政治所独有，在一切存在着社会治理垄断问题的地方，也都相应地存在着对社会治理过程进行责任规范的要求，区别只在于责任的追究是由不同的主体做出的。比如，在"君权神授"的农业社会中，统治者就经常性地以他对被统治者的责任来为自己的统治辩护，即君主对神授之权负责，对江山社稷负责，君主以下的臣子则对君主负责。至于对责任的追究则是自上而下地进行的。就这种责任规定和追究的逻辑而言，显然是不民主的，或者说，根本就和民主扯不上联系。在比较家元共同体与族阈共同体的社会治理状况时，我们会发现一对截然相反的观念，这就是"无为"与"不作为"。在家元共同体中，存在着一种无为而治的主张。在国家，表现为臣民对统治型政府的"无为"要求，往往把"有为"视同于暴虐；在家族，则在族内有了重大事件（比如传达祭祀）和有了纠纷时才诉诸族长，而在平时则各过各的日子，不需要求助地族长的介入。所以，原则上讲，家元共同体的人们并不希望君主、族长等以及整个治理体系承担多少责任，而是希望它无为。无为为上，有所作为次之，处处作为必将导致天下大乱。然而，对于族阈共同体而言，如果出现了政府"无为"的情况，则被看作是一种不负责任的行为，因而，管理型政府是不可以"无为"的。

造成这种区别的原因在于，统治型政府对它的臣民所负有的是一种自我宣示的责任，在施行统治的过程中，这种责任往往成了它横征暴敛的借口，所以它治下的臣民反而不愿承认这种责任，而是更加欢迎一个不刻意宣示其责任的"无为"政府。与之相反，管理型政府对社会所负有的则是一种客观规定的责任，这种责任在理论上源自社会契约论的假定，在实践中则是由宪法予以保证的。在某种意义上，管理型政府所承担的责任可以被理解成社会对政府加以制约的要求，即通过责任的规定而对政府作出强制性的制约，要求政府"有为"而不是"无为"。正是关于责任的规定具有这种制约政府的内涵，才赋予社会治理以民主的性质。

　　民主是通过责任的规定以及对责任的追究而成为现实的，社会及其构成要素是以对政府提出负责任的要求和通过对政府不承担责任的行为加以追究而证明了自己的权利，政府因承担责任、履行责任和实现了责任的要求而表明其权力的性质和归属。所以，政府在承担责任的过程中越是有为，也就越能够证明自己是合于民主的原则和精神的，即合于社会的要求和实现了社会的期望。新公共管理运动在逻辑上实现了责任转移，它把基于近代传统的政府责任通过民营化的方式重新转嫁给了社会，通过合同发包的方式明确规定某一社会构成因素应当承担的责任，而政府则把自己放置到了追究责任的地位之上。因而，民主的逻辑发生了逆转。所以说，至少，新公共管理运动在逻辑上存在着反民主的内涵。

　　如果从政府垄断社会治理的传统看，新公共管理运动以其民营化表明了它是一场使政府垄断弱化的运动。在此意义上，是可以将新公共管理运动看作社会治理上的一项积极举动，它所实现的对民主的社会治理的拆解也应看作一种进步，那就是，实现了对近代以来所建构起来的"形式民主"的否定。我们知道，在工业化和资产阶级革命的过程中，虽然实现了对身份精英统治的否定，却没有从根本上拆除精英治理的结构。从君主向民主的转变尽管也被落实到了社会治理的实践模式中，而民主中的"民"却是与君主中的"君"大不相同的。君是一人，他可以操纵社会治理的过程，而民却意味着"众"，必须由代理人去代表它进行社会治理。因而，形成了事实上的精英治理局面。

　　就整个社会治理而言，虽然形成了一个民主的政治生态，而在这个生态链上，掌握公共权力的人在任何一种意义上都处于主动的地位，甚至整个政治生态都是围绕着这些人而伸展开来的。这是一个民主的政治生态，却只能在理论上和观念上得到民主的自慰，更多的时候，民主的观念只是一种"意淫"。即使付诸实践，也往往满足于形式上的民主，在实质上，与民主的理想相去甚远。所以，对这种形式民主的反叛并不是什么坏事，相反，它应当被理解成制造了向实质民主过渡的契机。也就是说，近代这种民主模式的没落，乃是单一治理主体垄断社会治理过程的终结。事实上，新公共管理运动的确造就了多元治理主体，当公共性扩散到了社会的时候，非政府组织以及其他治理力量在获得了公共性的同时，也将拥有一定的社会治理责任。可以预见，在不久的将来，非政府组织以及其他社会治理力量就会迅速地成长起来，就会获得相对于政府的独立性，从而建构起一种由政府与非政府组织以及其他社会治理力量合作治理的共治体系。

　　如果对新公共管理运动的历史价值作出评论的话，它的积极意义就在于，通过对近代形式民主的反叛而造就了多元社会治理主体。这可能将成为新公共管理运动的一项抹杀不掉的历史功绩。正如我们所说，迄今为止的人类社会治理史都一直是由单一治理主体垄断的社会治理，它使治理者与被治理者的对立成为社会治理关系的基本内容。当然，在不同的时代，社会治理关系中的对立是通过不同的方式和不同的途径来加以解决的。在农业社会中，王朝治理意味着统治者垄断了全部治理权力，治理者拥有相对于被治理者的无限特权，而被治理者则对治理者负有无限的"役务"。在工业社会，国家及其政府对于治理权力的垄断则是在民主的前提下作出的，是一种社会建构的结果。从理论上说，被治理者被赋予了至高无上的权利，治理者必须在充分尊重被治理者的权利的基础上开展治理活动。所以，这一治理体系的生成以及治理活动的开展都被赋予了民主的内涵。即便在具体的治理过程中，由于被要求依法治理，也被认为是在民主的框架下进行的。但是，实践上的治理垄断一直是民主的悖论，而且是在理论上无法作出合乎逻辑的解释的，更不可能找到加以解决的实践方案。

　　由此看来，新公共管理运动反叛近代民主的行动是可以看作解决这一民主悖论的一种尝试。当然，就新公共管理运动看，它并没有什么理论追求，也没有明确宣示过政治主张，它自身也没有意识到其行动的战略价值，它更多地是出于解决政府"负担过重"和"财政困难"等问题的需要而走上了"民营化"的道路。但是，当它用实际行动去谋求政府的重新定位时，却在政治上触及了民主的问题，使近代以来的形式民主走上了没落之路。历史的发展总是表现为新旧更替的过程，社会治理变革则是新旧社会治理模式的更替。新公共管理运动的目的虽然只是要求在技术的意义上重塑政府，并没有提出变革整个社会治理模式的宏大抱负，但从 20 世纪 80 年代以来的改革成效看，已经造成了社会治理模式变革的事实，单一治理主体垄断社会治理的局面被打破了。所以，这显然是一场实质意义上的革命性变革。

多元治理主体的出现带来了治理关系的根本性变化，使治理者与被治理者之间的任何意义上的对立都失去了合理性。正是因为治理者与被治理者之间的界线被打破了，治理者与被治理者的角色都处于流动的和不确定的状态，在此时此地是治理者，而在彼时彼地又是被治理者；面对某个方向是治理者，而面对另一个方向又是被治理者；治理者与被治理者的角色扮演都因事、因时而不同。这样一种情况显然是既有的社会治理模式所无法包容的，所以，它意味着必须建构起一种全新的社会治理模式与之相适应。这种社会治理模式应当以"合作治理"来命名，我们也称其为服务型社会治理模式。

在民主的理想中，一开始所包含的是人的平等的设定。后来，随着社会的组织化，行为主体也更多地是以组织的形式出现，因而，关于平等的设定被植入了组织间的关系中。比如，企业不分大小而被置于"法人"的平等地位上，甚至在处理国际关系时也要求国家不分大小而一律平等。这都属于一种实体性思维。到了 20 世纪，逐渐地出现了行为主体虚拟化的现象，比如，在资本市场中，就可以经常性地看到所谓"多方"与"空方"的博弈，谁是"多方"? 谁是"空方"? 并不与确定的人联系在一起，一个人可能在两秒钟前是"空方"，而在两秒钟后又成了"多方"。在实体性思维中，一就是一，二就是二，我有一元钱是不能够当作两元来对待的。但是，资本市场中的资本却不是一个定值，可以用货币来计量的数只是一个基数，如果资本处于流动之中的话，那么资本的数量就是由流动的频率来决定的。这就是在资本市场中活动的人特别关注所谓"流动性"的原因，而流动性却完全走出了实体性思维可以理解的范畴。这说明，原先仅仅在实体的意义上去思考行为主体平等的哲学已经不再适用，而是需要在更加抽象的意义上去思考行为主体的平等问题，即需要确立起一种虚拟性思维。

本来，政府是一个实体性的存在，与之相对应的社会则不具有实体的意义，在很大程度上，具有虚拟的特征。所以，人们不会提出政府与社会之间的平等要求，而是在人民主权原则下给予社会更高的地位，即认为社会高于政府，政府应从属于社会和满足社会的要求。问题是，这种哲学没有认识到，政府与社会之间的关系实际上是一个实体性的存在与一种虚拟性的存在形态之间的关系。政府是一种实体性的存在，而社会则是虚拟性的存在形态，在实体性的存在与虚拟性的存在形态之间提出谁高于谁的问题，难道不是荒唐的吗？可惜的是，近代以来的全部政治哲学囿于实体性思维而没有意识到这一点，所以，在人民主权原则以及其他各种各样的民主理想付诸实践的时候，总是遇到各种各样无法加以处理的悖论。现在，当我们认识到社会无非是一种虚拟性的存在形态时，当政府在多元治理主体共在的条件下也呈现出虚拟化的迹象时，在治理体系因其构成要素的多元化而虚拟化时，要求社会与政府之间的平等也就在哲学上获得了合理性。在落实到社会治理过程中来时，也就可以去认真地思考治理主体间的平等问题了。而且，这种平等再也不是形式平等，而是一种实质平等，是一种实体性思维永远无法理解的实质平等。

新公共管理运动的民营化策略只是社会治理模式变革的初始行动，它所证明或包含着的意蕴是，许多原先仅仅属于政府的职能可以转移到社会中去。如果沿着这个方向走下去的话，不仅出现了西方学者所认为的那种政府"空洞化"的局面，而且空洞化的结果也必将表现为政府的虚拟化，即政府自身必然会朝着虚拟化的方向发展。也就是说，不仅在互联网上出现了虚拟政府，而且现实的政府也会虚拟化。这种虚拟化的结果就是作为治理主体的政府与正在成为治理主体的社会之间实现均一化。那个时候，政府与社会的平等就不再是不可理解的问题了，而是社会治理过程中实实在在的平等主体，政府只是作为多元社会治理主体中的一个方面而在社会治理过程中发挥作用，而在多元社会治理主体之间，唯有接受合作治理的原则和框架，才能证明其自身作为治理主体的合理性和合法性。

非政府组织以及其他社会治理力量是否具有公共性？这可能是一个还需在进一步的发展中去加以证明的问题，是需要由实践来加以诠释的问题。就非政府组织产生之初人们将其称作"第三部门"而言，是指它是一种既不同于公共部门也不同于私人部门的新的社会构成要素，并没有对它寄予公共性的期望。但是，在非政府组织的发展中，不断地显现出其社会治理的功能，治理者的角色扮演变得越来越娴熟。如果说它在一开始是作为公共性和私人性的混合物而出现的话，那么在今天，它的私人性色彩正在日益消退，而其公共性的色彩却迅速加深。应当看到，非政府组织中正在生成的公共性又不同于政府的公共性，所以，我们将其称作"社会公共性"。可见，非组织在社会治理过程中获得了公共性，而其公共性的成长又会反作用于其社会治理活动，进而不断地去形塑非政府组织的社会治理活动。但是，非政府组织永远也不会转化为政府，它永远都是作为政府之外的社会治理主体而存在并发挥作用的。所以，社会治理体系就会呈现出由政府与非政府组织以及其他社会治理力量等多元要素构成的系统。而且，这个系统不会复制官僚制组织的模型，而是在社会治理过程中各自扮演着独立的角色，通过合作的方式开展社会治理活动。

多元治理主体的合作治理是人类社会治理模式的全新形态，它不仅意味着单一主体的社会治理历史从此终结，而且意味着社会治理发生实质性的改变。在这里，以往对社会治理体系、过程和活动的各种各样的界定都将不再适用，以往关于社会治理的集权追求和民主追求都将得到超越。多元治理主体的合作治理将在一个全新的起点上书写人类历史。20世纪80年代是人类历史上的一个转折点，工业社会自此开始而受到了后工业化运动的挑战，社会治理也自此而开始了走向合作治理模式的建构进程。如果说与农业社会相适应的是王朝垄断的治理的话，那么工业社会所拥有的则是民主框架下的精英治理。与之不同，与后工业社会相适应的将是多元治理主体的合作治理。在这里，治理主体自身所具有的流动性和不确定性不仅使任何形式的集权失去固定的主体和客体上的依托，也将使形式民主的结构无法确立。当然，合作治理是民主的，而且是超越了形式民主的真正的实质性民主。在这里，合作就是民主的最高形式，是民主真正得以实现的最高形态。

第五章

正义追求及其困境

在人类历史上的不同时代，正义的内涵是不一样的。在家元共同体中，"分配的正义"属于最为基本的正义类型，交换正义只是作为"修正的正义"而发挥作用的。在工业化的进程中，"公平的正义"逐渐成为族阈共同体中的基本正义，而分配正义则演变成了"修正的正义"或"补偿的正义"了。然而，由于竞争关系不断地制造着不平等，公平的正义一直未能得到实现。为了解决这一问题，在20世纪，出现了要求"承认差异"的运动，进而产生了"承认政治"的正义主张，希望用人们之间的承认取代不同人群的认同。在考察认同关系的时候，我们发现，一切认同关系中都包含着谋求正当性的逻辑。正当性追求根源于行为主体间的支配关系，由于支配总会包含着某种不正义的性质，因而，必须谋求正当性的支持。从根本上说，人类的正义追求无非是出于秩序的目的。然而，在人类历史的不同阶段中，所需要的秩序却是不同的。家元共同体所拥有的是一种自然秩序。随着人类进入工业化的历史阶段，社会的复杂化程度迅速提高，自然秩序开始变得不能适应社会活动和社会交往的需要，从而出现了创制秩序。20世纪后期，人类开始了后工业化进程，与之相伴随的是社会的复杂性和不确定性程度的迅速提高，从而对创制秩序提出了挑战。在高度复杂性和高度不确定性的条件下，人类需要一种新的秩序，它就是一种建立在人的自由自觉活动基础上的自觉秩序。自觉秩序也就是合作秩序，既是人的合作行动的结果，也是人的合作行动的保障。

第一节　追求正义的历史

一、 分配、交换与竞争

正义之于每一个时代都是一个重要话题，特别是近代以来，人们通过法律制度的安排去谋求稳定的正义供给。但是，人类的正义追求并未因为找到了法律制度的途径而得到根本性的实现，我们总是感到现实与人类的正义理想相去甚远。也正是由于这个原因，激起了学者们对此问题的不懈探索。

20世纪70年代以来，以罗尔斯《正义论》的发表为标志，正义话题再一次成为一个热点问题。不过，谈到正义的问题，麦金泰尔的"谁之正义"之疑问，不能不说是触及了正义的实质。这是因为，近代以来，人们关于正义的论述以及制度安排大都陷入了形式化的窠臼，即使在罗尔斯这里，也存在着同样的问题。由于"谁之正义"的问题得不到解决，因而，"我们需要何种正义"的问题也就无法得到准确的回答。显然，正义是具有历史性的，在不同的时代，人们有着不同的正义追求，有着不同的正义观念。比如，在家元共同体的等级化条件下，就不可能产生公平的正义观，就不会有平等的正义追求，而在人们的等级身份差异得到消除之后，关于公平的正义追求就是不言而喻的了。所以，"谁之正义"以及"何种正义"，都是由一个社会所拥有的社会结构以及社会关系的状况所决定的。对"谁之正义"以及"何种正义"问题的认识，要求我们在具体的社会关系之中去加以考察。

社会关系的概念具有丰富的内涵，社会关系的具体类型也是不可穷尽的。不过，分配关系、交换关系与竞争关系是社会关系中的三种最为基本的关系，对于我们思考正义的问题，是具有基础性意义的。应当看到，在人类历史上，这三种关系的状况是不同的，或者说，这三种关系在社会构成中所发挥的作用是不同的。在家元共同体中，分配关系占主导地位。所以，在那里，亚里士多德所说的"分配的正义"属于最为基本的正义类型。对于族阈共同体而言，虽然社会分化成了公共领域、私人领域和日常生活领域，而在不同的领域中，这三种关系的地位和表现也都有着很大的差异。但是，就族阈共同体条件下的整个社会看，交换关系处于主导性的地位。因而，在这里，关于正义的问题，更多地需要在交换关系基础上加以认识、理解并作出制度性安排。也就是说，在等级制度下，人们之间的关系主要是以分配关系的形式出现的，虽然也存在着交换关系，那却是作为一种附属性与边缘性的社会关系而存在的。所以，亚里士多德依据分配关系和交换关系的地位不同而把基于交换关系的正义要求（即交换的正义）作为一种"修正的正义"来看待，认为它是对分配正义的不足的修正。在交换关系取代了分配关系而上升为主导性社会关系的条件下，在很大程度上，把分配的正义置于"修正的正义"的地位上了，而对交换正义的要求则变得越来越强烈。也就是说，与家元共同体相比，族阈共同体实现了分配关系与交换关系位置上的颠倒。

分配关系在表现形式上或在实质上都是一种支配关系。有分配就有分配关系，而分配的行为之所以能够发生，分配的过程之所以能够进行，是因为人们之间存在着一种分配与接受分配的不平等的支配关系。支配关系的状况决定了分配的内容以及分配行为所能够选取的方式。反过来，分配行为以及过程又进一步强化了支配关系。在分配关系中，分配者处于主动性的支配地位，分配的接受者则处于被动的受支配的或者说服从的地位。在制度化的分配关系中，分配的行为不是随意性的。恰恰相反，人们会制定出非常精细的分配标准，即依据人们间的等级差别而制定出分配标准，甚至会在分配标准方面表现出极其繁杂而使执行变得非常困难或执行起来需要付出大量社会成本的状况。

在分配的过程中，任何回避困难的做法，任何使分配标准和过程简单化的做法，又都会导致分配者与分配接受者之间的矛盾。事实上，在分配关系占主导地位的社会，分配者与分配接受者之间的矛盾是经常性地发生的，并总会演化到不可调和的地步。在一切分配关系占主导地位的社会中，可分配的资源与分配接受者的要求之间都存在着矛盾，会使可分配的资源呈现出有限性的一面。这一方面要求通过强化集权而使分配行为以及分配过程得以进行；另一方面，又会让分配接受者总是感受到"不患寡而患不均"的问题，即对不公正的分配表现出极度的不满。为了缓和分配的矛盾和防止由于分配而引发的矛盾，除了要求分配者更加勤勉地体察"民情"之外，就必须强化分配制度并制定严格的分配标准，让被纳入分配体系中的每一个人都在对分配标准的接受中认同所谓"自然的正义"。

分配关系天然地就是不平等的。在农业社会，人们可能是在与自然界的物种差异相比较中而把人与人的不平等视作自然的。所以，分配的不平等只要不对等级关系构成破坏性的威胁，就被认为是合乎正义的，是自然正义的体现。其实，在农业社会的历史阶段中，人们之间的等级差别本身就被认为是天经地义的，被归入非人为的自然范畴。按照等级差别进行分配，也被看作是自然的，被视为合乎自然正义的。用今天的思维来加以理解，等级关系的维系也就像自然界中的"生态链"得以保持完整一样，如果分配行为及过程失去了公正的性质，就会导致分配关系链条中的某个环节变得脆弱，以至于无法支持整个分配体系的存在与延续。所以，分配过程需要被纳入制度范畴之中，分配行为需要按照严格的标准进行，以保证分配合乎所谓"自然正义"的原则。即使到了交换关系占主导地位的工业社会，由于在一些特定的领域中依然存在事实上的等级关系，往往也是通过分配的差异化来维系这种等级关系的。这种差异化的分配往往并不被认为是非正义的，只是当它超过了某种限度时，才成为人们关注的非正义的问题。总之，只要存在着等级，也就存在着分配关系。等级关系与分配关系是同一社会关系的两种表现形式，都是通过分配行为来加以巩固和维系的。在存在着等级的地方，只要人们对等级还没有提出质疑，也就不会对差异分配的正义性问题提出疑问。

就交换关系而言，它在任何时候都只是一种手段，而不是目的。不存在"为了交换而交换"的情况，交换关系总是服务于特定的需要而产生的。一般而言，我们可以把派生出交换关系的需要概括为两种：生存的需要和竞争的需要。也就是说，交换关系具有两大功能，它既能使人的生存需要得到满足，也可以促进人的竞争需要得到实现。总体而言，如果撇开资本流动意义上的交换，我们是可以把一切交换都看作是从属于生存需要和竞争需要的。再者，如果我们不是狭义地理解生存需要的话，而是把人的审美需要以及其他文化上的、精神上的需要都纳入生存需要的范畴中，也就会更为清晰地看到交换服务于生存需要的性质了。当然，出于资本增殖预期的交换活动呈现出越来越活跃的迹象，这不仅使投资的概念变得更加丰富，而且也更加增强了资本在历时态维度中的流动性。交换在资本流动过程中的广泛介入，也反过来使交换具有了更为复杂的形式和功能。我们正处在世界符号化进程的初期，符号世界的交换也会越来越向我们展现出新的特点和功能。但是，就目前来看，交换基本上是从属于生存需要和竞争需要的。就生存需要而言，在工业社会，每一个人都不可能生产出满足自己需要的全部产品，他必须通过交换去保证自己的需要得到满足。在交换的过程中，他们结成交换关系，有了这种交换关系的支持，他的几乎所有需要都可以通过交换而得到实现。但是，交换必须得到竞争的支持，没有竞争的交换必然会发生异化，并转化为自己的反面。所以，交换离不开竞争，正是在此意义上，我们说交换关系与竞争关系是一枚硬币的两面。

交换关系与竞争关系又不是完全重合的，对于处于竞争关系中的人们来说，又需要通过交换去达成竞争的目标。这样一来，可以说交换关系与竞争关系间存在着交集。在这个交集之内，竞争是目的，是本质；交换则是手段，是形式。当然，这里也会出现两种情况：一是交换关系直接发生于竞争主体之间，比如，在竞技体育中，有着直接竞争关系的球队之间就经常发生球员交换；更常见的情况是竞争主体通过与第三者的交换来与对手展开竞争。但无论如何，交换总是服务于竞争的目的。在理论上，如果不能有助于交换主体在竞争中取得优势或消除劣势，交换关系是很难建立和得到维护的。

交换关系与竞争关系具有相互依存性：一方面，交换关系的普遍化为竞争关系的普遍建立创造了前提；另一方面，正是竞争关系的普遍建立，为交换关系的无限扩展提供了动力。否则，如果没有竞争的激励，交换关系的发展就很可能因为生存需要的满足而走向停滞，并可能日益式微而转化成为分配关系。至于交换关系与竞争关系不相交集的那部分，也就是我们所说的那种单纯出于生存需要的交换，它在竞争之外，不受竞争的影响。不过，这种情况并不是一种社会性的交换关系，而是极其少见的或偶然性的关系，在更多情况下是作为存在于一次性交换行为中的关系而出现的。同样，也存在着直接的竞争行为，这种竞争不发生在交换过程中，也不以交换为手段。但是，这种竞争也不是一种可持续性的竞争，往往也是作为一种偶然性的行为出现的。

交换关系与竞争关系的不同还在于，交换是主体间的相向行为，而竞争则是其主体间的背向行为，这两种行为分别赋予其主体间关系以不同的性质和内容。竞争关系虽然是由其主体间的背向行为所决定的，但其作为主体间的关系却又必须被保持在某个临界点之内。否则，就是竞争关系的解体，导致其主体成了各不相干的存在。什么因素可以防止交换关系异化为分配关系？又是什么因素可以维系竞争关系而不使其瓦解？显然是正义的力量。也就是说，交换关系与竞争关系都需要得到正义的支持和受到正义的规范。唯有以正义为前提，交换关系与竞争关系才是可持续的。而且，更为重要的是，交换关系与竞争关系共享了同一种正义原则，这就是公平，公平就是交换正义的别称。所谓交换关系与竞争关系共有一种正义，并不是说在交换关系与竞争关系相交集的地方才共享公平的原则。事实上，在不以竞争为目的的交换中也需要公平，否则，那就不是交换，而是赠予或掠夺。同样，不以交换为手段的竞争也必须是公平的，否则，那就不是竞争，而是抗争和斗争。

公平是公正和平等的合称，或者说，公平包含着公正和平等两重含义。显然，公正是交换关系和竞争关系都必须具备的，而在平等的意义上，交换关系与竞争关系则有不同的要求和不同的表现，从而使"交换关系中的公平"与"竞争关系中的公平"有了不同的内涵。具体地说，在交换关系中，公平是一种结果上的考量，它意味着互惠，只有当交换关系能够对交换双方产生互惠结果的时候，它才被认为是公平的。在竞争关系中，公平是一种机会上的考量，它意味着机会上的平等，只有当竞争双方拥有平等机会的时候，竞争关系才被认为是公平的。所以，公平竞争不考虑结果是否平等，不考虑是否有着同样的收获。与之相反，公平交换所考虑的恰恰是结果，无论参与交换的人们在身份地位和经济实力上有着多么大的差异，只要它们通过交换而达到了互惠的结果，就是合乎正义的。可见，公平交换并不在意交换者间是否平等，而是要通过交换去实现平等；公平竞争首先关注的是竞争者之间的平等，却必然在结果上制造出不平等。比如，体育竞赛出于公平的考虑需要对举重运动员分出不同的"重量级"，但在结果上，却恰恰要分出个第一和第二。所以，交换关系与竞争关系对正义的要求又是不一样的。由此出发，正义的原则在不同的领域以及对于不同的活动而言，都是具体的，更不用说脱离具体的历史时代去谈论正义必然会带来混乱了。

　　正义是具体的，不同时代以及不同的领域所提出的正义要求都是不同的。在历史的维度中，社会关系的变迁必然引起正义观的变化。罗尔斯也意识到了这一点。罗尔斯认为，只有在原初状态中，才存在一种普遍同意的"公平的正义"。他说，"作为公平的正义""示意正义原则是在一种公平的原初状态中被一致同意的。这一名称并不意味着各种正义概念和公平是同一的，正像'作为隐喻的诗'并不意味着诗的概念与隐喻是同一的一样"①。事实上，罗尔斯区分了"互惠原则"与"差别原则"，并在不同的语境下将互惠原则也称作机会平等原则。当他这样做的时候，已经认识到正义之于分配关系、交换关系与竞争关系是不同的了。遗憾的是，罗尔斯本人却没有沿着这条道路走下去。罗尔斯代表的是关于正义的伦理学研究路径，在这条路径中，他试图通过一些抽象的价值前提来探讨正义的普适性原则，而不愿把这些正义原则放入具体的历史情境中去进行检视。因而，他没有在具体的时代中去解读正义，反而像早期的启蒙思想家那样有着谋求普遍正义的情结。

二、　族阈共同体中的正义

　　农业社会是以分配关系为主导的社会，统治型政府所要供给和维护的是一种自然观念下的分配正义。只要社会分配是根据社会成员间被视为自然的等级差别而作出的，社会治理就被认为是正义的。随着交换关

---

① ［美］约翰·罗尔斯：《正义论》，何怀宏、何包钢、廖申白译，北京：中国社会科学出版社1988年版，第10页。

系的扩大与竞争意识的生成，社会进入了一个韦伯所说的理性"祛魅"的过程，自然正义观的不合理性日益明显地暴露了出来，人们开始呼唤一种根源于交换关系的公平的正义。随着交换关系最终取代了分配关系的支配性地位，也就完成了从农业社会向工业社会的过渡，自然正义也就让位给了公平正义。当然，分配关系并没有从工业社会中消失，在许多领域中，我们依然可以看到分配关系的踪迹。在作为微观族阈共同体的组织之中，分配关系得以保留，并随着工业社会组织化程度的提高而在整个社会的每一个领域都呈现出卷土重来之势。因此，在工业社会也同样存在着分配正义的问题。

由于交换关系取代了分配关系在全社会中的主导性地位，从而使分配关系更多地保留在了组织的运行之中，也使分配正义不再成为社会治理的基本主题了。总的说来，管理型政府也会通过诸如劳动保障方面的法律而对组织中的分配过程加以干预，但在整个社会的层面上提供和维护分配正义的问题已经不再是管理型政府的基本职能。当然，由于组织之于工业社会的重要性，分配正义能否满足这个社会健康运行的要求，也是至关重要的。所以，在组织管理中，分配正义也是一个重要的和需要加以关注的问题。可是，在社会治理的意义上，由于自然正义观已经作为"巫魅"而被祛除，组织中的分配正义也获得了不同于家元共同体中自然正义的内容。此外，在工业社会的组织化过程中，企业组织中的那种作为交换关系具体形态的雇佣关系也在其他组织中以各种变形的形式存在。即便在公共组织之中，组织成员与组织的关系也可以比附为雇佣关系，组织成员以工资及其福利的形式完成了与组织间的交换过程。同样，不仅在组织招聘的过程中，而且在功绩导向的人力资源管理体制中，组织成员间的竞争关系也是非常明显的。所以，在这里，分配关系、交换关系和竞争关系是交织在一起的，从而使正义的含义呈现出能够进行多重理解的可能性。

与农业社会相比，工业社会可以说充分实现了组织化，人们的几乎全部社会活动都是通过组织的平台进行的。虽然近代以来的人文和社会科学理论基本上是从个人出发的，但在现实的社会活动中，个人的活动也是经由组织而展开的。从社会层面来看，无论是个人之间、组织之间还是个人与组织之间，都是由纵横交错的交换关系与竞争关系编织起来的。因而，这个社会被要求遵循互惠与机会平等的正义原则。我们已经指出，组织成员之间存在着竞争关系，组织成员与组织之间存在着交换关系，但这种交换关系在许多情况下是以分配关系的形式出现的。由于交换关系和竞争关系已经在这个社会中居于支配性的地位，因而使分配关系也不得不接受公平正义原则的调节。而且，在绩效概念的引导下，分配也以人们对组织的贡献为基础。

组织的分配关系往往因人们在组织中的职位不同而有着很大的差异。但是，一般说来，这种职位上的差异本身也反映了组织成员对组织的贡献，尽管有的时候一个职位很高并在分配过程中获取了更多资源的人可能对组织的贡献并不大。当出现了分配所得与其贡献不相一致的情况时，人们往往根据公平正义的原则而对它提出批评，而不是根据分配正义的原则而加以接受，这本身也证明了公平正义的原则已经得到了人们的普遍接受。这就是霍耐特所说的："在现代社会条件下，每一种正义概念从起点就必定有一种平等主义的特性。"[①] 总之，近代以来的社会虽然没有消除分配关系，却对分配关系进行了改造，使它具有了新质，而且会时时处处对基于分配关系而做出的分配行为进行公平判断，将其限制在特定的范围之内。这就是在全社会的意义上分配关系从属于交换关系的状况。它说明，作为调整交换关系的公平正义取代了分配正义而发挥作用。

就分配关系与交换关系的社会功能而言，我们看到，虽然在工业社会的组织中也存在着分配关系，但其功能却不同于农业社会中的分配关系。这是因为，在农业社会中，分配关系是基本的和主导性的社会关系之一，它所发挥的是维护自然秩序的功能。在工业社会的组织中，分配关系却包含了一定的交换关系内容，因而，很难再说它是一种纯粹的分配关系了。尽管此时的分配关系也具有一定的秩序功能，即通过这种分配关系的建立而保障组织的层级结构不受可能来自心理上的蔑视，从而保障组织秩序不受破坏。但是，秩序功能已经不再是组织中分配关系的

---

① ［美］南茜·弗雷泽、［德］阿克塞尔·霍耐特：《再分配，还是承认？——一个政治哲学对话》，周穗明译，上海：上海人民出版社2009年版，第134页。

主要功能了，而是作为组织竞争力的保障因素而存在的。也就是说，组织中的分配关系发挥着提高组织竞争力的功能。合理的和得到组织成员普遍接受的分配关系可以增强组织的凝聚力，从而提高组织在环境中的生存能力，即提高组织与其他组织间的竞争能力。在此意义上，工业社会组织中的分配关系还具有一种积极的意义，那就是，在转化为分配行为和分配过程时，可以创制出组织管理者所欲建立的某种组织秩序。

　　一切分配活动都是建立在人的等级差异的基础上的。农业社会的分配关系本身就是一种等级关系。在这里，分配以等级差异为基础，维护并巩固着人的身份等级差异。虽然近代以来由于身份等级的消解而不存在人与人之间的等级差别了，但工业社会的组织却存在着岗位和职位上的等级区别。因而，对于结合到了不同岗位和职位上的人所进行的分配也是有差异的。一般说来，那些占据着组织体系较高层级上的岗位和职位的人，在分配关系中也有着较高的优势地位，在分配行为中所获取的也就更多一些，反之亦然。即使对于同一岗位和职位层级上的人，从分配中也会有着不同的收获。那是因为，组织为了提升自己的竞争能力而按照组织成员的绩效进行分配了，从而使绩效的差异表现为分配上的差异。由于在分配中引入了绩效的向量，而不是按照人的身份差异进行，所以，此时的分配行为是包含着促进竞争和创制竞争秩序的内涵的，分配关系不仅与竞争关系并存，而且在一定程度上是包容竞争关系。正是这一情况，使工业社会组织中的分配关系具有了与"公平的正义"的相容性。

　　按照绩效进行分配只是现代分配的形式，但竞争却是包含于其中的一项内容。或者说，按照绩效进行分配本身就是分配关系与竞争关系交织和互动的组织运行过程。而且，竞争所需要的前提平等和分配表现出的结果差异也被完美地结合到了一起。通过竞争，组织成员展现出不同的绩效，而这些绩效的总体又构成了组织的效率，也就是相对于其他组织的竞争力。总的说来，依据组织成员的绩效差异而进行的合理的分配能够反过来促进组织成员绩效以及整个组织效率的提高，从而有助于组织在与其他组织的竞争关系中取得更优异的表现。

　　近代以来，在社会的层面上，社会化大生产是一种无序的状态，在近代早期所接受的是市场机制的调节，20 世纪中期开始，则运用了政府干预的方式来加以调节。但是，到了 20 世纪后期，政府干预也陷入失灵的状态，特别是 2008 年的金融危机证明，无论是按照新自由主义的方案求助于市场机制，还是按照凯恩斯主义的方案放纵政府干预，都无法避免影响越来越大的危机。然而，在组织之中，却呈现出了不同的情况，不仅组织利用和调节竞争关系与分配关系的能力不断地得到提升，而且也能够使竞争和分配都更加趋近于公平正义的原则。在很大程度上，20 世纪 70 年代以来，工业社会在自身的成长中虽然已经步入一个衰败的"老年期"，却又在各个方面展示出了巨大活力，究其原因，正是组织赋予这个社会以无限的活力。这说明，当工业社会的宏观社会建构迷失方向的时候，而微观的组织建构却取得了巨大成功。尽管如此，在新世纪开始的时候，来源于组织的社会活力正在呈现出衰落的势头，从而使正义的问题重新成为一个热点话题。

社会是组织的环境，组织在环境中的存在与发展都是通过交换关系和竞争关系去实现其价值的，组织间的交换关系和竞争关系所提出的公平正义要求是由政府来提供的。当然，政府本身也可以视为一个组织，但它不能被作为普通的组织看待，因为它并不直接与其他组织展开交换与竞争，它与其他组织之间不存在着交换关系和竞争关系，而是作为一个"裁判官"去保障平等交换和公平竞争的实现的。在交换关系和竞争关系占主导地位的社会中，政府与全部社会组织之间的关系却更多地体现在其分配行为和分配过程之中，通过分配的行为及其过程去维护公平正义。

当然，政府经常介入私人组织间的交换与竞争也是一个事实。造成这一事实的原因是多方面的，其中，竞争关系的异化是政府必须介入的主要原因。如前所述，公平竞争必然会制造出不平等的结果，尽管在工业社会的效率文化浸染下，这种不平等也被认为是具有合理性的，但这种不平等在持续的交换和竞争过程中必然影响到交换结果与竞争机会的公平性，从而对公平正义形成冲击。所以，政府必须出面维护公平正义，使其不受破坏。虽然政府是通过法律、政策以及其他的宏观调控手段而介入交换和竞争过程之中的，但所要调整的主要是分配，甚至是直接地表现为对分配过程的调整和以分配行为去加以调整。这样一来，在交换关系和竞争关系占主导地位的社会中，公平正义是基本正义，而分配正义则成了修正的正义或补偿的正义，亚里士多德所规定的正义在这里被颠倒了过来。

在政府的眼中，整个社会过程是一个分配与再分配的过程。在交换与竞争之中所实现的是一次分配，政府是通过法律、政策以及其他宏观调控手段和社会保障机制去进行二次分配的。虽然交换的结果是平等的，竞争的前提是公平的，但是，由于交换与竞争总是纠缠在一起，竞争结果上的不平等必然会在下一个交换环节上扩大交换前提下的不平等，即使交换的结果是平等的，也无法改变整个社会差异扩大化的趋势，毋宁说交换结果的平等恰恰发挥了巩固差异的效果。所以，政府必须通过二次分配来加以矫正，即像罗尔斯所说的那样，关注"最小受惠者的最大利益"。由此看来，社会分配的正义是体现在二次分配的过程中的，是对交换和竞争过程中公平正义的缺损作出的补偿，属于"修正的正义"的范畴。通过二次分配，对公平正义的缺损作出了修补，使公平正义得到维护。

从 20 世纪的情况来看，随着竞争关系的畸形化，社会的不正义问题迅速累积起来，政府所承担的二次分配任务变得越来越繁重，从而走上了建立福利国家的方向。在福利国家之中，虽然分配关系以及修正的正义没有取代交换关系、竞争关系的主导性地位，却也显现出了许多问题。到了 20 世纪后期，关于福利国家的合理性问题也引发了诸多争论，并出现了改革福利国家的运动。不过，福利国家出于维护公平正义的要求而强化二次分配的做法是应当肯定的，只是面对社会发展的要求，它所要解决的是发展动力的问题。我们知道，社会发展的动力来源于社会差异，当二次分配得到了强化，公平正义的实现就会走向另一个方面，即限制了社会的差异化，从而使社会发展出现了动力不足的问题。

面对竞争关系日益畸形化的状况而去思考正义的问题，促使罗尔斯对竞争所引起的不平等后果表达了强烈的不满，他认为："我们有理由强烈反对由竞争来决定总收入的分配，因为这样做忽视了需求的权利和一种适当的生活标准。"① 罗尔斯基本上是站在为福利国家辩护的立场上的，他所提出的方案是："社会资源必须让与政府，这样政府可为公共利益提供资金，并支付满足差别原则所必需的转让款目。"② 就罗尔斯提出了"差别原则"而言，可以说是看到了福利国家进一步发展必然要遇到的危险，但是，差别原则如何落实在行动上，或者说，如果落实到了行动上，会不会对公平正义造成冲击呢？这显然是一个需要加以探讨的问题。

就 20 世纪后期以来的现实看，西方国家掀起了一场改革福利国家的运动。如果把这场改革运动看作是因为罗尔斯提出了差别原则而引起的，那是言过其实了，但罗尔斯所揭示的问题被人们普遍意识到了却是真实的。从近些年来的情况看，福利国家的改革也陷入了前行无路的境地。这表明，在处理交换关系、竞争关系与分配关系的问题时，需要扬弃近代以来的所有方案，其中也包括对公平正义进行重新定义的任务。

三、"承认政治"的正义困境

罗尔斯说："一种所有人都能在其中获得他们的全部利益的社会，亦即一种在其中人们没有任何冲突的要求，所有的需求都能不经强制地协调成为一种和谐的活动计划的社会，在某种意义上可以说是超越了正义的社会。它排除了必须诉诸正当和正义原则的理由。"③ 人们之所以提出正义之要求，那是因为，在我们的社会中存在着不平等、不公正和非正义的问题。这些问题根源于人们间的差异，正是人们间的差异使人们的生活以及生存变得不平等，使人们的利益实现总是朝着两极的方向运动，仅仅是贫富差距就足可以使人们的生存境遇完全不同。所以，在分配关系占主导地位的社会，不仅需要通过对分配关系的不断调整去实现分配

---

① ［美］约翰·罗尔斯：《正义论》，何怀宏、何包钢、廖申白译，北京：中国社会科学出版社 1988 年版，第 267 页。
② ［美］约翰·罗尔斯：《正义论》，何怀宏、何包钢、廖申白译，北京：中国社会科学出版社 1988 年版，第 269 页。
③ ［美］约翰·罗尔斯：《正义论》，何怀宏、何包钢、廖申白译，北京：中国社会科学出版社 1988 年版，第 272 页。

正义，还要在分配正义无法充分实现的地方允许交换关系的存在，让交换正义对分配正义作出补偿和修正。到了近代，随着交换关系和竞争关系逐渐占据了主导性地位，分配关系不仅作为公平正义的补偿依然是必要的，而且也越来越显示出对公平正义的支撑作用。

尽管早期的自由主义者天真地相信在交换关系和竞争关系中足以生成公平的正义，但近代以来的历史发展却证明，对分配关系的忽视会带来很多社会不堪承受的灾难。正是由于这个原因，在经历了一次又一次的经济危机之后，人们不得不在凯恩斯主义的引导下去重建分配关系，甚至一些国家在庇古理论的指导下建立起了福利国家。经历了大致 30 年的强化分配关系的运动，西方国家陷入政府失灵的困境之中，因而，在 20 世纪 80 年代，进入了改革的季节。这个时候，重新宣布交换关系和竞争关系的历史价值的新自由主义也开始登台演唱了。可是，进入新的世纪，特别是经历了 2008 年的金融危机之后，新自由主义的主张又开始受到质疑。

就 20 世纪 80 年代以来的改革而言，其实质就是要通过改革去避免体制性崩溃的发生，即避免建立在分配关系基础上的"修正的正义"转变为一种主导性的正义，同时也希望借此缓解政府所承受的压力。所谓"私有化"，无非是要重新确立交换关系和竞争关系的主导性地位，以消除因分配关系的强化而对"公平的正义"所形成的冲击。但是，今天看来，这场改革并未获得成功，而且也不可能成功。因为，在这样一个交换关系和竞争关系主导下的社会中，因竞争的不平等结果而造成的不正义问题会不断地积累起来，从而要求以分配的正义去对它作出修正。通过改革去削弱分配关系，只能暂时地缓解福利国家的财政压力，暂时地获得交换关系、竞争关系与分配关系的平衡，却不可能从根本上解决问题。

对于一个社会来说，福利是刚性的，只能提高不能下降，一旦人们普遍地发现自己在改革中走上了福利水平降低的方向，就有可能采取反对改革的行动，从而使改革进程中断。正是由于这些原因，西方国家才会在改革的道路上显得举步维艰，经历了 30 余年的改革仍旧摆脱不了福利国家的纠缠。"相反，经济不平等正在增长，因为新自由主义力量推动企业全球化并削弱了以前在各国能够进行某些再分配的治理结构。"① 也就是说，在新自由主义的旗帜下所进行的改革自以为是在替福利国家减负，而在实际上，却把工业社会推入更加不正义的境地之中了。这一点，在 2008 年的全球性金融危机中显露无遗。

上述可见，交换关系是由差异引起的，人们在资源、生产资料、生活资料等方面的占有不同，是他们进行交换的前提，而交换活动则是人们在占有方面去实现均一化的过程，或者说，可以走向均一化的方向。所以，交换关系是建立在交换者之间的差异的基础上的，当这种关系体现在交换过程中的时候，差异存在于过程的前端，而在其末端的则是对差异的消除。竞争关系不同，它是建立在平等的基础上的，即使处于竞争关系中的人们在具体的某些方面有着差异，但在抽象的意义上，则具有竞争力量上的平等。或者说，只有当人们有着抽象的力量平等，才能在他们之间建立起竞争关系。所以，竞争活动也被要求遵循公平竞争的原则。当把竞争关系放置到竞争过程中来看时，在竞争过程的前端是平等的，而在其末端则是不平等的，即竞争造成了后果的不平等。

"公平的正义"之于交换关系是完整的，而在竞争关系中则是部分地存在着的，是体现在竞争过程中的正义，竞争的结果则不在公平正义的规范之中。而且，竞争的结果恰恰是破坏公平的。或者说，在继起的新一轮的交换与竞争之中，会表现出对正义的背离。当这种对正义的背离走到了某个临界点的时候，就会以危机的形式加诸于社会。这就是分配关系在 20 世纪得以重建的原因，目的是要通过重建分配关系去纠正竞争所造成的非正义问题，以维护"公平的正义"。竞争必然导致差异的扩大化，分配却恰恰是朝着抑制差异和消除差异的方向前进的。竞争关系趋向于扩大差异，分配关系趋向于缩小差异，这是一个铁的定律。近代以来的整个历史过程实际上一直是受到这个定律支配的。

差异是交换关系得以建立的前提，没有差异就不会产生交换的需要。然而，交换关系的健全以及交换行为的展开，都是由竞争来提供保证的。

① ［美］南茜·弗雷泽、［德］阿克塞尔·霍耐特：《再分配，还是承认？——一个政治哲学对话》，周穗明译，上海：上海人民出版社 2009 年版，第 2 页。

没有竞争关系的支持，交换关系就会发生异化。不过，竞争又是差异的根源，它不断地促进差异扩大化。差异扩大化的结果是：在经济领域造成了垄断，而在广泛的社会各领域，则形成了话语霸权，并对公平正义造成极大的冲击。农业社会是一个相对缺少差异的社会，所以，农业社会中的交换关系与竞争关系都不发达。反过来说，社会差异的扩大也一直是比较缓慢的。工业社会已经是一个差异性程度相对较高的社会了，所以，工业社会中的交换关系与竞争关系就获得了广阔的发展空间，并反过来促进了社会差异的不断扩大。因而，到了20世纪，一场要求"承认差异"的运动出现了，这场运动也被理论表述为"承认的政治"，即要求在承认差异的前提下去重新作出制度安排，而不是像近代早期的政治哲学那样追求同一性。

从"承认差异"的口号中，我们可以读出"在差异中寻找正义方案"的新追求。然而，在承认差异的基础上去追求正义，实际上是把正义放置在行动者对正义的理解之上了，即让每一个行动者自己去提供正义，而不是由一个凌驾于整个社会之上的机构去提供正义和保障正义。在某种意义上，承认政治与福利国家都是"公平的正义"出现了失灵问题的结果，公平正义的失灵造成了社会的普遍差异化，从而，一方面要求通过分配关系的重建来缩小差异，另一方面，又要求对那些不可消除的差异予以承认。20世纪60年代，正当凯恩斯主义受到广泛推崇的时候，也正是福利国家取得了全面胜利的时候，差异扩大化的进程却没有任何止歇的迹象。在这一条件下，学者们对差异扩大化所作出的思考可以说是具有一定前瞻性的，而且，试图在"承认差异"的基础上去谋求新的正义方案也是积极的。但是，在凯恩斯主义的政府干预模式中，在福利国家的实践中，分配关系正处在迅速强化的阶段，所以，"承认差异"的要求受到了误解。人们根据这一理论要求的外在特征而把它归入"文化多元主义"的范畴，即把它认作一种文化现象，而不是从政治实践的角度来认识它，甚至一些自认为是承认政治倡导者的学者也接受了人们将其认作为"文化多元主义"的看法。其实，在"承认差异"的要求中是包含着这样一些内涵的，那就是，不认为只有政府才能够提供正义，如果有了承认的政治，社会自身就可以通过承认的路径而获得正义。

平等是公平正义的基本内涵，如果失却了平等的维度，也就不会再有公平的正义可言，但对平等的追求不等于消除差异。相反，根据承认政治的看法，只有承认了差异才能做到真正的平等，才能实现真正的正义。比如，霍耐特就认为，在工业社会中，"社会平等的目的将赋予所有社会成员个人身份形成的权利。就我而言，这一明确表述等于说，能够使个人的自我实现构成我们的社会中所有主体平等对待的真正目标"①。所以，他的愿望是："从现在开始，所有主体必须通过承认关系的参与，拥有个人自我实现的相同机会。"② 也就是说，平等是指所有人都能平等地实现自我。要达到这一目的，就需要参与承认关系，即通过承认他人与自己的平等价值以及对所有社会资源的平等权利来保证每个人在自我实现方面的平等机会。进而，对每个人的自我实现予以平等的承认，从而实现正义。

由此，承认政治发现了正义的两个维度，即"自我实现"与"他人的承认"。首先，他人的承认是自我实现的前提，一个社会如果不能承认每个人都拥有自我实现的权利，就必然是不正义的；其次，自我实现的结果也需得到他人的承认，由于人所固有的差异，即使每个人都实现了自我，他们所实现的价值也必然是有差异的。从正义的角度看，所有这些差异化的价值都应得到平等的承认，而不能根据任何单一的标准对它们进行分级。否则，就会造成歧视等不正义的后果。

承认政治实际上提出了正义的三个要求：第一，正义意味着反排斥，也就是不排斥任何个人对于自我实现过程的共同参与；第二，正义意味着非排他性，也就是自我的实现不能以他人的失败为条件；第三，正义还意味着反歧视，也就是每个人在自我实现之后，不可随意贬低他人的价值。任何一个社会只要不能同时满足这三个条件，就不能被认为是已经成为真正拥有了正义的社会。所以，根据承认政治的观点，公平的正义其实只是一种自我实现的正义，在公平的正义原则下，交换保证了每

① ［美］南茜·弗雷泽、［德］阿克塞尔·霍耐特：《再分配，还是承认？——一个政治哲学对话》，周穗明译，上海：上海人民出版社2009年版，第135页。
② ［美］南茜·弗雷泽、［德］阿克塞尔·霍耐特：《再分配，还是承认？——一个政治哲学对话》，周穗明译，上海：上海人民出版社2009年版，第141页。

个人都能够获得自我实现所需的资源和资料；竞争则为人的自我实现提供了一个可选择的途径，即是否与他人进行竞争。在逻辑上，只要公平的正义得到了保障，每个人也就都能够在对自我与他人的超越中实现自身的价值。

作为一种自我实现的正义，公平的正义必须面对这样一种现实，那就是：竞争不仅没有表现出对公平的正义的支持，反而把公平的正义改写成了"成功者"的正义；公平的正义以正义的名义只承认成功者，却让失败者接受"自己的失败也是公平竞争的结果"这样一种现实。所以，公平的正义恰恰是在正义的名义下反对平等的，让人相信因竞争引起的一切不平等都合乎正义的原则。由此看来，承认政治虽然通过对每一个人的权利平等的承认而满足了反排斥的正义要求，却没有找到每一个人自我实现的非排他性路径，因而无法保证人们的权利得到平等实现。而且，只要相互承认的行动者之间仍然选择竞争的方式去实现自我，就肯定会制造出不平等与不正义的结果。

霍耐特坦承，"我们不可能将每一种承认诉求都认为是道德上合法的和可接受的"[①]，既然如此，又如何去要求对每一种承认诉求的平等承认呢？所以，单纯从承认政治之"承认差异"的规定中，实在是不可能推导出完整的正义原则的。当然，承认政治的价值是不可否认的，事实上，随着承认政治理论的流行，任何一种社会治理模式如果不能同时保证每个人价值的平等实现以及对每个人价值的平等承认，就都将被视为不正义的。这无疑是人类正义观念的一种进步。承认政治的不足在于：它虽然发现了自我实现与他人承认这两大正义要素，却没有提供任何非排他性的自我实现方式，更没有找到相应的规范来避免错误承认与错误的不承认问题。所以，承认政治对正义的新规定因其在实践中的无法实现而显得不切合实际。其实，从 20 世纪后期的社会治理实践来看，合作治理的局面正在生成，就这种合作治理与以往一切治理方式的根本性不同而言，它肯定意味着一种全新的正义方案的出现，或者说，合作治理将提

---

① [美] 南茜·弗雷泽、[德] 阿克塞尔·霍耐特：《再分配，还是承认？——一个政治哲学对话》，周穗明译，上海：上海人民出版社 2009 年版，第 130 页。

供一种全新的正义。

毫无疑问，合作治理也同样是把每个人的平等实现与平等承认作为正义追求的目标的，在某种意义上，可以把合作治理看作承认政治实现了的形态。但是，与承认政治不同，合作治理发现了保证所有人平等地和非排他地实现自我的方式和路径，那就是合作。合作不仅像承认政治所要求的那样"承认差异"，而且是在差异的基础上去开展合作行动的。所以，呈现出了对承认政治的超越。一个简单的事实是，当人们通过与他人的竞争来实现自我的时候，总会在竞争中制造出成功者和失败者，虽然在公平的正义的原则下所做出的制度安排以及治理方式选择保证了竞争机会的平等，却无法避免竞争结果的不平等。与之相反，合作是一种共生机制，当合作因自觉的制度安排而成为一种全新的社会体制时，将为每一个人的自我实现提供充分支持。也许每个人的自我实现会在结果上表现出差等的状况，但每个人相对于自己而言都在合作中达到了充分的自我实现之境界。

合作的奥秘就是共生共赢，合作治理所要提供的，就是共生共赢的制度保障，并时时护卫着共生共赢的条件和环境。在这之中，都包含着正义原则的确立及其实践的问题。这种新的正义原则与从属于分配、交换和竞争等关系需要的正义都不同，它是从属于建构合作关系之需要的。所以，是一种合作的正义。在这种正义原则之下开展合作，他人不再是自我实现的障碍，反而成了自我实现的条件。每个人自我实现的目标不仅不具有排他性，反而获得了"利他"的性质。因而，每一个进入合作进程中的人都是成功者。所以，合作正义所关注的是人取得成功的状况，每一个人都成为成功者，是合作正义得以实现的标志。如果说以往一切关于正义的规定都把重心放置在了人的存在状况上，那么合作的正义则是指向人的未来的，所关注的是人能否都取得成功的制度设置和路径安排。合作的共生共赢性质决定了合作进程中不会形成话语霸权。在没有了话语霸权的情况下，任何人都不能随意贬低他人的价值，所以，每个人都是平等的和不受歧视的。

需要说明的是，合作的正义是行动者的正义，却不是无政府主义者的正义。在合作治理中，行动者通过合作而实现着彼此的价值，政府则通过行动框架与规范的提供来保障不同行动者价值的实现符合共生共赢的目标。显而易见，无论什么时候，人们之间都会存在着差异。但是，在合作治理中，只有符合共生共赢目标的差异才是应当得到承认的，至于一些不符合共生共赢目标的差异，将被拒绝承认。在这里，承认什么和不承认什么，都需要有标准，在标准的背后而为标准提供合理性和合法性支持的因素无疑就是合作的正义。政府根据合作正义的要求并通过合作治理的方式去提供共生共赢的制度和规范，从而保障合作正义的实现。

第二节　支配的正当性与合法性

一、 支配的正当性问题

历史的发展总是呈现出两面性，20 世纪后期以来，伴随全球化进程的开启以及新市民社会的生成，不同国家、不同文化体之间的交流日益频繁，"承认差异"成了国家间文化交流以及经济和政治交往中的一项基本共识。但是，由于各个国家、各种文化体仍然坚持对自身的认同，从而引发了不同认同人群间的斗争，而且，这种斗争正日益升温，并有取代传统的政治斗争和利益争斗的趋势。"9·11"事件的爆发证明，认同斗争已经成了我们时代的一个鲜明主题。认同是排斥差异的，认同斗争的出现展现出了认同关系对于差异的不宽容。所以，20 世纪后期以来的历史，一方面突出了承认差异的重要性，另一方面却又将各种差异置于一种互不宽容的境地。

从人类社会的发展趋势看，不同国家、不同文化经由广泛的交流、交融而走向普遍的互信与合作，这已经成了不可逆转的历史潮流。但是，日益剧烈的认同斗争却严重地阻碍了历史进程，阻碍了合作社会的顺利诞生。因而，要实现承认差异的目标，进而在承认差异的基础上去迎接合作社会的到来，当务之急就是要找到认同的制度根源，以便从根本上消除认同关系，进而消除不同认同人群间的斗争。从正当性与合法性的视角切入，可以清楚地把握认同与承认之间的区别，也可以使我们更深入地剖析认同与承认问题的发生机制。

就学术史而言，我们看到，自韦伯以来，"正当性"一词逐渐成为政治学叙事中的一个核心概念。如果说民主是 18、19 世纪政治学研究的归宿，那么正当性则成了 20 世纪政治学研究所追求的一个重要目标。在很大程度上，20 世纪的所有政治学理论，包括各种民主理论，都是服务于谋求支配之正当性的目的的。当然，这并不是说直到 20 世纪才出现了支配的正当性问题。其实，一切支配性的行为都需要回答人们对于它是否正当的追问，正当性是与支配行为联系在一起的。这就是韦伯所指出的："任何支配（就此字之技术性意义而言）的持续运作，都有通过诉诸其正当性之原则的、最强烈的自我辩护的必要。"[1] 支配之所以需要得到正当性的支持，是由支配的不正义性质所决定的。当然，考虑到正义的历史性，并不能说一切支配都具有不正义的性质。但是，只要有支配关系，就极有可能产生不正义的支配行为，而且，几乎所有的支配行为都有着偏离正义轨道的冲动。

从语义学的角度来看，正当是正义的一个底线标准，或者说，正当可以被视为一种底线的正义。作为一种底线的正义，正当是包含在正义之中的。正义的首先就应当是正当的，但正当的却不一定是正义的。可以设想，如果一个社会的治理达到了正义的境界，那么它所包含的社会治理方式就必然是正当的，也就根本无须去考虑它的正当性问题了。只有无力实现正义的社会治理，才存在着人们对它的正当性的疑问。因此，社会治理所应追求的目标是正义，只要一种社会治理模式充分供给了各种正义，这种治理模式的存在与运行就必然是正当的。反之，当一种社会治理模式努力去追求正当性的目标时，就只能表明它在正义供给上的不足。正是因为它无法满足社会的正义需求，才面临着对其正当性的质疑，才需要通过各种手段去证明其正当性。在此意义上，是否追求正当性，可以作为判别一种治理模式能否满足正义要求的一个标准。如果一

---

[1]　[德] 马克斯·韦伯：《韦伯作品集Ⅲ：支配社会学》，康乐、简惠美译，桂林：广西师范大学出版社 2004 年版，第 19 页。

种治理模式总是急于证明自己的正当性，就说明它的治理过程中存在着不正义的情况；如果一种治理模式从来不担心自己的正当性，则表明它的治理是能够满足正义的要求的。遗憾的是，这样的治理模式迄今还没有出现过，事实上，所有已经出现过的治理模式都包含着追求正当性的强烈冲动。所以，也都包含着严重的不正义的问题。究其原因，就在于迄今为止的所有治理模式中都包含着支配行为和支配关系，甚至社会治理往往被看作支配过程了，是与支配同义的。

我们已经指出，支配行为也需要考虑正义的问题，而且，在农业社会，以等级支配形式出现的社会治理过程也被认为是符合自然正义的。然而，支配者与被支配者所处的等级地位不同，这决定了支配者总是掌控一切，而被支配者只能逆来顺受，支配者总是经常性地对自然正义加以破坏。所以，虽然家元共同体的等级关系会被这个社会中的人们接受为正义的，即合乎自然正义，但支配行为往往被认为是非正义的，并会因为其非正义性而引发抗争，会出现异乡求生的行为，会出现改朝换代的情况。然而，就人们背井离乡后重新被纳入另一个家元共同体而言，就每一次改朝换代后重新建立起的王朝依然沿用旧制而言，说明这个社会的人们没有对等级制度提出质疑，是能够接受等级制度的，是误认为等级制度拥有了正义。

既然农业社会的人们能够接受等级制度，为什么又要推翻某个王朝，而且推翻某个王朝之后重新建立起来的新王朝也无非是对那个被推翻了的王朝的复制。在这之中，所包含的谜底就是：人们对那个被推翻了的王朝的支配行为不再能够接受了，认为那种支配不具有正当性。也就是说，在农业社会，"顺应自然"一词的政治内涵其实是指顺应等级关系的要求而去开展社会治理。如果做到了这一点，就被认为是合乎正义的，反之，则是不合乎正义的。所谓不合乎正义的治理活动，就是指那些不当地运用了支配行为，属于失去了正当性的支配。所有支配主体都会为其支配行为寻找正当性的借口，即使是不正义的，也会被证明是正当的，而且也能够被人们接受为正当的。可是，即使人们普遍接受了其正当性，却也不等于它就是正义的了，至于那些不具有正当性的支配行为，也就完全沦为非正义的了。所以说，一切不合乎正义的支配行为都是不正当的。当然，我们可以说一切合乎正义的支配行为都是正当的，却不能反过来说一切正当的支配行为都是合乎正义的。事实上，农业社会的王朝支配能够合乎（自然）正义的情况也是不多见的，但在更多的时候，人们却接受了其支配的正当性。这就是正当性与正义之间既有联系又有区别的情况。

农业社会的统治型社会治理模式与工业社会的管理型社会治理模式都包含着支配的内容，是由支配行为及其过程构成了社会治理活动的基本内容。然而，在这两种治理模式中，支配形式却是不一样的。在农业社会，支配关系受到了等级制度的保障与强化，是一种普遍性的社会关系，具有无所不在的特征。在支配关系中，受支配者在其生活的方方面面都能感受到来自他人的外在支配力量，总是在他人的支配行为驱使下开展活动。而且，等级制度决定了这个社会中的支配是以人身支配与人身依附的形式出现的，支配者与被支配者之间是通过直接的支配行为而建立起了支配关系或依附关系。

到了工业社会，随着等级制度的瓦解，支配关系开始表现出了复杂的情况，一方面，依然存在着人对人的直接支配，但这种直接支配并不是建立在人身依附的基础上的；另一方面，支配关系更多地是通过制度等中介因素而实现支配的，而不是以直接的支配行为的形式出现的。同时，由于工业社会实现了领域分化，在不同的领域，支配关系的状况也会有着很大的不同。在国家的层面，支配关系的主体与客体都变得非常模糊，支配过程也往往不表现为具体的行为，而是表现为法律、公共政策的支配，表现为制度的支配。在组织的层面，支配关系则较多地以支配行为的形式出现。韦伯所说的层级节制在落实到行为上的时候，其实就是具体的支配行为。而且，在很多情况下，表现为人对人的直接支配。不过，这种存在于组织中的人对人的支配实际上是建立在职位、岗位设置的基础上的，是受到组织规则及其制度的制约的。

总的说来，在工业社会，支配更多地是作为一种组织现象而存在的，即使是国家及其政府，也是一种组织现象，由国家及其政府所承载的支配也可以纳入组织支配的范畴中来加以解读。因而，如果我们脱离了组织的话，就不再处于支配之下了。但是，工业社会是一个组织化程度很高的社会，生存在这个社会中，谁也不能脱离组织，因而，也就不可能免于受支配的命运了。然而，这种支配却不再是无所不在的了，一旦我们从组织生活中脱身（比如，从工作单位回到家庭），就可以暂时将自己从支配关系中解脱出来。同时，这种支配更多的时候不应当被理解成人对人的直接支配。因为，它是通过一系列中介因素而实现的支配，即使在组织的上下级之间所存在的支配，也主要是以一定的人为设置为依据的支配。而且，支配者与被支配者的关系并不是固定不变的。所以，受支配者往往不会感到自己命定地必然直接受着谁的支配，而总是感到自己受着一些由组织规则所设定的制度化的上级的支配，表现为一种制度性的支配。

家元共同体中的等级支配是一种赤裸裸的权力支配，这种支配经常性地表现为生杀予夺之权力的行使。在工业社会，存在于组织中的支配是由组织的层级结构决定的。表现为职位、岗位结构的层级也因其等级落差而形成权力，因而，支配过程也表现为权力的行使。但是，组织中的支配由于不再是建立在自然等级的基础上的，所以，不是以人身支配的形式出现的，而是受到法律以及组织的规章制度约束的权力支配。一般说来，除了那些不受法律承认的组织（如黑社会），一切在法律承认范围内的组织中的权力及其行使都是受到法律的约束的。即使在组织内部，权力也需要与法的精神相适应，而不是可以恣意妄为的权力。支配者是根据职位、岗位和工作性质的要求去行使支配的权力，被支配者也只是在特定的时间、特定的地点和在一定的方面接受支配，超出合理限度之外的任何支配都被认为是不正当的，因而是可以加以拒绝的。

由于组织权力总是由法律和规则定义的，在很多时候，这种支配甚至不直接表现为权力支配，而是呈现出法治的特征，显得比农业社会的人身支配更加文明。不过，只要它是一种支配，就有可能造成不正义的后果，因而时时处在支配是否正当的拷问之中。总之，一切支配都会遇到正当性的问题，只不过农业社会与工业社会的性质和结构都有着根本性的不同，从而使支配的形式和内容都发生了重大变化，才在正当性的要求方面呈现出了巨大的不同。一切支配都是权力意志的展现，都是以权力意志为前提的。农业社会在社会治理的意义上所拥有的是一种"权治"模式，支配行为及其过程所展现的是权力意志。工业社会不同，它拥有了法的精神并根据法的精神而建立起了法制，在法制的框架下所施行的是法治。而且，法治在社会生活的每一个领域和每一个方面都被要求无条件地贯彻下去。所以，组织中的权力支配也必须合乎法治的原则，需要在法制的框架下进行。

从政治哲学的角度看，工业社会所拥有的那种法的精神被凝结成了一个概念——权利，而法制又是权利的物化。根据启蒙思想家"天赋人权"的设定，每一个人都拥有神圣不可侵犯的权利，组织支配也必须在这一"天赋人权"的设定下进行。所以，法制虽然没有消除权力意志，也没能改变权力的支配性质，却为支配确立了一个前提。这就是，它需要尊重权利，或者说，支配者只有在尊重和保障权利的前提下施行支配，才被认为是正当的。这是与统治型社会治理模式中的权力支配截然不同的。在统治型社会治理模式中，支配者在道义上可能需要亲民、爱民，却无须承担对受支配者的任何义务。在管理型社会治理模式中，支配者虽然也凌驾于受支配者之上，却必须尊重并实际地保障受支配者的权利。如果它（他）不这么做，就将丧失其支配的正当性。可见，权利观念的出现改变了支配正当性的内涵，从此，是否尊重权利就成了判别管理型社会治理模式的支配是否正当的一个标准。由于权利的制度形式就是法律，尊重权利在形式上就表现为合法。于是，正当性就在此意义上转化成了合法性。

哈贝马斯认为，"根据合法化概念的应用，合法性问题并非只为当前时代所特有，像合法帝国或合法统治这类表述在古罗马和中世纪的欧洲亦到处可见。在欧洲，如果不是从梭伦开始，那么至迟也是从亚里士多德开始，政治学理论就从事于合法化统治兴衰存亡的研究。"[①] 这其实是哈贝马斯的一种误读，是错误地把因权利观念的出现而产生的合法性问题泛化为历史上每一个时代都共有的问题了。但是，哈贝马斯的这种误读却流布甚广，并成了当前人文社会科学研究中的一个得到普遍接受的

---

① ［德］尤尔根·哈贝马斯：《交往与社会进化》，张博树译，重庆：重庆出版社1989年版，第186~187页。

观点。其实，通过对正当与正义、法律与权利关系的分析可以看到，正当性是所有支配形式的共同追求，合法性则仅仅是在包含了权利观念的管理型社会治理模式中才出现的一种独特的追求。

管理型社会治理模式的支配是一种合法的支配，是一种尊重权利的支配。在这种支配下，受支配者尽管不得不忍受他人的支配，却享有了不可剥夺的权利，因而是处于一种享有权利的受支配状态之中的。可见，权利的出现虽然没有消除支配，却改变了支配的形式与特征，使支配变得更加文明了。但是，由于依然存在着支配关系，管理型社会治理模式也就必须证明支配的正当性。从权利及其物化设置之中推导出合法性的概念，无非是要对支配作出正当性的论证。在此，具有合法性的支配才是具有正当性的支配。正是由于正当性与合法性两个概念有着如此密切的关系，所以，哈贝马斯才会把古代社会治理中的那种谋求正当性的努力误读成了对合法性的追求。

二、 从正当性到合法性

支配的正当性问题其实是支配能否得到被支配者认同的问题。如果支配得不到被支配者的认同，它就会受到挑战，甚至会面临危机。支配行为的危机可能导致支配关系的解体，进而，会扩大为整个社会治理体系的危机。所以，一切支配都会谋求正当性的证明。

当我们谈论正当性或合法性的问题时，是从支配者的角度看问题的。只有支配者才会关注支配的正当性问题，无论是通过支配者的自行约束而使支配行为合乎正当性的标准，还是对支配行为进行正当性证明，都是为了寻求被支配者的认同。所以，支配的正当性问题在被支配者那里变成了认同的问题。在支配关系中，受支配者通常不能改变自己的受支配地位，却可以在什么形式的支配以及什么人的支配方面作出是否认同的选择。当然，被支配者在表达是否认同某种支配或某人的支配时也会以这种支配的正当与否作为理由。此时，正当性并不是作为被支配者的约束机制而存在的，而是他决定是否认同的根据。对于被支配者而言，当他认为支配者具有正当性的时候，就会认同这一支配者的支配（比如，某一封建王朝被推翻了，还有一些人拼死捍卫旧主）；当他认为支配者不具有正当性的时候，就会对这一支配者的支配表示不认同。而且，当这种不认同达到某个临界点的时候，就会以行动的方式来作出表达。反过来说，当受支配者认同支配者的时候，后者的支配就被认为是正当的，当受支配者不认同支配者的时候，后者的支配就被认为是不正当的。

认同与正当性其实是互为前提的，认同生成正当性，同样，正当性也生成认同。在很大程度上，支配是否具有正当性，会在被支配者的认同状况中反映出来。支配具有正当性的标志就是得到了认同，而得到认同的结果也就是获得了支配的正当性，反之亦然。对于认同与正当性的这种关系，学者们早已做过精彩的阐述。比如，韦伯就认为，"每个追求长期存在的政权，它们的领袖都需要被统治者（至少那些有社会影响力的阶层）的认可"[1]。哈贝马斯更是明确地指出，"合法性危机是一种直接的认同危机"[2]。其实，认同乃是正当性的另一个面相，二者的区别是和支配者与被支配者间的不同相一致的。所以，认同与正当性是一对对立统一的范畴，都是包含在支配关系之中的。正如只要存在着支配就会存在着正当性追求一样，一切支配也都会遇到不被认同的问题。

在日常语言中，人们往往滥用了"认同"一词，往往不加区别地对那些是否承认客体的问题使用了认同的概念。其实，"承认"是不同于"认同"的，承认本身所体现的是主体的主动性，而认同则是在一种外在压迫之下而作出的选择。只有在存在着支配关系的地方才会有认同的问题，而支配就是认同的制度根源。认同既是根源于支配关系的，也可以生产出支配关系。在原先不存在支配关系的地方，只要出现了认同也就会因为这种认同而生产出某种支配关系。比如，美国要求中国的货币升值，中国如果按照美国的意志而果真这样做了，那就是对美国要求的认同，从而也就确立了在这一问题上的美国与中国的支配关系。这就是从认同中生产出了支配关系。有了这种支配关系，中国的经济安全也就交

---

① ［德］马克斯·韦伯：《韦伯作品集Ⅱ经济与历史　支配的类型》，康乐等译，桂林：广西师范大学出版社 2004 年版，第 298 页，注释 3。

② ［德］尤尔根·哈贝马斯：《合法化危机》，刘北成、曹卫东译，上海：上海人民出版社 2000 年版，第 65 页。

给了美国。如果中国不是按照美国的意志去做，而是根据自己的经济、社会发展要求以及世界经济秩序的需要去做出是否升值的选择，那么在美国与中国之间就是一种平等的关系，就不存在支配与被支配的问题，而是一种承认美国的意见是否正确的问题。

就认同与正当性之间的辩证关系而言，认同既是正当性的标志，也是正当性的来源。在政治实践中，认同关系的建构是获得正当性的基本途径。在农业社会，群体认同往往是以神话、传说以及作为神话、传说之完成形态的宗教等形式出现的。因而，受支配者对于有关彼此共同起源或是支配者的超凡魅力的神话、传说的认同，赋予了支配者以正当性。到了工业社会，随着"祛魅"过程的完结以及社会建构基础的改变，组织认同的典型形式不再是神话与传说，转而变成了意识形态与公共舆论。通过强化意识形态和营造公共舆论，支配者也可以获得被支配者对自己的支配行为的认同，也就是获得了支配的合法性。在哈贝马斯那里，这种通过建构认同来谋取合法性的过程被称作合法化过程，而实际承担着合法化功能的则是由他所宣示并为众多学者津津乐道的"公共领域"。这就是："为实现有效的合法化而建立起来的公共领域，其首要功能在于把人们的注意力吸引到一定的主题上面，也就是说，把其他主题、问题和争论都排挤到一边，从而避免有关舆论的形成。"① 经过这种公共领域的过滤而形成的公共舆论以及得到了装饰的意识形态，必然包含着营造对管理型社会治理模式的认同之内容，从而帮助管理型的社会治理实现了合法化，使它的支配行为和支配过程具有了合法性。

除了通过意识形态和公共舆论所获得的组织认同，管理型社会治理模式还保留了一种古老的群体认同形式，这就是民族认同。民族是一种远比管理型社会治理模式古老的存在，它在实质上属于家元共同体的群体认同。民族认同在农业社会中就曾发挥过非常重要的社会整合功能，也为统治型社会治理模式所进行的和实现了的支配提供了强大的正当性支持。随着工业化进程的开启，民族的性质发生了改变，逐渐从一种家

---

① ［德］尤尔根·哈贝马斯：《合法化危机》，刘北成、曹卫东译，上海：上海人民出版社2000年版，第93页。

元共同体转化成为一种族阈共同体，但它维护群体认同的功能却保存了下来。因此，对于形成中的管理型社会治理模式而言，民族认同就成了一种现成的合法性来源。于是，管理型社会治理模式总是有意识地去强化受支配者的民族意识，最终将民族这种认同形式与国家这种支配形式结合了起来，造就出民族国家这一独特的治理主体。根据哈贝马斯的看法，"法国革命为此提供了一个典型事例，这个民族是与资产阶级组织化国家和普遍兵役制一道产生的"[①]。在这里，与资产阶级的组织化国家一道"产生"的民族显然是指作为族阈共同体的民族，至于作为家元共同体的民族，则被法国大革命彻底拆除了。

　　作为一种古老的群体认同形式，民族认同之于管理型社会治理模式的合法化功能是极为有限的。在近代政治史上，它主要是通过煽动受支配者的民族情绪的方式来为新政权提供合法性支持的。随着民族独立和民族国家的建立，在理论上，民族情结不应继续承担合法化的功能。然而，在现实世界中，我们经常看到的事实却是，各国政治掮客每每在爱国主义的名义下继续利用民族认同来弥补其合法性的不足。比如，日本每一次政坛危机都是通过对外采取行动并在这种行动中去营造所谓的爱国主义的民族认同，进而化解危机。再如，当法国总统煽动其国民排斥"罗姆人"的时候，其实就是要通过制造民族对立而为其谋求合法性。然而，这是对民族意识的一种破坏性开采，它虽然重新唤醒了衰落中的民族认同，榨取它所剩无几的合法化功能，却为更严重的合法性危机埋下了伏笔。这是因为，一旦民族意识因过度开采而呈现出衰竭的势头，民族国家就无法继续存在了。"所有这些都促进了新的合法化问题的产生，资产阶级国家不能再单纯依靠民族意识的一体化力量，它不得不试图去遏止内在于经济系统的种种冲突，并把它们——作为某种超越分配问题的组织化斗争——引入政治系统。哪里成功地做到了这一点，哪里就将采取社会福利国家和大众民主的现代形式。"[②] 在进入了 21 世纪这一全

---

① ［德］尤尔根·哈贝马斯：《交往与社会进化》，张博树译，重庆：重庆出版社 1989 年版，第197 页。

② ［德］尤尔根·哈贝马斯：《交往与社会进化》，张博树译，重庆：重庆出版社 1989 年版，第200 页。

球化的时代，即使是由意识形态、公共舆论以及民族情结汇集在一起而建构起来的民族认同，也不足以提供社会治理的充分合法性了。也就是说，民族认同并不是合法性的唯一来源，管理型社会治理模式不可能单纯依靠建构和强化民族认同来实现合法化。

回首正当性与正义的关系，正如我们已经指出的，正当性是正义的一个底线标准，正义的一定就是正当的。由此出发，就会发现，供给正义才是获取正当性的最佳途径。农业社会中的正义主要是一种自然正义，亚里士多德也将其称作"分配正义"，是在肯定等级关系是一个天经地义的现实的条件下所形成的正义原则。到了工业社会，随着市场经济的出现和人的陌生化，随着权利观念的确立和等级制的解体，正义有了新的形式和内容，转化成了"交换正义"，并以公平竞争的原则出现。这时，社会治理的基本任务就是供给交换正义和公平竞争原则，如果社会治理能够充分满足社会对交换正义和公平竞争原则的需求，它就会因此而获得支配的正当性。否则，存在于社会治理过程中的支配行为就会被认为是不正当的。

哈贝马斯在分析管理型社会治理模式的合法性危机时指出："对合法性威胁的解除又只有在下列情况下才成为可能，即国家令人信服地把自己呈示为一个社会福利国家，这种国家阻遏了经济过程中机能不良的一面，并使它对个体成为无害的。"[1] 这个过程也被学者们解读为通过合理性的增强而获得合法性的过程。其实，准确地说，这是一个通过供给正义而谋求合法性的过程。因为，在被亚当·斯密称作"看不见的手"的市场机制供给交换正义失灵的情况下，国家及其政府通过分配关系的重建而对正义加以补偿，从而使交换正义以及公平竞争的原则得以维护，并于此之中获得了合法性。也就是说，因为分配关系的重建实现了对市场经济中不正义后果的修正，使管理型社会治理模式重新获得了合法性和正当性。

抽象地说，供给正义与建构认同是统治型社会治理模式与管理型社

---

① ［德］尤尔根·哈贝马斯：《交往与社会进化》，张博树译，重庆：重庆出版社 1989 年版，第201 页。

会治理模式谋求正当性的共有手段。但是，与统治型社会治理模式不同的是，管理型社会治理模式还拥有另一种获取合法性的独特手段，这就是保障公民的民主权利，或者说，向公民开放社会治理过程。我们知道，对于统治型社会治理模式而言，是不存在所谓民主的问题的，在统治型社会治理过程中，治理者的权力支配行为及其过程被看作是天经地义的。在道义上，治理者也许会有着"为民做主"的愿望，也会在谋求正当性的时候宣称"为民做主"，但在事实上，权力支配过程只从属于其实现统治、维护统治和强化统治的要求。尽管长达数千年的等级统治总是能够成功地为其权力支配谋取正当性和得到被统治者的认同，却不可能赋予被统治者任何权利，更不可能让其参与到社会治理过程中来。所以，不存在什么民主的问题，甚至连"为民做主"也是虚伪的说辞。

我们一再指出，关于民主的问题，学术界长期以来误以为古希腊的雅典有过民主的典范，那是一个极其错误的看法。在那个时候如果说有民主的话，那也是存在于统治者内部的民主，或者说是把其"民"的范围限制在极小的范围内才实现的民主。对于被治理者而言，所谓的民主活动却是极其封闭的，是不允许统治者之外的人们参与的。所以，是根本不能用现代民主的概念来加以解读的。对于西方资产阶级学者而言，把古希腊描绘成民主的典范无非是要说明民主的普适性，目的是要否认民主的历史性。对于非西方世界的学者来说，如果也持有这种看法的话，要么是轻信了西方学者，要么是根本没有头脑的言说者。民主是权利观念的产物。近代早期，启蒙思想家们从"天赋人权"的假定中推导出了人民主权的原则，并最终通过法制建设而使民主成为公民权利实现的途径和方式，使受支配者有权利实际地参与到社会治理的过程中来，从而使社会治理过程呈现出了一定的开放性。但是，管理型社会治理的开放性是极为有限的，因而，管理型社会治理过程的开放性并不足以改变治理活动的支配性质。

尽管如此，与统治型社会治理相比，管理型社会治理的确实现了缓和支配者与被支配者之间因支配而产生的对立，从而使其治理活动表现出了较少的支配性特征，并因此而为管理型社会治理模式提供了一定程度的合法性。这说明，保障民主权利和开放社会治理过程成了管理型社会治理模式获取合法性的一大重要途径。就管理型社会治理模式的运行来看，定期选举的制度设置可以为其赢得必要的合法性。可以想象，当一个政党当政的时候，会因为其社会治理活动而不断地积累起不满，人们会对其支配行为及其过程产生正当性的质疑，从而丧失合法性。但是，随着选举日的到来，人们行使了民主权利，从而在选举这一"狂欢节日"中忘却了所有的不满，新上台的政党宣布新的施政纲领并开始组建政府，获得了合法性，开始在社会治理的名义下行使支配社会的权力，而人们也就不再怀疑其支配行为的正当性了，从而表现出了认同。管理型社会治理就是这样周而复始地获得了合法性和获得了认同的。这也就是民主的功能。

管理型社会治理模式拥有供给正义、建构认同与保障民主这样三种获取实质合法性的途径。然而，无论它是通过哪种途径求得这种实质合法性，其结果总是表现为求得民众对其支配的认同。反之，如果这一社会治理模式谋求合法性的努力失败了，其结果也总是会表现为民众对其支配的不认同。所以，管理型社会治理模式谋求合法性的三大途径其实也就是它谋求民众认同的三大途径。从近代以来的政治现实看，管理型社会治理模式更为关注的也就是它能否得到认同的问题。因为，不论它是否供给了正义、保障了民主，只要能够得到认同，就可以证明自己是具有合法性的。所以，建构与强化认同就成了管理型社会治理模式最为常用的一种合法化手段。尤其是随着管理型社会治理模式在正义供给与民主保障上逐渐陷入悖论后，"强化认同"也就成了"谋求合法性"的同义语了。

三、 从认同到"承认差异"

认同是合法性的另一个面相，也是管理型社会治理模式实现支配的合法性来源。所以，为了证明自身的合法性，管理型社会治理模式不仅不可能消除认同，反而会积极地鼓励各种认同形式的生长。正是这一点，使我们不难理解：在工业社会的发展过程中，虽然承认关系已经在权利的基础上生成，并成为主导性的社会关系，而认同关系却一直挥之不去。

也正是由于这个原因，管理型社会治理模式越是存在着合法性不足的问题就越是倾向于强化认同。20世纪后期以来，管理型社会治理模式在正义供给与民主保障方面已经陷入了困境，越来越难以对工业社会的不正义现实与不民主处境作出什么实质性的改善，从而出现了空前的合法性危机。为了摆脱这种危机，管理型社会治理模式也空前地注意去强化认同，试图通过对认同关系的强化而获得合法性。所以，在工业化过程中一度衰落了的认同关系重新在管理型社会治理方式的扶持下得到复苏，甚至日益泛滥了起来。而且，相对于家元共同体中单一的群体认同，族阈共同体中则存在着群体认同与组织认同相互交织的复杂局面。

认同是无视差异的，我对你的认同也就是我对你我差异的有意忽略。事实上，认同关系占据主导地位的家元共同体就是一个不承认差异的社会。与之不同，承认关系取代认同关系的工业化过程也就是一个差异意识觉醒的过程。但是，由于管理型社会治理模式的合法性诉求是在维护认同和强化认同之中得到实现的，从而使认同关系在族阈共同体中仍然存在，并有着广泛的影响。因而，也就难以避免有意无意地否认差异的问题。无视差异也就是无视个体的独特性。进一步地说，也就是否认个体的价值。对个体价值的否认，必然会激起个体的抗争。所以，认同关系虽然在形式上表现得极富凝聚力，而在实际上，却包含着导致冲突的倾向。唯有认识到这一点，我们才能理解为什么在工业化的过程中能够从看似牢不可破的家元共同体中释放出了"一切人反对一切人的斗争"。

虽然家元共同体的解体使整个社会陷入"一切人反对一切人的斗争"状态，而在认同群体中或者组织内部，这种冲突通常并不显现出来，而是在群体与组织之间呈现出激化的状况。这也进一步表明了认同与差异的不能兼容。群体中以及组织中的认同都是在取消了差异的时候才在群体与组织成员间发挥团结的功能，而在群体以及组织之间，由于没有有效取消差异的手段，由于差异不断地被派生出来，从而引发了冲突和斗争。管理型的社会治理在很大程度上所承担的是协调群体以及组织间的冲突和斗争的任务，或者说，是在它无法消除群体以及组织间的差异的情况下的退而求其次，即把群体以及组织间的冲突控制在不对社会的存续造成威胁的限度之内。

在近代社会的开端，随着工业化进程的开启和承认关系对认同关系的替代，群体认同日益式微，个体竞争则迅速地扩散开来，使那种存在于农业社会中的群体斗争情景向"自我持存的斗争"的景象转化。但是，工业化并没有消除群体认同，而且，社会组织化进程的飞速进步又创造和强化了群体认同的另一种变异了的形式——组织认同。因而，形成了群体斗争与个人的"自我持存的斗争"共在的复杂局面。

"自我持存的斗争"是在差异的基础上展开的，同时，这种斗争又生产着差异。群体认同以及组织认同抑制了这种差异的生产，甚至要消除这种差异。但是，群体以及组织却不能够在社会的层面上去抑制差异和消除差异，而是陷入因差异而与其他群体和组织的斗争之中了。在群体和组织这里，也表现为一种"自我持存的斗争"，是一种放大了的个体"自我持存的斗争"。不是以个体的人的"自我持存的斗争"的形式出现，而是以群体和组织的"自我持存的斗争"的形式出现。群体和组织通过其内部认同而增强了与其他群体和组织开展斗争的力量，却也同时在群体间、组织间的斗争中把差异进一步放大了，周期性地把整个社会拖入危机状态之中。在这种情况下，管理型社会治理则是由一个凌驾于整个社会之上的治理主体去承担起抑制差异和限制斗争的任务的。

管理型社会治理主体从什么地方去获取抑制差异和限制斗争的力量呢？显然需要在其所在的社会中的绝大多数民众的认同中去获取这种力量，也只有首先去获取这种力量，然后才能实现对群体以及组织的支配。这样一来，从认同到差异再到认同，就成了管理型社会治理模式得以建立和实现社会支配的奥秘所在。如果进行分层次考察的话，就可以看到，在群体以及组织内部，是差异与认同的问题；在群体以及组织之间，是差异与斗争的问题；在社会治理的层面上，则是认同与合法性的问题。当社会治理得到认同和拥有合法性，就能够对整个社会实现有效的支配，就能够限制群体以及组织间的冲突。如果得不到认同和丧失了合法性，不仅不能够有效地实现对整个社会的支配，不仅不能限制群体以及组织间的冲突，反而会把所有的冲突都引向自己，使社会治理体系自身陷入危机之中。

由此看来，工业社会的治理危机在很大程度上是由认同与差异的矛盾所引发的。为了使管理型社会治理模式走出周期性的危机状态，只有两条道路可供选择：一条道路是消除差异和重建认同。如果这样的话，就意味着向农业社会统治型社会治理的回归，即通过集权的方式而把社会纳入认同模式中。另一条道路就是消除认同而承认差异，从而在承认差异的基础上去谋求社会合作。如果选择了后一条道路的话，同样也就是对管理型社会治理模式的否定，即彻底改变管理型社会治理模式所赖以展开的官僚制组织体系，让平等的多元治理主体在承认差异的基础上开展治理。事实上，近些年来，随着非政府组织以及其他社会治理力量的成长，随着多元社会治理主体的共治格局渐渐地成为社会治理的现实，走向合作治理正在成为社会治理变革的必然趋势。

毫无疑问，合作治理的成长让人类的社会治理模式演进进入建构全新的治理模式的历史阶段。在这个历史阶段中，人类所拥有的将是一种服务型的社会治理模式。合作治理是服务型社会治理的行为特征，服务则是这一新型社会治理模式的实质性内容，而承认差异则是多元社会治理主体开展合作治理的前提和基础。不仅多元社会治理主体之间会积极地相互承认差异，而且，治理者与被治理者之间的差异也会得到充分的承认。更为重要的是，治理者充分承认被治理者的差异，依据差异而开展治理活动，针对差异而选择不同的治理方式和途径。

认同不承认差异，要么是认同，要么是不认同。工业社会之所以在进入一个差异化的社会时还在许多领域中保留认同，管理型社会治理模式之所以徘徊在认同与差异的矛盾之中，是由于这个历史阶段的过渡性质所决定的。就人类社会的发展而言，工业社会并不是人类社会的终极形态，它必然要为更高的社会形态所否定。在人类社会发展的总的历史进程之中，工业社会无非是人类从农业社会向未来更高的社会形态过渡的历史阶段。人们今天是用"后工业社会"一词来标示这一更高的历史阶段的，可以相信，要不了多久，随着这个历史阶段的一些基本特征显现出来，我们将会用一种肯定性的描述来为它命名。那时，这个历史阶段所拥有的不同于工业社会的基本特征都会印证合作治理以及服务型社会治理模式是最适合于这个社会的。就工业社会是人类社会总的历史进程中的一个过渡阶段而言，它在认同的社会基础已经受到了致命冲击后依然保留了认同，它在差异已经生成时还不承认差异，都是可以理解却又是要加以扬弃和超越的社会特征。

应当看到，市民社会在近代早期生成时也提出了承认差异的要求，并试图通过承认关系对认同关系的替代来实现这一要求。但就工业社会的现实来看，市民社会承认差异的要求没有得到实现，当承认关系被竞争和斗争所掩盖后，差异被人们所忘却，许多差异得不到承认，更不用说在承认差异的前提下去进行社会治理模式建构了。在全球化、后工业化的背景下重提承认差异的问题，包含着对未来社会治理模式建构的全部想望。首先，人们只有在承认差异的前提下才能开展合作，在平等的理念已经深入人心的条件下，不承认差异的问题如果以认同的形式出现，会表现为互助；如果不承认差异的问题以不认同的形式出现，则表现为对立、冲突和斗争。其次，只有在承认差异的基础上去进行社会治理模式建构，才不会以任何集权的方式去消除差异，才不会通过支配的方式去征服差异化的对象，才不会用公共舆论或意识形态去谋求认同与合法性。

合作是非支配性的，而且，合作反对一切支配性的行为。如果说市民社会的成长粉碎了家元共同体的等级支配，那么在后工业化进程中，多元社会治理主体的出现，合作治理格局的形成，则对一切形式的支配行为提出质疑。韦伯认为，"无论如何，任何我们可以想象到的制度，都不能没有权力——即使是最有限的——来发号施令，因此，就有支配。"[①] 韦伯的这一看法值得我们思考，但不应当得到我们的接受。原因是韦伯把权力视为支配的充分条件了。在韦伯看来，只要存在权力，就会存在支配，既然我们无法消除权力，就不可能消除支配。在这种认识下，韦伯显然是将支配看作在任何存在权力的条件下都会出现的现象。所以，韦伯才会去建构所谓"支配类型学"，通过对如何谋取支配正当性这一问题的探讨而走到了为支配辩护的道路上去。其实，韦伯的这一论断是对权力与支配关系的严重误解。诚然，一切支配都必然意味着权力

---

① ［德］韦伯：《韦伯作品集Ⅱ经济与历史　支配的类型》，康乐等译，桂林：广西师范大学出版社2004年版，第302～303页。

的支配，如果没有权力，就不可能存在支配。但是，权力是否必然意味着支配呢？答案则是否定的。事实上，权力只是支配的一个必要条件，而不是充分条件，支配必然是权力支配，而权力却并不必然指向支配。

当我们说支配必然是一种权力支配的时候，是对支配形式特征的描述，在实质上，支配则是权力意志的实现。只有当权力与权力意志构成了一个统一体时，才会导向支配，如果权力并不体现权力意志，它就会导向一种非支配的社会关系。所以，也许消除权力是一个不切实际的幻想，但只要我们能够把权力从权力意志中解放出来，或者说，只要我们消解了权力意志，就会使权力的性质发生根本性的改变，就可以消除支配。工业社会实现了法律对权力的约束，却没有把权力从权力意志中解放出来。在后工业化进程中，我们不再仅仅停留在对权力如何加以约束的问题上，而是要把权力与服务理念统一起来，赋予权力以合作精神的灵魂。这样的话，权力就不再是支配的依据和动力，反而是合作的必要条件。所以，在合作治理中，依然能够看到权力的作用，但权力的性质和功能都将发生根本性的变化。此时，关于正当性与合法性的全部追求，都成了不再具有现实意义的历史了。

第三节　复杂社会的秩序

一、　复杂性的认识视角

当一个社会还处于较为简单的状态，或者说，当一个社会还处于低度复杂性的状态，正义追求是可以根据某种（些）标准而进行的。但是，当一个社会变得具有了高度复杂性的特征时，正义追求也变得复杂了。农业社会是一个较为简单的社会，从农业社会向工业社会的发展，从家元共同体向族阈共同体的转变，是人类社会由简单到复杂的演变过程。与农业社会及其家元共同体相比，工业社会及其族阈共同体要复杂得多了。因而，在这两种不同的社会形态和共同体形式中，社会秩序的实现方式是不一样的。

家元共同体的简单性使它表现出很强的静态特征，一切事情都具有确定性，它的"自然秩序"也表现出较高的确定性。复杂性是与不确定性联系在一起的，虽然工业社会还是一个低度复杂的社会，但它已经以"流动的现代性"的形式出现了，因而需要通过"创制秩序"的构建去对它加以控制。根据系统论的原理，控制与复杂性之间是矛盾的，复杂性在根本上是无法控制的。创制秩序之所以在工业社会能够发挥其社会控制的功能，是由于这一社会还处于低度复杂性的阶段。即便如此，工业社会也总是面临着"有序"与"无序"的冲突。在人类社会的后工业化进程中，随着社会的进一步复杂化，复杂性的增长使控制变得不可能了。所以，工业社会的治理模式日益显露出其缺陷，表现出了创制秩序已经无法承担起社会秩序供给功能的状况。这意味着，人类的秩序追求遇到了新的问题，需要通过一场根本性的变革去建构起一种能够适应高度复杂性和高度不确定性的自觉秩序。

显而易见，复杂是与简单相比较而言的，在人类社会的每一个阶段，都会有复杂与简单的问题，有些问题会被认为是复杂的，而有些问题则会被认为是简单的，只有在相互对照中，才能够作出复杂与简单的判断。同样，复杂与复杂性也不是一回事，"复杂"是一个表达量的概念，而"复杂性"则是一个认识质的概念。只有复杂的事物或问题累积到一定程度的时候，我们才倾向于使用"复杂性"这个概念来描述其所在场域的状况。同时，复杂性也是一种理论抽象。当我们说复杂问题的时候，是对具体的某个问题的描述，当我们使用复杂性这个概念的时候，则是对这个问题的性质的定义，反映的是一种认识结果，是包含着某些价值因素的判断。在此意义上，复杂性的概念实际上有了认识论的价值内涵，是我们对一些认识对象作出判断的视角。

"复杂"与"复杂性"两个概念又是密切相关的。当我们用复杂性这个概念来定义某个场域的时候，也就是说它是复杂的，尽管在这个场域中包含着很多简单的问题。同样，用这两个概念来审视人类社会，我们可以说农业社会基本上是一个简单的社会，尽管这个社会中也存在着许多复杂的问题，但它不具有复杂性的特征。比较而言，工业社会是一个较为复杂的社会，但是，工业社会同样也不具有复杂性的特征，即使需要在复杂性的意义上来理解它，我们也倾向于把这一社会的特征定义为"低度复杂性"。就性质而言，工业社会虽然比农业社会复杂得多了，而在复杂性的意义上，它是介于农业社会与后工业社会之间的一种形态。复杂性的概念被用来定义社会，则是在20世纪后期以来的后工业化过程中才逐渐成为人文社会科学的认识视角，是用来描述后工业化以及作为后工业化结果的后工业社会的概念，目的是要指出后工业社会所具有的不同于工业社会的基本特征。也就是说，20世纪后期以来，人类进入一个高度复杂性的历史阶段，它意味着人类即将迈进的是一个具有高度复杂性特征的后工业社会。

在后工业化的过程中，复杂性只是这一历史阶段诸多特征中的一个方面的特征。但是，这一特征却是理解其社会结构、行为方式等问题的基本视角。比如，我们说农业社会是一个简单的社会，不具有复杂性的特征，这对于理解这一社会的互助行为是一个有益的视角。虽然在农业社会中也会由于大规模的社会活动而出现"分工—协作"的问题，但是，"分工—协作"在这个社会中只能看作是一种具有很大偶然性的社会性行为方式，而在其常态运行中，社会性行为总是以互助的形式出现。到了工业社会，情况就不同了。这是因为，工业社会具有低度复杂性的特征，所以，这个社会的运行是感性的互助行为所无法承载的，只有理性的"分工—协作"才能满足这个社会运行的需要。而且，当任何一处出现了社会问题的时候，人们首先需要检视的也是这个地方的"分工—协作"体系及其行为方式有没有不科学、不合理的问题。同样，当人类进入一个高度复杂性的历史阶段时，低度复杂性条件下的"分工—协作"的行为方式也就无法满足社会运行的需要了，而是需要在合作的意义上重构人的行为模式。

复杂问题是组织存在的理由。这是因为，简单的问题是个人可以处理或应对的，而复杂问题则是个人的能力所不逮的，所以，需要组织起来进行处理和应对。西蒙从"有限理性"出发论证了组织存在的合理性，反映的就是这种关系。因为，人的理性之所以会变得有限，显然是由问题的无限与复杂所造成的。如果我们把简单的问题与复杂问题排列成一个谱系的话，就会看到，存在着一个在处理和应对问题时的从个人到群体再到社会的同样谱系。个人可以处理和应对简单的问题，当问题的复杂度增加，对个人的能力提出了更高的要求，在个人的能力达到极限的情况下，就需要与他人联合起来处理问题。个人的联合可以是感性的互助，即通过互助去处理单个的、规模较小的复杂问题。在这种情况下，复杂问题并不被看作一个连续统，而是每一个复杂问题都被作为个案来认识和对待。农业社会基本上就是这种状况。然而，当复杂问题间的关系显现了出来，即当复杂问题成为一个连续统的时候，就需要通过组织的形式来加以处理和应对。这就是工业社会的基本情况。当然，在整个工业社会，通过组织的方式来应对复杂问题的连续统是建立在这样一个前提下的，那就是，复杂问题间的关系是可以认识和可以把握的。也就是说，可以把复杂问题分析、分解成不同的方面来加以应对。反映在组织上，就是建立起一个"分工—协作"的体系，让组织的每一部分去对应经过分析而分解开来的复杂问题的每一个部分。

把复杂问题与组织联系起来，就可以看到其中所包含着的一种复杂思维。莫兰看到，"复杂思维的绝对要求也是按照组织的方式进行思维"[1]。如果说家庭是农业社会的"细胞"的话，那么组织则是工业社会的"细胞"。工业社会是一个组织化了的社会，而工业社会的一切组织也都是出于应对复杂问题的需要而建立起来的。基于此，我们说工业社会是一个复杂的社会，尽管它并不具有复杂性的特征，或者说它仅具有低度复杂性的特征。当然，农业社会也有组织，这表明农业社会也有复杂问题需要通过组织来加以应对。但是，就农业社会未实现完全的组织化而言，只能说组织是这个社会的某个方面的构成形式。在整体的意义上，农业社会还是一个由家庭构成的社会。所以，农业社会中还没有生成具有普遍性的复杂思维，即使在组织管理以及组织运行过程中，我们看到的也主要是一种感性思维，更不用说这种思维的科学性和合理性了。

总的说来，组织是人们应对复杂问题的一种联合方式。农业社会存在着复杂问题，所以也有了组织。但是，在这样一个简单社会中，复杂

---

[1] ［法］埃德加·莫兰：《复杂思想：自觉的科学》，陈一壮译，北京：北京大学出版社2001年版，第152页。

问题并不是普遍存在的，所以，组织也不是一个能够引发理性思考的现象，更没有加以科学化、技术化建构的努力。事实上，在农业社会，更多地存在着的是无组织的活动，即使是社会交往和社会性行动，在很多情况下，也不是以组织或通过组织进行的。从生产的角度看，农业社会的生产是以非组织的形式出现的，而工业社会的生产天然地就是组织化的生产。到了工业社会，虽然还有农业，但这种农业在生产方式上已经具有了工业社会的性质，所以，也得到了组织化。从农业社会到工业社会的发展，既是一个复杂化的过程，也是一个组织化的过程。在工业社会中，人们是通过社会生活的组织化即以"分工—协作"的方式来应对社会复杂化所带来的几乎所有问题的。所以，在工业社会中发展起来的人类思维方式也具有复杂思维的特征，组织的"分工—协作"及其应对复杂问题的一切行动，都是在复杂思维的作用下进行的。

在性质上，农业社会的组织基本上属于互助型的组织，工业社会中的组织主要属于协作型的组织。两种组织的差别是可以从两个时期政府组织的不同特点来认识的：农业社会是国家与政府尚未分离的状态，政府组织没有明确有效的职能分工，尽管存在形似分权的机构设置，而在实际上，今天的所谓行政、司法、立法等权力在那时都是最终系于一人之手的，是一种总体性的权力，具体的官职上的人所掌握的权力是有限的却又是完整的，不同官职的区别仅在于权力的大小。就官职本身而言，也是非专业化的，政府人员往往是可以被视作为"通才"的，各自在履行其职权的时候，与他人之间的关系也主要表现为一种"互助型"的关系。工业社会逐步实现了国家与社会的分离以及国家与政府的分离，政府相对于社会的独立性，政府相对于国家其他部门的相对独立性，决定了政府组织的内部以及外部职能划分是明确的。就政府与其他国家机构的关系而言，"三权分立"的基本原则决定了政府是一个专业化的管理部门；就政府内部关系而言，在每一个层级上都是分为若干部门的，这些部门之间都有着自己的专业化职能，这些部门之间的关系也是一种"分工—协作"的关系。相应地，政府中的工作人员一般被要求是"专才"，以其"专"而成就了与其他工作人员之间的协作关系。

工业社会治理体系的这种分化本身就是因应社会复杂化的要求，是因为在社会治理过程中需要更多地面对着较为复杂的问题才不得不作出职能分化的安排。农业社会治理活动中那种完整的权力不能适应工业社会处理复杂问题的要求，所以，需要通过权力的分化，由不同的人去掌握，并在相互协作的过程中去解决复杂问题。从组织发生学的角度看，大致可以把组织分成"自发组织"和"创制组织"两类。自发组织也被现代科学称作"自组织"，这是一个源于20世纪后期自然科学研究的概念，用来广泛地指称自然界的以及人类社会中的一种自发组织状态，但更多地还是在"自然"的意义上来认识这类组织的。应该说，人类作为一种群体性的动物的确具有某些自发性的特征，亚里士多德就曾注意到人具有合群的"天性"。但是，人类的这一自然合群的自发性还是与原初自然意义上的"自发性"有着本质区别的。自然界呈现出来的是生存竞争的自发性，而人类社会则包含着共同利益，所以人的自然合群这样一种自发性也是由共同利益所驱动的。

在工业社会中，人们把人的"生存竞争"的一面突出到无以复加的地步，在人的竞争中也的确存在着类似于斯密所说的那只"看不见的手"，但是，如果说市场中的那只"看不见的手"所指的是一种市场机制的话，那么在社会的意义上，那只"看不见的手"则可以理解成人的共同利益。所以，即便是在自发性的意义上，人类的组织也具有一种内在的稳定性机制存在，而人们的共同利益就是这种实实在在地发挥作用的机制。当然，由于人们的共同利益在自发组织的产生和存在的意义上都是极其隐蔽的和潜在的因素，因而得不到人们的认识和维护。事实上，"自组织"这个概念所强调的组织自发性本身就意味着人们意识不到人们之间的共同利益，更不用说去自觉维护这种共同利益了。但是，共同利益的存在却是客观的，而自觉创制的组织在很大程度上则是可以看作认识到了这种共同利益后而产生和得到维系的组织。也就是说，当人们的共同利益被意识到之后，人们就会通过自觉的行动而使之显性化，并自觉地通过创制组织去实现这种利益。

从组织的角度来观察社会，就会发现，农业社会中的组织大多属于自发组织，而工业社会的组织则更多地属于创制组织。上述可见，自发组织具有感性的特征，是因为人们遇到了相对于个人能力的限度来说较为复杂的问题时而自发产生的组织。不过，此时组织的整体环境还是非常简单的。由于它不是建立在自觉的共同利益的基础上的，所以，是比较脆弱的。一旦组织面对的问题得到解决，组织也就解体了，更不会用来解决新的问题和保证人们的共同利益得到持续的实现。当然，在农业社会也已经出现了创制组织，但这种创制组织是与王朝治理的目标联系在一起的，它与近代以来的建立在工具理性基础上的有着显著形式合理性特征的组织相比，创制色彩还是非常淡薄的。不过，到了农业社会后期，即在工业化的过程中，随着市场交易的频繁发生和生产社会化程度的增强，出现了自觉创制的经济组织以及社会组织。所以，工业社会中的组织更多地是以创制组织的形式出现的。当然，在工业社会中，自组织现象还是普遍存在的，只不过现代组织理论一般把它归类到"非正式组织"的范畴中去了，而我们看到的所谓"正式组织"，基本上都属于创制组织的范畴。其中，官僚制组织就是典型的创制组织。

为什么从农业社会向工业社会的发展会呈现给我们一个从自发组织向创制组织过渡的轨迹呢？只能从环境复杂化的角度来加以理解，是因为环境的复杂化和复杂问题的普遍化迫使人们通过创制组织去解决问题。也就是说，与农业社会相比，在工业社会，人们所遇到的问题越来越复杂，人们被置于一个复杂的环境之中，自发组织已经不能够满足人们生存的需要了，从而进化到通过创制组织去解决复杂问题、应对复杂环境和维护人们的共同利益的地步。在人们的共同利益中，秩序是最为基本的共同利益。所以，从秩序的角度看，人类在农业社会所拥有的是一种自然秩序，自发组织是在这种自然秩序发生了异动的情况下才出现的，是因应对自然秩序加以补充和修复的要求而出现的。到了工业社会，随着人口的流动和迁徙，随着人们之间关系的陌生化，随着生产的社会化，随着经济交往的经常化，自然秩序从根本上受到了破坏。因而，人类的生存需要就反映在了重建秩序的要求中。这种重建的秩序就是一种创制秩序，是首先通过创制组织而建构起来的秩序。

在历史的坐标中来加以推演，可以清晰地看到这样一条线索：从农业社会向工业社会的发展呈现出复杂化的进程，这种复杂化打破了农业社会的自然秩序并提出了重建秩序的要求，在通过创制组织去解决复杂问题和应对复杂环境的过程中，发现了创制秩序的途径。不过，在这一历史的或逻辑的进程中，我们也同时看到，创制组织虽然是出于解决复杂问题和应对复杂环境的要求而出现的，也取得了创制秩序的成果，但它并没有化解复杂问题。它在解决了某一个复杂问题的时候，却要迎来更为复杂的问题；它在应对了某一种复杂环境的时候，却被转入另一更为复杂的环境之中了。工业社会迅速地推动了社会的复杂化，迅速地超越了自身的低度复杂性状态，仅仅用了几百年的时间就把自己推到了一个高度复杂性的时代，使自己创制秩序的原则和方法都陷入全面失灵的窘境，使人类陷入一个"全球风险社会"之中，越来越频繁地受到危机事件的骚扰。秩序即将瓦解，人类维护秩序的一切努力都正在加速秩序瓦解的进程。

二、 组织、规则与秩序

秩序是一种均衡状态，而这种均衡状态既可能以自然均衡的形式出现，也可能以创制的方式获得。在近代以来的整个工业社会中，秩序基本上是由组织提供的，属于一种创制秩序。

在农业社会，秩序并不一定要由组织来提供，如果考察农业社会早期的状况，可以发现，秩序恰恰不是由组织来提供的。只是在农业社会经历了一个较长时期的发展之后，由于社会的复杂化，统治型政府的作用凸显了出来，才表现为由承担统治职能的组织来提供秩序的状况。即便如此，统治型政府也需要让其行为合乎自然正义，才能有效地提供秩序。也就是说，农业社会也有一个演进过程，在早期，仅仅是地域的框架把人们框定在一起，即使没有组织，凭着习俗和道德，人们就会拥有一种秩序。这就是严格意义上的自然秩序。中国的道家思想，就表现出了这样一种不合时宜的愿望，那就是，它到了需要组织来提供秩序的时候还试图去恢复自然秩序。与道家思想不同，儒家思想则表现为顺应了那个时代的要求，致力于提出能够承担秩序功能的组织建构方案。

也就是说，在中国的春秋战国时代，组织开始显性为一种社会现象，逐渐地，由组织来提供秩序成了一种社会现实。但是，我们也应看到，儒家思想并不包含对创制秩序的追求，与道家的区别在于，儒家要求通过另一种方式去恢复自然秩序。也就是说，道家要求直接回归到自然秩序状态中去，而儒家则找到了用组织去恢复自然秩序的途径。尽管如此，在农业社会的历史时期，不存在组织普遍成长的条件，而是仅仅发展出了承担统治型社会治理职能的组织。直到工业化进程开启的时候，组织的成长才因应生产以及人的活动的社会化而有了迅速扩张的机遇，才进入了通过创制组织而创制秩序的时代，才使人类社会呈现出用创制秩序取代自然秩序的历史发展趋势。所以，秩序也是具有历史性的。当哈耶克说"我们用'安排'或'组织'这样的词来描述人为的秩序，却没有一个明确的词用来表示自发形成的秩序"[1] 时，那是不真实的。因为，自然秩序在农业社会的早期就不是"安排"或"组织"的结果，只是当农业社会发展到了较高阶段时，才开始由组织去护卫自然秩序，而所谓"人为的秩序"，则是在工业化的过程中才开始得以创制。

就工业社会的情况看，可以说一切秩序都是经过安排的结果，是由组织提供的和进行组织的结果。今天，我们一谈到秩序，首先就会想到规则以及规则被遵守的状况。然而，一切规则都无非是组织的规则，规则能否得到遵守，也取决于组织的状况。在某种意义上，规则都是以成文的方式存在的，是通过文字来表达的，并在特定条件下能够得到普遍认同。其中，法律就是一切规则中最为典型的规则，它的典型性决定了它的合法性、合理性和强制性。同时，法律的制定和得到遵守也是与一个社会中的最大的、最具有权威性的组织联系在一起的。比较而言，把习俗和道德看作规则就显得非常勉强。所以，一般说来，在严肃的学者那里，是没有人会把道德称作规则的，他们习惯于使用的词语是"准则""原则""规范"等。这种使用词语上的差别，实际上就是基于"自然性"与"创制性"的差别。总之，现代社会用以获得秩序的规则是创制出来的，而且，这种创制是通过组织进行的。

创制秩序是与工业社会联系在一起的。也许人们会说农业社会存在

---

[1]　［英］弗里德里希·冯·哈耶克：《经济、科学与政治——哈耶克思想精粹》，冯克利译，南京：江苏人民出版社 2000 年版，第 360 页。

着的等级统治秩序也是创制的，的确如此。但是，从中国农业社会的情况看，秩序何曾稳固过，农民起义、战乱、王朝更替反而是中国农业社会史的基本内容。同样，如果研究构成中国传统文化的诸家学说的话，也可以看到，它们共同的和基本的精神就是对自然秩序的无限崇尚，即便是在法家这样一种表面看来崇尚创制秩序的思想学说中，就其把"法""术"奠基在"势"上来看，思想深处还是要求顺应等级差别这一被视作为"自然"的社会结构。所以，在农业社会的思想以及各种学说中，是找不到系统化的创制秩序观的。相反，它们所追求的都是一种自然秩序，东西方都不例外。但是，任何一个民族，一旦走上了工业化的道路，其思想和学说中的创制秩序主张就会迅速地增多，而创制秩序原理的逻辑起点，也就是社会的复杂化。

秩序的反面是失序或无序，对于创制秩序而言，就是组织结构失去了合理性，出现了组织规则混乱或得不到遵守的情况。莫兰指出："由于结构的概念的出现，有序的概念需要另一个概念即组织的概念。事实上一个系统的独特的有序性可以设想为它的组织结构。系统的概念其实是组织的概念的另一个方面……组织产生有序，同时又通过有序原则的参与作用被产生。"[1] "极端的无序复合体包含着有序，极端的有序复合体包含着无序。"[2] 应当看到，无序与失序并不是一回事儿，失序是秩序受到破坏的一种情况，而无序则是可以转化为秩序的，甚至可以说，无序本身正是秩序的一种形式。在很多情况下，无序可能指的是一种自然秩序，而有序所指的则是创制秩序。这是由于现代人的眼中仅仅存在着创制秩序这样一种秩序而造成的误解。

在工业社会的历史条件下，以非正式组织的形式出现的"自组织"是有可能转化为正式组织（创制组织）的，所以，自组织中的那种无序（自然秩序）也就会随着这种转化而转化成有序（创制秩序）。比如，马路上的人流往往不是有序的，却也不是一种失序的状况，在通常情况下，

---

[1] ［法］埃德加·莫兰：《复杂思想：自觉的科学》，陈一壮译，北京：北京大学出版社2001年版，第156页。

[2] ［法］埃德加·莫兰：《方法：天然之天性》，吴泓缈、冯学俊译，北京：北京大学出版社2002年版，第66页。

它都存在着某种自组织倾向，处于一种无序之中，只有偶发的突变才会打破均衡，使之失序。人群则不然。人群通常是有序的，因为人群是被组织起来的，这种组织在更多的情况下就是创制组织，拥有一种创制秩序。当然，群体间以及群体内的冲突也会导向失序，那是因为冲突破坏了组织的结构，使组织处于一种不均衡的状态了。

在农业社会，组织的形成具有强烈的自发性特征。一般说来，农业社会中的组织属于一种"家元共同体"，其基础是地缘、血缘等天然纽带，即使是我们上述所讲的那些承担着统治职能的创制组织，也具有明显的家元共同体特征。作为家元共同体，是包含着伦理内涵的，道德在共同体的维系上发挥着重要作用。但是，它的伦理内涵并未得到充分认识，道德所发挥的作用也未得以普遍自觉。表面看来，在农业社会的历史阶段中存在着对道德教化的高度重视，特别是在发展得较为完善的中国农业社会，对道德教化的强调达到了无以复加的地步。但是，道德教化的目的却是让人们无条件地遵奉某些教条，排斥了人们的反思，排斥了人们的创造冲动。因而，也就排斥了人们认识伦理关系和运用道德规范的自觉性。所以，农业社会的秩序在实质上只能被看作一种自然秩序，尽管在思想家和统治者那里，会表现出自觉倡导和运用道德规范的活动，但那只是精英的行为，而社会在整体上的秩序特征却具有浓重的自发性色彩。因为，农业社会中的精英们所拥有的自觉行为是为了抑制整个社会的自觉行为，即通过塑造出一种盲目的顺从行为模式去获得社会秩序，目的是要防止甚至消除一切反思和反抗性的行为。这种做法之所以能够成为可能，是因为农业社会是非常简单的，是因为家元共同体是一种同质性的共同体。如果社会变得复杂起来，存在着多元化的社会因素的话，这样做就变得不可能了。

与农业社会不同，工业社会的秩序属于一种创制秩序。当然，在人类历史发展的总体进程中，从自然秩序到创制秩序的转化会有一个过渡性的环节。所以，在近代社会的早期，自由主义对自然秩序的推崇应当被理解成这种历史演进中的过渡性思想理论。从总的历史趋势看，自由主义在工业社会后期的复兴只是一种历史倒退的表现。就此而言，新自由主义盛行了几十年后把人类带入风险社会也就不难理解了。当然，自由主义的思想家们是可以不顾历史发展所推展出来的现实要求而去论证自然秩序的合理性的，而且也能够赢得一些信众。比如，奥地利学派关于自然秩序的主张就迷倒了大批浅薄的追随者。在阅读哈耶克的时候，是可以看到他论证自然秩序的许多精彩段落的："力求通过安排和组织建立起一种社会秩序（即为具体的要素指定专门的功能或任务）的所有自觉的行为，是在一个更为广泛的自发秩序中产生的"①，"我们社会环境中的秩序，有一部分——仅仅是一部分——是人类设计的结果。把它们全部看作人类行为的有目的的产物，这种嗜好是错误的主要根源之一"②。这是一种完全无视当代社会组织化程度迅速提高的事实而作出的论断，在很大程度上，也是不理解法制及其法治为什么会被一再强化而作出的妄断。

就工业社会自身来看，为什么 20 世纪在社会的组织化方面会与 18 世纪相比有着这么大的不同？为什么法律、法规体系会变得这么庞大和繁杂？所有这些所要达到的目的是什么？其答案不正是出于创制秩序的需要吗！之所以人们要通过组织及其规则体系来创制秩序，那是因为自然秩序由于社会的复杂化而失去了产生和存在的基础。社会变得复杂了，人们在交往中的口头约定不再具有效力了，习俗的力量受到了根本性的削弱，以至于人们在交往过程中必须仰仗契约，必须依赖组织。所以，法制无非反映了创制秩序的需要，或者说是创制行为的结果。创制秩序是理性的产物，而近代社会无可争议的就是一个理性社会。当然，奥地利学派的直接要求是反对政府干预、批判行政国家，这是没有什么问题的。但是，当推及对创制秩序的否定时，就是逆历史发展趋势而动的做法了。

谈到组织，应当说，创制组织与自发组织的不同就在于创制组织不再依赖于天然纽带，无论是创制组织的生成还是维系，所依赖的都主要是组织规则。组织规则可以赋予组织成员以同一性，也就是说，只要组织成员遵守共有的规则，他们就获得了作为组织成员的同一性。

---

① ［英］弗里德里希·冯·哈耶克：《经济、科学与政治——哈耶克思想精粹》，冯克利译，南京：江苏人民出版社 2000 年版，第 360 页。
② 同上。

至于他们作为人的异质性，是不会在创制组织中对其组织活动造成严重影响的，即使这种异质性会导致一些冲突，只要还原到组织规则上来，也是能够得到解决的。比较而言，自发组织是建立在组织成员的同质性的基础上的，当组织成员的同质性遭受破坏的时候，组织也就倾向于解体。所以，创制组织对于组织成员作为人的许多属性都是不予关注的，即使给予关注，也是要求组织成员摒弃这些属性。这就是官僚制组织理论为什么要求组织活动"非人格化"和要求组织成员祛除价值"巫魅"的缘由。

普遍的创制行为是与权利意识的生成联系在一起的。在工业化的过程中，权利意识开始觉醒，首先是财产权的要求，然后是普遍性人权得到增益的要求，使创制行为不断地得到增强。但是，权利是具有排他性的。因而，把创制行为与权利联系在一起进行考察，就会发现，所有创制行为都从属于排他性的要求。也正是由于这个原因，我们才在近代以来的所有法律中都可以解读出禁止和排除的精神。在实践上，也就有了所谓"法律不禁止就不视为违法"的说法。

詹奇认为，"极其一般地说，没有一个非平衡系统的结构是由自身来稳定的。当涨落超过某种临界尺度时，任何结构都可能被迫越过某种界限而进入新的有序。这是动态存在的系统的质变。"[①] 对于自然界中的自组织现象，詹奇的这一描述是准确的，自然界确实需要通过某种"涨落有序"的方式获得秩序。但是，对于人类社会，这种"涨落有序"只是在人类历史还是一个"自然历史过程"的时候才是真实的。当人类能够认识到历史发展的规律并在宏观上努力建构历史，詹奇的描述就不合乎实际情况了。其实，工业社会的创制秩序已经不同于詹奇所描述的自组织现象了。到了 20 世纪，由于政府对经济以及社会的运行进行了超强干预，在很大程度上，已经把整个社会纳入可控制的范畴中来了。如果说农业社会的、作为创制组织代表而出现的统治力量是通过维护自然秩序而实现了对人的行为的控制的话，那么工业社会的表现则复杂得多了。

---

① ［美］埃里克·詹奇：《自组织的宇宙观》，曾国屏等译，北京：中国社会科学出版社 1992 年版，第 50 页。

因为，到了工业社会的历史阶段，其社会治理体系已经没有自然秩序可供维护了。在这种情况下，只有首先创制秩序，然后再通过创制秩序去规范人的行为，才能使社会处于常态运行中。

在创制秩序的过程中，理性的力量被彰显了出来，整个世界都被纳入理性控制的要求之中，甚至会野心勃勃地要求控制自然界。这就是工业社会所呈现出来的一幅创制秩序的总图景。至于在微观的领域中，某些组织或某些事项表现出了詹奇所说的"涨落"情景，不会影响到这幅总图景的格调。当然，历史也许有着一种"大循环"的状况，20世纪后期以来，随着工业社会走向了它的顶峰，人类也进入了一个"全球风险社会"，危机事件的频繁发生也意味着"涨落超过某种临界尺度"，标志着人类开始从一种新的无序到有序的发展。但是，如果把考察对象定位在工业社会自身，创制秩序的理性控制力量以及效果都达到了极高的水平，可能是再也没有进一步加强的空间了，即便科学技术的发展提供了新的控制技巧，也不会使这种创制秩序的控制功能再度得到加强。但是，如果我们不是按照控制的方向去思考问题的话，那么我们就会得到另一幅创制秩序的图景。

从农业社会的通过维护自然秩序去实现社会控制到工业社会的通过创制秩序去实现社会控制这样一个转变过程，反映的是社会的复杂化。我们一再指出，自然秩序只能发生在社会较为简单的条件下，随着社会的复杂化，自然秩序因为受到了复杂因素的冲击而从根本上瓦解了，从而迫使人们通过创制秩序去进行社会控制。由于能够通过组织以及法制去创制秩序，工业社会在社会控制方面的表现也确实是十分优异的，有效地应对了各种各样的复杂问题，一次又一次地化解了各种各样的危机。由于创制秩序的形成，工业社会在人类社会生活的一切方面都取得了辉煌成就，特别是在官僚制组织实现了理性自觉的20世纪，让人们强烈地感受到：只要政府出面，就没有做不成的事情。

到了20世纪后期，特别是进入新世纪后，冀望于政府的热情开始迅速地冷却了，创制秩序也日益显现出它并非万能的面目。比如，2008年的金融危机爆发后，英国女王曾发出世纪之问，质疑为什么没有经济学家预测到这一危机。这反映出工业社会的创制秩序已经失去了监测内部重大风险因素的能力。即使各国政府应对 2008 年金融危机时的"救市"措施取得了成功，也不能改变创制秩序没落的命运。而且，由于各国政府在"救市"的过程中破坏性地使用了创制秩序，必然会在走出金融危机的同时使自己陷入另一种困境之中——比如因"救市"产生的债务负担的分配不公所导致的政治极化。所以，我们的问题就归结为这样一个设问：既然自然秩序因为社会的复杂化而被历史所抛弃，那么随着人类进入一个高度复杂性的阶段，会不会同样抛弃创制秩序呢？答案应当是肯定的。

检视人类社会治理的历史，就会发现，人类的秩序观念是那样的根深蒂固，致使人们往往忘记了秩序的目的，而是把秩序本身作为人的活动的目的了。在农业社会中，统治者把秩序看得高于一切，无论是选择暴力的还是"怀柔"的手段，都是为了谋求秩序，或者说是为了维护那种自然秩序。到了工业社会，创制秩序的活动被看作是高于一切的活动，尽管创制秩序本身作为工业文明的伟大成就也带来了人类在物质文明以及科学技术成就上的积极进步，但当秩序自身被作为目的时，往往使人忽视了那些比秩序更为重要的事情。到了 20 世纪后期，当社会的复杂性程度迅速增长时，为了秩序的目的而不断升级的控制却使控制自身陷入了窘境。

秩序对于人类社会来说是必要的，而且，从自然秩序到创制秩序的发展本身就是人类进步的标志。但是，我们也必须确立这样一种观念：秩序应当被看作社会生活中的第二位的因素，是一种保障因素，如果把秩序作为最高目标了，就会适得其反。所以，当邓小平说"发展是硬道理"和要求"以经济建设为中心"的时候，所包含的就是这一真理。但是，并不是所有的人都认识和理解这一真理。比如，前几年，在北京市的"两会"提案中，我们就看到过限制"农民工"的要求，事实上，北京市就有相关立法限制进京人口，采取了各种各样歧视"外来务工人员"的措施。同样，在全国性的"两会"上，我们也看到对大学扩大招生的批评。北京的经济发展在很大程度上是由"农民工"支撑起来的，让每一个孩子都上大学对于开发我国人力资源所具有的意义是那样的重大，为什么会有人在这些问题上说三道四呢？显然，他们是从秩序的角度来看问题的。由此看来，秩序追求已经成了社会发展的逆动倾向了。无论是出于高度复杂性的历史趋势，还是出于经济、社会发展的现实要求，我们都有理由提出超越秩序追求的要求。当然，这种超越并不是不要秩序，而是对创制秩序的超越，是要建构起一种全新的自觉秩序。

三、 超越创制秩序的追求

在农业社会，秩序追求构成了社会治理活动的基本目标，而这种追求的实现则主要是通过对家庭稳定性的维护而获得的。农业社会也有组织，但这些组织无非是家庭的扩大，具有家庭的特征。比如，承载着社会治理活动的组织就是以朝廷及其派出机构的形式出现的，而朝廷无非是一个家族并可以最终归结为一个家庭的组织形式，是以一个拥有最高统治权的家庭为中心而建立起来的。虽然这个家庭对整个社会的统治是以秩序的获得为前提的，其统治得以开展的过程也是以为整个社会提供秩序为目的的，秩序与这个家庭的统治是一体化的，所以秩序也就变成了实现其统治的基本目的。

对于农业社会，如果从利益分析的角度来认识，也可以说秩序是服务于统治利益的实现的，但作为统治活动以及社会的统治结构能够得到维系的基础，却不能仅仅归结为统治利益，反而是等级化的共同利益在发挥着基础性的作用。等级化的共同利益本身就是以秩序的形式出现的。所以，在农业社会，秩序就是目的，而且这种秩序的实现表现为对自然秩序的维护，在这里，是无所谓创制秩序的问题的。

农业社会中的秩序是一个封闭系统中的秩序，我们使用家元共同体这个概念来描述这个社会本身就包含着对它作为一个封闭系统的定义。工业社会是一个开放的社会，但还只能说是一个有限开放的社会，一方面，社会的开放使社会的复杂程度得到增长；另一方面，由于这个社会的开放是一种有限的开放，它在复杂程度的意义上还只能定性为低度复杂性。尽管如此，自然秩序已经由于复杂程度的增长而失去了存在的根基，社会的有限开放性已经把封闭系统的围墙冲垮，使人们进入日益频繁的社会交往过程之中了。而且，人们的交往活动是包含着利益自觉的。

在这里，清醒的个体利益意识完全取代了朦胧的共同利益观念，以至于在远古自然状态下生成的那种自然秩序也在个体利益自觉的条件下失去了存在的基础。所以，工业社会用创制秩序取代了自然秩序。

创制秩序是利益意识觉醒的产物，是与人的权利观念联系在一起的，或者说，是在权利观念的基础上产生的。利益意识的觉醒所激发出的普遍性的"立法"活动所表现的就是一种创制冲动，即通过"立法"这一创制行动来保护自己的"权利"。在工业社会的历史条件下，如果不存在治理体系，或者治理体系控制不力，就会造成自然边界的固化，从而导致社会重归封闭状态。农业社会后期就经常性地出现这种状况，并以"复辟"的形式来加以表现。利益意识的觉醒乃是社会复杂化的一个后果，而在复杂性的条件下，普遍性的立法活动对于自然秩序的破坏是毁灭性的。试想，每一个利益群体都为自己立法，都以法律的名义去捍卫自己这个群体的特殊利益，那将是一幅什么样的图景？所以，这种立法冲动就自然而然地被转移到了作为治理体系的国家那里，使国家统摄了立法权（创制权），并通过创制一种对所有人的权利施以平等保护的秩序，因而也实现了社会的开放。

作为秩序的创制者，国家本身却成了一个封闭性的领域。如果说在利益意识的冲击下社会已经变得无处不可开放了的话，那么囿于对秩序的追求，近代国家则在普及了选举权之后而变得无从开放了。即使在公民参与已经成了一个普遍性要求的情况下，国家及其政府能否真正向民众开放，也是一个值得怀疑的问题，更不用说在现实的政治以及社会治理过程中，公民参与（特别是公众参与）都只是被作为一种权术而加以利用的了，国家及其政府的开放性，至多只是在需要做一些表面文章的时候才被宣示一下。如果治理体系不具有充分的开放性，这个社会的开放也就只能是有限的开放。不过，虽然工业社会是一个有限开放的社会，却赋予了创制秩序以开放性，它不再像农业社会的秩序那样以最高统治者为中心而展开，不再是以家庭为中心的，不再是以最高统治者的统治利益为起点的。对于创制秩序而言，首先考虑是人的权利能否得到维护和实现以及个体性的利益追求能否得到实现等问题。这样一来，家庭的形象变得模糊起来，而作为社会性的个人的形象却变得越来越清晰。

哈耶克认为，"只有cosmos能够形成一个开放社会，而被理解为一种组织的政治秩序，只能是个封闭的或部落式的社会"①。事实恰恰相反，农业社会在自然秩序中形成了一个部落式的社会，工业社会则通过创制秩序而实现了社会的有限开放。因此，一个更加开放的社会也必然要通过更加普遍化的创制行为才能建立起来。可见，哈耶克是不承认创制秩序的，这也说明自由主义者眼中的秩序只有一种，那就是自然秩序。其实，近代以来的秩序恰恰是一种创制秩序，只不过自由主义基于斯密的传统而不愿意承认创制秩序而已。

从近代思想史上看，可以看到，斯密与卢梭代表了两种秩序观。斯密关于自由市场经济的论述所表达的是一种自然秩序的观点，而卢梭关于国家职能的思考则使他提出了创制秩序的设想。从20世纪中期的情况看，创制秩序观结出了硕果。然而，奥地利学派在向自由主义传统回归时，则把斯密关于自由市场经济的自然秩序观推展到了整个社会，试图在整个社会的层面上构想自然秩序。事实证明，这是不可能的。因为，自然秩序存在的合理性只能到农业社会中去发现，而工业社会所拥有的只能是创制秩序。就此而言，凯恩斯主义之所以取代了传统的自由主义，是应当作为工业社会创制秩序完全凸显出来的结果来看待的。

当然，到了20世纪70年代，凯恩斯主义带来了"政府失灵"的后果，这对创制秩序提出了挑战。在这种情况下，自由主义的秩序观似乎重新获得了生机。最近一个时期，特别是出现了2008年的金融危机之后，人们又在对自由主义的反思中去谋求凯恩斯主义的复兴。其实，这都是一种简单化的和错误的做法。历史不应是这样循环的，创制秩序的失灵并不意味着自然秩序的复兴，而在自然秩序引发了新的危机时，也不意味着创制秩序重新获得了合理性。对于这个问题的解决，需要的是在面向未来的发展观中去寻找出路，那就是，需要实现对创制秩序的超越。也就是说，人类已经开始了后工业化进程，既然在工业化的过程中人类用创制秩序取代了自然秩序，那么在后工业化的进程中也必然会提

---

① ［英］弗里德里希·冯·哈耶克：《经济、科学与政治——哈耶克思想精粹》，冯克利译，南京：江苏人民出版社2000年版，第364页。cosmos是哈耶克沿用希腊古语对自然秩序的指称。

出否定创制秩序的要求。而且，这种否定也不能简单地看作是对自由主义的抛弃，更不能简单地看作是凯恩斯主义的重整旗鼓。可以说，在自然秩序和创制秩序这两个选项中去选择任何一个，都是错误的。以此来审察 2008 年金融危机出现后的"救市"方案，显然会发现，许多恢复秩序的努力都是很成问题的。

创制秩序是工业社会这个矛盾体的显现，一方面，创制秩序是服务于社会控制的要求的；另一方面，社会的开放性又意味着社会控制变得越来越困难。当然，由于工业社会还处在人类历史的低度复杂性的阶段，社会的复杂程度还比较低，所以，创制秩序能够在取代了自然秩序之后发挥出社会控制的功能。而且，由于理性与科学的贡献，创制秩序变得越来越精细，也使其社会控制功能得到了不断增强。但是，在人类进入后工业化的历史进程时，创制秩序的社会控制功能也发挥到了极限，后工业化所推展出来的高度复杂性社会已经到了创制秩序所无法实现控制的地步。所以，整个社会才频繁地以危机事件的形式去证明创制秩序合理性的丧失。这也说明人类的秩序追求进入了一个新的阶段，需要有一种新的秩序去取代创制秩序。后工业化进程中所应建构的秩序应当是一种自觉秩序，在性质上，它应当是一种合作秩序。

就"自觉"这个词来看，显然是与"自然""自发"相对应的，当我们说创制秩序超越并取代了自然秩序的时候，实际上是赋予创制秩序以"自觉"的性质了。甚至会有人把农业社会历史阶段的自然秩序也说成是自觉秩序，因为统治者一直努力维护这种秩序。显然，在农业社会的历史阶段中，存在着自觉维护秩序的行为，但这种秩序在性质上却是自发的，所具有的是自然的性质。统治者不仅在宣示中会极力表明他所维护的秩序是一种具有"自然"属性的等级秩序，不仅会努力证明自己维护秩序的行动是"顺势而为"，而且，统治者既没有能力也没有必要去创制秩序。

与农业社会的自然秩序相比较，工业社会的创制秩序应当说具有了一定的自觉性。但是，创制秩序是在个人权利这一逻辑起点上扩展开来的，它的逻辑展开过程也使其合理化的过程带有很大的自然演进色彩。之所以近代以来会出现自由主义与国家主义的论争，在很大程度上，也说明创制秩序的展开过程是可以进行两种解释或理解的：自由主义者极力为现实中的创制秩序涂抹上自发的色彩，而国家主义者则通过国家以及政府职能的强化去诠释其创制特征。总之，创制秩序还不能被作为一种完全自觉的秩序来加以认识。在我们想象后工业社会中的秩序的时候，需要描绘或把握的则是它的自觉性特征，这种秩序应当是完全自觉的秩序。这种自觉将不是工业社会中的那种思想家和作为秩序供给者的社会治理者的自觉，而是一种普遍的自觉，是每一个进入社会生活以及开展社会活动的人的自觉。由于每一个人都以自己的自由自觉的活动去创制这种秩序，这一秩序不再被认为是创制秩序了，而是一种自觉秩序。

自觉秩序实际上也是合作秩序，是从属于合作的需要和服务于合作行动的。从 20 世纪 80 年代以来的情况看，由于人类进入了从工业社会向后工业社会转型的历史时期，工业社会的创制秩序失灵的情况在每一个领域中都迅速地涌现，以危机事件为标志的社会失序已经成为一个必须直面的问题。在应对各种各样的危机事件的过程中，人们意识到应通过合作行动去化解危机。但是，合作行动仅仅是以行为的形式出现的，或者说，是以组织行为的方式出现的。比如，在应对 2008 年金融危机的过程中，就出现了 G20 组织来协调应对危机事件的行动。然而，对这种合作行动加以秩序建构的方案却没有人去加以思考，或者说，没有人去提出一种对合作行动进行秩序建构的方案。所以，在合作的过程中，也不断地出现新的不协调行为。从实际情况看，尽管远远没有走出金融危机状态，美国甚至欧洲发达国家就已经频繁地进行破坏合作的试探，以求在真正走出全球性金融危机的时候就率先掌握国家间竞争的先机。事实上，这种破坏合作的行动只能使全球在金融危机之中待的时间更长一些，却不能够增强美国等发达国家真正的竞争优势。在某种意义上，我们可以推断，美国等发达国家也是明白这一点的，可是，为什么它们还要采取不合作甚至破坏合作的行动呢？那是因为应对危机的合作行动仅仅停留在行为层面，没有被提升到秩序的层面，没有作为一种自觉秩序而被建构起来。

农业社会的自然秩序在本质上从属于社会互助的需要，尽管农业社会的统治者是运用权力和通过强制性的暴力措施去维护这一秩序的，是用一种统治结构来支撑这一秩序的，但就这一秩序的自然基础而言，根源于互助的需要。无论统治者通过什么样的措施去维护它，其互助的实质都没有改变。比如，中国隋唐开始的户籍制度就是农业社会典型的维护熟人社会的结构不被破坏的措施，而在熟人社会的结构中，显然是最有利于互助行为的生成的。工业社会的创制秩序则从属于竞争与协作的需要，或者说，工业社会的竞争与协作是对立统一的。竞争的要求在超出个体行动能力的范围时，必然有与他人联合去增强竞争能力的要求，因而就会出现协作的问题。而且，在工业社会的发展过程中，不断呈现出来的是组织化程度迅速提高的态势，到了工业社会后期，整个社会都是被各种各样的组织所组织起来的。组织本身就是一个协作体系，而且组织间也有着协作的问题。所以，工业社会在本质上是一个协作的社会，只是在极其有限的生活领域中和极其偶然的状态下才保留了互助行为的空间，在更多的社会活动中，都是以理性协作的形式出现的。协作是理性的，而协作过程中的理性首先就是以创制秩序的形式出现的。在一个组织中是这样，在整个社会中也是这样。所以，创制秩序是与协作密切联系在一起的。

在后工业化进程中，协作行动需要得到提升，即提升到合作的层面。这是因为，后工业化进程已经把人类带入一个高度复杂性和高度不确定性的状态。在这种状态下生活以及活动，需要行动主体拥有更多的自主性，而建立在工具理性基础上的协作，恰恰是通过约束和限制行动主体的自主性去获取协作行动的效果的。20世纪后期以来，协作行动的行为模式日益暴露出其不能适应高度复杂性和高度不确定性的社会要求了。因而，只有合作行动，才能让人类在应对频繁发生的危机事件中有着更为优异的表现；只有合作行动，才能处理各种各样复杂的社会问题。既然社会的发展提出了用合作行动去取代协作行动这样一种要求，既然合作行动是建立在行动者的自主性的基础上的，那么作为一种外在于行动主体的创制秩序就只能越来越显现出其消极性了，因此需要被自觉秩序所取代。

社会的有机性是与复杂性同步增长的，农业社会的地域隔离本身就说明了这个社会的有机性程度较低，或者说，在超出地域边界的地方是没有所谓有机性的。工业社会相对于农业社会的复杂化使这个社会的有机性程度得到了很大提高。但是，工业社会的有机性程度还是较低的。反思工业社会，就会看到，工业社会的专业分工割裂了各部分的有机联系，建立在分工基础上的协作虽然把各部分重新组合为一个整体，却无法还原为一个有机体。农业社会的组织结构虽然是一种线性结构，但由于构成要素间的相互联系是完整的，因而不需要创制规则的规范也能正常运行。与之相比，工业社会在组织上以及整个社会层面上的线性结构已经构成了一个面，这个面上的社会运行以及社会生活、社会行动等就需要得到创制规则的规范，社会的原子化以及人们之间社会关系上的形式化，时常对社会的有机性造成冲击，因而需要不断地创制规则来维系这个社会，从而使这个社会的有机性依赖于创制规则的不断生成。在此意义上，创制规则就成了这个社会一切活动的前提，当创制规则能够维系这个社会的时候，能够对人的行为实现有效规范的时候，这个社会的创制秩序也就表现得良好。一旦创制规则不足以规范人的行为，不足以维系社会，那么创制秩序也就受到了致命的挑战。

后工业化进程所呈现出来的恰恰是对创制秩序的挑战，显然，后工业化使创制秩序面对公共生活的实质性要求显得无能为力了，面对瞬息万变的社会显得无比僵化了。而且，为了维护这一创制秩序，越来越显现出通过社会行动去扼杀新生社会因素的问题。比如，在科学技术的领域中，我们看到，对"克隆技术"的限制、"依法治网"口号的提出等，都是为了工业社会的创制秩序得到维系而去阻碍科学技术发展的做法。既然中世纪的"宗教裁判所"没有能够阻碍科学技术的发展，相信现在人们所采取的一切限制科学技术发展的措施也不会达成其目的。与其说要通过阻碍社会的进步去维护一个已经僵化了的和失去合理性的创制秩序，还不如思考如何去建构一种新型的自觉秩序，从而为人类社会的进一步发展提供一个理想的空间。也就是说，我们应当作出的选择是，根据后工业化所推展出来的新的秩序要求而进行探索，去寻求一种可以替代创制秩序的新型秩序。只有这样，才能大大地减轻后工业化过程中的社会震荡。如果后工业社会所需要的是一种自觉秩序的话，也就意味着这个社会能够在自觉秩序的生成中获得实质性的有机性。这个时候，秩序是发生在和存在于行为主体的内心之中的，而不是一种外在于他的力量。

　　自觉秩序是一种非控制导向的秩序。在社会控制的意义上，自然秩序不是出于社会控制的要求，但当统治者意识到秩序具有社会控制功能后，就开始了通过维护自然秩序而实现社会控制的行程。但是，利用自然秩序去实现社会控制只是对自然秩序功能的开发，并不表明这一秩序是出于控制的需要而产生的。创制秩序则不同，它是出于社会控制的要求而被创制出来的。所以，创制秩序在得以建立的时候就被赋予了控制的内容和性质。正如我们已经指出的，在工业社会的低度复杂性和低度不确定性的条件下，创制秩序是能够实现社会控制的目标的，但当人类进入高度复杂性和高度不确定性的历史阶段时，创制秩序已经无法满足社会控制的要求了。这也可能同时意味着社会控制历史的终结。因为高度复杂性和高度不确定性的社会本身就是不可按照控制导向的思路去加以建构的社会，所以，这个社会中的秩序必须具有两个方面的基本属性：其一，它是非控制导向的；其二，它是能够发挥行为规范功能的。正是根据这个思路去思考后工业社会的秩序，我们才给予它以"自觉秩序"的名称。

　　创制秩序的过程是自觉的，而创制秩序自身却并不需要它所规范的行为主体的自觉性去支持它的存在。相反，创制秩序得以存在的前提恰恰是假设了它所规范的行为主体是没有自觉性的。自觉秩序也是创制的，但它不是由少数社会精英所创制的，而是由一切开展社会活动的人们所共同创制的。这样一来，不仅建构秩序的过程是自觉的，而且这一秩序本身就是存在于人的自觉的合作行动中的。事实上，在高度复杂性和高度不确定性的条件下，人类必须以合作行动去应对各种各样的挑战。合作行动应当是有序的，即需要有相应的社会秩序与之相适应，而支持合作行动的秩序就是一种自觉秩序。这是时代提出的新课题，也是人类秩序追求的归宿。

第六章

当官、用权以及职责

家元共同体中的社会关系实际上是由两大基本关系构成的：其一，是身份等级关系；其二，是土地关系。在身份等级关系中，"为官"就是服役，所服的是一种特殊的"官役"。然而，在土地关系中，却包含着逐利动机生成的动力，因而，为官也就表现为对一种报酬的获取，这种报酬就是俸禄。"官"是出于社会治理要求而设立的，只要有官，就有权力与之相伴随。权力是社会治理活动赖以展开的必要支持力量，一切社会治理活动都离不开权力。但是，在不同的社会治理模式中，权力的状况又不同。统治型社会治理模式中的权力是一种混沌的权力，没有实现分化。到了工业社会，建立起了管理型社会治理模式，社会分工在社会治理领域中也表现为权力行使上的"分工—协作"关系，呈现出了权力分化。与之相对应，出现了"三权分立"与"相互制衡"的理论规定。权力的分化并不仅仅表现为立法权、司法权和行政权的分立，在权力现实地发挥其功能的过程中，也分化为抽象权力和具体权力，并通过职权而把抽象权力和具体权力统一到了一起。管理型社会治理模式在很大程度上可以说是建立在"三权学说"的基础上的，如果我们看到抽象权力与具体权力的分化，将会导向服务型社会治理模式建构的方案。管理型社会治理模式在发展到其典型形态的时候实现了官僚职业化。官僚职业化也是社会的普遍职业化的构成部分，它提出了职责的要求。这种要求在官僚制组织中得到了制度性的确认。官僚制组织在通过规则和规范去为职责的实现提供保证时，要求组织成员保持"价值中立"，防止任何价值因素对科学性的规则和规范造成冲击。但是，20世纪后期以来的情况对官僚制组织关于职责的定义提出了挑战，要求官僚制组织中的职业文官在道德意识的支持下履行职责。

第一节 家元共同体中的"官"

一、 家元共同体中的社会关系

一切社会治理都是对社会关系的调整，反过来，有什么样的社会关系也就会有与之相适应的社会治理形态。但是，社会治理是通过"官"而得以实现的，就人类的社会治理而言，离开了对"官"的认识，可能就会变得非常难于理解了。官承载着社会治理的使命，即使是在法制的条件下，离开了官，也无法理解治理过程。然而，官的产生以及在不同的社会中所承载的社会治理功能是不同的。在等级社会中，官既是等级关系的产物，又是服务于维护等级关系不受破坏的目的。在中国，由于在农业社会这个历史阶段中形成了完整的官的等级系列，因而使超越这个社会的革命进程变得无比艰难。在欧洲，之所以资产阶级革命能够从根本上消除身份等级制度，也是因为它在历史上没有形成完整的官的等级系列。所以，社会治理的变革甚至整个社会的变革都需要通过对官的状况的考察而去发现其原因。

在社会关系特别是社会治理关系中去认识"官"，可以发现，"官"是社会关系链条中的一个环节，在人类社会的不同历史阶段中，由于社会关系的类型不同，"官"的概念有着不同内涵。比如，在人类社会的早期，如同任何其他生活类型一样，为官被视为一种不可抗拒的命运；在等级社会，为官又是由一系列特权构筑起来的足以光宗耀祖的身份；到了近代社会，由于等级制度的解体和社会分工的专门化，为官在很大程度上成了个人由以谋生的一项职业。"官"这个概念是产生于农业社会的历史阶段中的，这是因为，人类社会治理活动是在农业社会的历史阶段中形成的，特别是社会治理活动结构化为治理体系的时候，就形成了"官"的系列。毫无疑问，社会治理活动是沿着社会关系的线索展开的，也是对社会关系的调整。所以，官既是社会关系的构成要素，又是自觉调整社会关系的行动者。

社会关系有着丰富的内涵，人们可以从中分出政治关系、经济关系等等多种类型和多重内容。然而，当人类社会还是一个具有"中心—边缘"结构的社会时，总会有一种关系是社会关系中的基础性构成部分，具有支配性的地位。在人类结束了游牧生活而进入农业社会后，等级关系就成了最为基本的社会关系。如果以今天的视角而把社会关系分为政治关系和经济关系的话，可能会把等级关系归入政治关系的范畴。其实，在整个农业社会，政治关系与经济关系基本上都处在一种尚未分化的混沌状态。比如，在古希腊，城邦与家庭的对立似乎代表了政治与经济的分离，实际上这种对立本身就是政治性的，是"人"与"非人"的不同政治地位的体现。后者不具有任何独立于前者的地位，不能拥有财产。所以，此时的政治与经济都是统一于等级结构中的。即便到了罗马时期，出现了所谓"财产权"，显示出政治与经济分化的迹象，但经济关系依然受到等级关系的控制。总的说来，在整个农业社会，等级关系都体现为一种一体性的社会关系，它在政治、经济、宗教甚至文化等方方面面的生活内容都是在等级关系的版图上展开的。

政治经济的一体性，在中国还出现了"家国一体性"的典型形态，都表明农业社会的生活形态是一种共同生活。同一等级的人们具有共同的生活内容，不同等级的人们通常不具有共同的生活内容。当然，形塑了农业社会共同生活的要素并不仅仅是等级关系，农业社会地域区隔的割据状态也是它无法形成公共生活的重要原因。所以，从共同生活到公共生活的转型不仅仅是一个身份共同体不断解体、从身份到契约的过程，还是一个地域共同体不断解体、从地域形态向领域形态转化的过程。总之，这是一个从家元共同体向族阈共同体转化的过程，是一个从封闭走向开放的过程。

由于整个农业社会是建立在等级共同体基础上的共同生活形态，所以，这种生活在等级内部与等级外部的表现是不同的。同一等级内部的社会关系表现为人们之间松散的和不稳定的"互帮互助"；不同等级之间的人们则处于一种严格的人身依附状态，是以人身依附为特征的社会关系。当然，从整个历史发展的趋势看，等级关系处于一个不断疏松的过程之中，人身依附也是逐渐走向淡化的。在西欧中世纪，等级关系已经部分地退出了经济生活，使自由的种子得以在经济生活中生根发芽，并成长为一座座茁壮成长的城市，从而为市民社会及其国家打下了坚实的基础。随着近代国家的形成，等级关系及其人身依附就被从近代人的生活之中驱逐了出去。

等级关系是农业社会的最基本的社会关系，是一种普遍性的社会关系。也就是说，农业社会就是在等级关系的版图上展开的，并以"役"的行为去反映这种关系和维护这种关系。在不同等级之间，役体现为较低等级对自己的直接支配者的军役、劳役和财役。但是，役不仅发生在等级之间，在同一等级中，也存在着役。比如，同一身份共同体中的成员之间，也有役务关系，同为一母所生，却有着君臣之分。可见，除了较高一等级是较低一等级的主人，在同一身份共同体中也有着"长少有等，宗孽有别"式的主仆关系。中国的清王朝把这一点诠释地非常清楚，那就是汉族人在清廷为臣的时候还被称作"臣"，而满族人在清廷为臣的时候则称"奴才"。这说明，农业社会的等级关系并不仅仅存在于等级之间，而是普遍存在于社会生活的每一个角落，即使在同一个等级中，在同一个身份共同体中，也存在着等级关系。清王朝的所谓"旗"，就是这种等级的标识。

我们说等级关系是农业社会中的最为基本的社会关系，实际上是说农业社会中并不仅仅存在着等级关系，而是表现出了较为复杂的情况。也就是说，如果农业社会仅仅存在着等级关系的话，那么这个社会中就永远也不会存在着否定自身的力量，而会如秦始皇所期望的那样"万世一系"。现在看来，在几乎世界上的每一个地区，农业社会都已经解体或正在解体。这说明，农业社会自身是有着自我否定的力量的，即使在一些地区是因为外部因素的冲击而迫使农业社会解体，也是需要到其内部去寻找作出更加合理解释的理由的。究竟是什么因素成了农业社会自我否定的力量呢？我们认为，是与等级关系并存的土地关系。

世界上所有地区的农业文明都是与土地关系相关联的，农业社会的政治、经济、文化等所有方面都反映了土地关系的状况，或者说，都需要以土地占有的状况来加以反映。所以，在认识农业社会时，土地关系也是一条必须考量的线索。事实上，在农业社会发展的整个历史进程中，土地关系与等级关系一直胶着在一起。或者说，正是土地关系与等级关系的互相支持，构成了农业社会生活和交往的基本框架。这样一来，行为层面上的"役"与非"役"就可以得到合理的解释了。由于等级关系的原因，土地上的劳作就会体现为"劳役"，等级关系决定了土地分配制度，因而也决定了土地上的劳作所具有的劳役性质。但是，土地关系毕竟又不等同于等级关系，而且也不是与等级关系相重合的。尽管等级关系决定了土地分配，但基于土地的经营却是无法完全按照等级关系进行的。在土地上进行劳作而取得的收获，并不完全按照等级关系的性质而进行分配，而是有一部分可以留给自己。

在人类社会的早期，土地关系以及在土地上的劳作就已经体现出多样化的特征。我们从中国的"井田制"中可以看到，可能只是在中央部分的"公田"上的劳作才是劳役，而在那些边缘地块的"私田"上的劳作就不能称得上是劳役。到了后来，在封建化的过程中，劳役的特征也开始淡化了。这时，虽然等级关系决定了土地的所有权（这是一种特权，与我们今天所使用的"所有权"概念是不同的），但土地上的经营权却转移到了那些在土地上劳作的人身上去了，他们通过"付费"（地租）的方式而使用土地，至于土地上的收获，则归自己所有。当然，真正能够归自己所有的只是其中极小的一部分，绝大部分收获都以地租的形式交给了土地的所有者。可是，如果我们对其作出理论判断的话，是可以说土地上的一切收获都归劳作者所有，只是他在占有了全部收获之后而把其中的一部分（可能是极大的一部分）提取出来并交给了土地的所有者。

土地关系虽然是与等级关系胶着在一起的，却又具有一种与等级关系相背离的性质。而且，正是这种与等级关系相背离的性质，造就了所谓"小农"和"小农经济"，从而在政治的边缘保留了既支持等级关系又不受等级关系完全支配的社会构成要素。这种情况，就是等级关系与土地关系之间的"裂隙"，并且成了农业社会最终解体的根源。最为重要的是，我们在等级关系与土地关系的裂隙中发现了"逐利"意识的萌生，无论是在土地的所有者那里，还是在土地的使用者那里，都会因为这种土地关系而产生逐利的动机。对于土地所有者来说，他之所以放弃使用劳役而转为把土地租给农民，显然是历史经验在其中发挥了作用，那就是租给农民后的收益要比直接使用劳役的收益多得多，而且这种收益也更加稳定。就此而言，无疑是逐利动机促成了土地租用制度。同样，农民之所以不希望以劳役的形式而直接地在地主的土地上耕种，却愿意租用土地，那是因为，在地租议定之后，能够通过自己的辛勤劳作而获得更多的收益。今天看来，这些收益也许是极其微薄的，但它已经足以激发出农民的逐利动机了。

　　还需要注意的一点是，当土地租用制度出现了，必然会有议定地租的行为。在等级体系中，这种议定往往会以"恳求"的形式出现。尽管是恳求，却也是一种意志的表达，在哪怕是极小的意义上，也已经有了讨价还价的内涵。而且，我们也可以把这种恳求看作是在尊重等级关系的前提下而对等级关系的挑战。所以说，它在实质上已经可以看作是"议定"了。这也意味着，在农民有了逐利的要求后，就会不满足于仅仅租种地主的土地，而是会激发起一种拥有一块自己的土地的要求。事实上，在历史演进中，拥有自己的土地的农民逐渐地多了起来。当一部分农民开始拥有了自己的土地时，对于土地租用关系也就形成了冲击。因为，一旦一些农民拥有了自己的土地，就会对那些继续租用地主土地的人形成支持，即让他们在议定地租的过程中获得可以参照的标准，从而产生一定的优势。所有这些，也都会在总体上对等级关系造成一种压力。

　　总之，在整个农业社会，土地关系所具有的是经济属性，它在与具有政治属性的等级关系并存的条件下受到等级关系的调整。在某种程度上，也可以说，农业社会的治理体系所要加以调整的基本内容就是土地关系。所以，在中国古代的王朝更替过程中，每一个新的王朝建立之后，所做的第一件事就是重新分封土地。只有当这件事做完之后，才有可能想到社会治理的其他方面。而且，全部的社会治理活动又都是为了维护等级关系和等级秩序，以保证等级关系能够始终凌驾于土地关系之上，并随时能够调整土地关系。然而，土地关系却隐含着冲击等级关系的内涵。虽然在等级关系处于强势的条件下这是一种不被人们所觉察的力量，但世界上几乎所有地区的农业社会的解体都是这种力量成长的结果。

二、 封建结构的变迁

农业社会的封建结构是等级关系与土地关系结合而成的整体。但是，以等级关系和土地关系为基本内容的社会关系却是一种不对称的关系。在欧洲，由领主授予附庸的采邑就是等级关系与土地关系相结合的集中体现。在形式上，采邑是一种土地授予，但是，如布洛赫所指出，"如果认为所有的采邑实际上是由领主授予附庸土地而产生，这将是一种误解。尽管看似奇怪，但许多采邑实际上出自附庸对领主的土地赠予，因为这位寻求保护者的人，经常要为这种被保护权付出代价。……所以弱小者在向领主委身的同时，也要献出土地。人身依附关系一旦确立，领主便将新产生的依附者临时交出的土地返还给后者，但此时这块土地的所有权属于领主"[①]。因此，采邑的本质是依附关系而不是它在表面上所表现出来的土地授予行为。或者说，土地授予与依附关系结为一体是一种以土地为中介的人身依附关系。

这并不意味着土地关系臣服于等级关系之下，因为任何附庸关系的建立都必须经过采邑授予这样一个程序，它虽是一个要件，却是一个必不可少的要件。所以，即便本来是附庸对领主的"赠予"（准确地说，这是一种"奉献"，赠予所反映的是一种自上而下的恩赐，而由下而上的转让则应被表达为"奉献"），也必须让附庸变成被授予者才是有效的。这种领主与附庸的关系是经过了授予程序而加以确认的，所建立起来的既是等级关系也是土地关系。当然，根据当时的习惯，臣服关系的建立需要经过"臣服礼""效忠礼"和"封地仪式"这三道程序。虽然封地仪式永远排在最后，却是必不可少的。如果没有封地仪式的话，那么臣服礼和效忠礼都是毫无意义的。[②] 所以，封地仪式是保证建立起人身依附关

---

① ［法］马克·布洛赫：《封建社会》，张绪山等译，北京：商务印书馆，2004年版，第286页。根据韦伯的考察，这里返还的土地经常包含了某种"适量的增加"，在某种意义上，正是这种"适量的增加"使整块土地都有了授予的性质（参见［德］马克斯·韦伯：《韦伯作品集Ⅲ支配社会学》，康乐、简惠美译，桂林：广西师范大学出版社2004年版，第125页）。

② ［法］马克·布洛赫：《封建社会》，张绪山等译，北京：商务印书馆2004年版，第289页。

系的关键。

在封建结构中，如上所说，由于等级关系的原因，役是一种普遍形态，所有依附者都对支配者负有特定的"役务"。然而，由于土地关系等方面的原因，"租"与"利"又发挥了对役加以矫正的作用。而且，在农业社会的发展中，由于土地是最为基本的生产资料，土地关系在社会关系中的地位因而不断增强。虽然土地关系也受到等级关系的调整，并被纳入等级关系的范畴中去了，成为人身依附的"中介"，但人身依附的状况是非常复杂的。因为，在这一社会的人身依附系列中，既存在着因土地授予而产生的"附庸"，也存在着租种土地的"农奴"和"佃领人"等，甚至，还在很大程度上保留了农业社会早期的"奴隶"这一依附形式。所以，等级关系具有多种形式和多重内容，在土地关系被纳入了等级关系之中的情况下也同样表现出多种形式和多重内容。可是，由于土地关系在本质上具有激发逐利动机的功能，也就会逐渐地削减等级关系的多种形式和多重内容，使其"齐一化"，以至于使封建结构单一化。

中国封建社会的土地关系发育得比较成熟，一直存在着一个比较庞大的"自耕农"阶层。因之，向朝廷交纳的税赋在整个农民阶层的负担中占据了较高的比例，从而使中国农业社会的王朝治理也显现出了某种与现代国家治理相似的特征。在欧洲，农奴制在 13 世纪晚期已出现了比较明显的衰落迹象，领主对农奴的控制走向了弱化。然而，随着绝对国家的出现，领主阶层遭遇来自王权的打击，因而开始有越来越多的依附者把效忠对象从领主转到了国王那里，同时也出现了赋税逐渐取代地租的情况。但是，在欧洲封建结构的变迁中，一种不同于中国农业社会的更为典型的特征是欧洲让土地关系对等级关系的冲击显现得更加充分。

在欧洲，附庸与农奴都是等级关系中的依附者，他们的不同在于，农奴所承担的是单纯的役务，即劳役；附庸既是依附者，也是支配者，他既是上一等级的附庸，又是下一等级的领主。作为附庸，他必须承担对领主的役务；作为领主，他却断然不可接受有辱身份的劳役。[1] 而农奴的役务则是反映在他在土地上的劳作中的。当然，农奴在土地上的劳

---

① ［法］马克·布洛赫：《封建社会》，张绪山等译，北京：商务印书馆 2004 年版，第 290 页。

作分为两种情况:一种是在他的佃领地上的劳作;另一种则是在领主的自领地上的劳作。根据当时的习惯,农奴需要在领主自领地上服行通常一周三天的劳役,然后就可以把剩余的时间用在自己的佃领地上了,但需要将佃领地上收获的一部分(通常是绝大部分)作为地租交纳给领主。① 于是,农奴的劳动本身发生了分化,分化为劳役劳动、地租劳动与逐利劳动三个部分。

劳役劳动是在领主自领地上的一种不自由的劳动,直接表现为役;地租劳动与逐利劳动都是在佃领地上的劳动,其中,既生产出了作为"租"的部分,也生产出自己的"利"。从这种劳动结构看,领主自领地成了等级关系与土地关系的结合体,农奴在这两种关系的结构中直接承担着役,而农奴的佃领地则在一定程度上与等级关系有所分离,因而,在佃领地上的劳动并不直接地表现为劳役。就此而言,领主自领地承载了等级关系,或者说对等级关系提供支持,而农奴的佃领地则在一定程度上可以被看作是农奴的"自留地"。虽然这一"自留地"在名义上依然属于领主,只不过是由农奴所租种,而且要交纳地租,但它已经表现出某些与等级关系相疏离的迹象,并有了一定的独立性,从而使农奴有了一层非人身依附的生活内容。这就是隐藏在封建结构中的一种异质因素。也就是说,既然农奴佃领地上的收获包括"租"和"利"两个部分,而且"租"和"利"又与劳役并存,也同时都由农奴去承载它们,那么农奴就在主观上有了一定的选择权。显然,对于作为封建结构基础和支撑力量的等级关系而言,这种选择权是绝对不允许存在的,而在实际上,农奴拥有它却是一个事实。而且,由于领主发现了农奴所交的租要比劳役所给予他们的更加实惠,也会因其逐利动机而选择租。这样一来,无疑促进了役的衰落。

在役、租、利之间,是存在着矛盾和冲突的。既然领主与农奴都会选择租并表现出逐利的要求,也就必然导致役的衰落和租的崛起。这在中世纪后期,实际上演化成了一场"社会运动"。首先,在农奴这里,由

---

① [英]佩里·安德森:《从古代到封建主义的过渡》,郭方、刘健译,上海:上海人民出版社2000年版,第196~197页。

于租为他的利的要求留下了一定的空间，可以满足他的逐利要求，从而使他视役为一种压迫力量，并强烈地希望加以抛弃。因而，农奴开始逃离家园而迁移到那些较为青睐租并对役的要求较低的领主庄园中去。这可能就是家元共同体解体的最初动因。其次，由于佃领地能够给领主带来更多而且也更稳定的收益，出现了自领地佃领化的趋势，从而大大地解放了劳役，让领主可以通过租而获利，让农奴可以在租后的空间中获利，大大地促进了土地关系去等级化的进程。这可能就是资本主义关系产生的最初迹象。再次，由于城市的出现以及手工业的繁荣，有了城市与农村争夺劳动力的情况，不愿意在土地上承受劳役的人则可以到城市中去谋求生存，这更加促进了劳役的解体。这可能孕育了族阈共同体生成的力量。

13世纪后，出现了解放农奴的运动，被解放后的农奴无须再服行劳役，而是用交纳"代役税"去代替劳役。不仅如此，城市的兴起还促进了货币的生成和发展，在领主与农奴之间出现了"代役金"这一货币形式的役。后来，由于货币的通货性质能够给领主带来极大的便利，也由于领主对城市中的市场依赖度日益增强，更由于领主对作为劳役与地租结果的实物产品的需求开始降低，开始更倾向于要求农奴以货币的形式去完租了。因而，地租也逐渐地从实物形态转为了货币形态。我们知道，正如马克思所说的那样，货币天生具有平等的性质。不仅货币促进了市场经济的发展，使交易日益频繁，而且，货币的一般等价物的性质，也促使人们更多地去关注物品的价值，而不是关注人们之间关系的等级性质。这样一来，等级关系受到了实质性的破坏，社会则开始在具体的生活中逐渐地形成抽象形态的构成要素。

通过上述考察，我们发现，封建结构变迁出现了两次转型：第一次是从役向租的转变，这一转变使土地关系首先出现了变化，即把领主的自领地转化为农奴的佃领地，从而使农奴在等级关系的框架下获得了一定的自主性空间；第二次是从实物地租向货币地租的转变，使经济性质和经济结构都开始有了新的特征。更为重要的是，货币还促进了人的平等意识的生成，尽管这个时候还是极其朦胧的。由于役与租都是发生在土地关系中的，是等级关系在土地关系中的体现，所以，这两次转型也更多地表现出了土地关系的变迁。土地关系的变迁对整个封建结构产生了重要影响，促使它发生变化，而且，这个变化也就体现在等级关系的弱化上。我们已经指出，土地关系主要是一种经济关系，而等级关系则是一种政治关系，在封建结构中，它们是合为一体的。但是，土地关系的变迁对等级关系造成了冲击，使等级关系日益式微，并反映为整个封建结构的变迁。当然，虽然这两次转型促进了封建结构的变迁，却不足以对封建结构造成致命的冲击，并没有突破封建结构的框架。

真正对封建结构形成冲击的是城市的出现。我们知道，封建结构属于农业文明的范畴，然而，从欧洲的情况看，却在农业文明中孕育出了反农业文明的因素，这就是城市。在中世纪，城市经济与农村经济存在着性质上的差异，农村经济的活动基本上是以租的实现为目的的。它虽然也如我们所说的那样包含了利的追求，但利是隐藏在租的背后的。城市经济一出现，就表现出了不同，它直接以牟利为目的，把每一个人的活动都直接地卷入对利的追求之中了。当然，在城市兴起之初，它的逐利本性尚未得到充分自觉，与农村经济一样，它在很大程度上也需要依赖于役。比如，行会中学徒的劳役虽然与土地上的劳役有着形式上的不同，但其性质依然是一种役。不过，这种役只是城市在那个等级世界中依然留存下来的等级印记，而在本质上，对利的追逐与役的继续存在是相矛盾的。一旦城市充分自觉到了自己的逐利本性，它就会一步步地展开对任何形式的役的否定。当然，在现实的历史进程中，这一否定的过程是极其艰难的，因而也是极其缓慢的，直到近代早期，它才汇集成具有实质性破坏力量的资产阶级革命。

资产阶级革命摧毁了等级制度，最终取消了等级关系及其役的行为。随着役的取消，在利的刺激下，社会生产力得到了极大的释放，从而将人类带入一个物质生产和经济活动空前繁荣的时代。但是，资产阶级革命并没有取消租，尽管由于役的消失封建地租不复存在了，但一般意义上的租仍然广泛地存在于近代人的经济生活之中。只不过租的内容和形式都发生了根本性的转变，不再仅仅是土地经营活动中的租，而是主要以资本经营为内容的租。而且，一切可以转化为资本的因素，都可以得到租的回报。更为重要的是，租与利已经重合了，一切在实质上是租的因素也都以利的形式出现了，只不过在现代经济生活中人们给予这种"租"以新的名称——利息。利的形式却改变了人，让人的"经济人"特性得以充分的张扬。"经济人"的出现，把整个世界引入理性行进的道路上，从此，人的一切行为都可以在精心谋划的基础上展开，都属于精心计算的利的得失。所以，也就不再能够在租的意义上来看待资本的收益，而是改称为"利"（利息、利润）了。

三、等级社会中的"官"

理清了家元共同体的社会关系脉络之后，我们就可以对"官"展开具体的探讨了。因为，一切"官"都只是一定社会之中的官，是特定社会关系的产物，并反映了社会关系的状况。可以这样来推断，一定的社会关系必然会有相应的治理方式来对其加以调整，而社会治理过程的开展，是通过官来进行的。因而，官无论是作为官职、官位存在还是作为"为官"的行为而存在，都是一定社会的社会关系的综合体现。但是，由于官是服务于社会治理活动及其过程的，它具有凌驾于一个社会的一切社会关系之上的表现形式，而且一切官又都总是与一定的权力联系在一起的，权力的功能也使官变得神秘了，让人们对官表现出一定的敬畏。不过，一旦剥除了官的外衣而还原其社会关系的性质，这种神秘性也就不复存在了。所以，对官的认识是需要从其所在社会中的社会关系出发的。

如前所述，家元共同体的社会关系主要是以等级关系的形式出现的，这种等级关系决定了发生于其中的行为总是以役的形式去诠释等级关系和对等级关系提供支撑力量。不仅普通百姓受到役使，而且役的普遍存在把官也纳入了其中。在等级关系占支配性地位的条件下，为官也是一种役的行为。一方面，官可以役民；另一方面，为官本身又是对相应的支配者的服役。从语词来看，在早期的德语中，官员就通常被称为"仆役"（Bedienter），即支配者的仆役，直到绝对国家时期，官仍然被视为"君主的仆人"（Furstendiener），这显然让为官的役务性质表露无遗。^① 正因为为官也是一种役，所以，在农业社会的早期，几乎世界上的各个地区都出现了由为官者自己去承担做官的所有开支的情况。在西方国家，这一点甚至维持到近代社会出现的前夜（当然是在"俸禄占有"后的意义上所表现出来的官需要自己承担为官的所有费用）。在中国，即使在俸禄制度已经施行了几个朝代之后，新兴的游牧民族政权（北魏）仍然对其官员施以一定时期的无俸禄役使。这与当时服军役需要自备武器的道理是一样的。当然，官役是区别于其他任何一种役的，在等级社会，役也是分成等级的，官役显然是一切役中的最高一等的役。这是因为，官直接地执掌权力，一旦为官者意识到自己的权力执掌者地位，也就会把官役与其他任何一种形式的役区别开来。

农业社会的等级关系决定了为官不仅是一种执掌权力的活动，而且是一种执掌统治权力的活动。统治权力在任何时候都是一种特权，所以，为官者虽然所服行的是官役，却是一种有特权的役。或者说，为官本身就是一种具有特权性质的役务，兼具特权与役的双重属性。作为役，为官是以依附者对支配者效忠和替支配者谋事为基本内容的，支配者拥有在所有的依附者中选择为官者的绝对权力，支配者可以选择自己的亲属为官，也可以授命自己的奴隶、家仆等为官。一般说来，当统治者这样做的时候，是不会遇到什么强力阻挠的。所以，在古希腊的雅典，我们甚至看到"公民议事"而"奴隶为官"的现象。但是，一旦人们发现了官的特权性质后，特权等级就会产生垄断为官的要求，甚至特权等级中也出现了争夺官权的斗争。所以，在封建化的过程中，世界各地区都存在过特权等级垄断了所有官位的历史阶段。在中国，只是到了隋唐时期，由于社会治理范围的扩大和社会治理内容的增多，特权等级中的人已经不敷使用了，或者说，在特权等级中出现了人才匮乏的局面，才开始通过科举考试的方式从平民中去选官。但是，平民之所以能够考中而为官，也首先是因为他已经被等级文化洗净了其平民等级的观念。而且，一旦为官，也就有了相应的特权，并成为特权等级的构成部分。中国通过科举考试去选拔为官者的做法是具有典型意义的，它充分证明了官的双重

---

① 徐健：《近代普鲁士官僚制度研究》，北京：北京大学出版社 2005 年版，第 31、69 页。

属性：“役”与“特权”的共在。

农业社会的治理属于统治型的社会治理形态，其统治职能的实现所依靠和凭借的是统治权力。统治权力则是由官来执掌的，统治阶级是通过官去行使权力的，正是在行使权力治理社会的过程中去维护其等级统治。所以，官的设立从属于等级统治的需要，官为“治民之器”，所服的是“官役”。但是，统治阶级所要求的统治秩序无疑是要通过官来提供的，而官为了担当起这一功能，就必须执掌权力和行使权力。因而，在被赋予权力的同时，也就拥有了得到这种权力支持的特权。

在等级体系中，官的特权是相对于被治理者而言的。对于贵族，他的特权便不再有意义。或者说，官只是贵族的役，在服役的过程中同时分有了贵族的特权。所以，官的特权最终是要归结到贵族的特权那里去的。正是在这样一个等级图式中，我们看到了官“既是役又有特权”的二重属性。在社会的两极，所存在的则是纯粹的役和纯粹的特权。也就是说，在这个社会等级系列的最底层，是广大的平民百姓，他们仅仅是被“役”的对象，所服的是无穷无尽的劳役；相反，在这个等级系列的高层是贵族，他们享有的是纯粹的特权。当然，贵族也是分成等级的，因而，特权也因其等级的大小而有所不同。对于较低等级的贵族来说，为了获取更大的特权，为了在贵族的阶梯上向上攀爬，也需要走为官之路，即通过为最高的贵族（王室、朝廷等）服官役而去攫取更大的特权。在中国历史上，许多以“王”的身份而去为官的人还是不在少数的，尽管王已经是仅次于皇上的最大贵族了，他的身份地位已经不可以再上升了，但他的特权如果希望在实际的治理过程中也发挥作用的话，还是要走为官之路。

等级社会的治理体系是由两个等级系列构成的：一个是官的等级系列，另一个则是特权系列。官的系列是以官职、官衔来加以标识的，而特权系列则是借用爵位来加以标识的。在农业社会的早期，官与爵的分化尚不明显，所以，官职、官位也具有继承性。随着官与爵的分化，也就是走到了农业社会的成熟时期，一般说来，官职、官位不再具有继承的特征，而爵位则是可以继承的。根据韦伯的考察，在中国先秦的社会结构中已经出现了官与爵的分化，而且，战国时期的纷争也使官的地位更显突出，产生了被韦伯称之为官僚制的官的等级系列。但是，秦统一后，爵的等级系列日益突出了出来，而官的等级系列则相应地走向衰落。因而，开始了官僚制向"家产制"的转化。正是在这里，官作为役的特征更加显现了出来，而爵的系列则成了纯粹的特权系列了。汉末以后，随着门阀士族的兴起，官与爵（当然不是西欧式的贵族）两个等级系列再次走向了重合，到了隋唐时期，二者重新变得分明了。随着封建结构的进一步变化，宋代中国又开始了爵的系列弱化的进程，终极性的特权被集中到了皇族之中。这样一来，官的系列则成了最为完整的等级系列。总的说来，虽然爵的系列在每一次改朝换代后都会出现新的变动，但官的系列则一直比较稳定。

在中国，官的等级系列的发展是以土地关系的发展为基础的，一个庞大的豁免于爵的等级系列的自耕农阶层的存在，在客观上要求由官的等级系列来对他们进行治理。然而，官的等级系列的成熟，又填补了所有可能出现的权力"空场"，从而扼制了自由的生长。在土地关系一直没有摆脱等级关系的欧洲，直到绝对国家出现后，官的等级系列才逐渐成形。在欧洲历史上的一个相当漫长的历史时期中，其世俗治理体系都主要是由爵的等级系列构成的。与此同时，在爵的等级系列鞭长莫及的地方，自由则获得了生长的空间，从而有了现代社会源头的踪迹。也就是说，欧洲的封建政治统治是建立在授封制度的基础上的，即通过采邑或佃领地的授予来建立起自下而上的统一的臣服与效忠关系。

如上所述，这种授封制度由于逐利动机的生成而受到了挑战，由领主授予附庸的采邑被附庸所占有，变成了附庸的财产，并且是一种特权性质的财产。以这种财产特权为基础，附庸使自己变成了领主，建立起了对自己而不是对最高支配者的臣服与效忠体系。于是，统一的臣服与效忠关系也就中断了，封建主义的政治统治陷入一种四分五裂的割据状态，封建主的权威受到了极大的削弱。在这种情况下，一种"宫廷管家制度"发展了起来，那些"家内"行政职务被有选择地授予出身卑微的依附者。这就是布洛赫所看到的："各个等级的管家中，许多人都是奴隶性的身份。这一传统可以追溯到很久以前，每一时期都有一些奴隶在家务活动中被其主人委以重任，我们知道，在法兰克时代，这样的一些人曾跻身于早期的附庸之列。随着此后被称为农奴制的人身和世袭隶属关系的发展，领主自然喜欢把这些职务委派给这种侍从，而不只是留给他的附庸。由于他们地位卑下和无法逃脱的严格的世袭关系，他们似乎比自由人更可靠，更能保证迅速地严格服从主人。"①

在布洛赫看来，"这个社会最初对附庸效忠关系寄予很大希望，在这个社会里，宫廷管家制度的发展是这种幻想破灭的征兆。在这两种役务类型之间和两个仆从等级之间由此展开了一种真正的竞争"②。也就是说，宫廷管家制度的出现，宣告了附庸效忠关系的破灭。这是因为，封建主已经失去了对爵的系列的控制，从而迫使他需要借助于宫廷管家这种官的系列去服行官役，以维系和巩固自己的权威。但是，在统治体系内部存在着严重的对立与竞争的情况下，要想保持宫廷管家作为官的纯洁性显然是不现实的，作为一种中间力量，管家们拥有足够的筹码去要求一些特权性的赏赐，要求以这种赏赐作为其效忠的报酬。他们虽然出身农奴，却过着一种比其他任何农奴都更加体面的生活。由于他们直接生活在封建主周围，他们还可以很方便地为自己谋取一些令人羡慕的特权，甚至获得一些连领主们也自愧不如的特权。事实上，在这一制度得到了充分发育的德国，早在11世纪，这些"生活得像骑士一样的农奴"，就为自己创立了一整套群体"习惯法"，并很快使其形诸文字，融进了一个等级的普通法，使自己成为一个明文规定的特权等级。甚至，由于他们处境优越，在接下来的一个世纪中，很多有着体面身份的自由人也自愿为奴，以便成为这一等级的成员。③ 此时，管家们已经成了有特权的官，而不仅仅是在服行官役了。

就役的本质而言，是没有任何回报的。但是，当等级关系不再是农业社会关系的全部内容时，即在土地关系逐渐形成的时候，役的性质发生了变化，出现了一定的回报。比如，地租的出现本身就意味着地租之外的收益是役的回报。同样，等级关系中的官也经历了一个从无回报到有回报的转变。如前所述，起初，无论是在中国还是在欧洲，当官都是

① ［法］马克·布洛赫：《封建社会》，张绪山等译，北京：商务印书馆2004年版，第554页。
② ［法］马克·布洛赫：《封建社会》，张绪山等译，北京：商务印书馆2004年版，第557页。
③ ［法］马克·布洛赫：《封建社会》，张绪山等译，北京：商务印书馆2004年版，第561页。

没有报酬的，而且为官者需要自谋生计甚至支付当官的开销。布洛赫所探讨的宫廷管家制度中的官在一开始就是没有报酬的官，是一种无条件的役务。后来，也许是在行为激励经常化的过程中生成了一种制度，那就是俸禄制度。担任官职就意味着接受一笔俸禄，而俸禄显然就是官的报酬，是服行官役的一种特殊的报酬。这样一来，官役就开始脱离了役的原有本质了。

在欧洲，早期的俸禄也具有采邑的形式，是以封地的形式而被授予为官者的。与采邑不同的是，它具有非世袭性，只归服官役者终身拥有。从名称上看，服官役者的封地被称为"职位地"或"荣誉地"，而采邑则被称为"恩地"。但是，这种区别并没有维持多长时间，"在加洛林帝国鼎盛时期，将所有王室附庸的'恩地'当作'荣誉地'来对待已成习惯，而王室附庸在国家中的作用与严格意义上的政府官员已十分相似。'荣誉地'这个词最终演化为采邑的同义语，尽管在一些国家，至少在诺曼人统治下的英国，倾向于将该词限用于享有很大行政自治权的规模极大的采邑。经过一个类似的发展过程，作为报酬分配给一个职位的地产，然后是职位本身——由于更严重的偏离——逐渐被称作'恩地'或'采邑'。"① 也就是说，俸禄已经采邑化了。因此，与采邑一样，官职也就成了为官者的财产。所以，韦伯也感叹道："所谓俸禄之非世袭性的特征，经常也只是虚构的。"②

对于这种俸禄采邑化的现象，韦伯称为"俸禄占有"。韦伯认为，"在法律上或实际上占有俸禄的官吏，能够非常有效地制约支配者的统治权；简言之，他们可以使得一切想用纪律严明的官僚制来达成行政理性化的企图皆化为泡沫，并维持政治权力分配之传统主义的定型化。"③ 也就是说，在欧洲历史上，官的等级系列与爵的等级系列一直未能实现充分分化，当爵的等级系列因为附庸对效忠关系的微妙叛离而受到破坏时，

① ［法］马克·布洛赫：《封建社会》，张绪山等译，北京：商务印书馆 2004 年版，第 317 页。
② ［德］马克斯·韦伯：《韦伯作品集Ⅲ 支配社会学》，康乐、简惠美译，桂林：广西师范大学出版社 2004 年版，第 205 页。
③ ［德］马克斯·韦伯：《韦伯作品集Ⅲ 支配社会学》，康乐、简惠美译，桂林：广西师范大学出版社 2004 年版，第 146～147 页。

发展出了官。这种官却又是每一个具体的领主的"管家"，是分散在不同等级的具体领主家内的行政官僚，没有形成一个社会化的等级系列。这一点是与中国不同的。在中国，由于所谓"大一统"状态的形成，官分布在朝廷以降的不同层级中而形成了一个统一的等级系列。

所以，在欧洲，爵的等级系列比较发达，一旦官被授以俸禄，他就通过"俸禄占有"而使自己跻进爵的系列之中，像爵一样变成了支配者的竞争对手。这又反过来造成了欧洲政治结构的松散化，无法形成一个统一的权威体系。这种情况只是到了后来的绝对国家时期才得到改变。不过，虽然绝对国家时期的君主在反神权的口号下实现了自我扩张，努力去消除一切破坏效忠关系的因素，努力去取缔一切与之相抗衡的其他世俗权力，但君主并没有因此而造就出一个统一的官的等级系列。"俸禄占有"依然是一个普遍现象，为官者依然希望跻身于爵的等级系列中去，"把行政官员看作是其所有者为了自己利益可以利用甚至出卖的私人财产的倾向仍然存在。"① 所以，才会有大量的"卖官鬻爵"的问题出现。在大革命之前的两三个世纪里，法国的许多官职都因为买卖而成了"私有财产"，既可世袭，亦可转让。② 这些买官者在历史上被称作"穿袍贵族"，在"三级会议"中拥有特权地位。因而，正如他们的名称所表示的，官职在当时所代表的是一种身份，是跻身到爵的等级系列中的标志。

在考察理性官僚制生成的历史时，韦伯对在绝对国家中出现的官员给予了高度评价，认为他们首先帮助君主承担起了反对贵族的使命，在贵族衰落之后又承担起了反对君主从而反对整个等级制度的使命。但是，根据我们的考察，即使在绝对国家时期，欧洲也没有形成类似于中国的官的等级系列，虽然他们表现出了反对一个特定的贵族等级的倾向，但这只能看作是爵的等级体系内部的权力斗争，并不包含试图超越等级制度的想法。这是因为，官也一直是想跻身于爵的等级系列之中去的。所以，对于近代社会的出现，是不应像韦伯那样到官那里去发现具有积极

---

① ［美］昂格尔：《现代社会中的法律》，吴玉章、周汉华译，北京：中国政法大学出版社1994年版，第170页。

② ［德］马克斯·韦伯：《韦伯作品集Ⅲ支配社会学》，康乐、简惠美译，桂林：广西师范大学出版社2004年版，第137页。

意义的因素的。相反，恰恰是由于欧洲一直没有出现一个完整的官的等级系列，致使这个社会只有一个爵的等级系列的支持，并因而成为一个稳定性较差的等级社会。结果，随着城市及其市民社会的出现，随着革命力量的积聚，欧洲的等级社会也就轰然倒塌了。

认识欧洲社会及其资产阶级革命，黑格尔那个时期的思想家其实比韦伯更为深刻，对欧洲历史转型的原因，韦伯的理解显得肤浅得多了。与欧洲相比，中国农业社会的解体为什么会这么困难，就是因为它有着一个完整的官的等级系列的支持。不过，一个非常有趣的现象是，虽然欧洲资产阶级革命废除了爵的等级系列，却建立起了完整的官的等级系列。现代官僚制显然是一个等级结构，只是它不再服务于对身份等级关系（爵的等级系列）的维护，而是服务于社会平等的目标。欧洲从一个方面转移到了另一个方面，而在官的等级系列和爵的等级系列发育得都非常充分的中国，却在历史进步的过程中步履艰难，一直无法用官的等级系列去完整地取代已经变得非常隐蔽的爵的等级系列。

尽管欧洲与中国的农业社会有着巨大的差异，但它们的农业社会历史阶段都属于等级社会，等级关系都处于支配性的地位，从而产生了"役"这样一种普遍性的支配和压迫形式。只不过在中国农业社会的成熟阶段，作为其经济关系的土地关系得到了充分发展，所以，对等级关系条件下的等级压迫有所矫正，并使役的特征有所弱化。在欧洲，土地关系一直被牢牢地束缚在等级关系之中，因而必须以役的形式出现才能保证这个社会的稳定。这就是为什么欧洲历史上有着发达的身份等级关系体系和刻意追求附庸对领主的效忠的原因所在。但是，发达的身份等级系列抑制了官的等级系列的成长，所以，这个等级社会得不到专门维护等级关系的官的等级系列的支持，随着城市的产生和农奴逃离土地而进入城市，身份等级的链条也就断裂了，因而革命发生了。相反，在中国农业社会，由于存在着身份等级和官的等级两个系列，使官的功能得到了充分发挥，始终能够有效地维护这个社会的等级关系，保证了这个社会的等级体系稳定，以至于在任何出现了对等级体系造成冲击的异质因素的地方，官的等级系列立即就会将其消除。正是这一点，是中国农业社会拥有一个超稳定结构的秘密所在。

　　总之，就等级社会而言，中国农业社会由于出现了两个完整的等级系列，并形成了相互支持的局面，所以是一种比西方等级社会更加成熟和更加发达的文明形态。不过，对于历史的发展而言，当一种文明形态变得非常发达的时候，就会束缚住这个民族或这个地区前进的步伐。中国有着发达的农业文明，而这种文明却阻挡了现代化的道路，领导历史前行的旗帜却由西方世界举起。也就是说，在从农业社会向工业社会转型的过程中，西方世界捷足先登了。现在，如果说工业社会已经走到了自己的顶点，产生了向后工业社会转型的需要，那么中国社会将会有着什么样的表现呢？这实际上也是我们当前应当选择什么道路的问题。其一，我们可以走一条追赶西方发达国家的道路；其二，确立超越工业社会的目标，举起走向后工业社会的旗帜。如果我们选择了后一条道路的话，就需要对整个工业社会作出科学的分析，去发现哪些因素构成了这个社会的基本结构？哪些因素对工业社会是最为基础性的支持力量？而这些因素却可能成为走向后工业社会的障碍，发现它们并努力消除之，就会使走向后工业社会的步伐变得轻盈了。

第二节　权力分化的历程

一、　抽象权力的产生

　　人类有史以来的治理活动都是与权力联系在一起的。在农业社会，一切治理活动都是对权力的运用和行使，是依靠权力去开展社会治理的。在工业社会，建立起了法制，实现了依法治理，但权力在实际的社会治理过程中仍然发挥着重要作用。可以相信，即使到了未来的后工业社会，权力在社会治理中的作用依然不可小觑。可以说，在任何一种社会治理模式中，权力都是最重要的构成要素。在很多情况下，权力结构的变化还能促发治理结构甚至社会结构的变革。从历史上看，治理结构与社会结构变革的完成，也往往是以权力结构的定型为标志的。所以，对于身处变革时代的我们来说，要把握社会变革的脉动，就需要对我们置身于其中的管理型社会治理模式的权力结构作出分析。

近代以来的政治学在权力结构的问题上进行了大量研究，但这些研究基本上属于分部门的静态分析，它只能把握管理型社会治理模式权力结构的形式特征，而无法深入其实质。我们认为，管理型社会治理模式的权力结构与统治型社会治理模式的权力结构有着实质性区别：首先，管理型社会治理模式在权力分化中产生了抽象权力，形成了抽象权力与具体权力的二元结构；其次，管理型社会治理模式通过职权确认了抽象权力与具体权力的二元结构，实现了治理权力的职权化；再次，在职权中生成了一种公共权力，并在整体上赋予社会治理权力以公共性。所以，抽象权力、职权与公共权力构成了管理型社会治理模式权力结构的三个层次。

我们发现，在《启蒙辩证法》一书中，霍克海默和阿多诺运用了奥德修斯与尤利西斯的隐喻描述了人类历史行进过程中事物的内容与形式的不断分化。这其实告诉了我们人类社会发展的一个基本特点，那就是，不断地对存在着的事物加以抽象，然后根据抽象的原则再加以重建。实际上，事物本身在人对它的重建过程中也呈现出两种形态，即抽象的形态和具体的形态。

在辩证法的经典理解中，抽象出来的是概念、观念和理念，是对寓于事物之中的那种普遍性、实质性因素的把握。但是，现实的历史发展进程也有一个抽象化的过程，一些事物呈现出抽象形态和具体形态的分化。权力就在近代以来走上了抽象化的道路，与农业社会的一切权力都呈现出具体性相比，工业社会的权力逐渐地呈现出了抽象权力与具体权力并在的局面。其实，在社会生活的每一个领域，都存在着这种抽象化的过程。可以说，从农业社会向工业社会的转型本身就是一个社会抽象化的过程。经历过这一过程，所有社会构成物的存在都获得了抽象的形态。当然，这并不是说农业社会中就没有抽象事物，更不是说农业社会各构成物的存在就丝毫不具有抽象性。但总体而言，农业社会的抽象性存在主要是以概念、观念和理念的形式出现的，而其他的社会构成要素则很少以抽象的形态出现。

农业社会的统治型社会治理模式是建立在等级权力的基础上的，由于它是完全依靠权力而进行社会治理，所以我们把这种社会治理模式中的治理称作"权治"。然而，就这一社会治理模式中的权力而言，在每一处都表现出了具体性。虽然人们也在诸如罗马共和时期中看到权力分化为几种类型的情况，但那时的权力不管是以什么类型出现的，都是混沌的具体权力，没有出现抽象权力与具体权力的分化。罗马处于农业社会的历史阶段，罗马共和政体也是统治型社会治理模式中的一种特定的政体形式和治理方案，它的所谓分权仅仅意味着有着几种不同的具体权力。这几种不同的具体权力在共和的原则下发挥作用，或者说，是由几种不同的具体权力共同作用而实现的共和。也就是说，这种共和只是一种不同于单个君主独裁统治的治理方式，而在实质上，依然是由这个社会的极少数人所实施的统治，是统治型社会治理模式范畴中的一种特殊的统治类型。

从欧洲历史看，罗马政体并不是一个特例，与它相近的政体形式是广泛存在的。在"混合政体"这样一个称谓下，欧洲农业社会历史阶段中其实普遍存在着包含了君主、贵族与平民这三种不同政体要素和政治力量的政体形式，人们只是根据这三种力量的平衡程度去判断一种政体是否属于共和政体。实际上，从近代以来的"人民共和"的政治理想角度看，前近代的欧洲历史并不真正存在着实质性的共和。在很大程度上，"共和"一词更多地是近代以来的学者用来装扮历史的颜料，他们之所以要制造出罗马这样一个共和"样板"，目的是麻痹近代以来已经拥有了主权的人民，是要让人民认同少数精英的治理。

在与近代以来的社会治理模式进行比较的时候，可以看到，在整个农业社会，赖以进行社会治理的权力都没有实现抽象化，没有产生出抽象权力。在还不存在抽象权力的情况下，社会治理中也就不可能存在着普遍性和公共性的问题，所以，也就不可能出现属于全体人民的共和。对于这一问题，启蒙时期的思想家们在认识上也是不清楚的，绝大多数思想家没有意识到他们所欲建构的社会治理模式与此前的社会治理模式在权力与政体安排上应有实质性的不同。正是由于思想家们理论探讨上的不彻底性，才会根据罗马的经验去制定现代分权方案。比如，孟德斯鸠就是在对罗马经验的探讨中提出"三权分立"的方案的。当然，黑格尔在探讨普遍性与特殊性的关系时，实际上对抽象权力与具体权力分化的问题作了哲学表述，而在《法哲学原理》一书中，黑格尔却没有将其已有的思想转化为现实的政治语言，才致使抽象权力与具体权力分化的历史一直被屏蔽在理论认识之外。这可以说是整个近代以来的政治学在探讨权力问题时留下的一个最大理论缺憾。

孟德斯鸠是在模仿古代罗马由不同的机构分别执掌立法、执行与裁判这三种权力的做法时提出了现代三权分立思想，即用三个现代机构分别取代了罗马的"元老院""平民会议"和"执政官"。孟德斯鸠这样做的后果是让现代学者不加怀疑地对古罗马进行现代阐释，认为在古罗马中也存在着立法、司法和行政三种权力。其实，事实并不是这样的。在严格意义上，"司法"与"司法权"是一对近代范畴，只有在法律获得了社会治理体系中的至高地位的情况下裁判行为才可以被视为是司法。在农业社会，法律并不具有这样的地位，甚至，在很多时候，裁判都只是根据习俗以及那些只存在于裁判者记忆中的"法律"而作出的。

梅因就曾断言，"在人类初生时代，不可能想象会有任何种类的立法机关，甚至一个明确的立法者。法律还没有达到习惯的程度，它只是一种惯行。用一句法国成语，它还只是一种'气氛'。"[①] 布洛赫也指出，在西方中世纪前期，随着教会对知识的垄断，世俗法律大量失传，裁判经常是根据历史记忆、印象甚至意愿作出的。[②] 至于向来被排除在"法治"文明之外的东方社会，这一点应该更为明显。古罗马的裁判与其说是司法，毋宁说是权力意志的赤裸裸展示，根本不具有现代司法的内涵。所以，我们只有在管理型社会治理模式之中去谈论问题时才能够使用司法与司法权的概念。对于古罗马的那种统治型社会治理模式而言，其混合政体中的执政官是很难被认为从事着执行法律的活动的，他的执政过程就是直接地行使权力的行为，是依靠权力进行社会治理活动的。由此看来，被现代学者误读为"共和"的罗马混合政体中虽然出现了三种权力的制约关系，但在实质上，是不同于管理型社会治理模式中的三权分

---

① [英]梅因：《古代法》，沈景一译，北京：商务印书馆1996年版，第5页。
② [法]马克·布洛赫：《封建社会》，张绪山等译，北京：商务印书馆2004年版，第195～206页。

立与相互制衡的。而且，在罗马混合政体中的三种权力间，并没有真正确立起制度化的关系，以至于执政官不费吹灰之力就将其摧毁了。

罗马混合政体中的权力及其机构的分化是不能被看作一种功能性分化的，更不具有现代意义的政治分工特征。或者说，罗马混合政体中的权力分化，其实只是当时社会中占据支配地位的几种社会构成要素之间的力量平衡关系在社会治理中的体现。这些权力及其机构本身总是与特定的社会构成要素相对应，是特定的社会构成要素通过权力去实现其利益要求的具体路径。所以，这些权力及其机构所对应的是实体性的政治力量，而且是统治者内部的各支力量。这是与近代以来通过三权分立去谋求和保障普遍性、公共性的因素完全不同的。所以，在古罗马的混合政体中所存在的不是立法权、司法权与行政权之间的分权与制衡，而是执政官（君主权力）、元老院（贵族权力）与平民会议（平民权力）之间的直接斗争，是某一政治力量为了维护自己的统治利益而与其他政治力量之间所进行的斗争。之所以存在着三种权力，是因为在罗马特定时期内存在着三种政治力量之间短暂的相对平衡，一旦这种平衡受到破坏，所谓共和也就不存在了。

在考察分权学说的渊源时，维尔已经看到了古代与近代的区别，"古代政制理论家的主要关注是在社会各阶级之间获得一种平衡，并因此强调政府各机构反映的社区的不同利益同样应当在深思、管理和司法的职能行使上各自扮演一定角色。古希腊罗马的这种独具特色的理论因此是一种混合政体的理论，而不是权力分立的理论。"① 同时，考虑到无论君主、贵族还是平民在当时都属于统治阶级的范畴，并不包含全体社会成员，所以，混合政体也就只是这几种社会构成力量之间的一种权力混合，而不是所有社会构成要素间的共和。

进入中世纪，"世俗政府本身特别被限制在一个新模式中。它成为本质上是'司法'的执行者。它在封建主义制度下具有与今天资本主义制度下完全不同的职能地位。司法是政治权力的核心形态——其特点正如封建政治实体的真正性质那样。因为纯粹的封建等级制，正如我们已谈

---

① ［英］维尔：《宪政与分权》，苏力译，北京：生活·读书·新知三联书店1997年版，第22页。

到的那样，完全排除了任何'行政职能'，即现代意义上的国家旨在执行法律的常设机构；主权的分散化使其成为不必要和不可能的。同时，封建等级制也没有后来那种类型的正统'立法'的地位，因为封建秩序不具有以创立新法律来进行政治革新的一般概念。君王统治者满足于他们保持传统法律的地位，而不是发明新的法律。因而，在一个时期里，政治权力完全被看作是解释与运用现存法律的单一'司法'职能。并且，由于没有任何公共的官僚体制，地方性的强制与行政机构——警察、罚金、税收与执法权力——就不可避免地成长起来。因而，必须经常牢记，中世纪的'司法'实际上包含比现代司法要广泛得多的活动领域，因为它在结构上在整个政治体系内占据着更为重要得多的中枢地位。它就是权力的通用名称。"[①] 这里所说的"广泛得多的活动领域"，实际上是一种极其表层的现象描述，是因为权力的具体性而呈现出来的无所不在的特征。如果出现了抽象权力的话，也就不会显现出处处均有权力的情况了。这一点是所有学者都没有领悟到的。

　　中世纪后期，首先是英国，然后是大陆诸国，都渐次进入了一个中央集权的过程。这一过程首先确认了君主的最高领主地位，然后通过各种形式的等级会议与王室及其派出机构，逐步剥夺了分散的领主权力，实现了治理权力的统一。与古代那种治理机构总是对应于特定政治力量不同，等级会议是一种在其发展过程中不断向更多社会构成要素开放的机构（它最终转型为了议会）。在王室及其派出机构中，也开始出现了后来被称为职业文官的具有一定开放性的群体。[②] "到了15、16及17世纪，君主制国家中出现了重大变化，这就是为国王提供服务与政府的工作逐渐区别开了。"[③] 由此，治理机构与特定政治力量间的联系开始弱化，从而改变了治理机构、社会构成要素与治理权力之间的对应关系。从此，

---

① ［英］佩里·安德森：《从古代到封建主义的过渡》，郭方、刘健译，上海：上海人民出版社2000年版，第156页。

② 参见《中世纪欧洲经济社会史》（［比］亨利·皮朗著，乐文译，上海人民出版社2001年版）第七章"14、15世纪的经济变革"与《韦伯作品集Ⅰ学术与政治》（［德］韦伯著，钱永祥等译，广西师范大学出版社2004年版）第二章"专业官僚的兴起"部分。

③ ［美］昂格尔：《现代社会中的法律》，吴玉章、周汉华译，北京：中国政法大学出版社1994年版，第170页。

不再是特定的社会构成要素即政治力量赋予治理机构以权力，相反，却是一种权力属于治理机构和由治理机构所掌握的状况。任何社会构成要素，都只能通过进入治理机构才能获取权力。这样一来，由这些机构所掌握的权力也就开始逐渐获得了抽象性内涵，逐渐变得不是任何一支政治力量都可以确切地指认其是属于自己这个阶层或群体的权力。相反，任何一个社会构成要素如果希望掌握权力的话，就需要与其他社会构成要素展开争夺和斗争，从而跻身于权力机构之中。尤其是等级会议的议席，是各个社会构成要素展开激烈争夺的目标。所以，随着权力与特定的社会构成要素相分离并由特定的治理机构所掌握，一种抽象的治理权力也就诞生了。由此出发，推导出人民主权的原则也就不再是什么难事了。

随着主权学说的出现，治理权力的归属问题得到了解决，那就是，在终极的意义上，权力属于人民。然而，属于人民的仅仅是一种抽象的权力。虽然这种权力可以通过制度化的方式来加以确认，而在发挥作用的时候，则需要贯彻到具体的治理过程之中，是要通过具体权力的行使来加以体现的。到了此时，抽象权力与具体权力的并存已经成为事实。可是，人们并没有在其真实状态中去对它进行把握，而是在立法权、司法权与行政权等承担着不同治理功能的分工意义上去认识权力。维尔所表达的看法代表了几乎所有学者的认识水平："在英国内战的动荡中，当时的基于国王、贵族和平民之混合的政府制度看起来已不再适用，而需要有一种新的政制理论；作为其回应，分权学说就应运而生。"① 进一步，从权力制约的角度认识三种权力时，往往将其称作"分权制衡"，而在社会治理的过程中，三权之间实际上是一种"分工—协作"的关系，并不包含类似于混合政体中君主权力、贵族权力与平民权力之间的那种对抗性。作为人民主权这一抽象的普遍性权力的殊相，立法权、司法权和行政权只是一种分工状态，而这三种权力又都包含着主权归属意义上的抽象内涵。所以，又能够被结构化到社会治理的协作体系之中，并通过制度化的方式而把它们都安排到由不同部门去掌握的方案中去，从而

①〔英〕维尔：《宪政与分权》，苏力译，北京：生活·读书·新知三联书店1997年版，第3页。

使它们的功能在合理、合法的途径上得到实现。

总之，近代以来的政体与古罗马政体的根本区别就在于把人民主权原则确立为最高的政体原则。虽然我们说孟德斯鸠是模仿了罗马而作出了三权分立和相互制衡的设计，但是，由于三种权力都从属于人民主权，所以，不应当被看作三种政治力量分别拥有的权力，而应当被理解成同一种权力的三种表现方式或三种功能形态。由三个机构来分别掌握它们，所意味着的是其功能实现上的分工。这说明，在近代以来的三权分立之中是有着一个统一性和普遍性的因素的，这种因素事实上在后来的制度安排中得到了充分体现。或者说，在三种归附于具体机构的权力之中都包含着抽象权力和具体权力两种形态。而且，正是这两种形态的权力在治理过程中的互动，才表现出了法制与法治的一致性。遗憾的是，这一点并没有得到理论上的确认，所以才经常性地出现抽象权力与具体权力失衡的状况，经常性地出现具体权力规范不足的问题。虽然孟德斯鸠的三权学说表达了权力具有三种具体形态的看法，但这三权并不是在实际的社会治理过程中针对具体的治理对象和具体事务而发挥作用的权力，因而，依然属于抽象权力的范畴。

二、 职权的二重内容

管理型社会治理模式对统治型社会治理模式的替代，也表现为治理权力经由抽象化而不断分化的过程。这种分化，不仅包括作为主权的抽象权力自身的分化，也包括抽象权力与具体权力的分化。或者说，在管理型社会治理模式中，形成了抽象权力与具体权力的二元结构。我们已经指出，统治型社会治理模式中的权力不具有抽象性，就抽象性与具体性是相对而立的一对概念而言，统治型社会治理模式中的权力既然不具有抽象性也就不是具体权力，只是由于叙述的需要，我们才称其为具体权力。其实，统治型社会治理模式中的权力是一种混沌的权力，是没有实现抽象权力与具体权力分化的混权状态。混权也就是完整的权力，在任何一个地方和任何发挥作用的过程中都是以完整的权力的形式出现的，也只能被加以完整的掌握。所以，虽然在罗马政体中出现了由执政官、元老院与平民会议三个政治实体平行执掌权力的情况，但执政官、元老院和平民会议所执掌的权力都是自足的和完整的权力。无论是在权力的行使上还是职能表现上，这三个政治实体所执掌的权力都是具有同质性的。

对于社会而言，没有分工也就没有抽象，权力的存在也不例外。只是在近代以来的社会大分工的前提下，权力的执掌和行使才具有了分工的特征，才在权力分化为立法权、司法权和行政权的同时也实现了抽象权力与具体权力的分化。当然，社会分工与社会分化是既有交集又有错移的两个范畴。就人民主权分化为立法权、司法权和行政权这三种具体形态而言，是分工的需要，是一个总体性权力分为三个部分和三种形态并由三个机构去分别掌握的情况。既然立法权、司法权和行政权是人民主权的分化了的形态，那么它们就都不再是完整的权力了，而是属于抽象的存在。可是，立法权、司法权和行政权又是可以由三个机构分别执掌和行使的，具有相对的独立性，至少在这三个机构那里又都呈现出了相对的完整性。所以，它又是具体权力。其实，立法权、司法权和行政权都是抽象权力与具体权力的同构形态，是既可以进行制度安排又需要具体的人来行使的权力。从管理型社会治理模式的实践看，由于在三个机构中都存在着系统的职位结构，所以，实现了抽象权力与具体权力的统一。但是，在三权学说所表述的三权分立状态中，还只是在抽象权力的层面上作出的。

抽象权力与具体权力的同构最为集中地反映在职权上。也就是说，在管理型社会治理模式中，权力分化为立法权、司法权和行政权并由三个相应的机构来加以掌握。但是，一切权力都需要在行使中才显现出其意义。所谓掌握权力，也是通过对其行使来作出证明的。所以，对权力加以行使才是权力功能得以实现的关键环节。一旦思考的重心落脚到了权力行使的问题上来，就会发现管理型社会治理模式与统治型社会治理模式的根本不同了。统治型社会治理模式中的每一支政治力量都拥有自己的权力保障因素，甚至一个村庄都可能拥有自己的武装，更不用说中国农业社会的门阀以及西方的领主了。管理型社会治理模式在权力的行使问题上是以统一的制度为保障的，即使需要诉诸武力威慑的力量，也只允许一个地域中的最高政治实体来统一经营和提供。而且，这是一种终极性的威慑力量，并不在权力行使的过程中产生影响，更不是统治型社会治理模式中的那种武力与权力经常性重合的状况。

在制度的框架下去行使权力，就使权力以职权的形式出现了。职权既是基于制度的设置，又是权力发挥作用的途径。任何一种权力，如果不能转化为职权的话，就是一种无法发挥作用的权力。事实上，管理型社会治理模式中的一切权力都只有在转化为职权的时候才能发挥作用，事实上也没有不可以转化为职权的权力。恰是这一点，使管理型社会治理模式与统治型社会模式中的权力完全不同。统治型社会治理模式中的权力一般说来是不需要转化为职权的。而且，在那里也没有严格意义上的所谓职权，只有与身份密切联系在一起的权力。即便君主让人代为执掌或代为行使权力，也不意味着权力职权化了，正如君主可以让他人代为做和尚、代为修道一样。

用韦伯的话说，"家产制的官职根本就缺乏区分'私人'与'官职'领域此一官僚制的特征。政治的管理也被视为支配者纯个人性的事务，政治权力被视为其个人财产的一部分，可以通过收取贡租与规费等方式加以利用。其权力之行使因此乃是全然恣意性的，至少在并未受到（或多或少）神圣传统之干涉的范围内是如此。除了传统所定型化的职务外，在所有政治事务范围内，支配者个人的恣意亦决定了其官吏的'权限'。"① 其实，这种情况并不仅仅出现在所谓"家产制"政体中，而是普遍存在于所有统治型社会治理模式之中。反过来说，在朝中为臣者执掌权力也是以身份为前提的，即便平民通过科考途径而得官，也是通过这一途径首先改变了身份而后才执掌权力，所执掌的也不是严格意义上的职权。用现今流行的所谓"代理人"的说法，作为君主的"代理"而执掌的权力不是职权，只有作为人民的"代理"而执掌的权力才以职权的形式出现。

在掌握权力的机构和行使权力的个人之间存在着职位这一结合点。

---

① ［德］马克斯·韦伯：《韦伯作品集Ⅲ 支配社会学》，康乐、简惠美译，桂林：广西师范大学出版社 2004 年版，第 128 页。

　　其实，在组织的视角中，管理型社会治理模式本身就是一个职位体系，它的所有权力机构都是由职位组成的系统，它所包含的治理权力是经过层层分配而被结构到了职位之中的。因而，管理型社会治理模式的治理权力在行使的过程中总是表现为职位上的权力，就是职权。机构所掌握的权力在没有通过具体职位上的人去加以行使的时候，显然是抽象权力，当机构所掌握的权力被分配到了职位上时，依然还是抽象权力。但是，当职位被人所填充的时候，职位上的权力就由人来掌握了。这个时候，权力就由职位上的人掌握和行使了，也就转化为了具体权力。所以，职权实际上成了管理型社会治理模式中抽象权力与具体权力的统一。就它是机构权力的一部分而言，是一种抽象权力，但当它为具体的职员所执掌和行使的时候，又成了一种具体权力。由于职权是抽象权力与具体权力的统一，所以，管理型社会治理模式中的所有权力在发挥作用的时候都是以职权的形式出现的。

　　属于管理型社会治理模式构成要素的所有权力机构都是以官僚制组织的形式出现的，而官僚制组织就是一个职位体系，是通过职位来确定"分工—协作"关系的。不仅各个权力机构之间是一种"分工—协作"的关系，而且同一机构中的不同职位之间也是一种"分工—协作"的关系。就社会治理过程而言，任何分工都是一种功能性分工，分工的目的都是为了使治理功能的实现具有科学的合理性。然而，当权力机构因为分工而获得了法律确认的权力时，它在治理过程中所承担的功能也获得了法律效力，掌握了权力也就意味着伴随相应的责任和义务。由于所有权力机构的功能以及所掌握的权力都是经过进一步的分工而被注入到了职位之上的，它们的治理功能也就是通过职位来承载的，从而被人们称作职能。职位上的权力以及保证职能实现的权力就是职权。为了保证职权的运行不偏离治理原则所设定的方向，又创设了职责。

　　就是这样一幅职位、职能、职权、职责的构图，展现了由官僚制组织这一"分工—协作"体系所承担的社会治理图景。应当说，这是一幅完整的图景。职位、职能、职权、职责的相互规定，保证了权力的行使既不偏离普遍性的原则又能适应治理过程中的具体情景和具体要求，从而呈现出特殊性和具体性。结果，机构所拥有的抽象权力通过职位、职能、职权、职责四要素所构成的权力运行机制而向具体权力转化。四要素中的任何一个要素所发生的变化都会反映到权力的行使过程中，而且，四要素之间在结合方式上的任何变化也都会反映到权力的行使过程中，从而增强了权力的具体性以及发挥作用的特殊性。不仅如此，这四个要素都是与人联系在一起的，职位上的人所发挥的就是协调四个要素的作用，同一职位上的不同的人以及同一个人的不同表现都会反映到权力的行使之中，都会使权力呈现出具体性的特征。因此，在这里，我们看到的是抽象权力与具体权力的交汇，如果把四要素统称为职权（习惯上人们是把我们所分析的四要素统称为职权的），它是包含着抽象权力和具体权力两重内容的。或者说，抽象权力是它的基本性质，而具体权力则是它表现出来的特征。

也许人们可以在统治型社会治理模式中看到上述四要素的痕迹，但是，作为四要素统一的整体在那里却是不存在的，更不用说它们之间有着相互规定和相互制约的关系了。在统治型社会治理模式中，四要素只是偶然地以单个的形式出现的，而不是统一的和密切联系在一起的。也正是由于这个原因，统治型社会治理模式中的权力具有无限性的特征，似乎无所不能。当然，人们可以认为统治型社会治理模式中已经出现了初步的治理分工，比如，在中国隋唐时代开始出现的"六部二十四司"似乎是可以根据现代观念而被指认为部门分工的形态。其实，这种可能会被误以为分工的"六部二十四司"之间却是没有协作的，虽然它们各有专司，却没有制度化的协作关系存在于它们之间。如果说它们之间偶然也能达成一种协作效果的话，那也是取决于皇上的意志，是由皇上的意志所作出的安排，而不是由制度化的方案作出的安排。在更多的时候，特别是在州县以下，几乎不存在权力机构间的分工，完全是一种混权状态，职位、职能、职权和职责都是混沌一体的。

混权的表现方式就是集权，是无限的权力，可以处理所遇到的一切事务。反之，一旦权力机构间出现了分工，权力就会呈现出有限性的特征，就是与具体的职能联系在一起的，从而表现为职权。统治型社会治理模式中显然不具有造就职权的条件，即便出现了"六部二十四司"的设置，也仅仅是在朝廷这个层面上，所扮演的只是皇上不同方面的"助理"的角色，并不是严格意义上的权力机构，因而也不是严格意义上的分工。所以，它们之间是不需要有什么协作的，而是各自独立地去扮演"皇上助理"的角色。

分工与协作是联为一体的，没有协作的分工也就不能被视作真正的分工。正是由于这个原因，我们认为"六部二十四司"不具有现代意义上的分工意涵，甚至可以说，它们都没有属于这个部门专业特征的权力。它们服从同一个权力意志，不是执掌而是传递着同一个权力。如果说有什么职位、职能、职权和职责的话，也都是具有极大随意性的，甚至可以说是一种幻影。也就是说，如果把中国古代的"六部二十四司"看作官僚部门的话（根据韦伯的意见是可以被判定为官僚部门的，其实不是。显然，韦伯在追溯官僚制组织的渊源时，是不明白统治型社会治理模式与管理型社会治理模式之间的根本性区别的），就会受到如下几个方面的否定：其一，它没有属于这个部门的专业化的权力，只是把皇上的权力自上而下地传递下去；其二，它没有完整的职能，虽然它可以识别某个方面的事务并发现问题，但需要奏请皇上去决定如何处理，因而其职能是不完整的；其三，它们没有能够根据客观标准来加以判断的职责，它们是否有责任或承担什么样的责任，都是由皇上的意志决定的。至于职位，也只是一种有形无质的设置，而且在与人的结合方面是非常随意的。所以说，统治型社会治理模式中并不存在职权，只是到了管理型社会治理模式建立起来后，才使职位、职能、职权、职责都明晰了起来，并构成了一个统一的整体。结果，使职权成为权力体系中的关键环节，而且是权力实现其功能的必要途径。

在《行政之研究》一文中，威尔逊写道："请允许我说，巨大的权力和不受限制的自由处置权限在我看来似乎是承担责任的不可缺少的条件。……只要权力并不是不负责任的，那它就绝没有危险性。如果权力被加以分解，使得许多人各享有一分，那它就会变得模糊不清。而如果权力是模糊不清的，那它就被弄成是不负责了。但是，如果权力是集中在各部门的首脑和部门所属各机关的首脑身上，那它就很容易受到监督和接受质询。"① "必须找到不给权力带来损害的最佳分权方式，找到不会导致责任模糊的最佳责任分担方式。……我坚信在这个问题上面，孟德斯鸠的意见并不是最后的结论。"②

确如威尔逊所说，孟德斯鸠的意见不是最后的结论。这说明，威尔逊已经感觉到孟德斯鸠的分权方案是存在着一定问题的。不过，威尔逊依然是在权力的表现形态上看问题的，还没有摆脱孟德斯鸠思考权力制约问题时的思路。所以，他才会要求把权力集中在部门首脑那里而实现对权力运行的有效监督。这样做的结果却再度引发了集权与分权的争论。如果说这一争论形成了结论性意见的话，那就是认为在政治层面上需要分权，而在行政层面上则需要集权。也就是说，威尔逊在专注于行政问题的思考时对孟德斯鸠产生了怀疑，认为孟德斯鸠的分权方案在行政的领域可能会带来"模糊不清"的后果，因而试探性地提出集权的想法。事实上，当韦伯阐释官僚制组织理论的时候，威尔逊所吞吞吐吐地表达出来的集权想法则变成了可操作性的方案。或者说，韦伯的官僚制组织理论使行政集权获得了充分的理论支持。

就对权力的思考而言，到了威尔逊和韦伯这里，显然是向前迈进了一步。但是，对于一些移植西方理论的国家而言，由于理论上的浅尝辄止，往往不理解这一进步的意义，反而在行政改革的过程中要求按照孟德斯鸠的思路去完整地重建行政。比如，在中国的深圳，就提出了所谓"行政三分制"，要求把孟德斯鸠意义上的"行政权"加以分解，在行政权中克隆出政制上的"三权"。如果这样的话，政府在政治体系中将处于什么地位呢？是不是要把政府建构成一个独立的、完整的政治体系呢？如果沿着这样的逻辑推演下去，显然是荒唐的。当然，在中国特殊的政治语境下，提出这种主张可能包含着严肃的政治诉求。如果那样的话，将是一种让人不寒而栗的诉求。恺撒可能会表达喜欢，而孟德斯鸠则会

---

① ［美］伍德罗·威尔逊：《行政学研究》，载彭和平、竹立家等编译：《国外公共行政理论精选》，北京：中共中央党校出版社1997年版，第18页。虽然行政学这门学科被溯源到威尔逊，但那时尚无行政学，所以，将威尔逊的文章翻译成《行政学研究》是不准确的。

② ［美］伍德罗·威尔逊：《行政学研究》，载彭和平、竹立家等编译：《国外公共行政理论精选》，北京：中共中央党校出版社1997年版，第17页。

表现出无比恐惧。然而，曾经一度，新闻媒体是将其作为深圳经验来加以介绍的，难道深圳的官员们理解这一政制设计的逻辑么？

对于集权与分权的问题，维尔作出了总结性的论断。他认为，19世纪后期以来的现实是："英国和法国的议会制政府理论以及美国的'进步运动'的特点就是要求在立法部门和政府之间建立'和谐'，这一要求伴随了一种新的'分权'，政府的政治性部门与官僚制之间的分权。成悖论的是，在一个强调一致性和内聚力的时代，'统治'和'管理'之间或者'政治'与'行政'之间的这一区分将打开建立半自主政府部门的新篇章。"① 之所以这是一个新篇章，就在于它抛弃了孟德斯鸠那种不分青红皂白的分权。或者说，不满足于孟德斯鸠不考虑权力的具体实现而仅仅在抽象的和宏观的层面上去谈论立法、司法、行政的分权，而是重新发现了集权之路，即认为社会治理是需要通过集权的方式进行的，需要通过集权而使权力在社会治理过程中切实地发挥作用。

广义的行政并不仅仅存在于作为行政部门的政府之中，而是广泛地存在于立法、司法等部门中的，甚至也存在于私人部门的组织之中。在此意义上，孟德斯鸠关于立法、司法、行政三个部门的划分所实现的对行政部门的隔离就被打破了，而且立法、司法活动之中也包含着行政，是需要借助于行政手段去展开的。也就是说，存在着两种意义或两个层面上的行政：其一，是宏观层面上的行政，也就是孟德斯鸠所看到的，与立法、司法相区分的行政，是由政府承担的；其二，是存在于一切组织中的行政，一切组织在其目标实现过程中都必须借以行动的行政。19世纪后期以来的行政发展以及关于行政集权的要求都是在后一个层面的行政意义上进行的。这两个层面的区分表现在权力问题上，就证明了孟德斯鸠的分权学说还是停留在抽象权力的层面上的，是对抽象权力作出的区分，这种权力实际发挥作用的过程都是需要落实到行政上来的。一旦进入了行政这个层面，职位、职能、职权、职责四要素就清晰地显现了出来。正是这四个要素的相互作用和动态平衡，使权力走出了抽象的存在和规定状态，转化为了具体权力。所以，我们说职权是权力体系

① ［英］维尔：《宪政与分权》，苏力译，北京：生活·读书·新知三联书店1997年版，第6页。

中的关节点，它既包含着抽象权力，又实现了抽象权力向具体权力的转化。

就管理型社会治理模式这一提法中的"管理"一词而言，是对行政广泛性的肯定，也是对职权重要性的肯定。透过职权去观察权力，孟德斯鸠的分权学说就不再能够满足社会治理的要求了，而是需要在抽象权力与具体权力并存和转化过程中去重新审视社会治理过程，并对社会治理体系进行新的建构。比如，孟德斯鸠以为三权分立和相互制衡可以达到防止权力滥用的目标。但是，近代以来的全部权力运行史都证明，孟德斯鸠的设想没有实现，权力被滥用以及腐败问题从来也没有绝迹。其原因就是，孟德斯鸠仅仅在抽象权力的层面徘徊，而没有对职权作出分析，没有发现职权的复杂性。所以，他的防止权力滥用和杜绝腐败的设想无法落实到现实的社会治理过程中来。相反，如果不满足于孟德斯鸠的三权分立的方案，而是深入到职权这个层面去认识抽象权力与具体权力如何在职权这里实现了统一，就会导向另一种防止权力滥用和消除腐败的思路。其实，抽象权力既没有被滥用的可能性也不存在引发腐败的可能性，被滥用的权力只是具体权力，只有根据具体权力去寻求防止权力滥用和消除腐败的方案才是正确的路径。否则，即使把孟德斯鸠三权分立和相互制衡的观点重复一万遍，对于在现实的社会治理过程防止腐败而言，也是没有多大助益的。

三、 职权是一种公共权力

农业社会既是一个缺乏抽象性的社会，也是一个缺乏公共性的社会。虽然农业社会是一个同质性社会，还没有生成原子化的个人，但这个社会中的自然个体与社会整体的冲突和对立还是普遍存在的。存在着个体与整体的冲突和对立却不意味着社会就会因这种冲突和对立而实现了分化。事实上，农业社会并没有实现私人领域与公共领域的分化，没有所谓私人性与公共性的问题。无论是在古希腊的"城邦"观念还是在古代中国的"天下"观念中，我们所读到的都是整体对个体的吞噬，而不是私人性与公共性的共在。在这里，如果说存在着个体的话，那么个体与整体的对立就只能是一种实体性的对立。在这种对立中，只能提供一种非此即彼的选择，要么选择个体，要么选择整体。在农业社会的历史条件下，人们其实是没有选择权的，他生来就是归属于整体的，是没有个体意识的家元共同体成员，至多只是自然意义上的个体。

在社会分化中生成的私人领域与公共领域既是两个相对独立的领域，又是密切联系在一起的。这也赋予了社会以两种属性，从而使一些社会存在表现为私人性的存在，另一些社会存在则表现为公共性的存在。最为重要的是，在一些社会存在中同时包含着私人性和公共性两重内容，是私人性与公共性的共在。当然，作为生产以及占有之结果的私人物品与公共产品之间的区别是具有确定性的。除此之外，在其他的社会存在形式中，私人的与公共的都需要在辩证法的理解中加以把握。那就是，公共的寓于私人的之中，是一切私人意义上的社会存在之中的普遍性。

存在于工业社会中的私人的与公共的共在的局面，否定了农业社会那种个体与整体对立的状况。所以，在农业社会中存在着的诸如家与城邦、家与天下这样的实体性对立不再具有存在的合理性了，取而代之的是私人的与公共的社会存在形态的共在，私人领域与公共领域的相互依存。比如，职业文官就是工业社会中的公共领域的构成要素，而在他身上却保留了权利设置下的所有具有私人性的内容。同样，"经济人"以及市民是工业社会中的私人领域的构成要素，而在他转化为公民的时候，却承载着公共性的追求。

在权力关系的意义上对农业社会与工业社会加以比较，则可以发现，统治型社会治理模式中的权力是与这个社会中的等级权力一致的，是同一种权力，是与社会中的特定等级相对应的实体性权力。尽管这种权力也是通过个体而得到行使的，但它却总是表现为一种压迫力量，表现为"主人"对"奴隶"的权力。即使在农业社会的中后期等级关系不以主人和奴隶的形式出现了，但在实质上，依然属于主人与奴隶间的权力关系。也就是说，在这种权力关系中，掌权者总是处在一种"主人"的位置上，权力的行使所维护的也是"主人"的利益。工业社会则不同，在社会的意义上，是不存在什么权力的，至少在理论上是不允许存在任何权力的。社会属于权利规范的领域，不允许权力的介入对权利造成冲击。权力仅仅存在于组织之中，而且，仅仅在组织的行政过程中才允许其发挥作用。即便如此，也必须建立在对权利充分尊重的前提下。

在工业社会的语境中，私人组织中的权力并不是一个引起广泛讨论的问题，人们所谈论的权力基本上都是指社会治理过程中的权力，即公共权力。在公共权力与私人权利所构成的体系中，由于私人权利实现了公共权力的法律规范，权力关系不再表现为"主人"与"奴隶"间的关系，而是转化为权力行使者与权力对象之间协作行动的权力。到了此时，权力不再是人压迫人的力量，而是整合行动者协作共事的力量。如果说统治型社会治理模式中的权力是人对人的权力，是把人对人的支配作为目的的，那么管理型社会治理模式中的权力则是共同处理事务的权力。尽管在现实中权力依然表现为人对人的支配，而在理论上，人对人的支配不是目的，而是通过人对人的支配而达到"处事"的目的。如果在公共权力的运行中出现了失去"处事"目标的人对人的支配行为的话，那就是权力的异化，就会由此而产生出各种各样违背了权力公共性的结果。比如，在领导与部属之间，如果出现了事实上的权力依附关系的话，就会让部属围绕领导的个人利益转，就会置公共利益于不顾，就会干出违法乱纪的事情。

与统治型社会治理模式相比，管理型社会治理模式在结构上的最为主要的特征就是，出现了政治部门与行政部门的分化。诚然，在不那么严格的意义上，统治型社会治理模式内部也包含政治与行政这两种不同的功能。但是，由于缺乏一个稳定的、专司行政的职业文官群体，统治型社会治理模式中的行政不是由一个相对独立的部门来承担的。中世纪后期以来，随着社会生活职业化进程的开启，一个相对稳定、专司行政的职业文官群体开始出现，并在绝对君主同僧俗贵族的角力过程中，特别是在早期民族国家殖民扩张与职能扩张的过程中，发挥了举足轻重的作用，从而使自己逐渐成为社会治理体系中的一个重要构成要素。19世纪中期以后，欧美各国渐次开展了文官制度改革，建立起了理性官僚制度，从制度上确认了职业文官这一独特群体的地位，以至于使行政成了一个相对独立的部门。这个过程通常被看作政治与行政分离的过程。其实，在更宏观的层面上，它也就是管理型社会治理模式逐渐取代统治型社会治理模式的过程。

行政无非是管理的特殊形式，在尚未生成相对独立的行政部门的农业社会，是没有严格意义上的行政权的。在这里，混沌一体的权力是以统治为目的的。所以，我们将其治理模式称作统治型社会治理模式。当一个相对独立的行政部门生成之后，行政权力也得以从政治权力中分化出来，因而更多地从属于管理的目的。在某种意义上，政治权力最终是要转化为行政权力的，或者说，要落实到行政权力之中才能发挥治理功能。所以，正是行政的出现，使整个社会治理体系具有了管理的色彩。正是在此意义上，我们将近代以来的社会治理模式称作管理型社会治理模式。既然管理型社会治理模式中包含着政治与行政这两个相对独立的部门，也就使权力分化为政治权力与行政权力这两种相对独立的权力。但是，无论是在政治部门还是在行政部门，政治权力与行政权力都是以职权的形式出现的，是在转化为职权的时候才使权力进入现实地发挥作用的过程。

如上所述，职权是抽象权力与具体权力的结合部，职权同时包含了抽象权力和具体权力两重内容。因而，政治权力与行政权力都具有抽象权力和具体权力两重内涵。由此看来，虽然威尔逊发现了政治与行政的不同，却没有发现它们相同的地方。那就是，它们都包含了抽象权力和具体权力两个层面的权力。当然，在威尔逊的时代，管理型社会治理模式还保留了旧的痕迹，国家的统治职能还占有很大的比重，学者们往往把政治权力看作一种统治的权力，而把行政权力看作管理的权力，这也是可以理解的。随着管理型社会治理模式走向成熟，政治与行政的管理色彩都变得越来越浓，从而使我们可以在管理型社会治理模式整体的意义上去观察抽象权力与具体权力的存在状况和表现形态，而这种观察又把我们引向了同样的节点，那就是职权。

管理型社会治理模式中的政治过程与行政过程还是有着很大的区别的，政治过程所要解决的主要是权力的合法性来源问题，而行政过程则是要把具有合法性的权力落实到现实的社会治理活动中去。在"自然正义"和"神证正义"不再为权力提供合法性支持的条件下，民主就成了权力合法性的主要来源。因而，政治过程往往是与民主联系在一起的，是在民主的政治过程中把法的精神转化为规范性的法律文本和形成法律制度，然后再把行政过程纳入法律制度的框架之中，依法实施社会治理。这样一来，政治权力和行政权力都在合法性铺设的舞台上进行绘声绘色的演出。但是，20世纪的政治学和行政学并不满足于在合法性的视角中去不加区分地考察政治权力和行政权力，而是对它们作出了区分。对政治权力的考察，往往是从合法性的视角出发的；对行政权力的考察，所使用的则是公共性的视角。所以，政治权力需要接受合法性的审查，而行政权力则需要得到公共性的定义。

从权力关系的角度看，合法性意味着政治权力的存在与行使得到了社会的认同，而这种认同既可以通过民主的途径获得，也可以通过满足公众的利益需求去获得，还可以通过意识形态强化等手段去获得。因而，合法性的概念与公共性的内涵是有所区别的。这也表明，人们对政治权力的要求和对行政权力的要求是不一样的，也正是由于这个原因，在政治过程中是鼓励利益集团介入的，而行政过程则拒绝利益集团对它发生影响。换言之，政治需要接纳利益集团的介入，而且越是得到了广泛的利益集团的介入，就越具有代表性。代表性的概念是模糊的，不过，政治过程中只要反映了代表性，也就获得了合法性。行政权力则不同，对它提出的公共性要求显然是高于政治合法性的，至少在覆盖面上是一种更高的要求。也就是说，行政权力的公共性所要求的是让行政覆盖到全社会，而不是这个社会中的某个部分，更不是某个强势利益集团。为此，行政的价值中立就成了一项基本原则。而且，需要把这项原则贯彻到职权以及行使职权的人那里，以保证行政的公共性不受价值因素的干扰。因而，防止行政人员与利益集团相勾结，也就成了人们较为关注的问题。

摆在行政权力面前的是公共利益，在行政的一切职能中，公共利益的实现都是其终极职能。从这个角度看，公共利益的实现状况也反证了行政权力的公共性。只有当行政权力的运行促进了公共利益的实现，才能证明它是具有公共性的权力，否则，那就是公共权力的异化。然而，在管理型社会治理模式中，公共权力的异化却是无处不在的。也就是说，虽然管理型社会治理模式提出了公共性的问题，而行政权力的公共性却更多地是作为一种理念而存在的，没有得到真正的落实。当然，管理型社会治理模式实现了政治与行政的分化，这给行政权力留出了一个相对独立的空间，使它在很大程度上摆脱了非公共的政治权力和狭隘的政治利益的干扰，从而获得了成为公共权力的可能性。

行政领域能够成为一个独立的领域，是通过对职业文官进行价值"祛魅"和使他们成为"价值中立"的官僚这一方式实现的。因而，由这种官僚所执掌和行使的权力也就成了一种"价值中立"的权力，它并不主动寻求公共利益的实现，而是在不袒护特定党派或集团利益的意义上获得了一种消极的公共性。当然，这并不是说行政权力不具有促进公共利益实现的功能。而且，从 20 世纪的公共行政实践看，行政权力也确实承担起了促进公益的功能。但是，这一功能的实现往往不是出于职业文官的自觉，只是对社会需求的一种消极回应，更多的时候，是来自政治的压力。是在政治合法性受到挑战的情况下而由政治权力对行政权力施加了压力，才去消极地实现公共利益。这实际上是一个具有讽刺意味的事情，政治并不代表全社会，它的合法性追求表明它只满足于代表这个社会中的多数，但它却要督促代表了全社会的行政去实现公共利益。这就是管理型社会治理模式在逻辑上的悖论。之所以产生这种悖论，是因为价值中立原则扼杀了具体权力发挥作用的积极性，从而使职权变成了消极职权。

就职权包含了抽象权力和具体权力两重内容而言，其积极性只能来源于具体权力发挥作用的过程。因为，抽象权力是由制度赋予职位以及职位上的人的，而具体权力则是来源于权力作用对象的要求和内生于职位上的人的。抽象权力一经赋予，就是一种定在，不会因职位上的人的不同而发生变化，也不会因权力作用对象的不同而发生变化。具体权力则不同，它是职权中的活的因素，是因情景不同而不同的，不同的人会使它具有不同的表现，不同的权力作用对象会对它提出不同的要求。因而，如果韦伯所提出的"非人格化"是对抽象权力的规定的话，那么具体权力恰恰需要张扬个性。然而，正是在这一点上，管理型社会治理模式是无能为力的，它在使抽象权力得到规范的时候也同时丧失了具体权力的积极性和主动性。

卡蓝默和塔尔芒指出："公共权力并非处于社会之上。"[1] 这是对行政权力所作的一个很好的定义,只有当它不处于社会之上时,只有当它处于社会之中时,才不会导向一种支配过程,才会服务于公共利益的实现,而不是服务于特殊利益。但是,管理型社会治理模式的实践证明,当权力服务于公共利益的时候,它是缺乏积极性和主动性的,反而在服务于特殊利益的时候,才具有积极性和主动性。在某种意义上,当行政权力被用于腐败的时候,是最具有积极性和主动性的,甚至能够把这种权力创造性地运用到极点。如何解决这一问题,显然,管理型社会治理模式的一切外在设置都是于事无补的。所以,必须寻求另一条出路。这条出路就是职业文官的服务意识的确立,而这种服务意识如果不是基于职业文官个人的道德自觉,就需要得到客观性设置的保障。因而,唯有建立起服务型政府,才能使职业文官普遍拥有服务意识。当然,服务型政府也是整个政治生态中的一个构成部分,服务型政府的建设需要以相应的政治体系的建立为前提。这样一来,服务型政府的建设其实也意味着整个服务型社会治理模式的确立。

人类正走在后工业化的进程中,如果说农业社会所拥有的是一种统治型社会治理模式,如果说工业社会所拥有的是一种管理型社会治理模式,那么在后工业化指向的后工业社会中,我们肯定会拥有一种新的社会治理模式。服务型社会治理模式就是一个具有必然性的选择。说它是一项必然性的选择,那是因为我们也可以继续固守管理型社会治理模式不放。那样的话,人类将是没有出路的,行政权力的公共性永远也无法得到积极实现,职权的创造性永远也无法得到发挥。反之,如果我们选择了建构服务社会治理模式之路,这一问题就能够得到根本性的解决了。

---

① [法] 皮埃尔·卡蓝默、[法] 安德烈·塔尔芒:《心系国家改革——公共管理建构模式论》,胡洪庆译,上海:上海人民出版社 2004 年版,引言,第 7 页。

第三节　社会职业化中的职责

一、 职业化的职责要求

在近代社会的发源处，工业化进程也表现为社会的组织化和职业化，或者说，组织化与职业化是工业化进程中的同一个维度。在社会的职业化进程中，人是在从事某种职业和扮演某种职业角色的条件下才得以开展社会活动的。同时，人又是通过组织实现了职业角色的扮演并开展职业活动的，离开了组织，也就无所谓职业和职业活动了。

在工业社会的组织化进程中，造就了官僚制组织这一典型的工具理性组织，实现了对组织成员的职权和职责的科学定位。正是通过把职权和职责结构化到官僚制组织体系中，才实现了对职权和职责的科学管理。也就是说，官僚制组织的权责一致原则既保证了任何一项职权都有相对应的职责，同时，又用职责来规范和限制了职权的行使。因而，官僚制组织并不需要通过组织成员的道德因素去支持职权的运行和职责的实现。也正是在此意义上，韦伯要求官僚制组织祛除价值"巫魅"。官僚制组织的这一设计原则实际上排除了组织环境因素的影响，是仅仅根据组织自身的自我建构逻辑进行的。20 世纪后期以来，随着社会的复杂性和不确定性程度的迅速提高，随着公众的个性化要求日益强烈，不考虑组织环境因素的影响已经变得不可能了。一旦把环境因素纳入官僚制组织的运行中来，就会发现，职权与职责的一致性受到了冲击。在这种情况下，文官人员职责的实现不仅取决于官僚制组织已有的规则和规范，还需要得到他们的道德意识的支持。

职权和职责都是与职业活动联系在一起的。在身份等级制的农业社会，是很难说存在着严格意义的职业问题的，这个时候的行业所意味着的只是人从事某一个方面的生产活动，而且基本上是世代相传的，是身份的标志。在工业化的进程中，随着社会的领域分离，随着专业化的生产活动和社会活动的出现，开始有了与身份相分离的职业活动。此时，行业与职业两个概念获得了不同的含义，人的职业生涯也不再是由出身决定的了。职业活动与身份的分离是社会进步的一个重要维度，从这里出发，可以看到人的社会活动与家庭生活的分离、生产与消费的分离，以及社会的各个方面的分化和专业化。我们说工业社会是一个职业化了的社会，是与农业社会比较而言的。也就是说，农业社会不是一个职业化的社会，或者说，农业社会没有实现行业与职业的分离。虽然用今天的眼光看，农业社会也存在着职业，但职业与生活的一体性决定了这个时候是没有专门的职业活动的，更不能够把这个社会认定为职业化的社会。

总的说来，农业社会的身份等级制决定了其有限意义上的职业也是身份的标识。事实上，这个时候的人们并没有职业意识，往往是用具体的行业活动来定义人的。比如，把某人称为"张铁匠"或"李木匠"，所意味着的是职业与生活、行业与职业处于一种混沌状态。再以为官为例。在工业社会，为官纯粹是一种职业，或者用韦伯的话说，就是一种经营。在农业社会，为官最初却是特定等级的等级役务，即使后来官职与等级发生了一定程度上的分离，使为官获得了经营的性质，但为官者始终都被追加了某种具有等级效力的身份因素。所以，农业社会中并不存在纯粹的职业，在总体上，农业社会中的职业都是身份性的职业，职业本身如同等级徽章一样，具有身份标识的功能。

农业社会中的从业者是一种兼具身份属性与职业属性的混合性社会存在。在某种意义上，关于农业社会中职业的身份性质，甚至是可以在师徒比附父子关系的状况中得到解释的。作为一种身份，虽然与等级身份有所区别，职业并不完全具有世袭的特征，但基本上是代代相传的，所以才会形成"龙生龙，凤生凤，老鼠的孩子会打洞"这样的俗语。也就是说，即使你带出了异姓的徒弟，在进门到出师的过程中，也有许多仪式来象征性的喻示其父子关系的含义，在很大程度上，与过继他人子女的仪式具有同一性质。所以，在异姓师徒的传承中，还是包含着代代相传的内容，或者说，成了一种比喻或象征意义上的世袭。

工业化的进程实现了人的社会活动的职业化，随着身份制的消解，人的社会角色扮演更多地是通过职业而实现的。有了职业，就有了职业责任。涂尔干说："任何职业活动都必须得有自己的伦理。"① 每个人的职业活动都是通过组织进行的，因而，组织中的各种规范和规则对人的职位和岗位责任作出了定义。但是，就人的职业责任而言，是一个伦理范畴。涂尔干所说的"伦理"也就是指这种职业伦理。从近代社会的发源看，早在中世纪后期，西欧社会的工业化在技术层面上就展现出无止境的专业分工，而这种分工又构成了社会职业化的技术前提。随着职业彻底摆脱了身份的束缚，也就使职业成了人们开展社会活动的前提和基本途径，当人们走出家庭而进入社会时，实际上是通过职业角色的扮演而立于社会之中的，是通过职业活动去参与社会并在社会中发挥自己的作用和承担起社会责任的。

有趣的是，工业社会虽然是一个个人本位的社会，但人对社会责任的承担却不是基于人的道德做出的，而是基于组织做出的。也就是说，人因进入某个组织而获得了自己的职业生涯，开展职业活动。人在通过组织去承担社会责任的时候，就不再使社会责任表现为人的社会责任，而是表现为组织的社会责任。反过来，组织所承担的社会责任则是由组织成员来完成的，组织把它对社会的责任转化为了组织成员的职业责任，通过这种转化而使组织承担起了社会责任。结果，作为组织成员的个人则获得了组织赋予他的和要求他承担的职业责任，在组织成员都按照要求而承担起了职业责任的时候，组织也相应地承担起了社会责任。在这里，尽管一切社会责任都是人的社会责任，却表现为人在职业活动中所获得的职业责任。在形式上，他只承担职责却不承担社会责任，如果说他有社会责任的话，那也是由组织去承担的，似乎与他无关。当然，在这个时候，也会有人宣称自己的社会责任，也会有人要求某人（比如要求企业家去慈善）去承担社会责任，但都只是属于这个理性化社会中的一些非理性的想法和做法。

理性的职业责任观念首先是以超理性的"天职"观念的形式出现的，这就是韦伯在《新教伦理与资本主义精神》中为我们描绘出的历史图景。

① ［法］爱弥尔·涂尔干：《职业伦理与公民道德》，渠东、付德根译，上海：上海人民出版社2001年版，第17页。

作为一种超理性的责任，天职本来属于彼岸世界的范畴，但在宗教改革时期，随着西欧社会职业化进程的开启，它却被人们赋予了现世的含义，成了沟通信徒的世俗生活与宗教生活的桥梁，进而为信徒的世俗生活（也就是正在萌发中的职业活动）作出宗教上的辩护。这就是："个人道德活动所能采取的最高形式，应是对其履行世俗事务的义务进行评价。正是这一点必然使日常的世俗活动具有了宗教意义，并在此基础上首次提出了职业的思想。这样，职业思想便引出了所有新教教派的核心教理：上帝应许的唯一生存方式，不是要人们以苦修的禁欲主义超越世俗道德，而是要完成个人在现世里所处地位赋予他的责任和义务。这是他的天职。"① 随着天职观念的传播，"那种在任何情况、任何条件下，履行世俗义务是上帝应许的唯一生存方式的论述却保留了下来，越来越受到高度的重视。这种生存方式、而且唯有这种生存方式是上帝的意愿，因此，每一种正统的职业在上帝那里都具有完全同等的价值。"② 就这样，经过"天职"这一超理性范畴的辩护，职业及其职责的理性观念就在西欧社会中登堂入室了，并在西欧社会不断世俗化、理性化的过程中逐渐地形构了所谓资本主义精神。

不过，经由天职观念引导出的职责观念只是发生在中世纪西欧这样一个时代的历史路径，是不具有普遍性的。到了近代社会，在实现了社会职业化的时候，职责观念则以完全世俗的形式出现在人们的社会活动中，并成为一切社会活动中普遍存在的观念形态。到了此时，人们以拥有敬业精神为骄傲，以在职业活动中作出成绩为荣耀，以在平凡的岗位和职位上履行职责为社会生命存在的标志。尽管每一个人都向往发达的一天，都希望成为拥有无限财富和尊贵地位的人，但在没有实现这种理想之前，人们却能够兢兢业业地履行既已获得的职责，并把当前承担的职责看作不断进阶的过程，认为通过一点一滴地履行好当下的职责就可以获得人生理想目标的实现。也许存在着不愿意履行好当下的职责而去

---

① ［德］马克斯·韦伯：《新教伦理与资本主义精神》，于晓、陈维纲等译，北京：生活·读书·新知三联书店 1992 年版，第 59 页。
② ［德］马克斯·韦伯：《新教伦理与资本主义精神》，于晓、陈维纲等译，北京：生活·读书·新知三联书店 1992 年版，第 60 页。

抢劫的行为，但那只是一种过激的做法，是因为发财之心过于急切了一些。

总之，近代以来的人们实际上已经普遍接受了通过履行职责而改善生存条件和获得发展机遇的观念，当这些观念落实到了人们的职业活动中的时候，也展现出了应有的道德。对于这一点，韦伯却没有看到，所以，他才会在官僚制组织理论的建构中抹杀了人的职业道德，即为了建立起人的职责实现的客观设置而偏激地扼杀了人的道德。

二、 对职责的科学确认

在组织中，职位是由职权和职责两个方面构成的。职责是一种具有职业客观性的责任，它的客观性往往是体现在特定的职业规范之中的。一般说来，职业规范是由特定的组织提供的，所以，职责最终总要落实到组织上。但是，近代以来，由于市场经济对传统伦理的冲击，也在社会职业化的早期造成了新生的职责无人看守的局面，使工业社会表现出了职业伦理的危机。这种情况令涂尔干忧心忡忡："不管是企业家、商人，还是工人和雇工，都在其履行职责的过程中发现自己身上不存在任何用来制约自私自利取向的影响；他用不着遵从任何道德纪律，他对任何这样的纪律都嗤之以鼻。"[①] "商业职业这种缺乏组织的状况，带来了一个非常重要的后果：在社会生活的整个领域里，根本就没有职业伦理。或者至少可以说，即使有这样的职业伦理，也是非常初级的，我们至多可以从中看到其未来的模式和预兆。"[②] 确如涂尔干所预料，随着市场经济走向其成熟阶段，工业社会在实现了充分组织化的情况下建构起了职业伦理，而这种职业伦理的基本内核就是职责，是以职责的明确化以及职责的实现为内容的职业伦理。

涂尔干提出了职业伦理的问题，但他并没有真正找到建构职业伦理

---

① ［法］爱弥尔·涂尔干：《职业伦理与公民道德》，渠东、付德根译，上海：上海人民出版社2001年版，第14～15页。

② ［法］爱弥尔·涂尔干：《职业伦理与公民道德》，渠东、付德根译，上海：上海人民出版社2001年版，第11页。

的途径。所以，他也就不能够保证后继者在谈论职责问题时还会在伦理的向度中去思考问题。如果说韦伯是涂尔干之后最为关注职责问题的学者的话，那么他在谈论这个问题的时候，所表达的是一种反涂尔干的立场。我们知道，韦伯对伦理以及道德的问题是不以为然的，他甚至否认伦理以及道德的因素对于组织活动的意义。但是，由于韦伯对官僚制组织中的职责有着明确的规定和描述，在他之后，却在对职责问题的研究中发展出了职业伦理学。在一定程度上，20世纪一度在应用伦理学研究的名义下成长起来的各种各样的职业伦理成果都是围绕着职责的问题展开的。虽然职业伦理学的研究者经常性地提及涂尔干，但就我们对20世纪后期的职业伦理学的认识来看，是与涂尔干之间没有什么理论联系的，而是在反对韦伯的意义上阐发职业伦理的规定的。这一点可能是韦伯在强调官僚制组织中的职责问题时所没有想到的。这可能也是社会科学研究中的一种矫枉过正的现象，一个继起的时代往往在社会科学研究中会走到前一时代对立的立场上去。

虽然韦伯对伦理以及道德是不以为然的，但他并没有回避这个问题，事实上，他对这个问题的谈论是不少的。不过，韦伯在许多地方谈论职责的问题时，不是以一个专业的社会科学家的面目出现的，而是喜欢进行说教，喜欢用一种传教士的口吻去表达他的看法，这显然是形象与语言不一致的情况。在普通的人那里，这种形象与语言的不一致是经常可以看到的，而对于一个热衷于用科学的观念去诠释研究对象的人来说，这应当是不被允许的。然而，韦伯恰恰是在对职责的问题进行科学建构时摆出了伦理教父的姿态。比如，韦伯在阐述职责对人的职业生命的意义时说："我们所期望的是，现在正在成长的一代首先应重新习惯于下面的观念："成为一个大人物"不是能够刻意求得的，达此目的（或许！）的方法只有一个，那就是义无反顾地献身于"职责"，而无论它以及由此产生的"与时俱变的要求"在具体情况下究竟会是什么。"[1] 在这里，作为一个可以"献身"的对象，职责是一个充满了伦理精神与价值

---

① ［德］马克斯·韦伯：《社会科学方法论》，韩水法、莫茜译，北京：中央编译出版社1998年版，第140页。

判断的概念，通过这样的规定，韦伯其实是赋予了献身职责的行为以伦理上的优越性的，使之成为一种有价值的行为。然而，韦伯一方面赋予了献身职责的行为以伦理优越性，另一方面又是不相信人能够献身于职责的，至少他的理论说明他是不相信人会有献身于职责的行为的。所以，韦伯才要求祛除价值"巫魅"，要求排除任何对伦理或道德功能的幻想，要求官僚制组织用一系列客观性的设置去保证职责得到实现。

韦伯是这样祛除"巫魅"却又保留下了职责的："今天的学生在讲堂上从教师的讲课中所应学到的东西是：（1）熟练地完成给定的任务的能力，——（2）首先承认事实，即使恰是令人不堪的事实，然后把关于它们的规定和自己的价值态度区别开来，——（3）使自己服从职责，因而首先抑制不必要地表示自己个人的兴趣和其他感受的冲动。……在每一项职业任务中，承担任务者应当克制自己，排除并非严格地从属于职责的东西，而最需排除的便是他自己的爱和恨。"① 可以看到，这三个规定是层次递进的，第一个规定保证了职业人具有承担职责所需的能力；第二个规定教会了职业人如何去分辨自己的职责；第三个规定则排除了职业人的价值偏好，从而保证了他们在保持"价值中立"的情况下服从职责的要求。这样一来，职责就从一个具有主观性的伦理范畴或价值范畴变成了一个纯粹客观的科学范畴或事实范畴了。韦伯对于职责的态度看似前后矛盾，其实却具有内在的一致性。就如新教宣扬超理性的天职观念是为了传播理性的职责观念一样，韦伯之所以会在赋予献身职责的行为以伦理优越性的同时又要进行价值"祛魅"，目的是要确保职业人能够"价值中立"地服从职责。在这里，对职责的科学定位成了韦伯对职业人进行价值"祛魅"的最有效工具。

我们也应看到，韦伯对于职责概念的"祛魅"并不是一种理论分析的结果，而是对于现实的客观描述。显然，在工业化的过程中，社会生活的职业化迫使人在通过职业而开展社会活动时必须扮演一定的职业角色，而人的职业角色又是与职责联系在一起的，是由职责来加以定义的。

---

① ［德］马克斯·韦伯：《社会科学方法论》，韩水法、莫茜译，北京：中央编译出版社1998年版，第140页。

但是，在族阈共同体已经建立了起来的情况下，人在职业活动中的职责却未被提出来加以探讨。或者说，启蒙以来的思想家们更多地关注了社会的宏观建构，把精力都投注到了对社会结构、政治制度等方面的研究上了，对于人，只作了其本性的利己规定，至于人在社会活动中的角色扮演以及与角色扮演相适应的性质，却较少关注。韦伯在这方面的贡献就在于通过官僚制组织理论的建构而对人的职业角色扮演以及职责状况作出规定，即要求人们在通过职业而开展社会活动时既要"价值中立"又要献身于职责，从而赋予职责以客观性的科学内涵。

官僚制组织其实就是由职权和职责构筑起来的组织体系。其中，职权相对于公务或组织事务而言是权力，但相对于组织职位和岗位上的人而言，也可以被理解成权利。是人在进入组织之后没有失去的他作为社会成员的权利，法律对它提供保障，组织是不能加以剥夺的。所以，职权应被视为包含着权力与权利两重内容的。而且，在作出延伸性解释的时候，我们还可以说职权是组织职位和岗位上的人行使权力的权利。也就是说，当一个人在被安排到某个职务或岗位上时，被授予了相应的权力，他在组织规则、规范所提供的空间中有着行使权力的权利。这就是职权的复杂内涵。同样，职责也是责任与义务的同构。如果把责任与义务分开来认识的话，则可以看到，与责任相对应的是职权中的权力那部分内容，而义务则与职权中的权利相对应。职权中的权力只有伴随着相应的责任才能够保证得到正确的行使，即保证从属于组织目标实现的需要；职权中的权利则需要与相应的义务联系在一起才能让行使权力的过程具有主动性、灵活性和创造性。如果就责任与义务的关系看，又可以说义务是责任得以创造性实现的支撑力量，至少也是责任得到承担的积极保证。

在对职权与职责的内涵以及它们间的关系作出了上述分析后，我们就能够理解韦伯为什么能够在作出价值"祛魅"的情况下而成功地对职责进行科学建构了。而且，这种建构还使职权和职责都实现了合法化，使组织成员对权力的行使和对责任的承担都具有了法律效力，从而不再是一种情感上的或道德上的偏好。这就是职责的科学化，近代以来的科学化运动随着官僚制组织的理论建构而在韦伯这里得以完成了。不仅组织的职位、岗位设置被纳入了科学的范畴，而且职责也获得了科学规定。这样一来，职责的实现也就不再依赖承担这些职责的组织成员的道德自觉了，而是可以通过组织规则以及法律等来加以强制性地实现。当然，由于职责之中包含着义务的内涵，因而，在不同的组织成员那里，职责得以实现的情况是存在着差异的，有的人满足于组织规则以及法律要求的职责实现底线，有的人则能够使职责得到创造性的实现。对此，组织又通过功绩制的原则而使那些创造性地实现了其职责的人得到更优厚的报偿和更多升迁的机会，从而使职责中的义务内涵发挥作用也得到了保障。

韦伯的官僚制组织理论因对职责的科学界定而使其具有了客观性的特征，根据官僚制理论，只要建立起完备的规则和法律体系，职责的实现就有了充分的保证。在"工具—目的"的系统设置中，作为组织成员的人则成了承担职责的工具，而职责本身则成了目的，官僚制组织的工具理性特征在这里也得到了充分体现。尽管人是有着多维度的社会存在物，但官僚制组织在要求他承担职责的时候，则是通过这样一系列的设置而使他成为"理性人"的，他的情感以及道德因素都被作为"巫魅"而加以祛除了。这也就是官僚制组织的"价值中立"原则的真实内涵。

盖伦认为，"被生产和交换的工业体系客观化了的世界并不直接通向伦理需要，这些需要在它那格局之内丧失了意义。"① 官僚制组织充分地印证了这一点，它在要求其成员承担职责的时候，是要求他们作为客观的、抽象的职业人的面目出现的，应当是在职业活动中摒弃了道德存在和人格因素的人。所以，不仅官僚制组织及其部门实现了"非人格化"，而且，组织成员在职务活动中也被要求处在一种"非人格化"的状态。组织成员在何种意义上实现了"非人格化"，也就在同等意义上达到了按规则和法律办事的境界，也就能够做到把公私分开，实现公事公办。官僚制组织是近代社会职业化的必然结果，它最为充分地诠释了职业理性。反过来，也正是有了官僚制组织，才使职业活动成为可以加以科学理解

---

① ［德］阿诺德·盖伦：《技术时代的人类心灵：工业社会的社会心理问题》，何兆武、何冰译，上海：上海科技教育出版社 2003 年版，第 91 页。

和可以进行科学规划的活动，才使每一项与职权相对应的职责都能够得到组织规则以及法律的准确界定。

三、 职业文官的职责

虽然工业社会实现了职业化，但在这个社会中也还存在着一些职业化进程与官僚制组织没有覆盖到的领域。比如，自由职业者通常无法被纳入通过官僚制组织确认的职业范畴之中去。这里的所谓"自由"，就是指他游离在组织之外，他可能因其自由职业而获得一定的社会责任，却是没有职权的。因而，也没有严格意义上的职责，而且也没有任何组织会对他提出职责的要求。显然，韦伯没有想到"自由职业"的问题，或者说他虽然想到了自由职业的问题却不认为具有值得研究和规范的意义。所以，他所致力于探讨的是具有广泛性的和普遍存在于近代社会的官僚制组织，或者说官僚制组织是已经实现了组织化的工业社会的主流组织形态。的确，自由职业只能算作工业社会的一种边缘性的职业，而且，就"自由职业"这一名称而言，也是 20 世纪后期才得到承认的。近些年来，随着社会的个性化追求日益强烈起来，才使得自由职业获得了发展空间。比如，互联网的发展，为大批自由职业者提供了网络空间，使这一职业变得兴盛了起来。

一般说来，自由职业者所承担的社会责任不从属于官僚制组织规则的约束。但是，自由职业还是要遵守一个社会的法律，需要自觉地遵守道德规范。这也说明，近代以来的职业因官僚制组织理论的建立而获得了工具理性的规范，走出组织之外，一切承担社会责任的活动都需要更多地得到道德的规范。或者说，首先需要得到道德的规范，其次才是得到法律的规范。在此意义上，可以说自由职业是一种道德的职业，自由职业者也相应地可以看作是道德的职业人，拥有道德是他开展自由职业并得以生存的支撑力量。如果说自由职业能够被算作一种职业的话，那么它与职业文官所拥有的职业是处于两个极端的。因为，职业文官是最严格的职业从业者，其职权与职责都是极其严肃的。

根据韦伯的规定，"真正的官吏，就其适当职责而言，是不能投身于政治的，……他的适当工作应是从事无党派立场的'行政管理'。……
（'无示好恶'）地领导他的部门。……采取立场，充满激情——'ira et
studium'（好恶分明）——是政治家的本色，尤其是政治领袖的本色。
他的行为所服膺的责任原则，同文官的原则截然不同，甚至正好相反。
文官的荣誉所在，是他对于上司的命令，就像完全符合他本人的信念那
样，能够忠实地加以执行。即使这个命令在他看来有误，而在他履行了
文官的申辩权后上司依然坚持命令时，他仍应忠实执行。没有这种最高
意义上的道德纪律和自我否定，整个机构就会分崩离析。"①　其实，韦伯
的观点并不是什么创见，根据昂格尔的考察，在19世纪中期的普鲁士，
这样的意识形态极为盛行："即官僚所追求的作为普遍利益的公共目的就
是，作为有机整体的国家的福利而不是任何小团体的特殊利益。在驱逐
拿破仑之后而开始的斯泰因-哈登伯格改革期间，行政人员只是中立力量
的观念十分流行。"②　韦伯只是使这种观念得到了系统的理论证明。通过
这种系统的理论证明，韦伯赋予了职业文官以一个工具性的地位，其职
责就是服从。而且，这里所说的是服从其上司，而在职位上和岗位上的
职责明确的情况下，即使不是直接服从上司的命令，也是服从职位和岗
位的要求的。

　　韦伯之所以能够对文官作出这种工具性的规定，是因为工业化以来
所造就的组织是相对封闭的组织，而且，组织的封闭性也相应地反映到
职业的封闭性上了。也可能正是因为意识到了这一点，后现代主义者福
克斯和米勒才会要求："职业化必须对外来影响保持开放性。"③　然而，
工业社会的职业化，实际上恰恰是要在确认了一个职业领域的时候就使
其与外来的影响相隔离。这一事实决定了，无论是从什么样的角度来考
察职业，都会把职业的封闭性默认为一个前提。

　　涂尔干是从完全不同于韦伯的视角出发去考察职业问题的，韦伯所

① ［德］马克斯·韦伯：《学术与政治》，冯克利译，北京：生活·读书·新知三联书店2005年版，
　　第76页。
② ［美］昂格尔：《现代社会中的法律》，吴玉章、周汉华译，北京：中国政法大学出版社1994年
　　版，第172页。
③ ［美］查尔斯·J·福克斯、［美］休·T·米勒：《后现代公共行政——话语指向》，楚艳红等译，
　　北京：中国人民大学出版社2002年版，第36页。

持的是科学的视角，反对对职业规定进行伦理方面的思考，而涂尔干的考察则是从伦理的视角出发的。即便如此，涂尔干也是在默认职业封闭性的前提下论述职业伦理的。涂尔干写道，职业伦理"与众不同的地方，即区别于其他伦理的地方，就是无视公众意识对它的看法。……这些伦理与共同意识并无深层的联系，因为它们不是所有社会成员共有的伦理，换言之，它们与共同意识无关。……无论程度如何，所有这些功能都与舆论无关，或者至少说，它们在某种程度上存在于当下的行动领域之外。"① 这实际上是说，职业伦理中的职责或职业道德所规范的职责，是与社会责任不同的，当人们进入组织之后而获得职责，是作为组织成员而承担了组织赋予他的职责。至于社会责任，则是组织在整体上所拥有的，职责是他的事情，而社会责任则是组织整体上的事情。

据此来理解职业文官的职责，就可以发现，职业文官并不承担社会责任，他们在政府这一官僚制组织之中所承担的只是组织赋予他们的职责。履行职责就是他们的所谓"天职"，遵守纪律以及服从命令就是他们应有的道德。由此可见，虽然韦伯与涂尔干的视角不同，表述也不同，但所探讨的却是一个东西，形成的结论或作出的规定也是殊途同归的。引申而言，职业文官的使命就是承担起官僚制组织赋予他的职责，虽然政府需要得到合法性的审查，而职业文官却无须接受合法性审查，也不必尊重民主的价值，评判他的唯一标准就是看他是否严格并有效地履行了职责。

对于职业文官而言，行使职权既是他履行职责的途径，也是他的职责的内容，而且是他的职责中的基本内容。因而，才出现了我们常常听到的所谓"不作为"的问题。当职业文官需要行使其职权的时候却不行使职权，就是一种渎职行为。这就是现代官僚制组织中的文官与农业社会中的官吏不同的地方。在农业社会，由于权力缺乏职责的有力约束，人们对于掌权者的期望往往是"无为"，而绝不会出现无权者控诉掌权者"不作为"的情况。在工业社会，职业文官的"不作为"则被看作是无法

---

① ［法］爱弥尔·涂尔干：《职业伦理与公民道德》，渠东、付德根译，上海：上海人民出版社2001年版，第8页。

接受的，甚至会因其"不作为"而对其进行法律追究。当然，在现实中，可能存在着两种"不作为"的情况，一种是职业文官的"不作为"，另一种是政府的"不作为"。职业文官的"不作为"属于没有履行职责的情况，而政府的"不作为"则是不承担社会责任的问题。如果出现了政府"不作为"的情况，就会产生"合法性"流失的问题，在公共舆论较为发达的今天，政府可能因其"不作为"而受到批评。但是，除了出现所谓"内阁总辞"之外，往往是无法作出具体的责任追究的。在职业文官那里，一旦发生了"不作为"的问题，就会受到追究。如果一个政府不对失职、渎职等"不作为"的行为加以追究的话，那么这个政府肯定还处在前官僚制阶段。所以，职业文官的职责应当反映在其有所"作为"上，有"作为"就是他的基本职责。

既然职业文官的职责就是应有所"作为"，对他而言，也就不存在什么"换位思考"的问题了。福柯曾经提醒我们，"要提防统治者设下的圈套，知识分子经常落入这种圈套：'让你来处于我的位置，告诉我你怎样做。'我们不必回答这种问题。你既然是对此作出决定的人，显然应该具有我们不具备的知识，应该能够作出我们不能做出的判断分析。"[①] 福柯的提醒是很有价值的，但他并没有指出问题的实质。职业文官之所以不被允许进行"换位思考"，并不是因为他比其他人掌握了更多的治理知识和技巧，而是因为那是他的职责。如果他要求与他人进行"换位思考"，就等于放弃了自己的职责。实际上，就是"不作为"的行为，或者说，是要为他的一切"不作为"和可能发生的"不作为"行为进行辩护。然而，在现实中，这类"不作为"的问题却是普遍存在的，我们经常可以看到官员们提出让老百姓"换位思考"的要求，人们往往没有意识到：这本身就是一种"不作为"的失职行为。

官僚制组织中的职责具有客观性和普遍性，相同职位上的职责是基本相同的，即具有形式上的同一性。这种形式上的同一性大大方便了官僚制组织的管理，可以通过制定统一的规则来对履行职责的行为加以控

---

① ［法］福柯：《权力的眼睛——福柯访谈录》，严锋译，上海：上海人民出版社 1997 年版，第 20 页。

制。正是这一点，使官僚制组织在工业社会的发展中显示出了巨大优势，成为最有效率的组织。但是，随着工业社会的发展走向了顶峰，官僚制组织开始面对更为复杂的环境，职业文官的职责也开始发生了变化，"在不断地受到在往往不稳定和变化无常以及充满矛盾的环境中协同或反对其他（公司、教会、工会、国家）官僚主义机构的压力下，官僚主义行政机关被迫破坏拒绝逐个处理的原则，参与各种判断并在不能利用可以精确地运用的固定不变的客观规律的情况下作出各种决定。在一直不稳定和经常动乱的环境中，稳定地达到有组织的目标取决于官僚主义结构本身的不断变化。这就是说，在晚期资本主义条件下，'不考虑特殊的人和情况'是一切官僚主义机构都不能实现的口号。"①

20 世纪后期以来，个性化运动扩散到了社会生活的每一个角落，从而对官僚制组织的形式同一性和无差别管理造成了冲击，那种"不考虑特殊的人和情况"的做法已经变得不适应了。也就是说，社会所呈现出的个性化趋势也要求官僚制组织中的每一项职责都具有个性特征。也许相同职位上的官员的职权是相同的，然而，在行使职权的时候，所面对的对象则是不同的，因而，职责会表现出很大的不同。这种根据职权对象去确认职责要求的做法，是官僚制组织从未考虑过的。因为，官僚制组织的建构，无论是作为一个自然过程，还是在韦伯之后而成为一个自觉过程，都满足于自身的逻辑自洽。所谓职权与职责的一致，是官僚制组织自身建构的逻辑所使然。然而，在个性化运动中，由于把职权对象作为"特殊的人和情况"来加以考虑的要求变得越来越强烈，这个来自官僚制组织之外的外在变量就会对"权—责一致"原则造成冲击，从而最终有可能用后现代主义的所谓"他在性"原则取代"权—责一致"的原则。这样一来，官僚制组织在职责管理上的工具理性、价值"祛魅"、非人格化等要求，都必须让位于文官的道德意识。也就是说，只有在职权对象的需要中，文官才能真正发现自己的职责所在；只有拥有了服务于职权对象的道德意识，文官才能承担起职责和较好地履行职责。

① ［英］约翰·基恩：《公共生活与晚期资本主义》，刘利圭等译，北京：社会科学文献出版社 1999 年版，第 68 页。

一旦职责的履行被建立在文官的道德意识的基础上，无疑是对官僚制组织的"价值中立"原则的挑战。我们知道，官僚制组织的全部设计都是建立在"价值中立"的基轴之上的，如果抽掉了这根基轴，官僚制组织也就土崩瓦解了。事实上，20世纪后期以来，随着社会复杂性和不确定性程度的急剧增长，公众对文官所提出的要求日益多样化，原先那种根据官僚制组织的设计原则而按部就班地履行职责的情况，已经无法再进行下去了，必须根据环境的状况而随机性地调整职责的内容，必须根据职权对象的个性化需求去确定职责的履行方式。否则，被官僚制组织结构化的职业文官是很难在这样一个全球风险社会中真正发挥作用的。

如果职业文官的职责及其实现方式出现了这种变化，也就是对官僚制组织基本框架和设计原则的突破，一个不容怀疑的逻辑结果就是：必将用一种新的组织形式来替代官僚制组织。可见，从职责的角度来认识官僚制组织，也让我们发现，它在工业社会中所具有的全部优势都在社会环境的复杂性和不确定性以及公众要求的个性化之中丧失了，它的优势正在变成它的劣势。在这种情况下，只有努力去发现一种全新的组织形式，并努力去实现它对官僚制组织的替代，才能担负起领导社会的责任，才能使人类走出当前的风险社会。

第七章

风险社会与社会革命

人类社会自从开始的那一天起就有了对确定性的追求，但在不同的历史阶段，由于人们对不确定性的根源有着不同的认识，因而，追求确定性的方式也是不同的。在对确定性的追求中，社会契约论所提出的方案是近代以来社会建构的原则和路径。到了 20 世纪，随着自我意识的强化，进一步实现了对他人的不确定性建构，并因不确定性的逐步升级而使人类走进了风险社会。20 世纪后期以来，确如贝克所说，人类进入了一个"全球风险社会"。在这种条件下，首要的任务就是需要重建自由的哲学。只有当我们拥有一种全新的自由观，才能在人的自由发展的意义上发现应对全球风险的社会建构方案。如果说近代以来在自由、平等的天赋人权基础上建构起了属于这个社会历史阶段的管理型社会治理模式的话，那么在全球风险社会来临的情况下，我们需要建构起一种服务型的社会治理模式，并在这一模式下去谋求合作治理的方案。服务型社会治理模式的建构将意味着又一场伟大的社会革命，在更加宏观的意义上，是合作共同体对族阈共同体的替代过程。正如从家元共同体向族阈共同体的转型是一场伟大的社会革命一样，从族阈共同体向合作共同体的转型也将是一场伟大的革命。当然，这两场革命运动的方式是不一样的。从家元共同体向族阈共同体的转型采取了暴力斗争的革命路径。当人类进入工业社会后，在创造了物质文明和精神文明的同时，也生产了足以毁灭人类的大规模杀伤性武器，从而使传统的暴力斗争的路径变得危险了，可能会使暴力斗争的后果大大超出人类社会的承受能力。这决定了从族阈共同体向合作共同体的转型不能以暴力的方式去开辟前进的道路，而是需要走一条和平发展之路，应当成为一场通过合作而建构起合作共同体的革命运动。

第一节　人类追求确定性的历史

一、　熟人对确定性的追求

人类是有着确定性偏好的，对确定性的追求一直是与人类相伴随的。这是因为，确定性是人的行为能够获得预期结果的前提，也是人的安全感的来源。然而，在人类社会的任何一个历史阶段中，都会出现不确定性的问题。

比较而言，在农业社会的历史阶段中，不确定性主要来自自然界，较多地是自然的不确定性对人的正常生活构成威胁。在工业社会，随着人类认识和驾驭自然能力的提高，似乎在应对不确定性的问题上有所进步。其实，工业社会并没有摆脱自然不确定性的困扰，不仅如此，社会自身生产出来的不确定性也不断地增强。正是在此意义上，我们说农业社会是一个具有确定性的社会，而工业社会则具有不确定性的特征。

在共同体的意义上，家元共同体是一个熟人社会，熟人社会中的一切都是具有确定性的。熟人社会中也会出现陌生人以及其他陌生的因素，从而带来某种不确定性，甚至会破坏人们的安全感。一般说来，出现了这种情况，人们往往会以彼此间的紧密团结和互助去消除不确定性，从而重新获得确定性。近代以来，随着人类进入一个陌生人社会，人们在社会交往中的不确定性开始增强。但是，近代以来的政治建构以及整个社会治理模式的建构都有效地控制甚至消除了不确定性。特别是因为拥有了法制框架以及各种各样的具体设置，为人们提供了确定性，使人类能够面对风险和征服一个又一个不确定性因素。而且，也正是在对不确定性因素的征服中，推进工业文明不断地朝着更高的方向运动。然而，到了 20 世纪后期，社会的不确定性迅速增长，超出了人类驾驭和征服不确定性能力的极限，使人类陷入了处处布满不确定性的风险社会中。也就是说，工业社会对确定性的追求现已宣告失败，在"全球风险社会"中，人类除了发现适应不确定性的道路，别无选择了。

我们看到，在农业社会，个体与个体之间缺乏明确的界限，而群体与群体之间却泾渭分明；在工业社会，群体间的关系处于流动之中，时时都会发生变化，而个体间的界限则是神圣不可侵犯的。这表明，农业社会与工业社会在构成基础上存在着差异。一般认为，农业社会是以群体为基础的社会，而工业社会则是以个体为基础而建构起来的社会。其实，这种说法并不准确，因为，工业社会中也存在着在数量上远远超过了农业社会的群体，而且，不论工业社会还是农业社会中的群体，最终也都是由个体组成的。因而，严格说来，并不存在什么群体的社会与个体的社会，所有社会都是由个体与群体共同构成的。但是，在不同的社会中，个体与群体的存在状态以及彼此间的关系则是大不一样的。在农业社会，社会意义上的个体并没有生成，这里的个体主要是一种自然意义上的个体。在工业社会，人不仅是自然意义上的个体，同时也是社会意义上的个体。这就是个体在不同历史阶段的不同性质。

就个体与群体的关系而言，在农业社会，个体之于群体是一种从属性的存在。借用德国古典哲学的术语，他尚不是一种自在的存在，更不是一种自为的存在。因而，在农业社会，虽然存在着个体，却不是有着自我意识的个体。当然，他也不是一个"为他"的存在，由于自我意识的缺席，农业社会中并没有发生"自我"与"他人"的分化。事实上，在一种先验性的群体认同的包裹下，所有个体都是作为群体成员而与其他个体享有一种先验同质性的共在。这就是费孝通所说的："他们平素所接触的是生而与俱的人物，正像我们的父母兄弟一般，并不是由于我们选择得来的关系，而是无须选择，甚至先我而在的一个生活环境。"[①] 在这样一个"生而与俱"的环境中，他们只能反复熟悉，并作为彼此熟悉的个体也就是熟人而共在。由这种熟人所组成的群体也就是熟人的群体，因而，农业社会就是一个由熟人及其群体组成的社会，也就是熟人社会。

理论上讲，熟人是与陌生人相对应的两个概念，有熟人也就有陌生

---

① 费孝通：《乡土中国　生育制度》，北京：北京大学出版社1998年版，第10页。

人。在农业社会，尽管每个群体都是由熟人组成的，但各个群体以及不同群体的成员之间则是彼此陌生的。因而，从个体的视角进行观察，农业社会是一个由熟人组成的社会，但从群体的视角来观察，农业社会则成了一个由陌生人组成的社会。这表明，熟人社会的概念是不全面的，它并不能完整地描述农业社会人际关系的全貌。以一种更为宏观的视角来看，农业社会其实是一个由熟人与陌生人共同组成的社会，农业社会中的人际关系也包含了熟人之间的关系与陌生人之间的关系这两重内容。由于熟人与陌生人在存在形态上的差异，熟人间的关系与陌生人间的关系在性质上与表现形式上都具有重大的不同。但是，科学是在近代才形成了自己的话语体系的，而近代社会的人们在观察世界的时候往往是从个体出发的。所以，从个体的角度出发，所看到的农业社会是熟人社会。因为，个体是处于群之中的，在群之中，人们是熟人。陌生人属于另一个群体的人，所以，在群体的意义上，才能看到陌生人。

在农业社会的现实中，陌生人也是以具体的个体的形式出现的。但是，透过其形式看，他之所以是陌生人，是因为他属于另一个群体，也就是说，因为他来自另一个群体而成为陌生人。当他变成熟人的时候，实际上所意味着的是他已经融入了这个群体，是与这个群体中的人具有同质性的朋友，甚至可能已经以这个群体的成员的身份出现了。从我们这里的描述看，显得有些啰唆。但是，如果我们不是从社会的角度来看熟人与陌生人，而是从共同体的角度来看他们的话，画面就显得清晰多了。那就是，在历史的纵向视野中，家元共同体是一个熟人社会，族阈共同体是一个陌生人社会；在历史的横向视野中，不同家元共同体的人们才是陌生的，而不同家元共同体各自都是封闭的，没有经常性的交往，所以，也就没有陌生人社会的问题了。

总的说来，熟人是一群因为共同生活在一起而彼此熟悉的人。由于彼此熟悉，他们之间的交往具有高度的确定性，几乎不会发生意外。这种确定性的程度是如此之高，以致连语言文字这样的交往媒介在熟人之间也显得有些多余。"在熟人中，我们话也少了，我们'眉目传情'，我们'指石相证'，我们抛开了比较间接的象征原料。而求更直接的会意了。所以在乡土社会中，不但文字是多余的，连语言都并不是传达情意的唯一象征体系。"① 可见，熟人是一种确定性的存在。在农业社会，熟人就意味着确定性，与熟人的交往，在理论上不存在不确定性，在实践上也很少表现出不确定性。陌生人则恰恰相反。

考虑到农业社会也存在着不同家元共同体的人们偶尔交往的事实，我们也必须对陌生人加以界定。在农业社会中，陌生人是因为生活的隔离而互不熟悉的人。由于彼此的不熟悉，陌生人之间的交往就不具有熟人间的那种确定性，在熟人的眼中，陌生人就是不确定性，就是危险。甚至，根据沃尔泽的考察，"在许多古代语言中，其中包括拉丁语，陌生人和敌人是一个词。我们只是经过漫长的试错过程，才将二者区分开来，并承认，在特定环境中，陌生人（但不是敌人）可能有资格接受我们的殷勤招待、帮助和良好祝愿。"② 也就是说，陌生人是一种不确定性的存在，与陌生人打交道无异于自投于不确定性之罗网。这也说明，在农业社会，确定性只存在于熟人之间，而陌生人则被视为不确定性之根源。农业社会中的个体只有作为熟人并且面对熟人的时候才能求得确定性。

既然只有面对熟人才能求得确定性，那么，对于想要拥有确定性的个体来说，首要的就是不能使自己成为陌生人，也就是不能脱离自己所属的群体。对他而言，只要能够处于群体的庇护之下，就能够总是作为一个熟人而与其他熟人或者陌生人进行交往。因而，我们看到这样一种现象，在农业社会的历史条件下，如果遇到自然灾害的话，人们在不得不迁移到异乡的情况下，往往会选择投亲靠友的方式，一般说来，不会单个地冒险迁移到一个陌生的地方。再一种情况就是群体性的迁移，即一个家庭或家族一道迁移到另一个地方。从经济的角度看，个体性迁移显然比群体性迁移更为容易和更为经济，但在农业社会，群体性迁移却远多于个体性迁移。这显然是出于对陌生人以及成为陌生人之可能性的恐惧。农业社会中的个体总是不愿离开自己的群体，即使迁移，也总是要与自己的群体一起迁移。这种迁移虽然使整个群体处于陌生的环境中，但作为个体，还是处于熟人社会的。

---

① 费孝通：《乡土中国　生育制度》，北京：北京大学出版社1998年版，第17页。
② [美]迈克尔·沃尔泽：《正义诸领域：为多元主义与平等一辩》，褚松燕译，南京：译林出版社2002年版，第40页。

　　由于熟人之间的确定性源自彼此间的熟悉，为了巩固这种确定性，熟人之间就必须通过共同的认同活动与劳动互助等方式提高彼此间的熟悉程度。就认同而言，尽管它相对于个体表现为一种先验性的存在，但相对于群体则是反复熟悉的积淀。所以，共同的认同活动也可以反过来加强彼此间的熟悉。同样，劳动互助的发生可能是根源于生存与生产的客观需要，但随着历史的演变，它却由于向人们提供了彼此熟悉的机会而成了满足人们对确定性的主观追求的方式。因而，在许多无须互助也能完成的劳动中，我们往往也能观察到互助的存在。这表明，熟人总是通过各种方式来加强彼此间的熟悉，进而巩固相对于彼此的确定性。

　　除了可以巩固熟人之间的确定性，熟悉也可以在一定程度上消除熟人与陌生人之间的不确定性。通过反复的熟悉，陌生人可能会放弃原有的认同，转而认同熟人之间的认同，并因此将自己也变成了熟人。于是，对于熟人来说，不确定性就不复存在了。不过，在历史上，这种情况是不常见的。作为个体，陌生人的确偶有通过熟悉而转变认同的情况，但作为群体，陌生人往往都是由于熟人以权力与暴力为后盾而进行的同化才转变自己的认同的，才成为一种被同化了的熟人。同化也是熟人消除自己与陌生人之间的不确定性的一种方式，在某种意义上，它还是较为文明的一种方式。除了同化，熟人还拥有一种更为野蛮的方式，这就是对陌生人的斗争，直至杀死陌生人。如果说熟悉与同化都只是在心理上取消了陌生人的存在的话，杀戮则在物理上取消了陌生人的存在。显然，这是更为彻底的消灭陌生人的方式，因之，它也是最为常见的一种方式。然而，无论是熟悉、同化还是杀戮，熟人都是通过消灭陌生人来追求自己的确定性的。三者的区别仅仅在于，前两者是在心理上消灭陌生人，而后者则是在生理上消灭陌生人。由此，我们就发现了熟人追求确定性的逻辑：只要消灭了陌生人，就能求得确定性。

　　从历史上看，试图通过消灭陌生人去谋求熟人社会的确定性的做法从来也没有真正地得到实现。相反，农业社会的整个历史都证明，消灭陌生人的做法总是引发战争。在某种意义上，农业社会的历史就是由战争书写而成的。甚至这种战争遗传了下来，使工业化的进程也以战争开辟道路。显然，当熟人社会通过消灭陌生人而谋求确定性的时候，就必然引发陌生人所在群体的报复。只要他不能将对方消灭，就会为对方所消灭，即便他消灭了某个陌生人，也可能随即就被另一个陌生人所消灭了。所以，将陌生人视为不确定性的根源而加以消灭的做法，反而是永远也无法获得确定性的。

二、 自我对确定性的追求

农业社会中的人们总是把陌生人等同于不确定性，或者说，是把陌生人作为不确定性的根源的。其实，作为熟人社会的农业社会是很少遭遇陌生人的，因为，农业社会的地域化和缺乏流动性决定了这个社会中的人们基本上生活在熟人圈子中，总是作为家元共同体的成员而存在的，人生活中的一切似乎都是确定的。正是由于这个社会中的人们很少遇到不确定性的问题，所以，一旦遭遇了个体性的陌生人的时候就会立即决定去对其作出熟人或陌生人的区分，进而采取接纳还是消灭的行动。然而，在从农业社会向工业社会转变的过程中，人们走出了千年固守的地域，脱离了熟人社会的生活圈子，进入了陌生人社会，在陌生人社会中流动和徘徊。特别是社会大分工运动，使人们的自足生活受到了彻底破坏，人的生活中的一切都需要依赖他人，越来越没有了自给的能力，更不可能拥有自足的资源，因而必须与陌生人交往。原先，人们生活在熟人社会中却可以不同他人交往，因为，生活中的一切都可以实现自给自足；现在，人生活在陌生人社会中却必须与他人进行交往，因为，生活中的一切都需要依赖他人，而且是依赖陌生人。

这样一来，农业社会中的那种消灭陌生人的方式就不再具有合理性了。第一，普遍的陌生人的存在意味着不可以通过暴力去加以消灭；第二，每个人面对的交往对象都会因为流动性的增长而具有一次性，因而没有足够的时间去通过同化的方式而消灭陌生人；第三，由于人们走出了千年所在的地域，每个人都把自己所在地域中的因素带入陌生人社会，使陌生人社会成为一个差异性的生活共同体，因而，没有一个可以被普遍认同的东西去把陌生人转化为熟人。最为重要的是，工业化的进程，特别是市民社会的生成，使人的自我意识觉醒了，意识到了自我的利益要求，让自我发现自己是一个独立的个人，与他人之间有着各种各样的差异。自我意识的生成也使人们把那些因袭而来的、千年共有的因素加以抛弃，从而把本来应当是熟人的人消灭了，使一切人都成为陌生人。

在工业化的道路走向纵深的时候，人类进入了陌生人社会，每个人都作为陌生人而彼此面面相觑。此时，那些仍然保留着熟人社会观念的人，在与陌生人进行交往时往往会遭受惨重的损失。相反，如果按照熟人社会的逻辑而把陌生人视为敌人的话，就无法与他人之间开展交往，就会自绝自己的生存道路。所以，在陌生人社会中，人与人之间不再显现为熟人还是陌生人了，而是实现了自我与他人对熟人与陌生人的替代。更为有趣的是，家元共同体作为一个熟人社会总是努力去消灭陌生人。但是，熟人社会中有熟人也有陌生人，或者说，熟人社会中的人们只要走出共同体的边界就难以避免地会遭遇陌生人。工业社会作为一个生活共同体是一种不同于家元共同体的族阈共同体，人们虽然生活在一个共同体之中，却是陌生人。所以，族阈共同体是一个陌生人社会。在这个陌生人社会中，也许每一个人都时时刻刻地希望把交往对象变成熟人，然而，每一个人都永远地被置于陌生人的地位上，这个社会彻底地消灭了熟人。

在族阈共同体中，人与人之间的关系已经是自我与他人的关系。自我与他人都首先是以个体的形式出现的，失去了群体的庇护，因而也无法继续像在家元共同体中那样从熟人那里寻求确定性。工业化的进程是发现自我的过程，通过自我意识而发现了自我，同时实现了对熟人社会的解构。在自我与他人进行交往时，熟人消失了，一切都以自我为中心去对交往对象进行取舍。你说你是熟人，但我们之间发生交往（比如借贷）的时候则需要以某种中介因素（立字为凭）为依托；你说你是陌生人，但我们却可以为了各自目标的实现而开展交往。一切都以作为个体的自我的利益和需要为出发点，作为个体的自我就是这个社会的原子，就是这个社会的基本构成要素。

工业社会在实现组织化的过程中，也通过组织而把作为个体的自我整合到了组织之中了，从而以群体的形式出现。但是，由组织整合而成的群体已经不再是农业社会中的那种同质性群体，而是由组织的线索串联起来的一个个的差异性个体的集合形态。组织可以改变个体的存在形式，却无法改变个体的性质。在组织之中，虽然共为组织这一群体的成员，却没有熟人之间的彼此认同，每个人都只是自我与他人关系框架中的共在，彼此虽然是同一组织的成员，却是作为独立的个体而存在的。既为同事，又是陌生人。

在思想史上，关于自我的最为初步的和最为经典的认识就是"我思故我在"。也就是说，自我首先是一个思维主体。黑格尔把这个"我思"解释成了"自我意识"，从而使自我的生成以更加清楚的历史过程呈现给了我们。思维是与行动联系在一起的，根据杜威的看法，思维与行动的区别仅在于："实践活动有一个内在而不能排除的显著特征，那就是与它俱在的不确定性。因而，我们不得不说：行动，但须冒着危险行动。关于所作行动的判断和信仰都不能超过不确定的概率。然而，通过思维人们却似乎可以逃避不确定性的危险。"① 也就是说，行动意味着不确定性，而思维则意味着确定性。所以，"我思故我在"的命题所反映的也是一种对确定性的追求。

关于这样一种对确定性的追求，笛卡尔的意见是："除了我们自己的思想以外，没有一样事情可以完全由我们作主。"② 可见，"我思"其实只是形式，它的本质乃是我主，既是我可以确定我是存在的，也是我可以由我做主的确定性。通过"我思"，我就可以确定我的存在，这是我的存在的确定性。如果说实践活动具有不确定性的话，我就不去通过行动去证明我自己的存在，而是通过"思"去证明我的存在；如果说实践活动的不确定性使我不能自主的话，我就通过"思"去实现我的自主。这个我的自主，也就是笛卡尔所说的"我主"。这就是"我思故我在"的真意。

作为一个哲学家，笛卡尔生活在资产阶级革命即将发生之际，此时，"思"与"行"都成了非常迫切的现实问题，他看到了"行"的不确定性和"思"的确定性，无疑是深刻的哲学洞见。如果说这种哲学对于行动

---

① ［美］约翰·杜威：《确定性的寻求：关于知行关系的研究》，傅统先译，上海：上海人民出版社2005年版，第3～4页。
② ［法］笛卡尔：《谈谈方法》，王太庆译，北京：商务印书馆2000年版，第21页。

有什么积极意义的话，那就是让人们充分认识到"行"的不确定性，从而用"思"的确定性去加以弥补。也就是说，我们不能够把笛卡尔简单地理解成"倡导思而反对行"的思想家，就他的目的是谋求"自主"而言，恰恰是对行的思索。然而，一旦走出"思"而进入"行"的阶段，就必然要与他人打交道，就必然会遭遇他人，因而使自主成为一个问题。所以，笛卡尔的"我思故我在"一方面要使"我"走出那种与他人的同质性共在状态，摆脱那种依附他人的受支配地位；另一方面，在付诸行动的时候，需要在自我与作为交往对象的他人之间作出区隔，不能因把自我交于他人而失去"我主"。总之，只要失去了自我而不能"我主"，就会立即面对不确定性，他人就是自我的不确定性。

从霍布斯对自我与他人关系的描述中可以看到，在自我与他人的利益争夺中，他人是被作为敌人来看待的，既然在自我与他人之间有着敌对的关系，就会产生不确定性的问题。霍布斯说："自然使人在身心两方面的能力都十分相等，以致有时某人的体力虽则比另一人强，或是脑力比另一人敏捷；但这一切总加在一起，也不会使人与人之间的差别大到使这人能要求获得人家不能像他一样要求的任何利益，因为就体力而论，最弱的人运用密谋或者与其他处在同一种危险下的人联合起来，就能具有足够的力量来杀死最强的人。……由这种能力上的平等出发，就产生达到目的的希望的平等。因此，任何两个人如果想取得同一东西而又不能同时享用时，彼此就会成为仇敌。"[1] 在这里，"任何两个人"显然就是"自我"与"他人"。也就是说，当个体成为彼此平等的自我与他人的时候，也就互相构成了不确定性。对于自我而言，他人就是"仇敌"，与他人的遭遇就是在经受不确定性的洗礼。

根据霍布斯的意见，自我如果希望求得确定性的话，就需要化解与他人交往中的不确定性，"那就只有一条道路：——把大家所有的权力和力量托付给某一个人或一个能通过多数的意见把大家的意志化为一个意志的多人组成的集体。这就等于是说，指定一个人或一个由多人组成的集体来代表他们的人格，每一个人都承认授权于如此承当本身人格的人

---

① ［英］霍布斯：《利维坦》，黎思复、黎廷弼译，北京：商务印书馆 1985 年版，第 92～93 页。

在有关公共和平或安全方面所采取的任何行为、或命令他人作出的行为，在这种行为中，大家都把自己的意志服从于他的意志，把自己的判断服从于他的判断。这就不仅是同意或协调，而是全体真正统一于唯一人格之中"。① 既然所有的"自我"都已获得了一个唯一的人格，也就不再有"他人"了，因而，也就没有不确定性了。这就是社会契约论最早化解"自我"因"他人"造成的不确定性的方法，即通过这样一种社会契约产生出"唯一人格"，使自我与他人统一到这样一种唯一人格之中，从而在根源上消除自我与他人关系中的不确定性。

社会契约论的后来发展证明，自我与他人并没有统一到霍布斯的"唯一人格"中，而是统一到一种制度框架中去了。事实也证明，为了消除自我面对他人的不确定性，创设一个统一性的制度是成功的。近代以来，之所以能够最大限度地消除陌生人社会中的不确定性，是与这项供给确定性的制度联系在一起的。有了这项制度，自我与他人间的交往也就由于得到了法律的规范而获得了确定性。所以，即使在竞争关系中不断生产出不确定性，也总是能够在法律制度的框架下得以化解；即使不确定性问题变得严重了，也可以通过完善法律制度这一框架而使其受到控制。

三、 步入风险社会

在农业社会的历史阶段，生活在家元共同体中也就意味着拥有了生活的确定性，虽然自然的不确定性会随时光顾他们的生活，而社会的确定性则是他们生活的慰藉。所以，我们认为，农业社会基本上属于一个确定性的社会。进入工业社会，人类开始面对社会的不确定性问题，但通过法律制度的途径，人类把不确定性程度降低到了很低的状态。总的说来，人类对确定性的追求是由于客观存在着的不确定性问题引发的，农业社会和工业社会的人们都因为感受到不确定性的压力才去追求确定性。除了自然的不确定性，在社会的层面上，农业社会是把陌生人视为

---

① ［英］霍布斯：《利维坦》，黎思复、黎廷弼译，北京：商务印书馆1985年版，第131页。

不确定性的根源的，而在自我开始成长起来的工业社会，作为自我的人们则是把他人作为不确定性的根源的。为什么"陌生人"或"他人"会成为不确定性的根源呢？萨特给出了解释，那就是"匮乏"。

萨特认为，"人类的总体发展，至少迄今为止，一向是在同匮乏作艰难的斗争。"[①] 由于匮乏，"个体的存在被每一个人置于怀疑中，并且被超越一切威胁的运动提出来。因此他自己的活动通过社会环境转而反对他，并作为他人回到他面前。通过社会化的物质和作为惰性统一体的物质否定，人被构成为他人，而不单单是人。人的存在对于每一个人来说都是非人的人（homme inhumain），作为一种异化的种类。这并不必然意指那种冲突早已内在化，并成为一种为生存的奋斗。它只意味着每一个人的纯粹存在被匮乏界定为同时对另一个人和对每一个人经常性的非存在的危险。"[②] 显然，萨特是基于工业社会的现实去看问题的，即从个体的人出发去分析自我与他人对立的原因——匮乏。不过，他把匮乏看作人类迄今为止开展斗争的根源，应当说准确而深刻地揭示了不确定性问题产生的原因。

在农业社会，之所以人们会把陌生人等同于不确定性，那是因为不同区域、不同群体的人们可能会争夺匮乏的资源。在工业社会，人的社会生活客观上高度依赖他人，但，他人是否可以依赖，却是一个不确定性的问题。也许在资源丰裕的条件下他人是可以依赖和可以信赖的，是能够提供确定性的生活保障的。然而，人类长期以来一直没有出现过资源丰裕的情况，物的丰裕在人的贪欲面前永远都是匮乏的。正是由于存在着这样的匮乏，相对于自我而言，他人总是意味着不确定性。特别是当工业社会把竞争确立为一种普遍性的原则时，任何一个他人都是自我的竞争对手，都会生产出无限的不确定性。也许萨特并没有提出一种新见解，当霍布斯写下"任何两个人如果想取得同一东西而又不能同时享用时，彼此就会成为仇敌"这句话的时候，就已经揭示了匮乏这一造成

---

① ［法］让-保罗·萨特：《辩证理性批判（上）》，林骧华、徐和瑾、陈伟丰译，合肥：安徽文艺出版社1998年版，第262页。
② ［法］让-保罗·萨特：《辩证理性批判（上）》，林骧华、徐和瑾、陈伟丰译，合肥：安徽文艺出版社1998年版，第269页。

人际关系紧张的原因了。不过，霍布斯所拥有的机械思维使他仅仅发现了匮乏引发了竞争和竞争带来不确定性，而萨特所自诩的"辩证理性"则使他看到了匮乏引发竞争和竞争引发匮乏的双向运动。所以，萨特所提出的是：在社会的总体化中去同时消除匮乏和竞争。如果能够做到这一点，不确定性与确定性也就不再是人类的社会生活所必须面对的问题了。

从人类历史看，在生产力水平较为低下的农业社会，匮乏的确是人类所面对的一个问题。在生活资料匮乏的条件下，陌生人的出现必然会加剧匮乏的程度，匮乏程度的加剧也必然会破坏熟人社会的确定性，并陷入一种不确定性之中。所以，农业社会中熟人与陌生人之间的"生死斗争"显然是由于生活资料的匮乏所引起的。到了工业社会，尤其是进入 20 世纪，随着生产力水平的飞速提升，生活资料的匮乏已经不再是一个显著性的问题了。但是，人们依然感受到越来越严重的匮乏压力，每一个人都更加疲于奔命地努力去创造或争取更多，却没有一个人会感受到自己得到了更多，反而总是感觉自己得到得更少了。所以，人们处于一个空前匮乏的状态。在很大程度上，这种匮乏恰恰是被建构起来的匮乏，或者说，是作为社会建构的一种结果的匮乏，是一种建构性的匮乏。究竟是什么样的行动建构了匮乏呢？显然是人们间的竞争。这样一来，就不再是匮乏导致了斗争，而是竞争造就了匮乏。如果说技术进步已经为工业社会的技术发展创造了消除匮乏的条件的话，那么根源于竞争关系这一基本社会关系的竞争行为则一刻不停地生产着匮乏，并由于这种匮乏而进一步加深了自我与他人关系的紧张。

自我是竞争的主体，人类社会是在自我生成的过程中开始展开竞争的。在世界各地所有属于农业社会的文化类型中，我们都可以看到其包含斗争哲学的内容，却没有竞争文化的内涵。一切属于农业社会的文化都是排斥竞争的，或者说，在那个历史阶段，还没有形成稳定的竞争关系，还没有产生竞争意识，更没有持续展开的普遍性竞争行为。只是到了中世纪后期，随着自我意识的生成，人们间的竞争才逐渐成为一种普遍现象。竞争源于自我，自我的生成必然意味着竞争，在某种意义上，自我意识也就是竞争意识。一方面，竞争关系蕴于自我意识之中，只要意识到了自我的存在，个体就会通过竞争的方式与他人进行交往。另一方面，自我意识也只有在竞争关系中才能获得确认，只有通过与他人的竞争，自我的一切意识才有了目标。

从逻辑上看，可能首先是在与陌生人的交往中生成了个体的自我意识，然后才在个体之间建立起了竞争关系。只要竞争关系得以产生，它就获得了全面建构自我意识的功能。任何一个人只要进入竞争关系中，就会逐渐形成他的自我意识，并从此学会了与他人竞争。如果说陌生人意味着的不确定性是由匮乏引起的，那么自我意识与竞争关系才真正是造就了陌生人的机制。所以，工业社会的发展使人类社会进入了一个在竞争关系中和通过竞争行为建构匮乏的历史阶段，随着竞争的日益激烈和匮乏的日渐加重，社会的不确定性也与日俱增。

近代以来的政治建构和社会建构基本上是按照社会契约论的方案进行的，这一点不会有人提出不同意见。但是，这种通过与他人订立契约而谋求确定性的道路却如萨特所看到的那样，并没有消除匮乏，并没有真正获得确定性，反而在竞争日益激烈的情况下激发出更大程度的不确定性。所以，在 20 世纪，学者们希望对自我与他人关系作出新的解释和提出新的解决方案。奥威尔与福柯分别在《1984》与《规训与惩罚》中为我们描述了对他人的"注视"。也就是说，只要自我能够时时刻刻地注视着他人的一举一动，他人就不再对自我构成任何不确定性了。可是，萨特发现，在注视他人的过程中，自我反过来也受到他人的注视，"通过他人的注视，我体验到自己是没于世界而被凝固的，是在危险中、是无法挽回的。但是我既不知道我是什么人，也不知道我在世界上的位置是什么，也不知道我所处的世界把那一面转向他人。"[①] "这样，在注视中，我的可能性的死亡使我体验到他人的自由；这种死亡只在他人的自由内实现，并且我是对不可达到的我本身而言的我，然而这我本身是被抛到、弃置在他人的自由之中的。"[②] 可见，在注视关系中，在自我注视他人的

---

① [法]萨特：《存在与虚无》，陈宣良等译，北京：生活·读书·新知三联书店 1997 年版，第 347 页。
② [法]萨特：《存在与虚无》，陈宣良等译，北京：生活·读书·新知三联书店 1997 年版，第 350 页。

同时，自我也无可避免地受到他人的注视，因而陷入了无从遁形的不确定性之中。也就是说，通过注视，他人对自我实施了复仇，试图通过注视他人来消除不确定性的自我却反而由于他人的注视而陷入更为复杂的不确定性之中。这就是萨特所感叹的："他人就是地狱"。也就是说，他人不仅意味着自我的不确定性，而且构成了自我的风险。

他人本身并不是风险，只是对于拥有了自我意识的自我而言，他人才成为风险，甚至变成自我的地狱。所以，作为风险的他人其实是一种社会建构的结果，是由自我意识及其竞争关系所建构出来的。同时，他人作为风险也是由自我所建构的，是在自我成为他人风险的同时而使他人成了自我的风险。在工业社会，自我不断地将他人建构为风险，并通过消除这种风险的活动而进一步强化他人作为风险的属性。周而复始，不断升级，从而画出了一条工业社会一步步走向风险社会的轨迹。也就是说，工业社会中的自我在对确定性的追求中所采取的每一项行动都是为了消除他人可能带来的不确定性。但是，这样做不仅无法消除他人的不确定性，反而把他人建构成了更高程度的不确定性，以至于在不确定性的循环升级中，不仅把他人建构为风险，而且也把整个工业社会、每一个族阈共同体都建构成了一个风险社会。

在这一点上，工业社会与农业社会存在着某种相似，二者都由于对确定性的追求而造成了风险。然而，由于熟人社会并不经常遭遇陌生人，熟人社会对于确定性的追求虽然也造成了风险，却没有将农业社会变成风险社会。在工业社会，自我时时刻刻都处在他人的包围之下，因而，自我对确定性的追求不仅无法真正地赢得确定性，反而导致了风险社会的结局。由此可见，风险社会乃是自我意识及其竞争关系的建构物，只要存在着对自我意识与竞争关系的崇拜，任何社会都必然陷入风险社会。反过来说，只要我们能够解构自我意识及其竞争关系，他人就不再成为自我的风险，而风险社会也就得到了解构。显然，我们正处在风险社会之中，这个风险社会的出现，实际上向我们提出了重塑自我与他人关系的要求。只要我们能够解构自我意识，为自我与他人的关系寻找出一个新的立足点，就可以解构他人作为风险的属性，就能够走出风险社会。

第二节　风险社会中的自由

一、　偶然性与不确定性

回溯历史，人们经常会说，自由是人类的理想，社会发展史也就是人类不断追求自由的历史。其实，这种说法是缺乏历史根据的。无疑，在人类社会很早的历史时期中就生成了自由的观念，在古希腊哲学家那里，我们就已经能够找到关于自由的激烈论辩了。但就当时的社会结构而言，自由人与非自由人之间具有一种实体性的对立，自由人天生就是自由的，非自由人天生就是不自由的，或不应当是自由的。虽然二者之间也存在某些转化机制，却不足以改变自由作为人的命运的性质。"命运"一词本身就意味着必然性，自由作为命运，恰恰是不自由。因而，也许历史上确实存在着自由的理想，却不是一个可以实现的目标。到了中世纪，随着等级制度与身份观念的双重强化，如果你没有身份却有自由的话，这个自由就是一个贬义词，不再具有理想的性质了。直到晚近，自由还经常性地成为那些"一个人吃饱，全家不饿"的人的自嘲。

自由作为一种普适性的理想，乃是近代启蒙运动与资产阶级革命的成果。在某种意义上，近代以来的历史才是一段名副其实的追求自由的历史，无论"政治解放"的追求还是"人的解放"的畅想，都是对自由境界的描绘。然而，在整个工业社会中，谈论自由虽是主导性话语，却不是一种在现实中得以实现的状态。如果说自由在工业社会的话语体系中拥有了至高无上的地位，那么在工业社会的治理体系中，自由却严格地从属于秩序。即使是那些可以被指认为自由的状态，也是被纳入秩序范畴之中的自由。自管理型社会治理模式定型以来，自由就受到了秩序的压抑，到了 20 世纪，这种压抑更是在精英治理的过程中演变为形形色色的极权主义。也许正是由于这种压抑的累积，进入 20 世纪后期，工业社会逐渐变成一个危机四伏的风险社会。风险社会的出现对秩序提出了更高的要求，同时也进一步威胁着自由的实现。但是，风险社会的出现，也促使人们去反思自由与秩序的关系。在这个意义上，它又成了实现自由的一个契机。

在自由的问题上，之所以近代以来长期存在着争论，那是因为它是一个哲学问题，只要人们拥有不同的价值观念和不同的立场，也就会在这个问题上开展争论。辩证法为了解决这个问题，引入了必然的向量，要求把自由与必然联系起来加以认识。这样一来，我们就看到，对自由的追寻往往被看作是走出必然世界的行动。不过，在讨论自由的问题时，我们首先需要明确的是，自由是一种运动的状态，只有在一个运动着的世界中才会出现是否自由的问题；对于一个静止不动的世界，则无所谓自由或不自由的问题。同样，对于任何个体而言，他也只有首先使自己处于运动之中，才可能获得自由，无论是生理上的或社会意义上的"植物人"，都必然是不自由的。不过，运动也只是自由的必要条件，而不是充分条件。一个运动着的世界也可能是一个不自由的世界，一个运动中的个体也可能是一个不自由的个体。否则，世界与我们都一直是处于永不停息的运动之中的，而我们又怎会时时刻刻都深感自身不自由呢？这表明，自由只是运动的一种特殊状态，它体现了运动的一种特殊属性，那就是一种不受必然性制约的偶然性。只有具有偶然性的运动，才可能是自由的，而处于一条必然轨道之中的个体，其运行永远无法获得自由。用这种必然的轨道去约束所有个体的社会，也只能是一个不自由的社会。根据历史上的某种经验，革命让人感受到了自由。但是，革命并不必然与自由联系在一起。如果说能够让人感受到自由的话，那也是在革命爆发的那一刻，一旦革命被结构到了行动系统之中，自由也就消失了。

农业社会是一个不自由的社会，在这个社会中，生而为奴自然是不自由的。其实，生而为主也同样是不自由的，他的生活也因缺乏偶然性而失去了其他的可能性。在这里，主人与奴隶的区别仅仅在于是否受到了他人的奴役，而不在于是否拥有自由。事实上，主人与奴隶都是不自由的人，奴役他人的人并不因为对他人的奴役而享有自由。当然，就如不存在一个纯粹偶然的世界一样，一个纯粹必然的世界也是不存在的。根据伊壁鸠鲁原子偏离直线运动的意见，农业社会中的个体在其运动过程中也会发生一些偏离其原有轨道的情况，并因为这种偏离而获得了自由。但是，总体而言，这种偏离在农业社会中则是极为罕见的。所以，农业社会就是一个自由极度匮乏的社会。

亚里士多德说："世上各物并非各自为业，实乃随处相关。一切悉被安排于一个目的；象在一室之内，自由人最少自由，他不做无目的的动作，一切事情或大部分事情业已为他制定了一生的行迹，而奴隶与牲畜却大部分蠢蠢欲动，无所用心，并不专为某些共通的善业而一齐努力；这些共通的善业，就是人类本性的组成要素，其他的机体也都相似地各有共通的善业为大家向往的目标。"① 这就是农业社会的世界观。在这种观念中，自由是与必然性或者说命运等价的。自由人之所以是自由的，乃是因为他遵循了神早已为他制定好的"一生的行迹"；奴隶与牲畜之所以是不自由的，则是由于它们受到了神的抛弃，因而不拥有自己的命运。这种世界观所反映的是：农业社会是一个命运的世界，而不是一个自由的世界。尽管亚里士多德也把命运称作自由，其实，命运作为自由的条件完全使自由与其本质相悖离了。命运显然是必然性，是不可改变和无法逃避的，人受命运支配，又怎么会有自由可言呢？

命运是一种必然性，那么偶然性是否就意味着自由呢？实际上，偶然性也不是自由的充分条件，处于一种偶然的运动状态中的个体也并不总是自由的。比如，在大多数情况下，自然灾害是具有偶然性的现象，但自然灾害的发生不但不能带给人们以自由，反而总是使人们陷入更加不自由的境地。如果说自然灾害的例子过于极端的话，我们在日常生活中还会遇到一种更为常见的偶然性，就是运气，运气显然是偏离命运的偶然性。可是，当人们抱怨自己运气不好的时候，不正是表达了偶然性剥夺其自由的意见吗？当然，假如监狱的墙壁突然坍塌，狱中的犯人可能一下子获得了自由，这是偶然性给予他们自由的情况。但是，在更多的情况下，偶然性并不必然给人以自由。所以，偶然性也只是自由的一个必要条件，从来没人也不会有人能够在偶然性中求得稳定的和持续的自由。

必然性意味着不自由，偶然性也可能导致不自由，那么怎样才能获

---

① ［古希腊］亚里士多德：《形而上学》，吴寿彭译，北京：商务印书馆1995年，第255页。

得自由呢？对此，孔子的回答是："从心所欲不逾矩"，是为自由。从形式上看，"从心所欲"是一种内在的偶然性，"矩"则是一种外在的必然性，因而，"从心所欲不逾矩"就是一种内在的偶然与外在的必然的统一。孔子认为，只要实现了这种统一，就能获得自由。然而，根据费孝通的看法，在农业社会中，"规矩不是法律，规矩是'习'出来的礼俗。从俗即是从心。"① 反过来说，从心即是从俗，而从俗就是遵从规矩，遵从规矩当然就不会逾矩。所以，"从心所欲不逾矩"其实是一种同义反复，它所表达的乃是与亚里士多德相同的必然性信念，是不包含任何的偶然性的。如果说孔子比亚里士多德有什么高明之处的话，那就是，他通过"从心所欲"几个字赋予了规矩这种必然性以心的偶然性内涵，从而使命运的支配变得更加隐蔽了。

　　"从心所欲不逾矩"这一命题的出现，使自由问题变得复杂化了。因为，它把与自由相关的变量从两个变成了四个，即从偶然与必然变成了内在的偶然、外在的偶然和内在的必然、外在的必然。既然外在的必然已经被证明是不自由的了，那么内在的必然是否可以带来自由呢？对此，黑格尔的回答是肯定的。黑格尔认为，将必然性等同于外在必然，因而将其与自由对立起来，这是一种极其肤浅的看法。"把自由与必然认作彼此抽象地对立着，只属于有限世界，而且也只有在有限世界内才有效用。这种不包含必然性的自由，或者一种没有自由的单纯必然性，只是一些抽象而不真实的观点。自由本质上是具体的，它永远自己决定自己，因此同时又是必然的。……因为内在的必然性就是自由。"②

　　什么样的必然性才算是内在的必然性？就算我们找到了内在的必然性，只要仍然存在着以命运等形式出现的外在必然性，或者以自然灾害、运气等形式出现的外在的偶然性，甚至以无意识等形式出现的内在的偶然性，我们也仍将是不自由的。可见，作出内在偶然、外在偶然与内在必然、外在必然这样的细分是没有意义的。偶然与必然并不能囊括自由的全部内涵，对偶然性与必然性关系的分析，是不能够帮助我们寻找到

---

① 费孝通：《乡土中国　生育制度》，北京：北京大学出版社1998年版，第10页。
② ［德］黑格尔：《小逻辑》，贺麟译，北京：商务印书馆1996年版，第105页。

通往自由的道路的。要发现通向自由的道路，就必须找出自由的其他条件，那就是，除了偶然性与必然性，自由还包括确定性与不确定性这两个条件。

从经验来看，追求自由的人不会希望自己的生活受必然性支配，却都希望自己的生活是具有确定性的。同样，他总是希望自己的生活包含一些偶然性，有了偶然性才会有机遇，但他又不希望偶然性给他带来不确定性。偶然性为自由提供了可能性，特别是偶然性意味着机遇的时候，给人们提供了选择的自由，而不确定性则使人们在种种可能性面前变得无能为力和不知所措，不确定性可能会因剥夺了人们的行动能力和违背了人们的意愿而剥夺了人们的自由。同样，确定性使自由的追求可以把可能性转化为现实性，而必然性则会窒息所有的可能性，从而彻底否定自由。可见，偶然性与确定性是促进自由和提供自由的条件，必然性与不确定性却是限制自由和窒息自由的条件。但是，必然性、偶然性、确定性、不确定性都是客观的，人们往往无法通过追求偶然性和确定性而实现自由，也总是不可能通过消除必然性与不确定性来获得自由。

正如波拉克所说，"不确定性总是伴随我们，它绝不可能从我们的生活（无论是个人还是作为社会整体）中完全消除。"① 事实上，任何期待偶然性的想法在转化为行动的时候都会进入不确定性的境地。一个孩子为了摆脱父母的约束而离家出走，是逃离必然性而追求偶然性的行动，但他立即就陷入了前景的不确定性之中。反过来，追求确定性的行为又必将使人们堕入必然性的支配之中，从而失去自由。比如，一个人为了得到一份工资，以求使自己的生活得到保障，这是谋求确定性的行动。但是，他的工资是在他进入一个私人企业或组织中后才能够获得的，当他获得工资的时候，他受到了组织的约束，在工作场所中，必须接受纪律以及工作内容的支配。可见，正是因为存在着偶然性、必然性、不确定性、确定性的"二律背反"，自由就不是一种现实的境遇，而是作为一种理念而存在着的。在理念上，自由的生活应当同时具有偶然性与确定

---

① ［美］亨利·N·波拉克：《不确定的科学与不确定的世界》，李萍萍译，上海：上海科技教育出版社 2005 年版，第 3 页。

性和最大限度地克服了必然性与不确定性的生活。

二、 风险中的确定性追求

在某种意义上，偶然与必然、确定与不确定并不是一些非此即彼的选项，而是一直与人类社会相伴随的，是在人类社会生活中普遍存在的，是人类社会生活中时时都会出现的境遇，甚至可以看作是人类社会的一项基本属性。也就是说，迄今为止的所有社会形态中都包含了这四种要素。可以推断，无论人类社会怎么演变，终究不会缺失其中的任何一个，尽管人类通过各种各样的努力去克服偶然性和驾驭不确定性，去谋求确定性和利用必然性。不过，在不同的社会形态中，这四种要素之间的关系是不一样的。在很大程度上，正是四种要素之间的结构性差异，决定了不同社会形态的差异。

虽然说农业社会是一个不自由的社会，但在这个社会中，作为自由之促进因素的偶然性与确定性也都是存在的。不过，在农业社会，偶然性主要存在于人类赖以生活和开展交往的自然空间中，是以自然灾害等方式以及自然不确定性的形式表现出来的，因而是人的自由的限制因素。与之相比，确定性则主要存在于人类生活和开展交往的社会空间中，明确的等级制度就是人类社会生活的确定性空间，是相对于这个社会中的个人的一种不可超越的社会必然性。在这一必然性面前，无论是哪个等级中的人，都不可能获得真正的自由。所以，在总体上，农业社会就表现为一个由自然不确定性与社会必然性结构而成的社会，这样的社会自然不是自由的。

近代以来，自然科学的突飞猛进使我们认识了自然的必然性，并通过对这种自然必然性的驾驭而获得了确定性。就社会自身而言，由于资产阶级革命实现了对等级制度的颠覆，从社会中释放出了偶然性。尽管必然性与不确定性仍然在许多领域中顽强地存在着，但在总体上，初生的工业社会则表现出了自然确定性与社会偶然性的双重特征，特别是当人打破了地域限制而进入陌生人社会，所面对的是无限的偶然性和无限的机遇，原先他所生活于其中的家元共同体的确定性和必然性也就被他抛弃，不再是他不可改变的命运了。因之，在这个社会中出现了农业社会中人们所无法奢望的自由。然而，工业社会没有因为个人有了自由而成为自由的社会。

20世纪的自由主义者为了表达自己对自由匮乏之现实的不满，往往把19世纪描绘成一个自由放任的黄金时代。实际上，这一所谓的黄金时代并不像20世纪的人们所想象的那样，即便承认近代早期是一个自由的黄金时代，那也是极其短暂的。也许是在革命进行中人们体验到了某种自由，随着革命焰火的熄灭，自由的空气立马凝重了起来。甚至在革命后期，虽然当时"自由派反对政府干预、赞成发展自由企业及贸易的呼声日趋高昂，但并没能阻止西方国家政府继续维持其拥有者地位，没能阻止其建立各种新国有企业，也没能阻止国家扩展其对'自由'的私有工、商企业实施调节、监督及控制的权力。"① 其实，如果我们把视线放远一点就会看到，近代以来的历史是一段国家职能不断增强的历史，由于这些不断增长的职能必须借助于理性化的职能组织才能得到有效的履行，它也是一段官僚制组织不断生成与普及化的历史。当然，经过17、18世纪的迅速扩张，西方国家除了国家职能获得了大幅增长外，其市民社会也得到了稳定的发展。所以，到了19世纪，市民社会就能够向国家提出自由的要求，并驱使国家推出一系列自由主义的经济政策，从而进入了后人所谓的自由主义的黄金时代。然而，随着这些政策的出台，经济生活中的偶然性很快就被放大成了不确定性，进而引发了频繁的经济危机，将自由市场变成了一个不断剥夺"经济人"之自由的市场。不确定性及其危机的出现，激发了工业社会的确定性追求，进而引起了官僚制组织在社会与国家间的迅速繁殖。到了19世纪晚期，工业社会就已经定型为一个官僚组织化的社会了。

官僚制组织是一种具有确定性追求的组织，它的确定性追求是体现在层级节制的运行机制之中的。层级节制其实就是层级控制，表现为上级对下级的控制。在官僚制组织之内，上级与下级之间所形成的是一种

---

① ［美］尼古拉斯·施普尔伯：《国家职能的变迁》，杨俊峰等译，沈阳：辽宁教育出版社2004年版，第254页。

具有高度确定性的"命令—服从"关系，通过命令与服从间的自上而下的控制，尽可能地排除了组织交往中的偶然性与不确定性。在很大程度上，层级关系可以视为一种文明化了的等级关系。也就是说，如果农业社会的等级关系所结构的是一种粗暴的必然性的话，那么官僚制组织中的层级关系所结构的则是一种文明化了的必然性，是由职位和岗位层级所结构起来的控制必然性。

随着官僚制组织的普及，必然性重新侵入了工业社会的各个社会生活领域。不过，农业社会中的必然性是弥漫于整个社会空间的，整个社会的每一个角落都无处不受到必然性的支配。然而，在工业社会中，必然性则被严格限定在了组织之内，因而成了一种组织空间中的必然性，至于组织之外的社会，则成了偶然性与不确定性的保留地。所以，随着官僚制组织的定型化，工业社会的社会空间就有了组织内的必然性和确定性与组织外的偶然性和不确定性的双重表现。在 20 世纪，官僚制组织定型化的最终结果是，以福利国家的形式而将管理型社会治理模式变成了一种行政国家状态，并通过国家的强制力而使官僚制组织的必然性支配得到了最大限度的释放。在行政国家中，即使还存在着自由，其空间也已经变得腾挪无隙了。

20 世纪后期以来，官僚制组织因其对自由的压抑而受到了越来越严厉的批评，它对确定性的追求也同时受到了人们的怀疑甚至抛弃。借着福利国家濒临破产的契机，自由主义卷土重来，在将官僚制组织的必然性从经济领域中逐步驱逐了出去的同时，也在经济活动中重新激活了内含于竞争关系中的不确定性。甚至对于社会治理的过程也要求市场化、民营化和引入竞争机制，试图把每一个政府官员都置于一种不确定性的环境之中，让他们随时都能感受到不确定性的压力。而且，20 世纪后期以来，整个社会空间中都重新弥漫着不确定性的氛围，生活在这个世界上的每一个人都处于不确定性的压力之下。比如，人们在新的科学成就面前就感受到不确定性带来的那种悲喜无常：互联网是自由的空间，让无数人为之欢呼，但它同时又因其不确定性而令人恐惧，不仅黑客的袭击随时可能来临，而且任何一条"微博"也都可能引发一场巨大的社会骚乱；克隆技术、人造细胞可能给人带来无限希望，但其不确定性却让一些国家通过立法来控制甚至禁止它的发展；转基因食品大大拓展了地球承载能力的极限，而且科学家也一再作出保证，说它是安全的，但是，人们在享用这些转基因食品的时候，却心怀狐疑……

随着工业社会技术环境的复杂化，自然空间中的确定性也发生了动摇。我们知道，近代以来，自然科学一直是人们在自然空间中寻求确定性的动力，自然科学的发展也极大地增强了人们对于自然空间确定性的信念，以为认识了自然规律也就能够实现对自然界的驾驭，让自然界在人为它铺设的确定性轨道上运行。自然科学对确定性的追求，反映在哲学上就是决定论话语霸权的确立。然而，进入 20 世纪后，哲学上的一股反决定论思潮逐渐地占据了人们的思维。在科学的领域中，以相对论、量子力学等为标志的新的科学理论展示给我们的是：自然科学自身也不得不面对不确定性的问题，因而开始了从近代早期谋求确定性的自然科学转变为探讨不确定性问题的自然科学。在一定程度上，20 世纪中后期以来的几乎所有重大科学发现，都是沿着不确定性的思路和在对不确定性对象的研究中获得的，正是这种具有不确定性的科学在应用中催生了大量具有不确定性的新技术，而这些新技术被人类用来反作用于自然界的时候，又引发了自然空间相对于人的不确定性，有些甚至表现为自然界对人类的报复。这就是卡蓝默所看到的，人们以为"科学能够创造出确凿的知识，因而减少了风险。但是，最近半个世纪的历史表明并非如此。因为科学虽然在某些方面改善了我们的预见能力，但科学技术却从根本上改变了许多情况，再加上与其他很难预见的情况掺杂在一起，构成了错综复杂的形势。"[1] 所以，20 世纪后期以来，无论是在自然空间还是在社会空间中，都出现了不确定性迅速增长的趋势，这种增长使工业社会自身进入了一个不确定的历史阶段，即进入了"全球风险社会"。

吉登斯认为，"风险意味着危险"[2]。身处风险社会中的人们随时都能感受到危机四伏的紧张气氛，这是一个无须解释就能明白的事实，是每一个人的经验都能提供支持的论断。但是，虽然风险意味着危险，却

---

[1]　［法］皮埃卡·卡蓝默：《破碎的民主——试论治理的革命》，高凌瀚译，北京：生活·读书·新知三联书店 2005 年版，第 209 页。

[2]　［英］安东尼·吉登斯：《现代性的后果》，田禾译，南京：译林出版社 2000 年版，第 30 页。

不等同于危险。危险可以看作是一种必然性，而风险则是一种不确定性状态，在从风险转化为危险的时候，实际上所意味着的是不确定性向必然性的转化。当然，危险作为一种必然性也是一种可能的必然性。这是因为，危险也是可以转化的。如果人们采取了有效的应对措施，就会降低危险的必然性程度，使它朝着不确定性的方向转化，直至走出风险状态而重新进入一个确定性的状态。但是，那是另一种情况了。就危险自身而言，当其施加于人的时候，就是以必然性的形式出现的。比较而言，风险是一种建构性的不确定性，或者说，风险是一种社会建构。就如亚当和房·龙所说，"我们不能把风险作为一种外在之物来观察——风险一定是建构的"①。一切社会建构都是可以进行解构的，所以，风险虽然是指向危险的，却不必然导致危险，它只是预示了危险的某种可能性，只要我们找到了适当的解构方法，就可以化解风险。由此可见，风险社会虽然表现出了危机四伏的特征，却不必然成为一个危险的社会。

作为一种社会建构，风险不仅具有可解构性，更为重要的是，它还对社会具有一种建构功能。这就是波拉克所说的，"（风险这种）不确定性，远非前进的障碍，它实际上是创造性的强烈刺激因素和重要组成部分。"② 其实，风险不仅具有可以刺激社会创造性的功能，它同样可以起到促进自由的功效。当我们说不确定性是自由的限制因素的时候，我们指的实际上是它那种指向危险的不确定性。因为，它可以通过毁灭性的后果来部分甚至全部地剥夺人们的自由。风险则不然。尽管在得不到及时化解的情况下风险也会转化成危险，进而危及人们的自由，但只要风险的存在得到了人们足够的重视，科学地认识它并加以及时地化解，它就能转化为自由。这就是吉登斯所说的，"把风险当作风险来接受，把或多或少由抽象系统所强加于我们自身的定向当成现实来接受，就是去认可我们活动的所有方面都不遵从命定的进程，并且所有活动都可能是偶

---

① 芭芭拉·亚当、约斯特·房·龙：《重新定位风险：对社会理论的挑战》，载［英］芭芭拉·亚当、［德］乌尔里希·贝克、［英］约斯特·房·龙编著：《风险社会及其超越：社会理论的关键议题》，赵延东、马缨等译，北京：北京出版社2005年版，第3页。
② ［美］亨利·N·波拉克：《不确定的科学与不确定的世界》，李萍萍译，上海：上海科技教育出版社2005年版，第3页。

然的。"①

从 20 世纪后期以来的现实看，虽然社会空间中的危机在直接的意义上主要是由新自由主义政策造成的，自然空间中的危机在直接的意义上也更多地受到了自然周期与技术滥用的影响，但从根源看，它们都暴露出了官僚制组织这一"抽象系统"在面对海量信息时的笨拙。纵然风险社会中的很多危机并不是直接由官僚制组织引起的，却是由于官僚制组织处理信息能力的低下而酿成的，是由于官僚制组织反应迟缓造成的。正是官僚制组织在应对风险方面所表现出来的无能，才让风险发展成危险，从而形成了巨大的破坏力，损害了人们的自由。在这个意义上，风险社会这种建构性的不确定性对官僚制组织的确定性提出了挑战。随着这种挑战的深入，偶然与必然、确定与不确定之间的关系将发生重组，人类社会也就会迎来一次新的自由契机。

三、 风险社会中的自由观

哈金敏锐地观察到，"有一个似非而可能是的论点：非决定论色彩越强，控制力也就越大。"② 官僚制组织的确定性思维和层级控制必然性在很大程度上佐证了这一论点。19 世纪中期以来，随着社会的不确定性的增长，适应控制不确定性的要求，官僚制迅速成长了起来，并在社会生活的各个领域中得到了普及。在官僚制组织理论对其作出了科学建构后，使官僚制组织在应用确定性思维控制不确定性方面发挥了巨大的作用。如果说 19 世纪后期开始的周期性经济危机把这个社会带入了风险社会，那么官僚制组织则重新赋予社会以确定性，从而把这个社会从风险社会状态中挽救了出来。但是，从 20 世纪后期以来的现实看，风险社会再度出现时，却对官僚制组织提出了全面挑战，使官僚制组织的确定性思维和控制风险能力陷入了全面失灵的状态。

---

① ［英］安东尼·吉登斯：《现代性与自我认同：现代晚期的自我与社会》，赵旭东、方文译，北京：生活·读书·新知三联书店 1998 年版，第 30～31 页。
② ［加］哈金：《驯服偶然》，刘钢译，北京：中央编译出版社 2000 年版，第 2～3 页。

在新的一轮风险社会到来的时候，人们却很少意识到官僚制组织的历史价值已经消耗殆尽，而是极力地希望通过强化官僚制组织的确定性思维和控制逻辑去应对风险。因而，在风险每一次转化成危机爆发的时候，我们都能听到要求政府加强控制或者管制的声音，而官僚制组织的触角也比以往任何时候都更深地插入了社会生活的各个角落。如果这一论点果真是正确的话，在风险社会中，随着不确定性呈几何级数的增长，我们岂不会由于控制的无限累加而彻底堕入必然性的深渊？其实，官僚制组织对不确定性的控制是需要前提的。这个前提就是，这种不确定性必须是可以计算的和可以准确预测的。只有在不确定性的所有可能后果都可以通过精密的数学方法计算出来的情况下，官僚制组织才能采取相应的控制手段而把这些后果的危害性降到最低，甚至使其消弭于无形之中。如果不确定性的后果是无法计算的，控制就将无所适从。

就官僚制组织产生的前提而言，虽然适应了应对不确定性的要求，但那个时期的社会生活中所呈现出来的不确定性属于一种低度的不确定性。这种低度不确定性的确具有某种可计算性，而官僚制组织对这种不确定性的控制也的确是卓有成效的。然而，当20世纪后期以来的这个所谓"全球风险社会"到来时，社会生活中的不确定性迅速演化为一种高度不确定性，不再具有其原有的可计算特征了。这就是亚当和房·龙所指出的，"在'风险社会'中，技术创新的转换能力已达到如此之高度，以至于大量工业活动（如军事工业）的灾难性潜能已经被放大到超出人们可了解的范围（比如说切尔诺贝利、生化武器、基因等）的程度。围绕着'保险'概念（以金钱和未来来对付风险）建立起来的'风险'制度已经崩溃，因为我们显然已不再能以与金钱相联系的商品拜物教形式来把握上面所说的灾难性潜能了。这种灾难性潜能的概率/量级的组合已经变得无法计算，以至于它已经失去了其最终的参照点。因此，风险不断增加的复杂性既带来了对更为复杂而且更为精确的计算的需求，同时也导致了这种计算的不可能性。"[1] 更多的情况下，对风险的计算是不可

---

① 芭芭拉·亚当、约斯特·房·龙：《重新定位风险：对社会理论的挑战》，载［英］芭芭拉·亚当、［德］乌尔里希·贝克、［英］约斯特·房·龙编著：《风险社会及其超越：社会理论的关键议题》，赵延东、马缨等译，北京：北京出版社2005年版，第19页。

能的。既然对风险的计算已经变得不可能了，"在世界风险社会里，控制逻辑从根本上受到质疑"[①]，官僚制组织作为一种风险应对方案的合理性也就不复存在了。如果官僚制组织仍然强行控制不可控制之风险，就只能进一步增强风险社会的风险性。

可见，风险社会宣告了控制的终结。然而，人们却没有意识到这一点，而是驻足于官僚制组织的确定性思维中，并按照这种思维可笑地去制定什么危机预案。在既不知道危机将在哪里发生也不知道会发生什么样的危机的情况下去制定应对危机的预案。当然，一些人可以言之凿凿地证明危机预案取得了什么样的成效，其实，但凡那些预案编制已经计算到了的危机，都只是传统意义上的危机。在官僚制组织出现之后，本应得到有效控制而不应发生的危机之所以发生了，那是因为没有正确地应用官僚制组织去实现有效的控制。那些在"全球风险社会"意义上出现的危机，本身就是不可控制的，是超出了官僚制组织的控制范畴的危机。因而，是无法将其纳入危机预案之中的。所以，面对高度不确定性条件下的危机，既不可能按照官僚制的确定性思维去编制危机预案，也不应通过进一步地强化官僚制组织去加以应对，而是需要承认官僚制组织控制的终结已经是一个不可逆的事实了。

控制的终结是否意味着官僚制组织所致力于谋求的确定性也就不再会出现了呢？显然，人类已经进入一个高度不确定性的社会，但这种高度不确定性如果总是以危机的形式施予我们的话，我们的自由就将受到极大的挑战，甚至我们始终都要处在不确定性的极端表现之中，即处在危险的必然性之中。可是，人类对自由的追求将会引导我们在官僚制组织无法提供确定性的情况下去开辟其他道路。

杜威认为，"确定性的寻求是寻求可靠的和平，是寻求一个没有危险，没有由动作所产生的恐惧阴影的对象。因为人们所不喜欢的不是不

---

① 乌尔里希·贝克：《再谈风险社会：理论、政治与研究计划》，载［英］芭芭拉·亚当、［德］乌尔里希·贝克、［英］约斯特·房·龙编著：《风险社会及其超越：社会理论的关键议题》，赵延东、马缨等译，北京：北京出版社 2005 年版，第 332 页。

确定性的本身而是由于不确定性使我们有陷入恶果的危险。"① 也就是说，确定性的追求反映了人们对于安全的需要，而在缺乏安全的情况下，自由也是不可能存在的。关于安全之于自由的这种重要性，近代早期的契约论者给出了经典性的解释。契约论者认为，在自然状态中，人们是自由的，却是不安全的，由于这种不安全的存在，他们又面临着随时都可能失去自由的危险。于是，他们就在直接意义上出于安全的需要，也出于自由的需要而彼此缔结契约，建立起了一个文明的政治共同体。尽管契约论者采取的是一种假设式的逻辑论证，但他们得出的结论却体现了一种历史事实。在人类历史的任何一个时期，自由都是以安全为后盾的，一个没有安全的自由人最终必然是不自由的。正是在这个意义上，我们认为确定性是自由的条件。如果考虑到偶然性为我们的自由提供的是一种可能性的话，那么确定性就意味着安全的可能性。没有安全，自由就是一种妄想。

风险社会的出现对自由的实现是一把双刃剑，一方面，如吉登斯所说，风险社会宣告了命运也就是必然性的终结，在这个意义上，它为自由开辟了无限的可能性；另一方面，如贝克所说，风险社会又为我们开启了"恐惧的闸门"，它在摧毁官僚制组织的控制的同时也动摇了安全的传统基础，在这个意义上，它又使自由显得可望而不可即了。正是由于风险社会表现出了这两个方面的特征，人类对自由的追求陷入了进退维谷的境地。如果人们希望通过对官僚制组织的解构去积极地迎取自由，就可能造成安全环境的恶化；如果人们希望通过对官僚制组织的巩固来确保安全，就又可能付出牺牲自由的沉重代价。"我们不能是既没有确定性也没有自由的人；但我们也不能同时都拥有它们。"② 自由还是安全？这成了一个问题！

在人类以共同体的形式出现后，安全通常是以秩序为保证的，而自由与秩序之间的关系则要复杂得多。秩序既可以提供自由，也可能是对

---

① ［美］约翰·杜威：《确定性的寻求：关于知行关系的研究》，傅统先译，上海：上海人民出版社 2005 年版，第 5 页。

② ［英］鲍曼：《共同体》，欧阳景根译，南京：江苏人民出版社 2003 年版，序曲第 8 页。

自由的压抑。这样一来，自由与安全之间的关系也就反映了自由与秩序之间的关系。从历史上看，这种关系是非常不对称的。一方面，自由需要以秩序为后盾，只有在秩序基础上的自由才是真实的自由；另一方面，秩序并不寻求自由的支持，在很多时候，自由甚至被视为秩序的一个破坏性因素。这种不对称的关系赋予秩序以某种优先性，尽管自由主义者一直都幻想一种自由优先的自然秩序，但从工业社会的现实看，自由从来都是被纳入了秩序之中的——自由主义政治哲学对"权威"议题的钟情就是这一点的明证。只有在不会危及秩序的情况下，自由才被允许存在，而一旦对秩序构成了威胁，就会受到无情的扼杀。在这种情况下，风险社会对自由与安全的关系提出了疑问，也就对秩序的优先性提出了质疑。

自由与秩序并不是一种非此即彼的选项。长久以来，人们之所以将自由与秩序视为一对矛盾，乃是由于人们把控制等同于秩序了，而控制在任何时候都是与自由相悖的。事实上，并不是只有控制才具有提供秩序的功能。全球风险社会的来临已经证明，通过控制是无法有效地提供秩序的。也就是我们所说的，风险社会虽然宣告了控制的终结，但控制的终结绝不意味着秩序的终结。任何时候，秩序对于人们的社会生活而言都是必要的。因而，在控制终结了的条件下，人类需要通过非控制的方式去获得秩序，这种秩序正是一种实质性的自由秩序，既不同于通过社会控制获得的秩序，也不同于近代以来那些具有空想性质的自由主义者所想象的自然秩序，而是一种根源于人们的实践理性的合作秩序。

合作秩序是自由的，却不能视为孤立的原子化个人的自由，而是一种共同体的自由。或者说，是共同体所拥有的和在共同体中实现的自由。在这里，自由也是共同体存在和发展的前提，只有当共同体具有自由的特征，共同体成员才能够独立地去与他人开展积极的合作，才能赋予共同体以合作秩序。所以，这将是自由与秩序相统一的社会形态。

即使在工业社会也不难发现，不仅自由需要秩序的支持，而且秩序也是需要得到自由的支持的，只是在人们把控制作为谋求秩序的唯一途径的情况下，人们在思维上的单向度化才致使其无法接受或无法理解不通过控制而获得秩序的可能性。在某种意义上，正是由于人们不能想象没有控制也可以有秩序的社会状态，才在运用官僚制组织去实现对整个社会的无孔不入的控制之中而把人类导入风险社会。从 20 世纪的情况看，官僚制组织是通过扼杀自由的方式来寻求秩序的，但当它这样做的时候，其实是剥夺了所有组织成员与社会成员通过自由的行为选择来自主应对风险的能力，从而使官僚制组织自身也同时使整个社会陷入风险之中。所以，面对全球风险社会，首先是一个重新发现自由的问题，如果我们能够按照马克思所设想的"人的自由发展"的思路去思考问题，就会打破工业社会的控制思路，就会拆除工业社会在秩序与人的自由之间所立下的屏障，就会寻求自由与秩序的统一，从而建立起一种风险社会的自由观，它同时也是风险社会的秩序观。

第三节　社会革命的方式和途径

一、解析"革命"一词

马克思主义认为，一部人类历史就是一部阶级斗争史，斗争是人类社会发展的源动力。从工业化以来的整个历史进程看，这一点的确得到了淋漓尽致的体现。在走出中世纪的那场伟大的社会革命过程中，每一个历史事件都是以斗争的形式展开的，是通过斗争去打碎了旧世界和开辟了历史进步的道路，从而建立起了工业社会及其治理模式。随着工业社会进入稳定发展的时期，随着资本主义制度的确立，斗争开始逐渐地转化为了普遍存在的竞争。尽管在近代以来的几个世纪内，阶级间的斗争一直此起彼伏，然而，到了 20 世纪，特别是到了"二战"以后，斗争基本上为竞争所取代。因而，历史进步的动力被顺利地从斗争移交到了竞争的行为中。现在，人类又一次面临着一场伟大的社会革命，那就是从工业社会向后工业社会的转型。在这场伟大的社会革命过程中，绝不应复制工业化时期社会革命的道路。后工业化进程中的社会革命将是一场平静的革命，革命的目标是要建立起合作的社会，革命的道路是以合作治理模式的确立为切入点的，革命的方式也是以合作的形式出现的。

　　一场新的革命的发生，首先意味着革命观念的全面转变，传统意义上的"革命"一词将不再适应于理解后工业化进程中的革命运动了。在对"革命"一词的考察中，可以看到，近代以来，在人文社会科学的文献中，特别是在政治学文献中，"革命"一词是出现的频率比较高的一个词语，人们广泛地使用这一词语来指称社会变革。在 20 世纪 70 年代末，中国的改革开放方兴之时，邓小平在定义中国改革的性质时也指出，"改革是一场革命"。在更多的情况下，人们使用"革命"一词所指的是从农业社会向工业社会转型的过程。由于从农业社会向工业社会的转型并不是一蹴而就的，在世界上的各个国家和地区，都经历了一个较长的时期。这场伟大的社会革命的总体进程是由一系列具体的事件和步骤构成的。所以，人们也广泛地把从农业社会向工业社会转型过程中的一些具体事件和步骤称作革命运动。在西方国家，"工业革命"或"资产阶级革命"就是从农业社会向工业社会的转型的典范。在今天，当我们用"科学技术革命"来表明其与工业革命的区别时，实际上是潜在地包含着这样一个判断，那就是人类正在走向后工业社会，科学技术革命是后工业化进程中的典型事件或步骤。

　　从农业社会向工业社会转型的这场伟大的社会革命，是由许多部分构成的，在不同的领域有着不同的表现，因而，也有不同的表述。在产业的领域中，人们一般把这场伟大的社会革命称作工业革命，而在政治的视角中，则被称作资产阶级革命。同样由于这场伟大的革命是由不同的部分构成的，在不同的国家，革命发源的领域也有所不同，有的国家是以产业革命、经济革命为先导的，而有的国家则是政治革命先行的。当然，从史实来看，由于工业化进程在世界各国的不同步性，在全球范围内形成了一个"中心—边缘"结构，那些率先实现现代化的国家则对后发展国家进行殖民和征服。到了 20 世纪，随着民族解放运动的兴起，一大批殖民地国家获得了独立性，从而进入工业化的进程。后面这种情况一般选择了政治革命先行的革命路径。但是，政治革命先行的国家必须在取得革命成功后迅速地发展经济，才能真正巩固政治革命的成果。所以，对社会革命的认识可以有两条线索：一条是纵向延展的过程，它由一系列革命事件和一个个革命步骤所构成；另一条则是由先后发生在构成社会的一个个领域中的革命而汇集起来的总体革命。所以，革命的进程是可以分解的，革命目标以及道路都是可以选择的。

无论社会革命从哪个领域开始，也不管选择什么样的道路，一旦取得了阶段性胜利之后，立即就会指向社会治理模式的重建问题。因为，社会革命是打破旧的世界和摧毁旧的秩序的行动，一旦提出建立新的世界和提供新的秩序的问题时，就突出了社会治理模式重建的任务。这个时候，就必须思考建立什么样的政府、确立什么样的制度等问题。所以，归根结底，社会革命实际上是用一种社会治理模式替代另一种社会治理模式的历史运动。在近代历史上，从农业社会向工业社会的转型就是一场用管理型社会治理模式替代统治型社会治理模式的历史运动。随着管理型社会治理模式的发育成熟，从农业社会向工业社会的转型也就最终完成了。

在欧美等西方国家，这项社会治理模式重建的任务基本上是在 19 世纪末 20 世纪初完成的。自此以后，西方国家开始感受到了成熟后的烦恼。20 世纪的经济大萧条、两次世界大战以及 60 年代开始出现的"滞胀"并行，都可以看作工业社会走向成熟阶段所遇到的问题。20 世纪的社会发展所取得的成就是惊人的，但在某种意义上，我们可以作出这样的解读：工业社会在 20 世纪的发展只不过是为了积聚起一种否定自身的力量。事实上，到了 20 世纪 80 年代，在工业社会继续释放着自身发展能量的同时，后工业化的迹象却变得越来越明晰了，一场从工业社会向后工业社会转型的社会革命正在发生。

从农业社会向工业社会转型的社会革命是以暴力革命的形式出现的，即便是人们津津乐道的英国"光荣革命"，在其发生之前，也经历过长期的战争。工业化在世界上的几乎每一个国家和地区都是与战争相伴的，甚至在许多国家和地区，虽然经历过数十年的战争，也未能走上工业化之路。正是由于这个原因，人们总是把革命与暴力联系在一起，一提起革命，总会想到暴力。必须承认，暴力革命是具有其创造性的一面的，它能够最大限度地激发出革命者的热情与想象力，并在革命实践中将其转化为充满理想主义色彩的治理模式，进而使社会革命的潜能得到淋漓尽致的释放。不过，暴力革命的破坏性也是不容小觑的，正是由于拥有极其巨大的破坏力，暴力革命才能摧毁旧有的治理模式。

既然暴力革命具有两面性，如何平衡暴力革命的破坏性与创造性，使其既要摧毁旧世界又不至于危及新世界赖以建立的根基。这就成了摆在革命者面前的一道难题。从历史上看，近代革命者是没能较好地解决这一难题的，暴力革命总是理想有余而理性不足。所以，由于破坏性与创造性的失衡，近代暴力革命总是充斥着革命与复辟的痛苦反复之中，社会革命也总是在旧制度与新制度的屡屡碰撞中艰难前行，而社会革命的完成，更是令整个人类付出惨重的代价。

从实现方式来看，暴力革命采取的是结构主义的革命路径，即用一种政治结构强行取代另一种政治结构。反映在近代革命的实践中，就表现为不同国家形式间的较量，即用一种国家形式去取代另一种国家形式。在革命的初期，是要用主权国家取代神权国家，随着革命的深入，则转变为用法治国家取代主权国家。无论如何，革命的过程总是表现为不同国家形式拥护者间的斗争。总是需要经由斗争和在斗争中，人们才能打破旧有的政治结构和建立起新的政治结构，进而将其系统化为一个全新的治理模式，然后带动社会革命总体进程的开展。所以，在近代历史上，革命总是与斗争联系在一起的，或者说，斗争总是作为革命的最基本的形式而被人们所接受的。这就是阿隆所指出的，"在革命的神话中，胜负难料的斗争被当成具有必然性的东西。人们只有通过暴力，才能粉碎仇视'美好的明天'的利益集团或阶级的抵抗。从表面上看，'革命'与'理性'完全是对立的：前者令人想到暴力，而后者则令人想到对话。'理性'注重讨论，并以说服别人作为结束，而'革命'则不再想去说服别人，并重新诉诸武力。"[①] 归根结底，斗争就是革命的同义语，近代社会革命就是以斗争的形式而实现革命的。

斗争起到了推动社会革命的作用，这一事实在近代人的头脑中留下了不可磨灭的印迹。一方面，基于革命是根源于斗争、产生于斗争和通过斗争开辟道路这样一个现实，人们开始用斗争去解释历史，逐渐习惯

---

① ［法］雷蒙·阿隆：《知识分子的鸦片》，吕一民、顾杭译，南京：译林出版社2005年版，第97页。

于将斗争视为历史前进的动力，直至发现自然界的演进也不过是一个"生存斗争"的过程；另一方面，由于斗争从过程到结果都具有极度的残酷性，在人们对斗争的残酷表示恐惧的同时，也不免对斗争所指向的革命产生了怀疑，甚至出现了主观上怀疑与否定革命的冲动。比如，就在法国大革命爆发之后不久，柏克就以极其鄙夷的语气表达了他的不满，认为"把一切境况都合在一起，法国革命乃是世界上迄今所曾发生过的最为惊人的事件。最可惊异的事件，在许多事例中都以最荒诞和最荒唐的手段并以最为荒唐的方式发生了，而且显然地是用了最为可鄙的办法。"① 显然，被柏克所污称为"最为荒唐且可鄙"的手段就是斗争。

对于以斗争为基本形式的近代革命而言，否定斗争就等于否定暴力革命。所以，柏克很快就从对作为手段的斗争的抨击转向了对作为目的的革命的攻击，当他宣布"1688 年的革命是由一场正义的战争而取得的，那是任何一场可能是正义战争的、尤其是一场内战的唯一个案"② 的时候，其实就是因为对斗争的恐惧而否定了暴力革命。在革命的必然性已经成了共识的条件下，柏克又是不能否定革命的，他所推荐的唯一的革命形式就是"光荣革命"。其实，正如我们所指出的，"光荣革命"并不是非暴力的，如果不是把它作为一个单独的事件，而是放在英国社会革命的总体进程中看的话，它无疑是此前数十年斗争的结果。即使就光荣革命自身来看，也是在荷兰军队入侵后的暴力威吓下所达成的结果。虽然没动一枪一炮，但强大的荷兰军队进入英国后的威慑力是不言而喻的。柏克无视这一点而用"光荣革命"的事例否定斗争，从学术的角度看，未免显得太过狭隘了。

对斗争表现出恐惧的并非仅有柏克，随着军事技术的不断进步，随着斗争所蕴含的破坏力的日益增加，尤其是现实中的斗争为人们所带来的创伤在不断地堆积，人们对于斗争的恐惧也与日俱增，相应的，革命也更加受到了排斥。如果说在 19 世纪革命的理想还能激发出人们的无限热情的话，那么到了 20 世纪，由于世界大战的出现，特别是由于核武器

---

① ［英］柏克：《法国革命论》，何兆武等译，北京：商务印书馆 1998 年版，第 13 页。
② ［英］柏克：《法国革命论》，何兆武等译，北京：商务印书馆 1998 年版，第 39～40 页。

的发明，在斗争可能带来的毁灭性后果面前，除了像"五月风暴"那样以意识形态的形式表现出来的异化了的反异化革命理想，人们的革命热情几乎冷却到了冰点。相反，谴责革命或者宣布革命应当终结甚至认为革命已经终结的声音却流行了起来。比如，曼海姆就认为，革命理想正在不断地从乌托邦堕落为意识形态，所以，应当把革命理想从我们的意识中清除出去；阿伦特发现，革命总是被等同于暴力，总是伴随着无穷的灾难，认为它难以助益于自由的实现；阿隆也批判了革命的非理性，并干脆宣布："革命对于我们已成为过去，而不再是一种现实。"[①] 因恐惧斗争而拒绝社会革命的情绪在 20 世纪迅速蔓延。然而，对斗争的拒绝却表现在对斗争一词的强调上，这就是"为承认而斗争"一语的广泛传播。本来，"为承认而斗争"一语是黑格尔考察自我意识的时候提出的，20 世纪的学者对它作出了新的解读，让其包含了"一旦获得了承认，就不再斗争"的内涵。因而，当 20 世纪的学者们重提"为承认而斗争"时，其实所暗含的是终结斗争的意图。

　　20 世纪 30 年代，在世界大战的恐怖阴云笼罩之中，科耶夫率先发现了黑格尔"为承认而斗争"一语对于消除战争的理论意义，因而提出了通过给予承认来终结斗争，进而终结战争的构想。到了战后，科耶夫甚至身体力行地投入到建立欧共体的活动之中，试图建立起一种普遍承认的政治。在科耶夫的思想中，显然包含着这样一个逻辑：既然斗争意味着革命，那么改变斗争的目标就可以终结革命了。即让斗争从属于承认的追求，一旦达到了承认的目的，也就不再有斗争了。即使是在以"社会批判理论"为名的法兰克福学派那里，也表现出对斗争的拒绝。我们知道，法兰克福学派是以激进的资本主义批判者的面目出现的，在法兰克福学派的早期成员那里，是怀着对现实的满腔愤怒而开展理论活动的。尽管如此，在马尔库塞的"大拒绝"方案中，却包含着对斗争的拒绝。到了新世纪，法兰克福学派的"大拒绝"方案在霍耐特这里被明确地确立为"为承认而斗争"的主题了。

---

① ［法］雷蒙·阿隆：《知识分子的鸦片》，吕一民、顾杭译，南京：译林出版社 2005 年版，第103 页。

二、 工业社会的进步悖论

由于传统的社会革命路径是以斗争的形式出现的，当人们对斗争表现出恐惧、怀疑甚至要求转换斗争的目标时，实际上向我们提出的是一个如何正确地认识和评价斗争的问题。的确，在工业化进程中，斗争表现出了两面性，它的破坏性一面让人不寒而栗。其实，斗争并不为工业社会所独有，而且，可以预见的是，斗争不仅是与人类社会同样古老的一种现象，而且将长久地伴随人类一直存在下去。但是，却没有任何一个时代像工业社会那样对斗争给予了如此高度的重视，甚至将斗争视为从自然到社会共有的前进动力（从达尔文到社会达尔文主义）。在这种认识的基础上，工业社会为自己建立起了一张空前庞杂的斗争关系网络，而斗争的两面性也最为彻底地表现了出来。

诚然，农业社会的历史也具有斗争这条主线，但在农业社会的自然秩序中，人们之间的一切斗争都具有导致社会灾难的危机性质，因而是很难与诸如进步、革命等观念联系在一起的，因而也就不可能在人们的内心中形成持久的斗争冲动。即便是农民起义所掀起的斗争，也没有革命的目标，而且，更多的农民起义自开始的那一天起就向往着"招安"。事实上，在农业社会中占据主导地位的所有思想体系都排斥斗争，它们更崇尚的是一种感性的自然团结。所以，我们不认为农业社会中的人们拥有自觉的斗争意识，除了一些随机产生的斗争口号，没有系统化的斗争理论，更不用说产生出黑格尔那样的矛盾学说了。

在工业化进程中，在市民社会的生成过程中，人们的利益意识的觉醒催生出了权利观念，并在权利要求中萌发了斗争意识，开始自觉地运用斗争的武器去捍卫自身的权利，而且发现这种斗争在诸多方面都带来了令人惊喜的成果，尤其是带来了物质上的巨大繁荣。于是，斗争意识就逐渐地与进步观念联系到了一起，甚至黑格尔在描述绝对观念的演进史的时候，把斗争看作进步的唯一动力了。人们不断地通过斗争去谋求社会进步，当所有这些斗争凝聚到一起的时候，就演变成了一场气贯长虹的社会革命，而这又反过来在人们的思想意识中强化了斗争与社会进步间的联系。

随着斗争意识的普遍增强和斗争活动的不断扩张，在带来了工业社会的持续进步的同时，也越来越突出地显现出了其消极影响。应当说，近代人并不是生来就崇尚斗争的，只是当人们在思想意识中把斗争与社会进步联系到了一起时，才在对进步的渴望中把近代人逐渐引向了对斗争的崇拜。然而，斗争并不能直接带来进步，斗争要转化为进步还需要一个关键条件，那就是必须取得斗争的胜利，只有当斗争取得了胜利的时候，才有进步可言。否则，只要斗争失败了，不管斗争主体的动机、行为与目标是多么具有进步性质，斗争的结果仍将是停滞不前，甚至可能是倒退的。

这样一来，近代人就一步步地从对进步的渴望走到了对斗争的崇拜，进而为斗争确立了必须胜利的目标。如果说为了进步的斗争本身也可以被认为是进步的话，那么当斗争直接指向胜利的时候，其实就蜕变为"为了胜利的斗争"了，至于斗争能否达成社会进步的目标，已经被人们所忘却。在自我与他人的关系已经格式化为一种社会结构的时候，自己的胜利就是以对方的失败为前提的。结果，为了胜利的斗争也就再次蜕变成直接以击败对方为目的的斗争。然而，当所有人都将击败对方作为目的而忘记了进步这一归宿的时候，斗争也就与破坏画上了等号，不再作为社会进步的推力而出现了。

从逻辑上进行推定，就会看到，当每个人都在斗争中矢志于击败对方的时候，获胜的冲动与对失败的恐惧也许确能最大限度地激发出每个人的创造性。但是，在生死相搏的残酷现实面前，人们很容易将这种创造性转化为破坏性，从而造成两败俱伤的结果。因而，也就谈不上促进社会进步了。正是因为斗争难以避免地产生破坏性，近代的人们才要求把公平作为规范斗争的原则。在这里，显然包含着这样一种判断：只有当斗争被限定在法律及其制度的公平原则之下，使每个投入到斗争中的人都无法借助于外力而对他人施以不正当的打击，才能缓解斗争。也就是说，当斗争得到公平的规范时，如果斗争双方势均力敌而又非要分出个胜负的话，势必造成一场无止境的厮杀，最终反而使谁都无法获胜。于是，斗争双方就只能改变策略，将斗争的重心从直接击败对方转而不断地开发和增强自己的创造性，以使自己永远都不可能为对方所击败。换句话说，在残酷的斗争实践中，近代人逐渐学会了用竞争取代斗争，最大限度地消除了斗争的破坏性，并最大限度地开发出了竞争的创造力，从而通过竞争去推动社会的进步。典型性的标志就在于发明了公平的原则，即让参与到斗争过程中的人们公平地与对手进行斗争。

斗争转化为了竞争，而竞争又能够源源不断地提供社会进步的动力，从而使通过斗争来谋求社会革命的做法得到扬弃。也就是说，由于斗争将让人们付出惨重的代价，人们发现选择斗争的道路有些得不偿失了，所以，干脆用能够加以规范的竞争去取代无法得到规范的斗争。在某种意义上，在步入工业化的正轨之后，社会革命的传统路径之所以会中断，除了斗争本身所蕴含的后果变得越来越不能为人们所接受，就是因为发现了竞争这样一种可以源源不断地提供社会进步动力的、更为文明的斗争方式，从而使社会的持续进步变得可能。正是由于这个原因，到了 20 世纪，人们才会表现出对斗争的怀疑和对社会革命的畏惧，才会有一些思想家试图在理论上去论证斗争的非理性并希望消除斗争，才会比早期的自由主义者们更加推崇竞争，甚至把竞争的原则应用到社会治理的过程中去。

就工业社会的形成看，是通过斗争赢取了社会革命的胜利，从而为工业化扫除了障碍和开辟了道路。但是，当工业社会基本定型后，则是通过竞争来维持自己的不断进步的。之所以竞争能够取代斗争而成为社会进步的动力，那是因为启蒙时期就已经把公平的理念深深地植入工业社会人们的心灵之中，从而在公平的规范下把斗争转化成了竞争，并保证竞争能够在激发出人们的创造性的同时又不至于产生斗争所具有的那种破坏性。所以，竞争必须在公平的原则下才是积极的，才能够发挥促进社会进步的功能。如果竞争脱离了公平的规范，那么竞争立刻就会被还原成斗争，从竞争中产生出来的创造性立即就会被应用于破坏乃至毁灭自己的竞争对手上去。当对手的毁灭对社会造成的消极影响大于自己的胜利为社会带来的积极影响之时，竞争就不仅不会促进社会进步，反而会导致社会倒退。所以，一切笃信通过竞争实现社会进步的人，都坚决反对任何形式的不正当竞争，反对任何可能导致公平原则受到破坏的联合行为。然而，具有讽刺意味的是，他们的反对却没有能够阻止这种行为的发生，甚至，他们越是声嘶力竭地反对，这种行为却反而愈演愈烈。

假设斗争与竞争的起点都是以个体的人为原点的，那么我们就会看到这样一幅图景：在竞争中谋求结盟并形成了以组织为单元的竞争格局。显然，与斗争相比，竞争往往因为有着严格的规范而不直接指向击败对方的行动，而且，绝大多数竞争行为也都是在彼此的"分工—协作"之中展开的，即在社会化大分工的意义上通过市场而实现协作，因而表现出共同受益甚至"双赢"的结果。但是，只要存在着"赢"的观念与动机，无论竞争行为在何种意义上得到了公平的保障，其结果也必然是不平等的。事实上，近代以来从竞争关系中脱胎而出的社会制度恰恰是鼓励人们通过竞争而追求胜利的，甚至可以说，近代以来的所有制度都是服务于竞争主体争得胜利的目的的，是为了方便竞争主体而设置的。所以，即使可以假定存在一次原初意义上的公平竞争，随着这一次竞争的结束，社会不平等也就成了一个最基本的现实，而这种不平等势必影响到此后所有竞争的公平性，因为弱者与强者间的竞争永远也不可能是公平的。

就弱者而言，为了能够更为公平地与强者展开竞争，为了避免受到强者的挤压而走向毁灭，开始趋向于寻求结盟而增强自己的竞争力，也可能会通过归附于强者的方式而提高自身的竞争力。这种联盟一旦出现，立刻就会将公平竞争的教条抛诸脑后，并不断地谋求自身竞争力的进一步提升。就强者而言，他们早已在前次竞争中品尝到了作为强者的甜头，也必然会通过同其他强者联合或者使弱者依附于自己等方式去造就更强的联盟。当这两种联盟再一次相遇，其结果就必然是导向一个个更加强大的联盟，造成竞争主体间力量对比的更严重失衡。所以，竞争关系内在地要求公平，但它又同样内在地蕴含着破坏公平的因素。在经历了一个短暂的、也许从来就没有存在过的公平竞争的"黄金时代"后，到了19世纪晚期，工业社会实现了组织化，组织普遍地取代了被视为竞争关系理想主体的个人而成了社会生活的基本单元。可见，组织是因应竞争的需要而出现的，所以，它只能加剧竞争的激烈程度，使竞争局面变得更加复杂。

就竞争而言，组织所发挥的是正负两面的作用：一方面，当竞争主体通过结盟而实现了有组织的竞争时，加剧了竞争；另一方面，由于结盟而形成的组织又破坏了竞争，当大小不等的组织取代了被视为彼此平等的个人时，公平竞争的基础就不复存在了。不过，组织虽然破坏了公平竞争，但它本身所蕴含的创造力则是任何个人与既往的群体形式都无法比拟的。所以，组织虽然为个人带来了因为自主性的丧失而出现的焦虑和无力感，但它在推动物质进步方面仍然取得了骄人的成就。在这个意义上，组织其实也是工业社会的一大创造，没有组织，工业社会在物质进步方面所取得的一切成就都是不可想象的。但是，就在组织日益展现出其推动物质进步方面的优越性的同时，由于竞争公平性受到破坏，人们对于进步的信念也遭受了动摇。霍夫斯达特准确地把握了组织兴起时期人们的困惑心理："他们一贯相信，繁荣和经济进步不是通过大型的垄断企业而获得的，不是通过企业组织的收入和经济计划而获得的；而是通过竞争、艰苦工作、个人企业以及创新精神得来的。他们的生长环境使他们考虑社会繁荣时，不是从结构方面入手——不是从某种基于社会技术和效率的总和的东西入手，而是从道德方面入手，把繁荣作为对个人品质和个人美德的奖赏。然而，这一根植于新教伦理本身的传统，已经被公司组织体系粗暴地否定了。"①

我们知道，领域分化的进程是与工业化的进程同步展开的，在领域分化的前提下，公平竞争其实是一个只适用于私人领域的概念，在公共领域与日常生活领域中，都不存在公平竞争的问题。但是，私人生活的公平性又是由公共生活的公正来加以保障的，只有当公共生活对所有人平等开放并具有公共性的时候，作为公共生活产出的法律制度与公共政策等才能公正地加予私人领域中的每一个竞争主体，从而为他们确立起公平竞争的原则，维护并保障竞争行为的开展被置于公平的原则之下。所以，竞争的公平性归根结底乃是一个公共生活开放性的问题。只要公

---

① ［美］理查德·霍夫斯达特：《改革时代——美国的新崛起》，俞敏洪、包凡一译，石家庄：河北人民出版社 1989 年版，第 185 页。

共生活是对所有人平等地开放的，它就是公正的，并能够保证私人生活中的竞争是公平的。反过来说，如果公共生活不是对所有人平等地开放，它就没有公正可言，就不可能为私人领域中的竞争提供公平之保障。组织的出现，恰恰破坏了公共生活的开放性，或者说，组织通过对公共生活开放性的破坏而使公共生活丧失了公正的特征，从而无法为私人领域中的竞争提供公平保障。

　　早在 18 世纪，卢梭就看到"公意"的存在有赖于个别意志的相等性，如果出现了"众意"之后而导致形成"公意"的个别意志变得不相等了，那么"公意"也就不复存在了。组织化社会的出现正是一个"众意"吞并个别意志的过程。随着组织的普遍建立，每一个活生生的个人都被排除在了公共生活之外，使公共生活沦为各种抽象的组织间的权力游戏。这样一来，由公共生活产出的法律制度与公共政策也就不再体现对公平竞争的支持，反而总是倾向于扶植强势的利益集团。由于不能对公共生活施加影响，个人也就无法左右私人生活的走向，以至于整个社会也都被交由组织任意摆布了。在这种情况下，没落情绪的滋生就是极其自然的了。可以认为，20 世纪历史意识的沉沦，并不是因为社会已经不再进步了，而是由于人们失去了对于社会进步的影响力。当人们无法左右自己生活于其中的社会的演进方向时，无论这个社会在物质文明方面取得了多么大的成就，人们也无法相信这个社会是进步的。因为，所有这些成就，都可能因为利益集团间的突发性冲突而顷刻间就被砸得粉碎。到了此时，随着进步的观念受到否定，社会革命也就自然无从谈起。所以，在 20 世纪，随着利益集团的兴起，"社会革命"却成了一个过气的词语。

　　工业社会是通过社会革命建立起来的，但它却走向了否定社会革命的结局。它发现了竞争，并用公平竞争取代了斗争，让公平竞争成为历史进步的动力。但是，竞争关系又内在地蕴含着破坏公平竞争的力量，从而阻碍了根源于公平竞争的历史进步，并通过组织对公共生活的殖民而遏制了历史进步的动力。这个时候，尽管科学技术的发展还在向人们表明历史是进步的，但如马尔库塞所说的社会的"单向度"以及人的"单面化"，在任何意义上都不能说是历史进步的证明。总之，由于公共生活的殖民化，人们失去了左右历史进步的能力，因而，也就失去了对于历史进步的信心。

迄今为止，在进步与革命之间是存在着这样一种关系的：一方面，革命是进步观念的一个结果，没有追求进步的理想和相信进步的信念，社会革命就无从发生；另一方面，革命的发生又总是直接地源于危机事件，如果社会是持续进步的，而且是以不显著的形式出现的，就会倾向于消除一切危机事件，因而，革命的动力也就不存在了。危机事件是进步链条的断裂，一切危机事件都既是对现存秩序的挑战，也是对进步信念的冲击。如果排除了那些在人类历史上的任何一个阶段都会出现的因自然界的变动而带来的危机的话，剩下的就是社会行为自身造成的危机。在整个工业社会，这些危机都根源于人的竞争，归根结底，是由于人的竞争关系失序而引发了各种各样的危机事件。结果，竞争的两面性就以危机事件的两面性的形式表现了出来，使危机事件既是历史进步链条的断裂带又成了历史进步的中继点。但是，从 20 世纪后期以来的情况看，危机事件的频繁发生已经汇聚成一场社会不堪承受的巨大危机，危机作为历史进步断裂带的特征强烈地排斥了它作为历史进步中继点的功能。现在，人与人的斗争转化为人与危机事件的斗争，这种斗争又在其深层的逻辑中对根源于竞争和由斗争转化而来的竞争提出了怀疑和否定。这样一来，历史进步的动力是否就此而消失呢？就是一个不能不加以研究的问题了。

三、 社会革命道路的瞻望

历史进步的信念是不可动摇的，通过社会革命去实现历史进步也是一条不可怀疑的道路。在 20 世纪，对社会革命的否定所反映出来的是工业社会后期的人们的一种颓废心理，尽管它是出于对斗争破坏性的恐惧而提出的一种主张。在工业化过程中曾经流行的那种通过斗争来谋求社会革命的路径也是应当予以抛弃的，尤其是在工业文明造就了大规模杀伤性武器的情况下，斗争所蕴含的后果已经超出了人类社会的承受能力，所以，通过斗争而实现社会革命的传统路径不再具有合理性了，是不能够被搬到后工业化进程中来的。马克思在梳理 19 世纪中期彼此混杂着的各种思想流派时曾经说过："我们判断一个人不能以他对自己的看法为根据，同样，我们判断这样一个变革时代也不能以它的意识为根据"。① 马克思的这句话对于后工业化这个变革的时代同样适用。在很大程度上，人们之所以对社会革命的前景表现出迷惘，只是由于没有找到斗争之外的其他社会革命路径，一旦人们找到了社会革命的其他路径，就会不再犹豫地投身于社会革命的进程中去。

我们看到，社会革命的成果是凝聚在治理变革中的，反过来，治理变革也可以成为社会革命的先导和路径。在工业化的进程中，是通过社会革命而实现了治理变革，是在这一进程中建立起了公共生活，并赋予公共生活以保障私人生活公平竞争的职能。从工业社会这一历史阶段看，只要公共生活是健康的，它就能够有效地调节激烈的私人竞争，从而将竞争关系的破坏性最大限度地转化成创造性，进而推动工业社会在物质进步方面去展现其无限的潜能。然而，由于社会的组织化，公共生活出现了殖民化的问题，当公共生活被巨型组织所俘获时，不但不能起到调节竞争的作用，反而成了公平竞争首当其冲的破坏者。尽管如此，工业社会在物质进步方面所取得的成就仍然是令人赞叹的，它证明了竞争关系所蕴含的巨大创造力。也正是因为竞争关系具有如此巨大的创造力，才让人们相信，即使公共生活不是完全健康的，即使它偶尔会破坏公平竞争的原则，只要从竞争关系中仍然能够创造出源源不断的物质财富，工业社会就仍然可以实现持久的社会进步。因而，也就无须考虑超越竞争的社会革命的可能性问题了。这就是理论探讨就此止步的原因。

公共生活的殖民地化对于公平竞争的破坏并不是偶尔发生的，而是时时都产生着或大或小的恶果。20 世纪的"利益集团政治"高度发达的现实，已经明白无误地证实了公共生活的异化，表明公共生活主体已经从公平竞争的捍卫者转变为集团利益的鼓吹者和实现者。随着公平竞争原则的败坏，竞争关系的破坏力也就越来越显著地释放了出来，并造成了 20 世纪后期以来愈演愈烈的社会危机，至少是以频繁爆发的危机事件

---

① 《马克思恩格斯选集》，第二卷，北京：人民出版社 1995 年版，第 33 页。

的形式表现了出来。工业化过程中的经验告诉我们，社会革命是在治理危机即治理失灵的情况下爆发的。在一个社会处在良序运行的情况下，也会发生一些程度不同的危机事件。就这些危机事件而言，如果尚未超出治理体系的控制能力，是能够得到有效控制的。即使超出了治理体系的控制能力，也可以通过对治理体系自身的调整而重新获得控制能力。但是，如果危机事件频繁发生的话，就证明了治理体系存在着失灵的问题，甚至在一定程度上，可以判定为治理危机，这样的话，就有可能引爆社会革命。

根据这一经验，工业社会曾经出现过的经济危机、环境危机等个别的危机现象都还不能证明治理体系已经陷入危机境地，更不是社会危机。事实也证明，30 年代的大萧条虽然证明了古典自由主义的治理方式陷入危机，但在修正到凯恩斯主义的治理方式上来时，也就消除了危机，从而避免了治理危机的发生，更没有转化为社会危机。然而，当工业社会先后尝试了古典自由主义的治理方式和凯恩斯主义的治理方式后，到了20 世纪后期，危机事件的频繁发生并愈演愈烈表明人类已经陷入治理危机的困境之中了，而且，有着迅速转化为社会危机的可能性。其实，20 世纪后期以来的所有社会危机归根结底都是由治理危机造成的，是由于公共生活发生了异化，对公平竞争这一社会进步的基础造成了破坏，从而引起了社会进步过程的中断与震荡，进而引发了一系列连锁反应，表现为频繁发生的危机事件。

早在 20 世纪 80 年代，许多学者已经观察到了后工业社会正在来临的迹象。托夫勒甚至极其敏锐地看到，正在发生的那些令人震惊的事件已经"形成了一个轮廓鲜明，清晰可辨的图景，特别是这些变革的累积，在我们生活，工作，娱乐和思想的方式上，汇集成巨大的变革，而一个健全的合乎需要的未来是可能实现的。总之，沿着'革命的前提'开始，现在所发生的事件无疑是一场全球性的革命，是人类历史的大跃进。"[1] 可以相信，一场社会革命即将到来。然而，即将到来的社会革命如果沿用工业化时期社会革命的路径，就如我们上述所说的，在工业文

---

① ［美］阿尔文·托夫勒：《第三次浪潮》，朱志焱等译，北京：新华出版社 1996 年版，第 7 页。

明创造了足以在顷刻之间毁灭地球的大规模杀伤性武器的条件下，那是极其危险的。另一方面，真正的危机是人们面临危机时不承认危机即将到来，社会革命的破坏性根源于人们对社会革命到来的必然性的不承认。如果我们不承认 20 世纪后期以来频繁爆发的危机事件是一场社会革命的前兆，那么我们就不能够使这场社会革命成为一场自觉的历史运动，就不能够自觉地对社会革命的道路加以设计，就会使人类陷入极其危险的境地。

从当前人文社会科学的理论探讨看，更多的学者是在工业社会的思维框架中来认识人类当前所遇到的各种各样的问题的。我们知道，贝尔是一位提出了"后工业社会"这一概念的人，应当说，与其他学者相比，他应当更少地受到工业社会思维框架的约束。实则不然，贝尔对后工业社会的认识停留在了"科技治国论"的境界中，他是从"科技治国论"的意义上来定义后工业社会的文化与治理特征的。在贝尔这里，以科技治国为基本特征的后工业社会是作为以意识形态为基本特征的工业社会的对立物出现的，是意识形态终结之后的一种形态。就后工业社会应当超越狭隘的意识形态偏见而言，贝尔的判断是正确的，但将后工业社会的社会治理仅仅定义为科技治国，表明他是不懂得社会革命的意义的。因为，"专家治国"恰恰是工业社会的基本特征，把"专家治国"修正成科技治国，其实只是做了"翻牌"的工作，而且在很大程度上误导了人们对后工业社会的认识。

20 世纪还产生了一种否认社会革命能够发生的"历史终结论"，这种理论试图证明工业社会是人类历史的终极形态即最高形态。实际上，这是一种为资本主义辩护的理论。"历史终结论"在世纪之交产生了巨大的影响，这要归功于福山的鼓噪。福山从科耶夫对黑格尔的解读出发将"为了承认的斗争"视为历史发展的动力，认为只要承认诉求得到了充分的满足，只要人们不再"为承认而斗争"，历史就终结了。与科耶夫的理论只是潜在地包含着得出历史终结的逻辑可能性不同，福山则直接假定"自由民主制度"已经实现了对所有承认诉求的充分满足，所以干脆宣布历史已经终结了。然而，"为承认而斗争"的范畴之所以能够在 20 世纪后期引起人们的普遍重视，正是根源于社会的再次分群化而造成的群体斗争空前复杂与尖锐的现实，而这种现实无疑否定了福山的立论前提。为了挽救自己的结论，福山在后来的著作中将所有这些斗争作为"大分裂"而归入了前历史终结的范畴，以表明历史的终结是一个正在行进的过程，并将信任看作历史终结之后"自由民主制度"持久繁荣的保障。这样一来，只要信任能够终结"大分裂"，"自由民主社会"也就获得了持久的繁荣，社会革命也就失去了发生的必要性和可能性。

对于这种抗拒社会革命的理论以及普遍存在的对社会革命的怀疑和否定，哈拉尔提出了自己的看法，"嘲讽这种前景是很容易的，我们可能完不成这种过渡，而是通过核战争、经济崩溃或安于现状的冷漠滑到一个新的黑暗时代，这也是很可能的。但是未来的主要障碍是，我们被现有的观念所局限。工业社会是我们所能理解的唯一社会秩序，因为这是我们已经知道的一切"[1]。的确，与农业社会相比，工业社会的发展速度之快、取得的成就之大是令人惊叹的，即使在 20 世纪后期以来已经显现出危机四伏的情况下，似乎工业社会的发展依然阔步前进。但是，这绝不意味着工业社会的秩序就是终极的社会秩序。之所以会存在着上述错误的见解，那是由于人们的观念被框定在了工业社会的思维框架之中了，才出现了哈拉尔所指出的"工业社会是我们所能理解的唯一社会秩序"，也正是由于我们把理解变成了习惯，因而不愿意再去构想一种不同于工业社会的新的社会形式。所以，怀疑和否定社会革命的情绪才会滋生，并以理论的形式表现出来。

这也从另一个方面说明，与工业革命不同，超越工业社会的后工业革命首先需要展开的是观念上的革命，只有首先清除旧有观念，首先抛弃对旧的秩序的依赖与信仰，才能在物质的意义上实现后工业革命。如果说工业革命是物质先行的，然后才有思想观念上的启蒙，那么后工业革命将是思想和观念先行的，需要率先开展一场启蒙运动，去主动地设计和规划后工业社会的秩序。只有做了这方面的工作，才能平稳地用后工业社会的秩序取代工业社会的秩序。显然，后工业社会的建立必然要

---

① ［美］威廉·E·哈拉尔：《新资本主义》，冯韵文、黄育馥等译，北京：社会科学文献出版社 1991 年版，第 49 页。

通过社会革命来实现，后工业化的进程必然是一场社会革命。然而，与工业革命不同，这场革命必将是治理革命先行的。虽然科学技术革命为后工业革命做了必要的准备，但必须通过治理革命去率先确立起后工业社会的治理模式，才能保证全面的社会革命平稳地开展。

从治理革命开始，将体现出人们自觉走进后工业社会的主动性，而不是像工业革命那样表现为一个自然历史进程。实际上，工业社会的进步已经赋予了人类这样的能力，让人们可以通过科学探讨和理论规划去主动地建立后工业社会的治理模式。在我们意识到 20 世纪后期以来所发生的社会危机都是根源于治理危机的时候，也许我们就会自觉地在治理体系的调整和改革中汇聚起一场治理革命，通过治理革命取得的成果去引导整个社会实现一场走向后工业社会的革命运动。从现实的社会治理变革进程看，从 20 世纪 80 年代开始，一场全球性的发生在治理领域中的改革运动一直在行进之中。这本来应当成为走向后工业社会的治理变革的一条正确路径，但综观全球改革运动的进展，可以说这场历经 30 年的改革是不成功的。因为，它并没有使人类脱离风险社会，反而使人类在风险社会中陷得越来越深。为什么一条正确的道路却不能够通向正确的方向呢？那是因为，改革者缺乏走向后工业社会的战略意识，没有把改革运动看作是走向后工业社会的举措，而是被各别的、具体的社会问题和治理问题领着走，错误地把解决一些具体的现实问题的调整措施称作改革，狭隘地满足于技术上的些微调整。总之，"改革"一词变得庸俗化了，所以，没有取得其应当取得的成果。由此看来，当前正在行进中的改革运动需要确立起走向后工业社会的目标，只有这样，才能真正取得促进历史进步的积极贡献，才能让人类走向后工业社会的运动成为一场自觉的运动。

工业革命的政治成就体现在打破了基于家元共同体的共同生活，代之以基于族阈共同体的公共生活。在 20 世纪，族阈共同体自身的发展导致公共生活的殖民地化，并在秩序的名义下破坏了公共生活的开放性，从而引发了持续性的治理危机。后工业革命的目标将是共同体的再造，所要建立的是一种既不同于家元共同体也不同于族阈共同体的新型的合作共同体。合作共同体具有充分的开放性，它在直接的意义上，或者说在形式上，并不以秩序追求为目标。合作共同体的公共生活有着完全不同于族阈共同体的生活内容，但它将表现为公共生活的重建，是对公共生活殖民地化的完全消除。因而，它能够造就出和谐的合作秩序。

在这里，当合作取代竞争而成为主导性的社会行为时，人的平等与自由第一次获得了社会运行机制的充分支持，利益集团控制公共生活和破坏公共生活健全的状况将一劳永逸地成为历史。所以，迎接后工业社会的治理革命就是要通过各种方式促进合作共同体的生成，所要实现的就是把族阈共同体转化为合作共同体，进而在合作共同体的基础上重建一种充分开放的、合作治理的公共生活。所以，合作共同体的建构也是一个合作行动的过程，它是斗争得以消损和竞争不断弱化的过程。既然斗争与竞争是在同一个逻辑链条中展开的，那么合作则是这个链条的中断，因而也是历史的一次真正的转型。在这次历史转型中，斗争的历史将成为过去，而社会革命则依然持续地展开，合作的历史以这次社会革命为起点，朝着后工业社会凯歌行进。

在《科学革命的结构》中，库恩提出了"革命是无形的"的观点。依据工业革命的经验，库恩的这一观点显得荒诞不经。因为，工业革命在每一个国家和地区都是蕴含在轰轰烈烈的斗争之中的。但是，后工业革命则是一场"无形的革命"，而且只能是一场无形的革命。就它从治理革命开始而言，作为一场自觉的运动，是以治理体系的改革和调整的方式进行的。在治理革命取得了成效的时候，特别是建立起合作治理的新型治理模式的时候，就能够推动整个社会朝着告别工业社会和进入后工业社会的方向前进，也就实现了社会革命。考虑到工业文明的两面性，认识到人类自我毁灭能力的无限膨胀，就应当想到，后工业革命也必须是一场"无形的革命"，它不能以轰轰烈烈的形式出现，否则，人类就会毁灭于顷刻之间。

后工业革命将把人类带入一个后国家主义时代，使国家框架下的治理为合作治理所取代。在政治上，如果说工业革命造就了一个长达数百年的国家主义时期，那么后工业革命将是对这个时期的根本否定。在工业革命后的国家主义时期，国家是公共生活赖以展开的平台，由于"国家过于专断独行，过于官僚主义，对现实和社会动力几乎封闭，有时照搬以别的模式运行的社会，经常腐朽不堪，既太大，又太小，在得到各式各样的称誉后，被看作一切罪恶的渊薮。改革的尝试无论多么微弱和表面，都以失败告终，这说明公共机构无力更新，除了分崩离析，没有别的前途，没有别的出路。"① 然而，在后工业化进程中，正如卡蓝默所看到的，"一个强加于人、凌驾于社会之上、能够实现发展的国家的形象正在消失，取而代之的是采取一种更加客观的观念来审视公共行动、统合各种社会力量的条件。因此，国家和其他行动者的合作伙伴关系具有压倒一切的重要性。"② 也许国家还会存在一个相当长的时期，马克思主义者所预见的"国家消亡"在一个相当长的时期内还无法转化为现实，但一个后国家主义的时代将与后工业化携手而来。这时的国家，不再是公共生活的垄断者，不再是专断独行的统治者，而是与各种各样的社会力量开展合作的合作者。国家，特别是它的政府，只是合作治理多元主体中的"一元"，以护卫合作、促进合作为其职能。在一切社会力量之间的合作治理过程中，国家及其政府作为合作的依据而存在；在国家及其政府与其他社会力量的合作治理中，国家及其政府则把为其他社会力量提供服务作为其合作的基本行动内容。

---

① ［法］皮埃卡·卡蓝默：《破碎的民主》，高凌瀚译，北京：生活·读书·新知三联书店 2005 年版，引言，第 3 页。

② ［法］皮埃卡·卡蓝默：《破碎的民主》，高凌瀚译，北京：生活·读书·新知三联书店 2005 年版，第 56 页。

第八章

共同行动的基础

　　人类社会的重大事件都是通过共同行动来承担的，或者说，人类更多地是通过共同行动去展示人的社会力量，并通过共同行动去证明人的共同体生活。在共同行动中，行动者的意向一致是基础性的前提。意向一致通常具有两种形式：一是认同，二是共识。事实上，在人类的共同行动实践中，我们的确看到了基于认同的共同行动和基于共识的共同行动这两种形式。20世纪后期以来，随着危机事件的频繁发生，使我们关注到共同行动的基础除了认同和共识外，还有着学者们所没有认识到的默契。也就是说，也存在着基于默契的共同行动。与基于认同和共识的行动不同，基于默契的共同行动更具有道德特征。显而易见，在人际交往中，如果能够拥有共识与默契的话，是可以达到人际交往的一种理想状态的。作为人际交往的目标和结果的共同行动也是这样，有了共识与默契，人们就会在这种共识和默契的基础上开展共同行动。从人类历史的纵向视角看，基于认同、共识与默契的共同行动是具有历史类型的，在农业社会的家元共同体中，人们主要是基于认同与默契而开展共同行动。到了工业社会，随着社会组织化程度的提高，组织认同逐渐取代了家元共同体中的群体认同。在工业化进程中生成的族阈共同体，一方面确立了共识的普遍有效性，另一方面也继续让认同在组织行动中发挥作用。然而，工业社会导致了生活世界的碎片化，致使人们之间的默契走向衰落。随着风险社会的出现，基于共识的共同行动和基于认同的共同行动都无法应对频繁出现的危机事件，因而，需要对基于默契的共同行动加以自觉建构。

第一节　应对危机的共同体行动

一、共同行动的意义

诚如杜威所看到的，哲学历来有着"确定性的追求"，其实，不惟哲学，近代以来的几乎所有科学都包含着追求确定性的内涵，总是希望在现实世界的不确定性中发现确定性，总是希望发现或发明消除不确定性的技术或途径，总是希望变不确定性为确定性。然而，现实世界中的不确定性并没有因为人们试图消除它而减少，反而呈现出了与日俱增的状况。20世纪后期以来，人类显然已经进入一个高度不确定性的时代，近代科学对确定性的追求在这样一个高度不确定性的时代变得越来越不适宜了。显而易见，现在摆在我们面前的已经不再是一个如何消除不确定性的问题，而是一个如何应对不确定性的问题了。所以，科学的主题必然要发生变化，即从追求确定性而变为适应不确定性。

近代以来所有追求确定性的科学都将表现出朝着自己反面转化的状况，即变得不科学了，或者说，将为全新形式的科学所替代。就像农业社会中"观天象，知人事"的科学到了工业社会不再是科学一样，就像从周易之中演化出来的那种"算命"技术已经不再发挥作用一样，正在成长中的科学将宣布近代成长起来的那些科学是不科学的。后工业社会的科学将是一些把不确定性作为其立身之前提的科学，是一种寻求适应不确定性、驾驭不确定性和利用不确定性之技术的科学。然而，科学研究怎样才能适应人们应对不确定性的要求呢？显然需要去发现人的活动的一些新的出发点或成长点并加以研究，需要通过全新科学观念的确立去建构人的全新的行为模式。

在某种意义上，我们可以说，近代以来的全部人文社会科学研究在终极指向上都是希望理解或建构人的共同行动模式。比如，共同行动怎样才能发生？共同行动所应具有的目标是什么？共同行动应获得什么样的保障？个人应当怎样参与共同行动？个人在共同行动中能够得到什么？

等等。事实上，工业社会的人文社会科学造就了共同行动，因而也造就了工业文明的辉煌。然而，人类今天已经开始走向后工业社会，由工业社会的这些科学塑就的共同行动模式已经不再适用了。所以，我们需要重新审视和研究共同行动的问题，需要在新的基点上去谋求共同行动，需要赋予共同行动以新的性质和内容。也就是说，让共同行动服务于人的共生环境的改善，让人类避免一切可能发生的危及人类生存的重大危机事件。

自古以来，"万事不求人"式的个体形象对于一些思想家一直是一种巨大的诱惑，但是，在历史上，这种个体却是从来不曾出现过的。生存于社会之中，人类必然有着一些共同的命运，出于生存的需要，人类必然会相互依赖，必然会有着许多需要开展共同行动的事情要做。尽管共同行动也需要落脚到个体的人那里，然而，人并不是以个体的人的形式去实现自己的一切生活目标的，或者说，根本就不存在能够独自生存下去的个体的人。当人类发展到工业社会的历史阶段后，甚至农业社会那种自然经济条件下的自给自足式生活模式也被冲击得荡然无存了，人只有在与他人交往的过程中才能获取生活资料以及赖以生存的一切条件。我们也许不能同意古人关于人是"政治动物"或"社会动物"的经验性定义，却无力否认任何人都必须与其他人开展共同行动的事实。从农业社会向工业社会转变的历史，已经向我们展现出人际联系日益紧密、共同行动日益频繁的趋势。今天，随着从工业社会向后工业社会转型的历史进程的开启，由于危机事件的普遍化和常态化，人们对共同行动的要求变得空前的强烈，人类生活的每一个方面都呈现出对共同行动的强烈要求。

在人类社会的一切活动中，社会治理无疑是自觉性最高的活动。在整个社会治理的领域中，处处都反映出了人的自觉性特征。在某种意义上，人类的共同行动首先是发生在社会治理领域中的，或者说，人类社会中的治理活动本身，就包含着共同行动和反映为共同行动。从农业社会的情况看，除了一些以互助形式出现的共同行动，绝大多数共同行动都是由治理者发动和领导的。比如，兴修水利、建造长城、挖掘运河等，本身就是社会治理的内容。当然，人们会说农民起义之类的运动不是由治理者发动和领导的。无可否认的是，这些运动却是直接指向治理体系的，如果得以成功的话，又是治理体系重建的起点。所以，共同行动天然地就是与社会治理联系在一起的。当然，近代以来，社会走上了独立化的方向，其结果是出现了公共领域、私人领域以及日常生活领域的分化，因而，我们也在私人领域中看到大量共同行动的存在。但是，私人领域中的共同行动如果不是反政府的，它就必然会接受来自公共部门的调控，甚至会成为社会治理的补充力量。20 世纪后期以来，非政府组织以及志愿者群体等的共同行动，就是作为社会治理的补充力量而存在的，这一点已经成为再明显不过的事实了。

按照行动主体的不同，人类的行动可以分为"个体行动"和"共同行动"。但是，如果分领域来看的话，情况又有所不同。一般说来，作为公共领域的社会治理领域中是没有严格意义上的个体行动的，社会治理中的行动都是共同行动，哪怕在特定条件下是以个体行动的形式表现出来的，而在实质上，也依然是共同行动。总之，在社会治理领域中，一切行动都是以共同行动的方式出现的，工业社会在社会治理领域与公共领域相重合的条件下，即使行动者以个体的人的形式出现，也是在"分工—协作"结构中进行的，所开展的也是一种作为协作行动类型的共同行动。在日常生活领域中，是无所谓个体行动与共同行动的问题的。就"家"是日常生活领域中的核心构成要素而言，人在家内是融合到家之中的，而在家外，则是家的代表，即使存在"生日派对"以及其他节日狂欢活动，也很难看作严格意义上的共同行动。

私人领域不同，它是一个个体行动与共同行动并存的领域。这是因为，私人领域是由各种各样的组织编织起来的，如果说组织是族阈共同体的一种形式的话，每一个作为组织的共同体行动也都是以共同行动的形式出现的。私人领域中的共同行动在两个层面上都呈现出它是"分工—协作"的典型形态：其一，在社会化大生产的意义上，以市场机制为平台而构成了社会化的"分工—协作"，从而反映为一种虚拟形态的共同行动；其二，每一个组织都是一个相对独立的共同行动体系，在内部有着严格的"分工—协作"关系。但是，私人领域最典型地反映出了人的原子化，真正的个体就是存在于私人领域中的，或者说，是与私人领域一道成长起来的，每一个人都是在私人领域中以自我这样一个个体的人的形式而开展行动。因而，私人领域中既存在着个体行动也存在着共同行动，而且，个体行动与共同行动互不干扰。

在进行分领域的考察中，我们发现，日常生活领域是无所谓共同行动的问题的。在私人领域中，存在着共同行动，也存在着个体行动，在某种意义上，个体行动是私人领域中一切活动的起点和终点，或者说，私人领域中的共同行动是从属于个体行动的，是服务于个体行动的目标的。然而，公共领域中的情况就不同了，公共领域中的一切活动其实都应当被理解成共同行动。当然，在近代以来的整个历史阶段中，由于社会还处在一个低度复杂性和低度不确定性的状态，并没有突出共同行动的意义。而且，在这整个历史时期中，人们更多地关注以组织为载体的共同行动，按照理性主义模式对以"分工—协作"为基础的共同行动进行科学建构，而对政治上的以及社会意义上的共同行动，关注较少。20世纪后期以来，随着后工业化进程的开启，随着工业社会因拒绝向后工业社会转型而变成了一个风险社会，人类对于合作的需求前所未有地强烈了起来，谋求合作行动正在成为人际交往以及国际交流的重要主题。合作行动是共同行动的理想形态，在危机事件频繁发生的情况下，也唯有具有合作性质的共同行动，才能赋予人们以应对危机的能力。

就现实来看，无论在个人之间还是在国家之间，合作行动都显得困难重重，行动者出于合作的目的而开展的交往又总是以非合作甚至反合作的结局收场。之所以会出现这种情况，很多时候并不是因为我们缺乏合作的动机，而是由于我们缺乏关于合作行动发生机制的科学认识。长期以来，人文社会科学的建构要么从个人主义的立场出发，要么强调整体主义的价值，虽然从这两种立场出发也都会导向对合作的关注，却无法建构起合作的制度和合作行为的保障机制。因而，关于人类的合作行动，一直都是作为一个不可实现的理想而存在的。除非在一些特殊的情况下出现了偶然性的合作之外，而在社会的常态运行中，要么是个体对合作的破坏，要么是集体对个体的吞噬，就合作的问题本身，从来也没有形成共识和默契。在这种情况下，即使人们拥有了合作的动机，也无法将这种动机转化为实际的合作行动。所以，从共同行动的视角出发，就必然产生合作行动的追求对于合作行动，既不能从个体的人的视角去加以规划，也不能从社会整体的意义上去制定方案，而是需要实现对个人主义和整体主义的全面超越，需要在人的共生共在的意义上去加以认识和加以规划。

二、　对共同行动的理解

环境污染、气候变暖等生态灾难的出现，强烈地要求人类作出共同应对的行动。但是，从近些年来的情况看，人类在开展共同行动的时候，往往因为意见和主张的不同而变得非常艰难。其实，在人类的政治生活中出现过共同生活与公共生活两种不同的生活样态，但无论共同生活还是公共生活，都包含着共同行动的内容。在某种意义上，政治生活包含着人们寻求、开展和完成共同行动的可循环的连续过程。因而，要想更为准确地把握人类政治生活的性质与特征，对于共同行动的分析乃是必不可少的。

通过对社会制度、历史环境等因素的考察，我们可以获得关于人类政治生活宏观层面的认识，可以发现人类历史上曾经存在着共同生活和公共生活这两种不同的政治生活样态。通过对作为政治生活内容的共同行动的分析，我们还可以获得一些关于人类政治生活微观层面的认识，从而对共同生活与公共生活的区别与联系有一个更具体的理解。20世纪后期以来，一些学者观察到公共生活出现了衰落的状况，而且这种公共生活的衰落引发了许多社会危机。然而，危机的频繁出现又使人们对开展共同行动产生了更为强烈的需求，这种需求与公共生活的衰落形成了巨大的反差，从而使当前的人文社会科学陷入严重的混乱之中，以至于越来越不能解释人类应对危机的实践，更不用说去指导实践了。要走出人文社会科学的这一混乱局面，并使之更好地服务于社会的发展，就有必要对共同行动的性质与发生基础作出科学的认识。也就是说，究竟什么样的公共生活能够为共同行动提供充分的支持，特别是面对危机事件的时候，近代以来的公共生活范式是阻碍了共同行动还是为共同行动提供了良好的支持？这就是一个我们必须回答的问题。

　　对近代以来的人文社会科学加以审视，就可以发现，在讨论人的共同行动的时候，学者们通常采取的是一种理性主义的分析范式，即着力于人们开展共同行动的原因与动机的探讨。作为一种研究范式，其优点在于，它找出了共同利益这一行动主体间开展共同行动的客观基础，从而为共同行动的理性模式设计提供了一条明确的途径，即寻找共同利益。这表面看来是科学的和具有合理性的解释范式，而在事实上，它并不科学。因为，它没有完全认识到共同行动的原因，是不能给予我们一个共同行动的科学解释的，更不用说塑造出真正合理的共同行动模式了。其实，人类的行为并非总是理性的。除了理性的行为，也有许多非理性的行为。在很多情况下，人们的共同行动往往是由一些非理性的动机促成的行为汇聚而成的。我们经常看到，参与共同行动的行动者之间不仅不具有明显的共同利益，甚至可能存在原本对立的利益诉求，但共同行动仍然发生了。这显然是理性主义的分析范式所无法解释的现象。

　　从哲学史来看，19 世纪后期以来，随着理性主义的现代解释范式遇到了许多无法解释的问题，人们开始将目光转向了人的非理性存在，并逐渐创造出了一种行为主义的分析范式。在早期的行为主义者那里，人的所有行为都具有相同的发生机制，那就是人的行动意向。只要能够使人产生某种行动意向，都可以促生相应的行为。因而，人的共同行动也就是源自行动者的意向一致。无论行动者之间是否具有共同利益，只要他们在主观上就某项行动达成了一致的意向，就能够开展共同行动。反之，即使他们之间存在着共同利益，如果缺乏一致意向，也是无法开展共同行动的。所以，在早期的行为主义者那里，行动意向的一致是共同行动的必要条件。产生于 19 世纪后期的这一行为主义倾向对 20 世纪的学术史有着重要的影响，在一定程度上，它极大地动摇了理性主义在人文社会科学中的支配地位，甚至可以说把人们的思维从 18 世纪开始的那种对必然性的理性主义信念中解放了出来，从而起到了一种观念革命的效果。

　　从管理学在 20 世纪中的理论建构看，行为主义其实没有实现对理性主义的超越。被管理学所秉承的行为主义却再次把人的行为纳入理性主义的框架之中，仅仅看到了行为的回应机制，即在从动机的生成到行为的出现这样一个过程中去谋求行为控制的技术，以实现对组织行为的规范，并造就以组织为主体的共同行动。不过，我们必须作出区分的是，管理学所欲建构起来的是作为协作体系的组织的协作行动，而不是在社会的意义上和在政治的意义上的共同行动。如果说协作行动更加合乎理性主义的解释框架的话，那么把一切形式的共同行动都纳入理性主义的解释框架中去显然是无法得到科学解释的。也就是说，协作行动从属于"分工—协作"体系，而政治上的以及其他社会意义上的共同行动则从属于融合系统，它们属于两种不同的行动类型。

理性主义可以对协作行动作出合理的解释，并根据这种解释而谋求规范路径，可是，要把其他的共同行动也纳入理性主义的解释框架中去，往往显得十分牵强，因而，也就无法理解和规范共同行动。就20世纪的政治发展看，由于始终处于理性主义的话语支配之下，所以，出现了许多难以解决的问题。而且，这些问题被不断地积累了起来，以至于到了20世纪后期，开始频繁地以危机事件的形式出现。就人的活动而言，一切可以纳入管理学视野中的行动都是可以在理性主义的协作路径中去加以建构的，而一切超出了管理学视野的政治的和社会的行动，一旦纳入理性主义的解释框架中去，就会造成对那些无法作出理性主义解释和规范的行为有意忽视和故意排斥的结果。从而使许多问题得不到解决，甚至使许多问题积累起来。总之，对于以协作行动的形式出现的共同行动，都是可以作出理性安排的，而对于其他的共同行动，则取决于"行动意向的一致"的理解。

对于共同行动的一致意向而言，我们可以区分出两种不同的行动意向，即"是否共同行动的意向"和"如何共同行动的意向"。一般说来，只有当行动者在这两种行动意向上都达成了一致，他们才能实际地开展共同行动。如果行动者之间虽然都同意共同行动，却没能在如何行动上达成一致，那么他们就无法实践其共同行动的意向。同样，如果行动者虽然在如何行动上达成了一致，却在是否要共同行动的问题上表现出犹豫甚至不愿意采取共同行动，那么他们也就无法开展共同行动。由于"共同行动的意向"可以分为上述两种，因而，共同行动包含着两种不同的发生路径：一是行动者之间首先就是否共同行动达成了一致，然后再考虑如何采取共同行动；二是行动者之间本就在如何共同行动上存在着一致，当他们发现了这种一致之后，就提出了共同行动的要求。

第一种情况通常发生在危机情境中。如吉登斯所说，危机以及作为潜在危机的"风险不只是个人的行动"[①]，它的灾难性质要求人们必须共同行动，然后才去考虑如何开展共同行动的问题；第二种情况更多地发生在社会的常态运行之中，通常情况下，人们在如何开展共同行动的问题上是没有分歧的，但在是否参与共同行动的过程，则表现出犹豫，甚至可能每一个人都希望别人行动而自己不行动，等待着享用别人行动的结果。这后一种情况是可以纳入理性主义的解释框架中去的，也正是这种情况，往往导致一种在需要采取共同行动的时候没有共同行动发生的结果。事实上，一旦人们在行动之前开始谋划、计较和讨价还价的话，也就不可能产生共同行动了。所以，在社会的常态运行中，我们总是看到那种得到了理性安排的协作行动，却很少看到由理性安排出的非协作性的共同行动。

协作行动必然是理性安排的结果，而政治上的和社会意义上的共同行动可能更多地需要从非理性的角度来加以认识。在此意义上，作为共同行动之前提的一致意向的生成，也就不是一个理性自觉的过程了。事实情况往往是，一致意向的形成过程以及基于这种意向的共同行动更多的时候表现出了非理性的和自发性的特征。当然，与组织中的协作行动相比，共同行动要复杂得多，虽然一切共同行动在外在表现上都具有非理性的和自发性的特征，而在共同行动发生的过程中，则存在着理性与非理性的交织和混杂。一些共同行动可能是行动者在平等承认与相互尊重的基础上经过反复沟通和理性取舍后而就是否共同行动以及如何共同行动达成一致才作出的选择。如果经历了这样一个共同行动的准备过程的话，那么所发生的共同行动就是合理的，其结果也多是道德的。另一些共同行动可能是由某个行动者通过强制、欺骗、诱导和煽动等不道德的方式来获取他人与自己意向一致后而采取的行动。通过这种方式而获取的共同行动肯定是不具有合理性的，而且其结果也必然是不道德的。

---

① ［英］安东尼·吉登斯：《现代性的后果》，田禾译，南京：译林出版社 2000 年版，第 31 页。

在现实的政治和社会生活中，这种不合理的、不道德的共同行动是常见的。也正是这种不合理的、不道德的共同行动，充分地证实了"共同行动源自行动意向的一致"的论断。也许是由于这个原因，19世纪后期以来的非理性主义思潮受到了广泛的诟病，人们批评它激活了人类行为中的阴暗面。其实，这一阴暗面乃是人类行为中所固有的，正如在马基雅维利出现之前君主就已经娴熟地掌握了各种权谋与权术一样，在非理性主义思潮出现之前，人们在谋求共同行动的过程中也早已熟稔各种偷梁换柱的伎俩，早已学会了用强制、欺骗、诱导和煽动等不道德的方式去谋求"意向一致"。所以，关键的问题不是要不要承认共同行动建立在意向一致的前提下，而是需要解决如何达成意向一致的问题。

综观人类社会中的共同行动，除了可以进行理性安排的组织协作行动，实际上还存在着三种基本类型：其一，是基于认同的共同行动；其二，是基于共识的共同行动；其三，是基于默契的共同行动。第三种类型的共同行动在应对危机事件的过程中是普遍存在的，然而，理论研究却没有关注到这一点，以至于应对危机事件的共同行动往往没有在行动者的默会过程方面进行自觉建构，因而无法实现人们之间持续的充分合作，往往是在实现了短暂的合作之后就陷入了合作解体的困境之中。或者说，由于缺乏对默会过程的认识和建构，共同行动要么流于基于认同的共同行动，要么异化为基于共识的共同行动。现在看来，在危机事件频发的条件下，我们需要自觉地认识和建构默会过程，从而找到达成默契的科学路径。这样的话，人类的共同行动就可以表现为真正的合作行动了。

三、　危机中的共同行动

近代以来，在社会的常态运行中，由于社会的组织化，由于官僚制组织对社会进行了全面的结构化，人类的行动基本上都是以协作行动的形式出现的，而其他形式的共同行动往往发生在危机状态出现的时候。当然，在社会变革的时期，比如革命运动以及其他的自发性社会运动等，也是以共同行动的形式出现的。20世纪后期以来，那种在19世纪和20

世纪前半期经常出现的各种各样的社会运动和革命行动都很少还能见到，因而，共同行动更多地发生在应对危机事件的过程中。特别是进入21世纪后，官僚制组织框架下的协作行动已经无法适应高度复杂性和高度不确定性的社会运行状态，致使许多矛盾被积累起来并以危机事件的形式爆发。比如，人与人的矛盾、人与自然的矛盾都会以危机事件的形式呈现出来，而官僚制组织恰恰在应对这些危机事件方面显得无能为力，以至于人们必须以共同行动的形式去应对这些危机事件。

其实，自古以来都是这样。在面对危机的时候，人们必须采取共同行动，也正是在危机到来的时候，人们更加具有共同行动的意向。危机的灾难性质，决定了人们必须共同行动以渡过难关。中国古语中的"同舟共济"，所指的就是面对灾难时采取共同行动的必然性。但是，应对危机事件的或在危机情势下所开展的共同行动，是基于认同做出的还是基于共识做出的？显然，危机情境中包含着诸多不利于达成共识的因素。比如，共识的达成需要行动者之间拥有充足的时间去就彼此的意向进行充分的交流与沟通，当人们处于危机爆发的紧急状态时，是不可能有充分的时间去考虑每一个行动者的意向的，更不可能进行充分的交流和沟通。即便在民主的理念深入人心的地方，也不可能根据民主的程序让每一个行动者的意向都得以表达。如果人们在开展共同行动之前进行讨论的话，也往往是把集中行动者意向的过程压缩在极短的时间内。因而，显得极其仓促。既然在危机的情势下缺乏形成共识的条件，那么应对危机事件的共同行动就很难看作是基于共识的共同行动了。

危机情势对于生成认同是极为有利的。首先，无论来自自然的还是发生在社会中的危机事件都会对秩序形成挑战，也势必激发人们重建秩序的强烈渴求，从而为强制力的出场提供充足的社会心理支持。在危机情境中，强制力往往拥有空前巨大的活动空间，强制行为也比在常态情境中更能得到人们的容忍。其次，危机情势也是信息不对称的一种最为严重的状况，而且，这种信息不对称，一方面会像在常态情境中那样表现为信息的缺失，另一方面，还会表现为信息的过剩甚至泛滥，以至于普通行动者即使掌握了所需的信息也无法分辨其真实性与有效性，从而更容易受到他人的欺骗。在近期的一些危机情境中，我们发现，由于社会分工过细、相关信息过多，即使某个领域的专家，也经常无法分辨相近的其他某个领域信息的真实性，遑论普通行动者了。此外，危机所造成的各种混乱也会对行动者的判断力形成很大干扰，使他更容易受到他人的诱导与煽动。在某种意义上，危机情势的出现为诱导者或煽动者的出场提供了最好的舞台。所谓"乱世出英雄"，指的就是这种情况。也正是由于这个原因，产生于乱世中的英雄多为枭雄。总之，危机情势不利于共识的形成，反而有利于认同的出现。因而，危机情境中的共同行动更容易以基于认同的共同行动的形式出现。

一般说来，危机情境中的共同行动所具有的是合作的性质，无论在什么意义上，这种行动都不可能被纳入协作行动的范畴，无法按照官僚制组织的原则去开展行动。但是，就合作而言，我们大致可以将其分为三种性质的合作：其一，是感性的合作，这是一种互助意义上的合作；其二，是以协作的形式出现的合作，一般是在官僚制组织的框架下所进行的协作，属于理性的范畴；其三，是一种超越了协作的更高形态的合作，这种形态的合作在迄今为止的人类历史上还不多见，它作为合作的最为理想的形态是我们所希望加以建构的共同行动类型。从现实中应对危机事件的实践看，其共同行动主要是以感性合作的形式出现的，是基于认同的共同行动，在人类社会经历了近代以来的理性建构之后，在人类的协作行动已经实现了对互助行动的扬弃和超越之后，感性意义上的合作显然是一种让学者们感到无法推荐的共同行动形式。这样一来，我们就陷入了一种较为困难的境地：感性意义上的合作是我们不希望采用的合作形式，而以理性化合作的形式出现的协作行动，又在危机事件的应对中显得无能为力。所以，应对危机事件的共同行动往往成为学者们不愿加以深入探讨的问题，特别是那些钟情于理性主义思维方式的学者，往往把这一问题视为畏途。这是因为，任何一项深入的研究都将对理性主义信仰提出挑战。

由于危机情势下的共同行动与理性主义立场之间存在着冲突，由于当代学者更多地把其注意力集中在了协作行动的理性建构之上，以至于这种共同行动是缺乏理论指导的。所以，我们在危机情势下所看到的共同行动往往无法以持续合作的形式出现。比如，在2008年的金融危机条件下，人们意识到需要通过合作来应对危机，而且在美国的倡议下撇开了联合国而建立起一个所谓 G20 的临时性组织，在 G20 的框架下，又有所谓 G2 的机制。这是美国诱导其他国家与它一道采取共同行动的典型事例。在一个较短的时间段内，我们的确看到全世界合作应对危机的共同行动，但在金融危机的情势稍稍缓解的情况下，合作行动就开始变得困难了。而且，在全球尚未完全从金融危机的阴影下走出来的时候，美国就已经开始了破坏合作行动，演变到 2010 年底，美国就完全放弃了与其他国家开展合作的做法，而是采取了以所谓"量化宽松货币政策"为标志的单边主义行动，试图通过牺牲他人利益而使自身尽快摆脱危机。这证实了"经济人"假设在现实中的影响，也充分体现了理性主义是如何围绕着美国的利益旋转的。可是，人类已经进入一个高度复杂性和高度不确定性的时代，在这种条件下，为了自我的利益去诱导合作行动，又同样为了自我的利益而破坏合作，这将导致一种什么样的结果呢？显然会呈现给我们一个极其危险的结局。

感性的合作行动更多地表现为基于认同的共同行动。比如，当日本和韩国表现出游离合作的状况时，美国就采取诱导、欺骗和煽动的方式迫使日本和韩国重回与美国合作行动的体系中来。或者说，美国通过制造一些"事件"和利用一些偶发事件而把日本和韩国重新拉回对它的认同之中来。再比如，联合国这个国际机构是在美国的倡议下建立起来的，但这个国际机构在自身的发展过程中走向了理性化协作行动的方向了，美国对这个国际机构的控制力呈现出了越来越弱的状况。因而，从阿富汗战争开始，美国在采取行动的时候总是把联合国弃置于一旁，在联合国框架之外去寻求认同并开展共同行动。即使在入侵利比亚的行动中迫使联合国形成了一项决议，法、英、美联军也没有打算按照这个决议行动，而是在这项决议的名义下去随心所欲地开展打击行动。然而，这些做法其实是一种对早期资本主义世界扩张模式的复制。在全球化、后工业化的背景下，这种经常性地在认同的基础上去结盟和制造敌对目标的做法，这种通过共同行动对敌对目标发动攻击的做法，不仅会把全球引入一个危险的境地，而且对于美国自身的战略利益而言，也是有害的。在强大的法、英、美联军的打击之下，利比亚显然是不堪一击的，但利比亚的被征服会不会让恐怖主义的力量得到迅速增强呢？欧美地区的人民会不会在他们的政治家们炫耀武力的行动中而变得更不安宁呢？

在高度复杂性和高度不确定性的时代，由于危机事件的频繁发生，对合作行动提出了迫切要求。面对危机的合作行动既不应建立在认同的基础上，也不应建立在共识的基础上。因为，建立在认同基础上的共同行动往往流于一种感性的合作。同样，在危机情势下，又是没有足够的时间去达成共识的，无法为共同行动提供作为其基础的共识的支持。但是，作为合作行动之前提的危机事件，却包含着激发出一致意向的可能性。如前所述，一致意向可以是认同也可以是共识，还有另一种可能性，那就是人们间的默契。也就是说，面对危机事件，人们可能会处在一个彼此默契的境地。默契是默会的结果，如果有了对默会过程的自觉，就可以达成开展共同行动的默契，从而使合作不再流于感性互助的层级，而是达致超理性（非理性）的层级。

默契在形式上与认同之间有着很大的相似性，而且，形成默契的默会过程包含着认同的成分。但是，默契是高于认同的，在实质上，它与认同有着根本性的区别。所以，虽然默契与认同都是非理性的，但我们更倾向于把默契看作是一种超理性的意向一致形态。默契也是一种共识，但它与经历了相互承认、反复沟通与理性取舍而形成的共识又是不同的。如果说经历了这样三个环节形成的共识因其过程的理性特征而成为理性共识的话，那么默契则由于没有经历由这三个环节所构成的理性过程而不属于理性共识，而是具有非理性特征的，或者说，是一种超理性的共识。这种超理性的共识同样可以成为共同行动的基础。对于应对危机事件的共同行动而言，将会越来越突出默契的价值。

四、　为了共同行动的交往

我们时常会感受到，人类社会中的人际交往是有着极为复杂的目标结构的，其中，尤以共同行动最为显著。观察人类社会中的共同行动，可以看到，一方面，人们的许多交往都是出于共同行动的需要；另一方面，促使人们进行交往的许多需要又都是通过共同行动而得以满足的。

所以，人类的许多交往活动都表现出了"为了共同行动而交往"的特征。而且，谋求共同行动本身，也就是人际交往的一项重要内容。我们知道，人际间的共同行动拥有三种不同的发生机制，即认同、共识与默契，三者又分别指向不同类型的共同行动。比较而言，基于认同的共同行动大多带有支配性的色彩，基于共识与默契的共同行动则拥有合作的内涵。

生于社会之中，就必然要与他人交往，或者说，人与人之间的交往就是社会生活的基本内容。所以，早在马克思的时代，哲学家们就对人们之间的交往给予了充分关注，而且，马克思在《德意志意识形态》中也是把人们之间的交往关系作为理解社会的一个视角来对待的。就20世纪的哲学思考而言，有一些思想家专心致力于研究人的交往行动，一些追随者甚至将其命名为"交往行动理论"。显然，近代以来，人的社会生活的异化，也使人的交往变得复杂化了，从而使哲学家们不得不在人的交往问题上倾注大量精力。比如，如何认识和理解人的交往关系和交往行为？如何在复杂的交往行动中梳理出一些典型的交往类型？如何建构起理想的交往行动模式？所有这些问题，都长期困扰着哲学家们。

应当承认，20世纪的许多学者在交往问题的研究中作出了突出贡献，阿伦特和哈贝马斯都因其对这一问题的探讨而享有世界声誉。以阿伦特为例，她对交往问题的讨论是以古希腊城邦为范型而展开的，她发现，城邦中的人际交往是由行动和语言构成的，城邦公民不仅是一种行动的或者说政治的动物，而且也是一种"能说会道"的动物。正是行动和语言，构成了个人作为公民的完整性。所以，根据阿伦特的看法，行动和语言乃是"人类所有能力的最高表现形式"[①]，也是人际交往赖以展开的两种基本要素。也许行动和语言不足以概括我们生活的全部内容，却可以说，它们是人们开展交往活动的必要条件。可以想象，一个人在丧失了行动和语言的能力之后依然可以拥有精神生活，然而，就他与他人的交往而言，却遇到了致命的障碍。这样一来，他也许仍然存在于某些人的生活之中，却因为无法与他人进行交往而被排除在了"社会性存在"之外。正是因为行动和语言如此之重要，所以阿伦特才把它们看作

---

① ［美］汉娜·阿伦特：《人的条件》，竺乾威等译，上海：上海人民出版社1999年版，第20页。

是"人的条件"。当然，随着技术的不断进步，再造人的行动能力和语言能力已经不是什么幻想了。但若一个人的行动和语言权利被社会所剥夺，也就是对他作为"人的条件"的剥夺，从而使他不再具有与他人进行交往的自由。

行动与语言之间有着复杂的关系。一方面，行动与语言是可以各自独立的。比如，语言交往并不必然伴随着行动，在很多情况下，语言可以不以行动为目的。同样，行动也并不总是与语言联系在一起的，当行动任务比较简单的时候，交往各方的共同行动可以无须语言在场。另一方面，行动与语言又是密切联系在一起和可以相互转化的。作为一种表达，语言既可以传递言说者的意见，也可以传递行动者的意向。在传递行动者的意向时，交往主体间的语言活动就可能转化成共同行动了。同样，当行动任务比较复杂的时候，如果不通过语言来表达行动者各自的意向，如果不通过语言来消除不同行动者之间的分歧，共同行动就可能陷入混乱与冲突之中。所以，在人们的共同行动之中往往是包含着语言交往的内容的。一般说来，人们往往并不把行动与语言严格地区分开来，在很多情况下，人们甚至把行动也看作是一种语言，行动的发生和进行过程往往被人们比喻为语言的表达。在个体的人那里，所谓"肢体语言"，实际所指的就是行动。即使对于共同行动来说，当人们将其看作语言时，其实也是指这种行动已经达到了某种境界，往往所指的是一种建立在行动者默契基础上的行动。

在20世纪的哲学史上，许多学者都试图消除语言活动的目的论成分。比如，加达默尔就认为："词和对话本身无疑包括了一种游戏因素。"[1] 维特根斯坦则更进一步主张："语言游戏无本质。"[2] 就日常性的语言交往来看，游戏的成分的确是较浓的。在日常生活中的一些所谓"闲谈"里，那些不带有任何明显目的的话语往往更能激发他人的对话兴趣。而且，熟悉交往即善于交往的人，也会有意识地避免在与他人的对

---

[1] ［德］加达默尔：《哲学解释学》，夏镇平、宋建平译，上海：上海译文出版社2004年版，第56页。

[2] ［奥］维特根斯坦：《游戏规则：维特根斯坦神秘之物沉默集》，唐少杰等译，西安：陕西师范大学出版社2003年版，第231页。

话过程中包含言不由衷或口是心非的内容。事实上，也只有那些不遵循任何目的理性的对话，才能赋予语言交往以乐趣。否则，语言交往就会充满了机关算尽的辛苦与交换公文的乏味。

即使在日常性的语言交往中，也有着达成共识的愿望和要求。如果能够达成共识的话，参与语言交往的各方也就享受了心满意足的结果。比如，人们可能在某一早茶相聚的地方围绕着外星人 2030 年是否侵犯地球的问题而进行热烈的争论，并达成了人类科技进步足以抵御外星人进犯的共识。然后，早茶散场，每个人摸摸自己的下巴，满意地朝着自己的家里走去。如果一场交谈没有达成什么共识的话，那可能意味着一场无疾而终的语言交往，也可能是一场享受了独白和争吵过程的语言交往。虽然参与这场交往之中的每一个人都不会在乎没有达成共识的缺憾，但若有共识的话，将会让人更加惬意。但是，还从那场关于 2030 年外星人入侵的语言交往为例，如果达成了共识，参与者下一步的行动如何展开，能否成为一个问题，又是可以争议的。对于一切语言交往而言，达成共识总比没有共识更好，共识虽然是语言交往的结果，却赋予语言交往以意义，使语言交往得到升华。交往主体在共识之中不仅享受到了消磨时光的闲谈乐趣，而且因其闲谈而有了志同道合的友伴。正是在此意义上，如果能够在人们的闲谈中获得一致意见的话，也是语言交往的理想结果。即便是加达默尔，当他强调语言是一种游戏时，也写下了"谈话是相互了解并取得一致意见的过程（ein Vorgangder Verständigung）"[1] 的字句。

"谈话是一个取得一致意见的过程"，但谈话并不必然取得一致意见。即使取得了意见一致之结果，也不意味着意见一致就是共识。不难想象，在"语言游戏"中，游戏者可能是完全出于避免冲突的考虑而隐瞒了自己的真实想法，转而表示认同他人的意见，这也带来了意见一致，却显然不是共识。事实上，对于"语言游戏"来说，这是一种作弊的行为，尽管作弊者可能怀有道德的动机。在日常生活中，应当说，这种作弊不

---

[1] ［德］汉斯－格奥尔格·加达默尔：《真理与方法——哲学诠释学的基本特征》，下卷，洪汉鼎译，上海：上海译文出版社 1999 年版，第 491 页。

会造成危害，甚至还有助于人际关系的和谐。而在私人生活和公共生活中，这种作弊行为却可能因为破坏了"语言游戏"的纯洁性而对作弊者本人以及与他相关的人的利益造成非常严重的损害。

与日常生活领域不同，私人领域和公共领域都是严格意义上的行动领域。尽管公共生活在形式上可能更多地表现为公民之间的协商、对话以及向治理机构作出意见表达的过程，但所有这些语言活动，在终极的意义上都服务于行动的需要。公共生活允许并应当提倡参与者间的"无责漫谈"，却不能容忍任何闲谈的存在。在公共生活中，那些看似闲谈的话语往往都属于政治修辞术，它们必定含有某种特定的"意义"，而绝不可能是一种"游戏"。由于事关每个人的切身利益，公共生活不允许作弊行为的发生，不允许任何人的利益在其中受到损害。当然，在现实中，由于某些人掌握了权力，或者是拥有了高超的政治修辞术，往往能够通过使他人认同于自己的方式而与他人达成一致意见。结果，由于认同而非共识成了共同行动的基础，往往造成了公共生活公共性流失的后果。所以，如果说日常生活领域中的交往仅需取得一致意见就可以产生和谐的人际关系，那么公共领域中的交往则必须以共识为指向才是合理的。只有达成了共识，公共领域中的对话才算完成了使命；也只有以这种共识为基础去开展共同行动，公共生活才能真正成为促进公共利益实现的场所。

共识主要来源于交谈，它存在于语言交往的过程中，也同时是语言交往的结果。在语言交往的过程中，也许并不是每一个参与其中的人都会发表意见，有的人可能会成为沉默的倾听者，而且他也会在话语过程达成意向一致的时候以沉默的方式表达融入这种一致之中。通过交谈以及包含着倾听者的话语过程所取得的意向一致，都属于共识。但是，如果从这种共识出发去开展行动的话，就会发现共识的暂时性和不周延性，而共识有可能解体于具体问题上的分歧。这样一来，共同行动其实是表现为一个不断谋求共识的过程的，是需要通过不断地消除分歧、不断地达成意向一致和不断地在意向一致的基础上去开展行动的。对于共同行动而言，即使人们无法在所有方面都达成共识，如果能够在某个具体的方面达成共识的话，也是可以基于这个共识和在这一方面开展共同行动的，只不过，在共同行动开始之后，需要不断地对共识加以调整，也就是不断地去达成进一步的共识。这也就是一个不断地凝聚共识和增强共识的过程。

在共同行动中，除了需要在共识的基础上开展行动，还可能存在着另一种情况，那就是基于默契去开展共同行动。与共识不同，默契不需要经历交谈和对话的话语过程，而是在对共同行动目标的自觉中生成的，是因为对共同行动目标理解上的一致而形成了默契。所以，默契是一种极高境界的共识，对于默契而言，可能所有参与共同行动的人都是沉默者，却表现出高度的一致。可见，沉默者之间虽然不是用语言去造就共识的，却可以在行动上达成默契。而且，也只有在行动中，人们才能表现出默契。通过这种默契的行动，人们可以发现彼此的共性，进而，当共同行动需要他们进行交谈的时候，就更易于形成共识了。

如果说共识是通过话语而建构起来的意向一致的话，那么默契则是由于对共同行动的目标和任务性质的一致理解而获得的，会表现为行动者的内在的意向一致性，并在共同行动之中以近乎自发的同一行为选择的形式出现。加达默尔说，"所谓理解就是在语言上取得相互一致（Sich in der Sprache Verständigen）"①，但就默契而言，显然并不支持加达默尔的论断。当共识被默契所超越的时候，不再是基于语言而取得的一致，而是基于行动的一致理解。也就是说，交往主体可以就行动本身达成一致的理解，因而无须交谈便能采取共同行动。当他们采取共同行动的时候，他们所具有的一致理解就都表现为行动上的默契了。

这样一来，我们就看到意向一致的两个层次：其一，是在话语过程中形成的共识；其二，是在对行动目标以及任务性质的理解中形成的默契。因而，此时的共同行动也可以划分为两种类型：一种是基于默契的行动；另一种是基于共识的行动。在基于默契的行动中，参与行动的人们无须反复的商谈与争吵便能开展共同行动。而且，由于有了默契，他们在共同行动中往往可以实现充分的合作，从而发现通向共同行动目标

---

① ［德］汉斯－格奥尔格·加达默尔：《真理与方法——哲学诠释学的基本特征》，下卷，洪汉鼎译，上海：上海译文出版社1999年版，第489～490页。

的最优路径。然而，基于共识的行动就不同了，首先需要在商谈与争吵中形成共识，然后再在共识的基础上开展行动。而且，由于共识乃是一种"基于语言的一致"，语言的多义性仍将在他们的共同行动中埋下混乱与冲突的种子。所以，在通向共同行动目标的道路上，可能会出现各种各样的变数。

总之，默契是不同于共识的，共识只是语言交往的一种结果，虽然共识可以在日常生活领域中带来人际关系的和谐，也可以在私人领域和公共领域中为人们的共同行动提供前提和基础。但是，由于共识对语言交往的过度依赖，它更容易受到语言的冲击。在基于共识的行动中，可能一些偶发性的挑衅性语言就可以打破共识，使共同行动中断。对于默契而言，这些问题都会得到超越，默契在共同行动中所形成的凝聚力是不会被语言所冲击和破坏的，除非共同行动的目标发生了变化才会使默契失去方向。

第二节　共同体与意向一致

一、家元共同体中的认同

家元共同体是造就认同的社会环境，它的等级结构决定了它并不需要达成共识，或者说，它不需要让共同行动建立在共识的基础上。家元共同体作为共同生活的基础性框架，虽然普遍存在着的是自给自足的小农经济模式，但其共同行动并不鲜见。然而，一般说来，家元共同体中的共同行动都是建立在认同的基础上的。认同是一种放弃自身意向而以他人意向作为自己的意向的结果。根据黑格尔的意见，一个人一旦做出了认同他人的行为，就把自己变成了一个"为他的存在"，也就是受他人所支配的存在。所以，认同虽然可以带来共同行动，但在这种共同行动中，行动者间的地位是不平等的。因而，共同行动对于不同的行动者往往会造成不相等同的结果。在这个意义上，认同也就意味着牺牲，认同他人，必然要以牺牲自我为代价。

说到牺牲，中国等级社会中流行的"君要臣死，臣不得不死"的古律可以说表达了一种最为典型的牺牲。这种牺牲的实现得自臣民对于君主的无条件认同，而这种无条件的认同又是君主在强力的保障下通过强制、欺骗、诱导与煽动等手段所达成的结果。可见，认同通常是一种反应行为，也就是对于强制、欺骗、诱导与煽动等刺激行为的一种反应。当然，即使作为一种反应，认同也是具有自己的意向性的，会表现出自发自动的特征。但这种自发自动的反应却不是自觉的意识活动的结果，而是行动者在长期的强制、欺骗、诱导与煽动等刺激行为之下所形成的心理定式。这种定式阻碍了行动者通过自觉的意识活动而作出理性的思考与反思。因而，认同通常都是一种下意识甚至无意识的行为，具有条件反射的诸多特征，易于受到强制、欺骗、诱导与煽动等手段的引领而达成对他人的认同，从而将他人的意向变成自己的意向并投身于共同行动之中去。

强制、欺骗、诱导与煽动是获取认同的四种最为基本的方式，如果说还有其他方式的话，也主要是这四种方式的变体。在这四种方式中，强制是获取认同的最为简单和最为直接的方式，它是人们凭借某种客观性的力量而对他人施以强制，迫使他人屈服于这种强制而表示认同的状况，尽管表示认同的人在主观上并不必然对强制者抱以认同的情感。也就是说，强制往往只能带来行为上的认同，是以服从的形式出现的。一般说来，强制大多是以命令的形式出现的。但是，命令只是形式，强制才是实质。作为对强制和命令的回应，认同只是形式，而服从才是实质。作为一种话语形式，命令本身并不具有获致认同与服从的功能，只是由于强制力的存在，命令才具备了获取认同与服从的效力。所以，当哈贝马斯说"命令从一开始就具有一种以言行事的力量，尽管它可能需要由制裁来加以补充"[①] 的时候，实际上是颠倒了命令与强制的关系。

有的时候，在不存在明显强制力的情况下，作为话语的命令也可能引起共同行动。如果出现了这种情况，基本上可以认定服从者是由于对

---

① ［德］尤尔根·哈贝马斯：《交往行为理论 第一卷 行为合理性与社会合理化》，曹卫东译，上海：上海人民出版社2004年版，第290页。

某种潜在强制力的恐惧才选择了服从。如果服从者明确地意识到了强制力的缺场，可以相信，作为话语的命令也就不再具有任何效力了。当然，强制力并不是万能的，强制功能的充分发挥也需要一定的制度环境。在家元共同体的条件下，它就是等级制度。只有在由等级制度支配的社会中，强制行为才能够不受阻碍地发挥"命令—服从"的效果。毫无疑问，强制力以及强制行为也普遍存在于工业社会中，但因为工业社会已经用法律制度取代了等级制度，强制力的行使也就受到了极大的限制。在工业社会的社会性交往中，强制行为以及命令话语已经不再像农业社会那样具有普遍性。除了在官僚制的等级体系中普遍存在着"命令—服从"的回应机制，在广泛的政治以及社会生活领域中，通过"命令—服从"的方式去营造共同行动已经变得非常困难了。

与强制相比，欺骗是一种较为隐蔽的支配行为。在很多时候，欺骗只是强制的一种补充手段。但是，从历史上看，拥有强制力的人们更倾向于使用欺骗的手段，而且其强制力也能够大大提高其欺骗的成功率。当然，欺骗是不同于强制的，甚至并不总是以强制为前提。借用经济学的术语，欺骗的根源在于行动者之间的信息不对称。只有在行动的一方或几方拥有其他各方所不拥有的信息的情况下，他们才可能通过掩盖与扭曲某些信息的方式来扰乱后者的判断，从而达到欺骗的效果。如果行动各方都拥有同样的信息，欺骗将无从发生。拥有强制力的人们之所以能够提高其欺骗的成功率，也就是因为强制力可以改变信息的流向与真实性，甚至可以通过保密的方式而使自己处于信息占有的强势地位，从而加深了信息不对称的程度。

即使并不掌握相关信息，行动者也可能凭借自身的经验与理性而判断出欺骗者所提供的信息的真伪。所以，对于欺骗的成功而言，信息不对称只是一个客观条件，在主观上，欺骗者则需要具备较高的信息运用技巧。从受骗一方来说，信息上的不对称往往造成一方对另一方的依赖，需要依赖由他人提供的信息来做出行为选择。一旦他认可了那些供给于他的信息，也就意味着对信息供给方的信赖，并把自己的意向完全交给那些意欲利用信息来掌控他的人了。所以，如果说欺骗能够获取认同的话，那么在这种认同之中所包含的是一种"欺骗—信赖"结构。每一项欺骗行为的得逞都是以受骗人对欺骗者的信赖为前提的。在成功强制的情境下，被强制者虽然在行为上完全符合强制者的要求，但由于保留了独立的判断能力，他就有可能产生或持有不利于强制者的意向。在成功欺骗的情境中，被欺骗者则由于信赖而完全丧失了自己的判断力，从而对欺骗者产生了不仅在行为上而且在情感上的认同。所以，对于共同行动的主动方来说，欺骗往往可以比强制带来更有利于自己的结果。

信息不对称本来就是人类社会中的一个普遍现象，但在一些特定情况下，特定的人群仍然可以实现相关信息的共享和对称性的掌握。在这种情况下，欺骗赖以发生的客观条件也就不具备了。此时，如果希望获取认同的话，就需要借助于诱导的方式了，即在彼此掌握着相同信息的情况下，通过对信息的策略性解释和应用来引导他人做出认同自己的行为选择。为了准确地达到目的，诱导者通常会把自己的意向以建议的形式传达给诱导对象。在现代社会中，专家是掌握了信息解释权的一群人，所以，诱导经常都是通过专家得以实现的。对于同样的信息，专家可以从不同角度给出不同的解释。无论如何解释，专家的光环都会赋予它以权威性，因而比其他人的解释更加容易产生诱导性。诱导对象一旦认可了他的解释，进而接受了他的建议，就会做出听从建议的行为选择。所以，由诱导行为获取的认同往往包含着"诱导—听从"结构。由于彼此都掌握了相同或大致相同的信息，诱导的实现对诱导者的解释能力提出了很高的要求。同时，诱导对象即使听从了诱导者的建议，也不会丧失其判断力。因而，诱导者虽然可以通过诱导而获取认同，却不一定能使这种认同完全符合自己的意向，在更多的情况下，诱导者也必须作出一些妥协。这种妥协的典型表现是，今天，带有诱导意图的专家往往需要谋求诱导对象的"知情同意"，但在这里，"知情"并没有消除解释能力的不平等，相应地，"同意"经常也只是被诱导的结果。

与强制、欺骗和诱导相比，煽动需要建立在更高的技艺基础上。在某种意义上，我们说煽动是一种艺术。煽动不来源于强制力，即使一个人掌握了至高无上的权力，也不一定能够煽动起听众对自己的认同。同样，煽动也不来源于信息不对称，尽管我们经常可以读到类似"煽动不明真相的群众"的表述，但是，即使听众明白真相，甚至比煽动者还掌握了更多的信息，也同样可能为煽动者的魅力所折服，从而不自觉地对煽动者予以认同。实际上，魅力是煽动的必要条件，只要拥有足够的魅力，煽动者即使既不拥有任何强制力也不掌握任何独特信息，却能振臂一呼而应者如云。

煽动所导向的认同具有"煽动—响应"结构。当然，由于魅力大小的不同，响应者的多少与反应程度都是不一样的。如果煽动者具有超强的魅力，他就可以使听众产生一种近似于信仰的崇拜行为，从而比在"欺骗—信赖"结构中更加完整地交出自己的意向，甚至可以对煽动者献身。如果煽动者只具有普通的魅力，他就只能引起听众无意识的趋附。在这种趋附中，听众虽然也认同煽动者，却随时可能激活不同的意向，从而在行动者之间产生离心倾向。即使是魅力超强的煽动者，当他魅力下降的时候，也经常会碰到这样的情况。需要注意的是，这里的"魅力"并不是一个褒义词。通常而言，煽动者的魅力越大，他对于诱导、欺骗甚至强制等手段的运用也就越是娴熟。因而，在"煽动—响应"结构中，响应者具有尤其明显的无意识特征。

二、 族阈共同体中的共识

族阈共同体的生成意味着原先家元共同体中的等级制度从根本上瓦解了，因而，政治上和社会意义上的共同行动如若再建立在认同的基础上，已经变得不可能了。所以，族阈共同体中的共同行动主要是建立在共识的基础上的。共识是不同于认同的另一种意向一致，也就是说，认同是意向一致的一种形式，而共识则是意向一致的另一种形式。一般说来，达成意向一致可以有两种方式：其一，是行动者之间在相互承认彼此意向的基础上经过反复的沟通与理性的取舍而形成一种共同的意向；其二，是某些行动者或是主动或是被动地放弃了自己的意向，而直接将他人的意向作为自己的和彼此的共同意向。这两种情况都是意向的统一化，即形成了一致意向。但是，通过前一种方式所形成的一致意向是共识，是意向一致的理性形式，而通过后一种方式所形成的一致意向则不是共识，属于认同的范畴，是意向一致的非理性形式。

哈贝马斯看到："沟通是具有言语和行为能力的主体相互之间取得一致的过程。当然，一个由许多人组成的集体也会觉得他们有一致的意见，但这个意见十分混乱，我们很难给出其中的命题内涵以及它所针对的意向性对象。这样一种集体一致性并没有满足成功的沟通所必需的共识前提。共识或者是通过交往实现的，或者是在交往行为中共同设定的，它具有不同的命题结构。依靠这种语言结构，不能仅仅把共识归结为外在作用的结果，共识必须得到接受者的有效认可。因此，共识和实际中偶然的意见一致（Ubereinstimmung）有所不同。"① 在这里，哈贝马斯虽然没有指出"共识"与"认同"的区别，却明白无误地阐明了一致意向与共识并不是一回事儿，是不能等同地看待的。在一定程度上，也可以作出这样的理解，那就是，哈贝马斯看到了共识存在于行动者的相互承认之中，而不是存在于某些人对另一些人的认同之中。

共识与认同虽然都是意向一致，但它们之间是有着实质性区别的。然而，人们却很少在共识与认同之间作出区分，所以，也就无法科学地把握共同行动的发生机制，以至于人们不去深究政治实践和社会实践中的共同行动是基于共识而产生的还是基于认同而出现的。其实，共识与认同都不必然导向真正的共同行动，在很大程度上，基于共识的共同行动和基于认同的共同行动都属于"伪共同行动"的范畴。这是因为，共识所提供的是一种理性化的意向一致。一旦构成行动者的各要素达成了共识，也就会谋求理性化的行动，即按照理性主义的要求去对行动作出安排。那样的话，所生成的就只能是一种协作行动，而不是我们所说的那种真正意义上的共同行动。相比之下，基于认同的行动可能更具有共同行动的色彩。然而，由于认同可能是通过强制、欺骗、诱导和煽动等方式获得的，事实上，是把少数人的意向强加给了所有的行动者，而且行动的过程以及行动的结果都会表现为少数人的意志的实现，并以集权驱动的方式进行。因而，是无法成为工业社会共同行动的基础的。

共识的达成是一个非常复杂的过程，正如哈贝马斯所指出的，共识

---

① ［德］尤尔根·哈贝马斯：《交往行为理论　第一卷　行为合理性与社会合理化》，曹卫东译，上海：上海人民出版社 2004 年版，第 274 页。

必须以行动者对于彼此意向的相互承认为前提。然而，相互承认也只是达成共识的一个必要条件，并非充分条件。当行动者做出承认的时候，实际上是承认了其他行动者意向的合理性，而这些得到了承认的合理意向之间却可能是彼此殊异的。所以，在承认的基础上，行动者之间还需要进行反复的沟通，并通过这种沟通去获得对彼此意向之共性与差异的更为完整的认识。进而，通过这种认识，他们进行取舍，放弃各自的某些差异来消除彼此关于共同行动的分歧，并就共同行动达成某种共识。可见，共识的达成至少需要经过相互承认、反复沟通与理性取舍三个环节。尽管这三个环节在共识达成的过程中会表现出重要性程度上的不同，却是同样不可或缺的，任何一个环节的缺失，都将导致共识无法达成的后果。如果缺失了某个环节而达成了共识，那么它表面上看来是共识，其实却不是，至多也只能是一种"伪共识"。

也就是说，在达成共识的过程中，可能会出现这样一种情况，那就是理性取舍的环节可能采取了认同的形式。这种情况可能是：某个或某些行动者经历了与他人互相承认的环节，并在互相承认的基础上经过反复沟通之后，决定放弃自身的意向而把他人的意向作为自己与彼此共同行动的意向，从而达成了共识。但是，这其实是理性取舍环节的异化，因为这种异化，所达成的共识不能称作真正的共识，而是具有"伪共识"的成分。我们说理性取舍环节的异化，是指在这个环节上出现了认同。不过，就整个共识形成的过程而言，它是与无意识的认同有着根本性不同的。在这里，共识的成分是远远大于认同的。就现代政治以及社会生活中的共同行动实践来看，在达成共识较为艰难的情况下，这往往是被作为一种妥协方案而加以使用的。

在实践中，我们总会看到共识形成中存在着诸多非理性因素发挥作用的情况。实际上，这都是由于理性取舍这个环节上产生了异化。由于理性取舍被认同取代了，才使共识中包含了一定程度的认同内容。应当看到，虽然这种共识还不是真正的共识，但已经是社会进步和政治发展的结果了。随着民主政治的发展及其在社会生活各领域中的渗透，使达成共识的政治运行机制以及社会运行机制都成了人的行动框架，人们已经习惯于在开展行动的过程中首先去谋求共识，而不是无意识地放弃自我而认同他人。所以，虽然在达成共识的过程中还会经常性地出现理性取舍环节上的认同问题，而在总体上，却已经实现了对认同的扬弃。这可以看作包含着认同的共识。虽然在共识形成的过程中包含着认同，而作为结果，却是共识。它已经不能被简单地看作是认同了，但也不能说是真正的共识，与理想中的共识还是有着差距的。理想的共识在生成路径上凸显承认的价值，无论在哪一个环节上，都是以行动者的相互承认为前提的，是在相互承认的基础上经过反复的沟通与理性的取舍所形成的一种结果。

总之，共识的达成与认同的获取完全不同。对于获取认同而言，无论是采用了什么方式，其结果总是将某个或某些人的意向变成所有参与到某一共同行动中去的人的共同意向。共识则不同，共识的达成经历过参与共同行动的人们之间相互承认、反复沟通与理性取舍的过程。因而，所达成的共识可能是某个或某些行动者原有的意向，也可能是不同行动者意向的一种综合，还可能是一种全新的意向。如前所述，在达成共识的理性取舍环节中可能会以认同的方式出现。在这种情况下，表现为认同了一方的意向。此时，在理性取舍环节中受认同一方拥有了对共识的"发明权"。尽管这并不必然导致将共识异化为认同的后果，而在此基础上开展的共同行动却会对行动者的心理造成微妙的影响，进而影响到他们在共同行动中的自我定位与相互定位。比如，他们将会合理地推断，由受认同一方来主导共同行动将有助于实现共同行动的目标，而其他行动者就会被定位在辅助者的角色上。所以，基于这种共识的共同行动具有"主导—辅助"结构。在这种类型的共同行动中，行动者之间的关系虽然不具有支配与被支配的特征，却倾向于层级化，并在共同行动展开的过程中造就出权威。这是因为，在共同行动的过程中，主导者先定地扮演起了领导者的角色，如果他能够有效地引导所有行动者朝向共同目标前进的话，就形成了权威，并不断地增强那种权威。

如果在共识形成的理性取舍环节中没有发生认同的问题，那么共识就可能是行动者原有多种意向的综合，也可能是由所有行动者共同建构出的全新的意向。不过，在这两种情况下，共识都具有包容行动者各自意向的性质。尽管它相对于每一个行动者的包容程度有所不同，但这种不同却必然是处在每一个行动者都能够接受的限度内的。当然，在一项共同行动之中，不同的行动者对共同行动的贡献显然会不同，虽然造成贡献不同的原因是复杂的，但作为行动基础的共识对每一个行动者的意向包容程度上的差异则可以成为理解他们贡献度的一个基准条件。

三、　共识的达成

在卢梭那里，共识是用"公意"一词来加以表达的。卢梭认为，每个人都拥有独立的意志，而且，所有人的意志都是平等的，只要能够防止个体间的结盟，防止个体意志因为结盟而集合为大小不等的集团意志，个体意志之间就可以通过一种"抵消"的机制而形成公共意志，也就是共识。通过个体意志的概念，卢梭承认了每个人的差异，同时，又在平等的名义下赋予所有人的差异以一种可通约性。所以，在卢梭看来，只要建立起一种能够通约的或者说抵消的机制，所有差异就都可以自动地趋向于共识。在此意义上，可以说卢梭是一个"制度主义"者，根据他的逻辑，共识或者说"公意"乃是制度安排的客观结果。事实上，工业社会就是按照卢梭的建议来谋求共识的。在整个工业社会中，都是把以代议制为基本内容的民主制度作为一种为差异而设立的抵消机制。因而，在工业社会中的人们看来，只要建立起了民主制度，就可以保证共识的形成。换言之，民主就是共识，共识也就是民主。然而，到了20世纪，虽然民主制度日益巩固，人们之间的共识，尤其是在社会治理问题上的共识，却变得越来越稀缺。结果，人们对于共识形成的制度主义路径也产生了怀疑，越来越多的学者开始把注意力转移到了交往主体的行为上，思考交往行为需要满足什么样的条件才能形成共识等问题。从而出现了一种关于共识形成的行为主义路径。

在制度主义的视野中，共识的存在是对差异之可通约性的证明。显然，既然差异是可以通约的，那么我们只需使其进入一个彼此通约的过程便可得到共识了。这在很大程度上是把共识形成的过程简单化了。所以，在行为主义者看来，问题不是那么简单。根据行为主义者的意见，差异之间可能确实具有某种可通约的特征，但差异的可通约性与共识却不具有必然的联系。也就是说，共识并非差异之可通约性以及基于这种可通约性的制度安排所取得的客观结果，而是交往主体间的一种主观感受。这样一来，不管交往主体之间是否存在差异，也不论他们之间的差异是否具有可通约性，只要他们一致同意某一件事或某一个看法，他们之间就达成了共识。由此，差异与共识的关系就从一个简单的数学问题变成了一个复杂的社会交往问题了。由此看来，行为主义在对交往行为的关注中发现，为了形成共识的民主制度，或者说，作为共识的民主制度，都无法为共识的形成提供充分的保障，甚至这一制度本身作为共识也是可疑的。在工业社会的条件下，共识不是由制度所决定的，而是由人的行为建构起来的，或者说，存在于人的行为之中。只要交往行动得以展开，交往主体就以自己在这种交往行动中的行为去证明共识是否得以形成。

从交往的角度看，共识的形成要求交往主体首先能够准确表达自己的意见与意向，或者说，必须具备必要的语言能力，以保证"言为心声"。根据哈贝马斯的意见，"言说者必须选择一个可领会的表达以便说者和听者能够相互理解；言说者必须有提供一个真实陈述（或陈述性内容，该内容的存在性先决条件已经得到满足）的意向，以便听者能分享说者的知识；言说者必须真诚地表达他的意向以便听者能相信说者的话语（能信任他）；最后，言说者必须选择一种本身是正确的话语，以便听者能够接受之，从而使言说者和听者能在以公认的规范为背景的话语中达到认同。"[①] 不过，哈贝马斯所罗列出来的这些条件可能并不是充分的。我们不难发现，即使言说者具备了所有这些条件，仍然无法保证他做到"言为心声"。

这是因为，其一，语言具有多义性，所以，从某个角度看是"正确的话语"，而从另一个角度看却可能是对言说者本意的严重扭曲。这就是

[①] ［德］哈贝马斯：《交往与社会进化》，张博树译，重庆：重庆出版社，1989 年版，第 3 页。在英译本中，这段话末的"达到认同"的译文为"agree with on another"（见 Jürgen Habermas, On the Pragmatics of Communication, ed. Maeve Cooke, Cambridge, Massachusetts: The MIT Press, 1998, p. 23.），从上下文语境来看，英译更为符合作者的本意，所以，将"达到认同"改为"形成共识"或"达成同意"更为准确。

加达默尔所说的："我们所有的思维和认识总是由于我们对世界的语言解释而早已带有偏见。"[①] 其二，语言又具有抽象性，在具体而微妙的心理活动面前，语言往往显得苍白，人们总会感到在用语言去表达时有些力不从心，"尽管言语的声音努力想要'表达'主观和客观的情状、'内在'和'外在'的世界，但在这一过程中它所能保留下来的却不再是存在的生命和全部的个性，而只是删头去尾了的僵死的存在。口说的语词自以为所具有的全部'所指意义'实际上只不过是单纯的提示而已；在现实经验的具体多样性和完整性面前，'提示'永远只是一只空洞而贫乏的外壳。不管是对于外部世界还是内部世界，确实都可以这么说：'一旦灵魂开口说话，唉哟，灵魂就不再说了！'"[②] 这也就是我们在日常交往过程中经常看到的，几乎每一个言说者都在借用手势等肢体语言去配合其言说。它并不意味着言说者对自己的语言表达能力不自信，而是因为他相信自己的语言表达并不能充分展示其心中所想。所以，在表达的过程中，尽管每个人都力求"言为心声"，实际上却经常会遇到"词不达意"的结果。

假设人的语言是能够准确表达其心中所想的，那么共识的形成也还是需要依赖于他人对于这种表达的理解的。只有当他人的理解也是准确的时候，交往主体之间才算真正产生了意向的共鸣，才能真正达成行动的共识。对于这一问题，加达默尔的看法是："一切谈话都有这样一个不言而喻的前提，即谈话者都操同一种语言。只有当通过相互谈话而在语言上取得一致理解成为可能的时候，理解和相互了解的问题才可能提出来。"[③] 加达默尔这句话中显然还包含着一些没有说出的潜台词，那就是，如果相互谈话在语言上无法取得一致理解的话，理解和相互了解也就无从谈起了。总之，理解者必须具有与言说者相同的语言能力。而且，只有当他有了这种能力，才能分辨出某种表达所蕴含的各种含义。

① ［德］加达默尔：《哲学解释学》，夏镇平、宋建平译，上海：上海译文出版社 2004 年版，第 65 页。

② ［德］恩斯特·卡西尔：《语言与神话》，于晓等译，北京：生活·读书·新知三联书店 1988 年版，第 34～35 页。

③ ［德］汉斯─格奥尔格·加达默尔：《真理与方法——哲学诠释学的基本特征》，下卷，洪汉鼎译，上海：上海译文出版社 1999 年版，第 491 页。

理解还不完全取决于语言本身，"语境"的影响也是极为重要的。如果不考虑语境的话，即使理解者能够分辨出某种表达所蕴含的所有含义，也无从知晓自己所需理解的究竟是哪一种含义，或者说，应当选择自己所理解的所有含义中的哪一个部分。对此，哈贝马斯是有着较为清楚的认识的。他说："在日常交往中，表达从来都不是孤立的，它的意义内涵来源于一定的语境。"① 也就是说，语境可以减少由语言的多义性所造成的表达的不确定性，从而帮助听众准确地理解言说者的表达。但从现实来看，由于社会总是朝着复杂化的方向前进的，因而，语境本身也越来越表现出了复杂化的状况。现实情况是，人类已经进入今天这样一个高度复杂性和高度不确定性的社会中，语境的复杂性程度决定了它不仅无助于澄清表达的内涵，反而进一步增强了表达与理解的双重不确定性。所以，交往主体间的理解也就更多地表现为加达默尔所说的那种"在语言上取得相互一致"的情况了。

理解可以使交往主体去正视他人的差异，并由此而做出是否去与他人达成共识的选择。也就是说，通过理解，交往主体可能发现他人的要求是不可接受的，从而拒绝与他人的进一步交往；也可能发现他人的要求与自己的意向是可以协调的，当这种协调的要求通过表达而得到了他人的理解与接受时，他们之间就达成了共识。在此意义上，共识并不会消除差异，而是使差异获得了共同的存在形态。加达默尔在这个问题上是正确的。但是，我们也需要认识到，理解也不等于共识，加达默尔把共识看作理解的做法显然也同卢梭一样犯了简单化的错误。因为，共识的达成还需要得到一定的社会和政治条件的支持。比如，表达者与理解者之间的社会地位是否平等，或者说，他们是否在主观上认为他们的社会地位是平等的，也对共识的形成有着决定性的影响。所以，共识的形成还取决于社会学或政治学意义上的交往主体间的平等承认问题。

根据哈贝马斯的意见，承认他人就等于认可了对于他人的行为义务。反过来说，即使你允许他人表达，也能够理解他人的表达，甚至还同意

① ［德］尤尔根·哈贝马斯：《交往行为理论　第一卷　行为合理性与社会合理化》，曹卫东译，上海：上海人民出版社2004年版，第124页。

他人表达的观点，但只要你不承认他人的观点与你自己的观点有着同等的重要性，你与他人之间就不会形成共识，更不会产生合作。观察当前的国际交往，这一点是非常清楚的。我们可以看到，在当今世界，每个国家基本上都获得了平等的表达意见的权利，至少也都能保证使自己与其他国家"在语言上取得一致"，但广大发展中国家的意见却仍然不为发达国家所承认。因此，发展中国家与发达国家之间总是无法形成共识。无论是"哥本哈根会议"还是"坎昆谈判"，表面看来是一个"碳排放"的议题，而实际上，则是发达国家允许不允许发展中国家发展的问题。如果发达国家不是居于高位而要求发展中国家如何去做，而是摆出无偿地开放其"减排"技术的姿态，那么共识的形成就要容易得多了。

在某种意义上，表达与理解都属于技术层面的问题，而承认则属于价值层面的问题。表达与理解虽然都包含着不确定性，却又是形成共识的必要条件，没有表达与理解的在场，也就根本不会有形成共识的可能性。承认虽然对于共识的形成也有着决定性的影响，却不是在每一项共识的形成中都必然在场，有的时候，在承认缺位的时候，也可能形成共识。在一些微观领域中的较为简单的问题上，承认并不是必要的，但是在宏观的社会生活领域中，在重大的政治问题上，承认的不在场也就意味着共识无法形成。从现实来看，如果说在日常交往中误解等寻求共识失败的情况更多地是由技术问题造成的话，那么在政治交往中，特别是在今天这样一个拥有了极其发达的工具体系的情况下，共识的失败则更多地表现为一个承认的问题。在这里，人们经常辩称的所谓"误解"，往往也是不愿承认他人的托词。所以，要形成共识，除了需要去完善表达与理解的技术，还需要保障行动者之间的平等承认。在政治生活中，这一点尤其重要。

四、默契的价值

在工业社会的话语体系中，理性主义取得了话语霸权，从思想家到普通民众，都受到了这一话语霸权的支配，总是按照理性主义所给出的路径去谋求共识，以至于人们在共同行动中的默契受到了忽视和遭遇了排斥。不仅是由于默契具有更多的经验性特征而不被列入哲学探讨的主题之中，而且是因为默契的神秘性色彩而让哲学家们视之为畏途。尽管在人们的日常生活中经常可以发现那种人与人之间的"心有灵犀"的状况，而在理论上，却无法在理性主义的框架下去作出合理的解释。

我们已经指出，近代以来，一切无法在理性主义框架中加以解释的问题，一般说来，都无法成为理论探讨的主题，都受到了有意识的忽视。然而，现实中存在的一切都不会因为理论探讨对它们的忽视而不再发挥作用。事实上，由于理论探讨有意识地忽视了它们而使之无法得到人们的自觉利用，这不仅是（文化上的、心理上的）资源的浪费，而且经常性地任由那些没有得到研究和探讨的社会构成因素发挥消极作用。虽然有些因素并没有表现出发挥消极作用的状况，但当我们按照理性主义的原则去排斥它们的时候，也需要花费一些力气。默契就是这样。虽然默契不会在人们的共同行动中发挥消极作用，但近代以来的人们在谋求共同行动的时候总会按照理性主义的思路去做出安排，即使在那些能够产生默契的地方也会排斥默契，以至于排斥默契的过程也需耗神费力。

与近代以来理性主义一统天下的状况相比，在历史上，关于默契的一些关注就显得非常宝贵了，特别是宗教哲学家们对默契的研究和利用，可以说是一笔价值不菲的文化资源，尽管它们的神秘主义外衣是需要加以剥除的。比如，中国古代的禅宗就追求"以心传心"，讲究"不立文字，直指人心"，这在一定程度上就是对默契的追求，所要确立的是领悟佛法意义上的默契。同样，在西欧经院哲学中也存在着一种"密契论"，"密契论者知道并且确信，一切认识皆只盘旋于符号的范围之内。密契论有着另外一个更高的目标。它的意愿是，自我与其去从事一些本属徒然的尝试，不若去体验与拥抱上帝，让自身与上帝交融和与上帝合一。"① 也就是说，密契论主张抛弃一切符号，希望通过"内省"去与上帝在自己如何得救的问题上达成默契，而不是走一条通过外在的符号去认识上帝而使自己得到上帝救赎的道路。

---

① ［德］恩斯特·卡西尔：《人文科学的逻辑》，关之尹译，上海：上海译文出版社2004年版，第170页。

在近代以来一切关注共同行动的科学中，"默契"一词都没有被作为一个学术概念来加以使用，但在我们的日常生活用语中，"默契"一词却得到了经常性的使用。这说明，默契是人际关系中以及在人们的共同行动中客观存在的一种社会现象。之所以农业社会中的人们更多地关注到默契而近代以来的人们却忽视了它，那是因为，在农业社会的历史时期中，理性主义尚未取得话语霸权的地位，并没有束缚住人们的思想。在理性主义取得了话语霸权地位的这一近代以来的社会中，默契由于包含了太多神秘主义的色彩而被当作"巫魅"来加以对待了，被理性主义的"祛魅"过程所祛除。只是到了后工业化进程开启的时候，只是到了近代以来的理性主义话语霸权地位受到了挑战的时候，只是到了风险社会对共同行动提出了更为迫切的渴求的时候，只是到了共同行动需要从协作提升到合作的层面的时候，默契在共同行动中的价值才再一次彰显了出来。

在 20 世纪的哲学思考中，已经有人再次关注到默契这一社会现象。这是因为，其一，由于工业社会的全面形式化，特别是由于民主政治生活的形式化，让思想家产生了叛逆心态，要求用一种"游戏观"去重构政治以及重构全部社会生活，要求按照足球游戏中的球员配合模式去重塑人们的共同行动，从而臆测到了默契的价值；其二，工业社会的分化到了 20 世纪已经走向了无以复加的地步，在民主框架下所开展的一切社会活动都表现出通过语言交往达成共识的困难，利益集团的多元化、利益诉求的多样化，使任何一项行动都无法达成共识，争吵无休无止，议会斗殴经常出现，语言不仅是交流和交往的工具，而且成了暴力的展现，从而促使学者们逐渐将目光投向了语言之外的因素。比如，维特根斯坦就发现，"确实有不可说的东西。它们显示自己，它们是神秘的东西。"① 在这句话中，虽然"不可说的东西"仍被视作神秘之物，却已经被承认为现实中存在着的一种客观现象了。显然，在维特根斯坦所说的这种"不可说的东西"之中，是包含着默契的，尽管维特根斯坦还是把它看作"神秘之物"，如果我们能够对它作出研究，可能就会抹去其神秘

① ［奥］维特根斯坦：《逻辑哲学论》，贺绍甲译，北京：商务印书馆 1996 年版，第 104 页。

色彩，把它塑造为一种合理性的存在。

在考察人类的认知结构时，博蓝尼发现，"我们所能知道的事物多于我们所能言辨。"① 也就是说，维特根斯坦所谓的"不可说的东西"并不必然是不可知的东西。如果是可知的话，那么它就会失去其神秘色彩。当然，博蓝尼所证明的是语言的局限性，他指出，在语言交往中，"我们的信息遗漏了我们无法言辨的什么，受信者必须发现我们无法言传的部分，才算是领受到信息。"② 反过来说，既然我们能够领受到信息，发现信息背后那些无法言传的部分，那么我们的认知结构就超越了语言交往之中所能表达的内容，实现了对信息的真正"领受"。总之，在我们的认知体系中包含着一些非言传的构成要素，博蓝尼把这些构成要素称作人的"默会能力"（tacit power），认为我们的认知过程中包含着"默会致知"（tacit knowing）的结构。这样一来，博蓝尼实际上是把科学探讨的触角伸展到了长期以来被人们视为神秘的领域之中去了。正是由于博蓝尼的科学贡献，"默会"成了认知心理学中的重要研究领域。作为默会之必然结果的默契，也被第一次纳入了科学的视野之中。虽然博蓝尼的研究工作徘徊在认知心理学的疆域，但他所得出的结论却同样适用于人际交往，可以成为建构共同行动的一个视角或出发点。在某种意义上，正是博蓝尼对于"默会致知"的发现，使我们得以重新认识到默契在人际交往和共同行动中的价值。

总之，在人类的认识史上，超理性的默契是亘古就有的，而且，任何默契的形成也都需要经历一个默会的过程，只是由于默会过程处于人类认识活动的深层，并以一种较为隐蔽的行为互动方式出现，才使对默契的认识和自觉建构停留在学者们的研究视野之外。其实，默会过程有着两种可供选择的路径：其一，是"熟悉"的路径；其二，是"领会"的路径。这两种路径都可以通向默契的达成。人们究竟选择哪一条路径，是由历史条件所决定的。在家元共同体中，共同行动更多地表现为基于认同的共同行动，但基于默契的共同行动也不鲜见。在这一历史条件下

---

① ［英］博蓝尼：《博蓝尼讲演集》，彭淮栋译，台北：联经出版事业公司1985年版，第170页。
② ［英］博蓝尼：《博蓝尼讲演集》，彭淮栋译，台北：联经出版事业公司1985年版，第171页。

达成默契的路径基本上是"熟悉"的过程。因为，家元共同体也是一个熟人社会，熟人间的交往也就是一个反复熟悉的过程，通过熟悉而达致默契。在族阈共同体这里，人们被投进了一个陌生人社会，人们交往上的一次性决定了反复熟悉的过程无法展开。因而，作为默会的熟悉路径也就对那些准备开展共同行动的人封闭了。但是，在应对危机事件的共同行动中却不难发现基于默契的共同行动，而这种默契的达成是在"领会"的路径中实现的。这是因为，面对危机事件，共同行动的目标是清楚的，那就是走出危机状态，或者消除危机状态。虽然开展共同行动的人们相互之间并不熟悉，也没有可以让他们反复熟悉的时间和空间，但他们却可以通过对共同行动目标的领会而达成默契。

熟悉和领会都是达成默契的路径，但是，与熟悉相比，领会对行动者的认知理性与认识能力要求更高。这是因为，熟人的交往具有重复性，在既定的空间之中，人们有充足的时间去反复熟悉和相互熟悉，并达成默契。在陌生人社会中，共同行动往往具有突发的特征，面对时间上的压力，行动者要充分领会共同行动的目标，就会对其认知理性与认识能力提出较高的要求。特别是在应对危机事件的共同行动中，危机的紧迫性不容许行动者进行审慎的理性权衡，而是需要一下子就把握住共同行动目标的实质，并投身于共同行动之中去。所以，如果没有相应的认知理性和认识能力的话，人们就无法迅速而准确地领会共同行动的目标，就不可能在共同行动中发挥其应有的作用。

基于默契的共同行动凸显了共同行动的道德属性。我们已经指出，基于默契的共同行动是一种超理性的合作行动。在这种合作行动中，如果行动者在自我利益权衡的条件下参与共同行动的话，他就会变成一个投机者，甚至会在参与到共同行动中去的时候破坏合作。事实上，在崇尚理性的工业社会中，任何一次危机事件的爆发，都可能为投机分子提供一次难求的机遇。所以，默契超越了理性"经济人"的利益权衡，要求行动者以相应的道德知觉和道德能力去支持行动者领会共同行动的目标。道德是人类社会生活中的共通价值，也正是行动者的道德知觉和道德能力，能够保证默会的过程顺利无碍地进行，从而达成稳定的默契，并在默契的基础上开展合作行动。

　　我们已经指出，默契是共识的最高境界，有了默契，人们共同行动的质量和水平都会得到极大的提升。想一想任何一项需要多人参与的竞技游戏，就可以看到选手间的默契是多么重要。谈到游戏，人们也许会不屑于发表意见，其实，游戏能够反映出现实世界的最为真实的情况，而且是人们往往意识不到的那些现实。比如，一个不了解网络游戏的人就不可能去体悟虚拟世界的发展前景。再比如，一副扑克牌有了现成的等级结构，从国王到最小的平民，显然都已经确定了下来，但是，在不同的玩法中，我们看到了人类历史上的不同社会运行状态，当一组所谓"同花顺"可以盖压一切的时候，我们是否想象到"同花顺"代表了一群有着充分默契的人呢？是否想到民主制度的运行规则呢？在各种各样的游戏中，有些人对足球情有独钟，在所有的"球迷"中，又有哪一位不会被球场上的球员默契而引入到一种如痴如醉的境界。在所有的游戏中，足球可能是最能体现默契之价值的游戏，也许正是由于这个原因，足球才能赢得那么多"球迷"，才会成为一个所谓的"产业"。由此可见，人们对默契的向往，远远超出了近代人文社会科学中的任何一种理论所能理解的阈限。所以，这也说明近代以来的人文社会科学研究还存在着盲点，即缺乏对默契的研究，更不用说从默契的视角出发去建构共同行动了。

　　默契是心灵的契合而不是重合，它能够保证交往主体之间在具体的行为选择上的一致，从而使他们的共同行动具有合作的性质。我们说默契可以使共同行动的性质和水平得到全面提升，所指的就是行动者之间在共同行动中所表现出来的那种天衣无缝的配合。既然在许多游戏中我们都可以看到经过训练而产生出游戏参与者的默契，那么在需要共同行动的社会生活中，我们也同样可以认为默契是一种可以追求的境界。特别是对于那些聚合离散都因任务而定的"任务型组织"而言，在面对突发事件而从事危机管理的时候，所采取的行动就对组织成员提出了默契的要求。

　　从危机管理的实践中我们也可以清楚地看到组织成员在应对危机时的那种默契。其实，默契并不是维特根斯坦所说的"神秘的东西"，而是普遍存在于人类社会的各种各样的共同行动之中的。即使一次共同行动在总体上需要基于共识而展开，而在共同行动的过程中，一些具体的环节和步骤也需要得到默契的支持。没有默契的共同行动，是不可能取得圆满之结果的，还可能是无法实现共同行动之目标的行动。虽然一项共同行动是建立在共识的基础上的，是因为有了共识而采取的行动，但是，如果这项行动启动之后得不到默契的支持，就会表现出行动机制不畅的状况。甚至在行动中遇到哪怕很小的一个问题，就会产生分歧，甚至导致共同行动的中止。在现代社会，遵守交通规则是一项基础性的共识，没有这项共识，我们将无法想象道路秩序，但在实践中，道路秩序的获得则不完全建立在这一共识的基础上，而是建立在所有行动者都以合理的方式钻规则空子的默契基础上的。比如，在行人络绎不绝的市中心，如果所有驾驶员都严格遵守"右转礼让行人"的规则，结果将是没有车辆能够右转。反过来，正是行人与驾驶员默契地见缝插针式的互动，才使得拥挤的道路能够有序通行。最能理解这一点的是整天在路上驾驶出租车的司机，所以，巴黎的出租车司机就曾以严格遵守所有交通规则的方式进行罢工，通过严格遵守所有交通规则——即完全排除默契，他们成功地使整个城市的交通陷入瘫痪。[①] 可见，一切共同行动都需要得到默契的支持，特别是对于那些应对危机事件的共同行动而言，更加突出了默契的价值。

在历史上，从作为熟人的"主人"与"奴隶"之间也可以产生默契的情况看，默契并不以交往主体间的平等承认为前提。在某种意义上，熟悉就可以产生默契，只要人们之间是相互熟悉的，在开展行动的时候，就会表现出一种默契。所以，默契与相互间的平等承认之间并不表现出很强的关联性。在某些情境中，默契可能会表现为行动者的先天禀赋。比如，在体育竞技中，有些人似乎天生地就具有默契气质。不过，从熟悉（如运动员之间长期的共同训练）可以产生默契的原理看，默契又不应被看作一种天赋，而是可以在人们之间熟悉的过程中获得。总的说来，默契不依赖于表达，也就是不依赖于语言，甚至可以说，默契不需要语

---

① ［美］詹姆斯·C. 斯科特：《六论自发性：自主、尊严，以及有意义的工作和游戏》，袁子奇译，北京：社会科学文献出版社 2019 年版，第 83 页。

言的在场。

　　加达默尔的看法是，没有语言就没有理解。这对于共识的形成会表现出语言的必要性，而对于默契而言，则不支持加达默尔的意见。因为，行动者之间能够在行动中表现出默契的事实证明，行动者之间虽然不曾发生过语言交往，却必定存在着关于行动的某种一致理解。就此而言，哈贝马斯对语境的提示得到了一定程度上的证实。也就是说，默契可以被认为是行动者之间对于共同"语境"的一种一致理解，虽然语言不在场，但语境发挥了作用。由于对语境的共同理解，使他们产生了相同的行动意向，也许这种意向本身没有包含共同行动的内容，而且这种意向被付诸实践的时候也并不必然转化为他们之间的共同行动，但是，由于一致意向凝结了行动者的共同目标，一旦被转化为行动的进程开始了，这种意向就会表现为行动者之间的默契。

　　默契可以作为一种理解，虽然默契不是行动者之间基于表达而实现的相互理解，却是行动者各自就行动的性质与目的所作出的最优理解。错误的理解各有不同，而最优理解肯定是相近的甚至是相同的。所以，作为默契的理解完全是发自行动者内心的，既没有受到他人的干扰，也没有受到语言的误导。可以说，默契实现了对"言为心声"的超越，是以"行为心迹"的方式来加以表现的。作为默契的理解，不会因为他人的异见而有所折中，也不会因为可能的得失而有所保留，完全是由行动者独立作出的，是个体合于集体和融入集体的一种境界。基于默契的共同行动，充分体现了个体的独立性和主动性，而在付诸共同行动的时候又拥有了总体性的特征。所以，基于默契的共同行动不存在刻意安排的分工与协作问题，更不用说去考虑如何简化行动方案的问题了，而是表现出具有高度有机性的合作过程。所以，一切真正意义上的合作都必然包含着默契，是在默契的基础上展开的。对于这种合作行动而言，行动者是自由的，却同时使合作呈现出必然性。

　　无疑，默契的形成依赖于语境，而且这是一种语言不在场的语境。如果说一切语言都具有抽象的和具体的两个层面的内容的话，那么语境都是具体的，因而，一切默契也都是具有具体性的。也就是说，行动者往往只能在具体的语境中就具体的行动而形成具体的默契，离开

了具体的语境，也就无所谓默契的问题了。这样一来，我们就发现了
这样一个逻辑：在我们今天这样一个高度复杂性和高度不确定性的社
会，面对危机事件频发的现实，必然要求人们的共同行动以合作行动
的形式出现。

合作行动是基于默契的行动，或者说，是基于默契而又需要得到
共识支持的行动。因而，我们需要发现和营造默契，用包含着默契的
共同行动去应对高度复杂性和高度不确定性条件下的危机事件。默契
的形成依赖于语境，我们所能够做的工作就是营建产生默契的语境。
但是，语境又是具体的，因而不从属于工业社会大生产的模式以及思
维方式，从而使普遍性的制度安排无法实施。所以，摆在我们面前的
真正难题其实是一个思维方式变革的问题，如果我们不是通过思维方
式的变革而把"个性化"理念纳入整个生活方式和行为模式的重建之
中的话，也就无法找到走出风险社会的路径。也许我们可以把改革的
口号空喊一万遍，也许我们可以在其他方面做出改革和调整，但对于
我们如何应对频繁发生的危机事件而言，对于我们如何走出风险社会
而言，却无所助益。

在思考如何建构默契的问题时，"学习型社会"的提法也许可以给予
我们一些启示。我们已经指出，熟悉可以产生默契，在熟人社会，熟悉
所表现出来的是人类社会中的自然形态，而在人类进入陌生人社会后，
整个近代社会都是根据陌生人的特点而去作出各种各样的制度安排的，
这更加巩固了陌生人社会的人际关系。现在看来，陌生人是默契无法形
成的一种人际关系障碍，虽然人类社会从熟人社会向陌生人社会的演进
是一个不可逆的过程，我们永远也无法再回到熟人社会，但却可以改变
陌生人之间的人际关系，让陌生人因人际关系的改变而能够形成默契。
显然，改变陌生人人际关系的行动需要在"学习型社会"的理念下展开。
如果我们按照"学习型社会"的要求去做，虽然行动者是陌生人，但各
种各样的语言不在场的"语境"却是可以把握和熟悉的。那样的话，就
可以在需要默契出场的时候如期出场了。

第三节　历史视野中的意向一致

一、　意向一致的三种形式

在 20 世纪的政治哲学研究中，"认同"与"共识"是一直被作为两个重要的关键词来看待的。之所以如此，是因为工业社会中人的"原子化"和社会的"碎片化"在 20 世纪都达到了无以复加的地步，要解决因人的原子化和社会的碎片化带来的各种各样的问题，政治哲学家们就不得不回答人们如何去开展共同行动的难题，而认同与共识恰恰是共同行动的两种发生机制。其实，除了认同与共识，人们的共同行动还有一种发生机制，那就是默契。比如，在家元共同体中，熟人间的许多共同行动就是以默契为基础的，尤其是在面对生存危机的时候，熟人间的默契往往可以帮助他们走出危机状态。近代以来，随着陌生人社会的出现，默契已经不再出现在人们的共同行动之中了。在追求科学合理性的组织体系中，默契所具有的共同行动功能逐渐地为人们所淡忘。甚至，在官僚制组织的形式合理性追求中，默契是被作为"巫魅"而受到组织规则体系的否定与排斥的。

在工业社会，社会层面上的共同行动主要是基于共识而行的，组织层面上的共同行动主要是基于认同开展的。对于陌生人之间的交往与行动而言，共识具有功能上的适用性，因此，共识在共同行动中对默契的替代的确是合理的。而且，由于社会的陌生化已经是一个不可逆的历史进程，这种替代也可能会被人们认为是不可逆的。然而，就共识这一共同行动的发生机制而言，在人们遭遇危机事件的时候则显现出了不适用性。这是因为，危机事件的爆发要求人们迅速地采取行动，而共识的形成则需要较长的时间。所以，在工业社会的后期，随着危机事件频发，谋求共识基础上的共同行动变得越来越困难。现在，人类正处在一个"全球风险社会"，频繁发生的危机事件要求人们必须寻找加以应对的共同行动机制。在共识的局限性已经显现了出来的情况下，把目光投向默契也就是必然的了。事实上，默契可以成为共同行动的基础，能够在人们应对危机事件的共同行动中发挥应有的功能。

一切共同行动的展开，都是以行动者的意向一致为前提的，只有当行动者在行动的意向上达成了一致的时候，他们才能携手开展共同行动。我们已经指出，对意向一致进行进一步的分析则可以看到，它具有三种形式，即认同、共识和默契。因而，人们的共同行动也可以被分为基于认同的共同行动、基于共识的共同行动和基于默契的共同行动三种基本类型。在历史上，三种形式的意向一致与三种类型的共同行动都是广泛存在的，但在不同的历史阶段，会历史性地突出某一种类型的共同行动。

在家元共同体中，社会的同质性决定了人际关系主要是一种认同关系，人对人的认同、人对等级制度的认同、人对权力的认同、人对共同体的认同、人对某个统治王朝的认同等等，是农业社会最为基本的社会关系，可以统称为认同关系。所以，这个社会中的共同行动基本上是建立在认同的基础上的。是因为有了认同，才会追随某人而一道开展共同行动。同时，家元共同体也是一个熟人社会，当然，并不是说这个共同体中的每一个人对每一个人都是相识相知的，而是指这个共同体所拥有的习俗和交往规则是先天地赋予每一个人的，使每一个人都处在熟悉的社会环境之中，甚至熟悉一个初次交往的人的行为方式。在这种熟人的共同行动中，会表现出行动上的默契，或者说，熟人的共同行动可以在默契的基础上展开。

在家元共同体中，认同与默契不是相冲突的，而是共存于共同行动之中的，并表现出相互支持的状况。或者说，认同度与默契度之间有着正相关关系，认同度高，也就意味着共同行动中的默契度高。同样，以默契为基础而展开的共同行动本身也包含着认同的成分。比如，在某种自然灾害面前，人们在默契的基础上开展了共同行动，而在行动中，则会迅速地生成认同关系。当然，家元共同体中的共同行动也会包含着共识，但是，通常情况下，共识所发挥的是一种补充性的作用，是对认同和默契的补充，体现在共同行动的具体环节和步骤中。

总的说来，家元共同体中的共同行动主要是发生在认同的基础上的，随着工业社会的到来，随着族阈共同体的生成，认同与默契在人的共同行动中的功能日益式微，共识的作用则日渐凸显了出来。与这种变化相一致，民主话语也在行动过程中流行了起来。因为，当共同行动要求在共识的基础上展开时，形成共识就是共同行动得以发生的前提，从而需要通过民主的途径去形成共识。在工业社会的历史阶段，不仅在社会治理的领域中需要讲求民主，就是在日常交往中，当行动者间出现分歧的时候，也会诉诸民主的方式来作出选择。当然，认同也并未完全消失，在组织化的共同行动中，认同仍然是一个重要的甚至是主要的行动基础。可以说，在一切有组织的地方和以组织的形式去开展共同行动的时候都会包含着认同的问题，特别是组织的官僚制结构，决定了共同行动包含着对人的认同、对权力的认同以及对规则的认同等方面的内容。

从理论上说，可以把共同行动分为基于认同的共同行动和基于共识的共同行动两种类型。而在现实的共同行动实践中，则存在着复杂的情况。在历史上，基于认同的共同行动是较为普遍的，进入近代社会，纯粹基于认同的共同行动变得越来越少了，但纯粹基于共识的共同行动也是不多见的。我们所看到的更多情况是，要么是在作为共同行动基础的共识中包含着认同，要么是共识形成的路径中包含着认同。所以，就当代共同行动的实践而言，所呈现给我们的更多情况是基于认同的共同行动与基于共识的共同行动之间的一种过渡形态，这在一定程度上也表明人类正处在一个共同行动的过渡时期中。也就是说，人类共同行动的历史将从纯粹基于认同的共同行动向纯粹基于共识的共同行动转变。

在近代民主政治发生之前，人类社会中的共同行动基本上都属于基于认同的共同行动范畴，随着民主政治的出现，这种纯粹基于认同的共同行动逐渐失去了合理性，开始提出了谋求共识的要求，并希望在共识的基础上开展共同行动。但是，由于近代民主的形式化特征，并不能实现人与人之间的相互承认，特别是民主的物化结构还需要得到认同的支持，因而也就必然在共同行动中包含着对认同的依赖。人类社会的发展必将超越这个历史阶段，共同行动的基础也必将发生变化，即在纯粹共识的基础上去开展共同行动。这种共识将扬弃自身以及生成过程的理性形式，成为一种超理性的共识。在此意义上，它已经不再称作共识了，而是表现为默契。

当然，族阈共同体中的公共生活是讲求民主的，公共生活过程中的共同行动或以共同行动的形式出现的公共生活，都是建立在共识的基础上的，只不过在组织活动中认同的作用更加明显一些。应当说，在工业社会，民主的理念是族阈共同体独有的文化形态，它贯穿或普及到了整个社会的每一个方面。因而，在私人领域中，类似于企业治理结构中的董事会等也是专门谋求共识的机构。在共同行动展开的过程中，通过组织的形式开展的共同行动往往较多地体现出认同的意义，而作为公共生活内容的共同行动则更多地表现为谋求共识和在共识的基础上展开。比如，选举总统就是一个典型的谋求共识的过程，整个选举过程就是一个通过选票来决定共识是什么以及共识的程度是怎样的过程。

根据族阈共同体的民主文化，一切共同行动都应当建立在共识的基础上，但这一点并没有完整地覆盖整个社会，而是如我们所指出的，在组织化的共同行动中普遍存在着认同。的确，如果缺乏由认同而生成的权威，组织就会呈现为松散的"乌合之众"，更不用说行动的效率了。在组织化的共同行动中，一些具体的环节和步骤中也许会包含着默契的功能，比如，相邻岗位上的人因长期的协作而在行动中会形成默契。但是，官僚制组织基本上是不允许这种默契存在的，官僚制的"分工—协作"体系恰恰要求用科学的合理性去消除默契。诸如"轮岗""换岗"等措施，都是要去营造一个陌生化的环境，使人们之间不因熟悉而冲击或破坏了组织的科学规定性。

虽然同为意向一致，但认同、共识与默契在意向性的意义上却有着根本性的区别。认同实际上只包含了被认同者的意向，是认同者放弃了自己的意向而完全接受了被认同者的意向。所以，基于认同的共同行动总是表现为被认同者对认同者的支配。共识在某种程度上包含了所有行动者各自的意向，是在不同的意向之中寻找和发现了共同的部分，如果找到了这个共同的部分，就被看作是共识了。共识以差异为前提，没有差异就无所谓共识。反过来说，即便已经有了共识，行动者之间的差异还会被保留下来，肯定不会在形成共识的时候就消除了各自的差异。所以，在共识引发了共同行动之后，还会在共同行动的进展中继续不断地谋求共识，以便去对共同行动的持续展开提供支持。也就是说，共识的形成不是一个抵消或者说消除差异的过程，而是一个在差异之间寻找共性的过程。有了差异，才会有寻求共识的要求，也正是在差异之中才能发现共识。没有了差异，在人们之间所得到的就不是共识，而是认同。也正是在此意义上，我们说家元共同体这一同质性社会总会在共同行动中表现出认同的功能。族阈共同体是一个差异化了的社会，所以，族阈共同体中的共同行动往往需要建立在共识的基础上。

在以共识为基础的共同行动中，显然会出现"分歧"这样一个问题。需要指出的是，分歧与差异不同，差异有主观性的也有客观性的，而分歧仅仅是一种主观性的意见不同，或者说，在直接表现上是一种主观性的意见不同。虽然共识并不消除差异，但共识与分歧是不能并存的，分歧必然冲击共识和破坏共识。所以，共识是对分歧的消除。在有了共识并在共识的基础上开展共同行动之后，维护共识的活动就主要体现在消除分歧这方面了。当然，从根源上看，分歧也是由差异引起的，由于参与共同行动的人们之间是存在着差异的，因而在共同行动中会产生立场上的不同，进而出现分歧。出现了分歧，就会破坏共识并危及共同行动。维护共识的活动只能反映在努力消除分歧方面，而不能指向差异，否则，如果去消除差异的话，就会动摇共识的基础，从而使共识异化为认同。

这就是共识与差异的对立统一关系。共识只是差异中的一致，它既是一致又是存在于差异之中的。正是这一点决定了共识具有不确定性，因而需要由某种外在的规范来赋予共识以确定的形式，即以契约、协议以及法律等成文形式来对共识加以确认，以保证共识不被破坏。在这些成文的外在规范形式中，行动者的平等地位、行动者之间以及对共同行动的权利和义务关系都得到了明确的规定，从而消除了在行动者之间产生支配与被支配关系的可能性。同时，由于外在规范对共识的确认，实际上也在行动者之间划定了界限，造成了他们的相互疏离，让行动者在共同行动的过程中特别关注自己的付出与收益，从而使基于共识的共同行动总是存在着某种离心的力量。所以，基于共识的共同行动往往存在着有机性不足的问题。

如果说共识是以差异为前提的话，那么默契则超越了差异，无论行动者之间是存在着差异还是具有同质性，都可以达成共同行动的默契。

或者说，默契并不以行动者个体的情况而定，而是更多地取决于共同行动的目标和任务。当然，人际关系的状况对于默契的形成是有一定影响的。一般说来，在熟人之间更容易达成默契，人们彼此熟悉的程度决定了默契的程度。家元共同体是熟人社会，所以，在家元共同体的共同行动中，更为经常性地体现出行动者间的默契。同样，族阈共同体是一个陌生人社会，所以，族阈共同体中的共同行动较少地包含着默契的行为特征。如上所说，近代以来的科学合理性追求一直表现出对默契的排斥，不仅一切关于共同行动的理论思考都忽视了对默契的关注，而且在实际的共同行动过程中也总是尽可能地排除默契的作用。如果说能够发现默契发挥作用的地方，那也只是在日常生活领域。比如，在竞技性的体育活动中才能看到行动者间的默契，而在私人领域以及公共领域中则很少看到默契发挥作用。

易言之，在微观的社会活动中，我们还可以看到默契发挥作用，而在较为宏观的社会活动中，默契已经不再显现在共同行动之中了。当然，如果共同行动具有模式化的特征的话，那么在行动者之间也会较多地反映出默契。因为，一项行动在多次重复之后就会形成一个具有确定性的连续行为系统，一个行为所引起的另一个行为都可能默会于行动者心中，所以，反映为行动的默契。正是由于这个原因，为了使一些共同行动包含着默契，往往要经历一次又一次的练习，从而保证行动者把共同行动的模式默会于心中，并在行动中实现默契。进一步地说，如果我们希望不仅在微观的而且在宏观的社会活动中都能够保证默契发挥作用的话，就需要自觉地建构共同的"语境"。这样一来，就会导向一种制度创新的追求。

二、　共识追求中的组织认同

族阈共同体是崇尚共识的社会，在这个社会中，一切社会性的交往都强调共识的功能与价值，因之，共识也成了理解族阈共同体的一把钥匙，同时，也是理解整个工业社会这一历史时期共同行动的钥匙。其实，在18世纪的启蒙思想家们形成社会契约论的观点时，谋求共识的文化以及思想基础就已经确立了起来。在某种意义上，"社会契约"一词所表述的无非是形象化的共识。也正是在此意义上，我们说民主就是共识，或者说，民主是达成共识的基本途径。对于工业社会而言，我们只有通过共识的概念才能真正把握民主、合法性、合理性等在管理型社会治理模式中的基本价值。事实上，民主、合法性、合理性等概念都只不过是这个社会对共识的不同表述而已。生活在工业社会中的人们已经形成了这样一种思维定式：任何共同行动如果不是建立在共识的基础上，就会被认为是不民主的、不合法的和不合理的。反过来说，任何一项共同行动，只要是建立在共识的基础上的，就可以被视作为民主的、合法的和合理的。

由此看来，在工业社会，共识本身已经发生了异化，即变成了一种认同。当面临行为选择的时候，工业社会中的人们已经习惯于认同共识，习惯于将彼此间的共同行动交由作为共识之代表的多数去裁定。尤其是在社会治理的领域中，没有共识，就不允许采取共同行动。如果共同行动不是在共识的基础上发生的，哪怕它带来了正义的结果，也会因为程序上的不合理性而受到审查。最为典型的是，由于人们在文化心理的层面上对民主的认同而使民主变成了霸权，一切以民主形式出现的都被认为是"好东西"，而一切不以民主形式出现的事情都会受到诟病。为了民主，人们愿意牺牲人类文明传承中的那些善的因素。如果通过民主的途径选择了恶的话，那么恶就是合法的和合理的。所以，谋求共识的工业社会往往过于看重谋求共识的途径而使共识异化为了认同，进而使共同行动发生变异，变成可以通过合理合法的方式来加以操纵的行动，变成可以由公共舆论随意呼唤和差遣的行动。在这个社会，谁控制了大众传媒，谁就可以操纵共同行动。

工业社会的公共生活中处处呈现出共识与认同相交织的状况。一方面，认同表现为一种更高境界的共识；另一方面，认同往往又需要得到共识的检验和审察。事实上，工业社会中的人们虽然有着对共识的广泛认同，却又不轻易地在形成共识的过程中认同他人。反过来说，他们虽然在形成共识的过程中锱铢必较，一旦达成了共识，又总是予以无条件的认同。一位总统可能是以极其微弱的多数票当选的，但这个作为结果的共识则能够得到全体的认同。在很多人看来，这就是所谓"民主精神"。也就是说，民主就是绝不放弃形成或者说参与共识的权利，同时，也绝不拒绝认同与捍卫共识的义务。"他们（选民）有权充分了解候选人的政治见解和感情，并且不仅有权而且往往有责任拒绝一个在作为他们政治信仰的基础的少数信条上和他们意见分歧的人；他们越是欣赏候选人智力上的优越，他们就越是应当容忍候选人在他们的根本信条以外的不论多少事情上表达不同于他们的意见和采取相应的行动；他们应当努力不懈地寻求具有才干能被委托以充分权力照他自己的判断行事的代表；他们应该把尽一切努力将具有这种品质的人送进议会看作是他们对同胞所负的责任；由这样的人作代表较之由声言在许多问题上和他们意见一致的人作代表对他们来说是有着大得多的意义的，因为他的才能所带来的好处是确实可靠的，而在分歧之点上假定他是错的而他们是对的则是很可怀疑的事情。"① 从密尔的这段话中可以看出，虽然民主是一种共识，却不可避免地兼有认同的特征，或者说，在民主共识中存在着认同的遗迹。

　　民主尚且带有认同的遗迹，因而也就可以想象不以民主为原则的官僚制组织是如何成为认同的领域了。我们知道，工业社会在共同体的意义上所呈现给我们的是一种族阈共同体，它取消了家元共同体的群体认同。工业社会又是一个实现了充分组织化的社会，在组织的运行中，工业社会是用组织认同取代了农业社会的群体认同，保留了认同在组织化的共同行动中的基础性地位。由此，在崇尚共识的工业社会，组织却以认同为基础而开展共同行动。当然，对于组织而言，也存在着民主决策以及参与式管理等要求和理念。20 世纪公司治理结构的变革，也把民主的原则引入了私人领域，而且派生了董事会等专门致力于形成共识的机构，更不用说公共领域在 20 世纪后期还产生了"民主行政"的理论了。但是，对于组织而言，只要一天不突破官僚制模式，就会在认同基础上开展共同行动。当然，现代组织是从属于科学原则和技术规定的，因而表面看来是作为科学化的"分工—协作"体系而呈现给我们的，但在实际上，它却是基于对权力和权威的认同而开展行动的。所以，现代组织

---

① ［英］J·S·密尔：《代议制政府》，汪瑄译，北京：商务印书馆 1984 年版，第 180～181 页。

的运行在形式上是科学化的协作行动，而在实质上则是一种丧失了有机性的共同行动。

任何一个共同体的存在都必然会有某些规范体系与之相伴随，共同体成员的行为都是需要得到规范的。家元共同体的规范体系主要是由习惯和习俗等因素构成的，而习惯和习俗又是通过记忆而得以传承的，它们不具有明确的形式，主要表现为代代相承的状况，是深印在人的脑海之中而得到人们共同遵守的。习惯和习俗的传承会以老幼教习的方式延续，所以，家元共同体会表现出尊重老人的特征，会把老人作为共同体生活的规范和规则的标准和裁判者来看待。所以，家元共同体一般都会存在着"家长制"或"长老制"。

从历史上看，虽然西欧的家元共同体很早就发育出了较高的法律文明，但在进入中世纪后，随着大量法典的遗失，这些法律也从文本而遁入人们的记忆之中，从而与习惯和习俗融为了一体，形成了一个独特的被称为"习惯法"的规范体系。① 习惯和习俗（即使是以"习惯法"的形式出现的习惯和习俗）具有形式上的不明确性，这种形式上的不明确性又决定了它们在内容上的某种随意性。在只有家长才"记得"某些习惯和习俗的情况下，他就可以通过求助于自己的"记忆"来获取其他共同体成员对自己而不是对这些规范的认同。进而，他代表了规范并以规范的力量获得了支配共同体的共同行动之权力。这就是家元共同体的感性规范体系与它的共同行动之间相联系的状况，即通过"家长"或"长老"这一中介而使共同行动接受习惯和习俗的规范。至少，在家元共同体形成的初期，老人是被作为规范之化身来看待的。

组织的情况不同。自工业化运动开始后，虽然作为传统之保留地的日常生活领域中依然根据习惯和习俗行事，但在广泛的社会生活中，则被要求遵守成文化的规则，"明确化的过程预先假定了愈来愈不能相信人们会在缺乏公开指导和同意的情况下以固定的方式行事。……有鉴于此，必须制定实在的规则以便澄清被共同体解体所模糊和弄得不明确的行为

---

① 见［法］马克·布洛赫：《封建社会》，张绪山等译，北京：商务印书馆 2004 年版，第八章"习惯法"部分。

准则。"① 所以，在组织化的社会交往活动中，几乎所有的规范都是以成文规则的形式出现的，也只有成文规则才能具有合理性和合法性的效力。当然，在组织成员的日常生活范畴中，习惯和习俗仍然发挥着作用，但这些习惯和习俗却不能与组织的成文规则相抵触，否则，就会以"潜规则"的形式出现，甚至会对组织的健康运行造成危害。也就是说，组织的规范体系是一个明确的规则体系，只有成文规则才具有"以言行事"的效力。

与习惯和习俗相比，成文规则具有形式上的明确性，这种形式上的明确性又决定了它在内容上的确定性，即使因不同人的解释而有些差别，但其解释空间是非常有限的。由于规则是面向每一个组织成员而公开的，因而不允许任何人对其加以随意篡改，更不可能有人通过对成文规则的篡改而获取他人的认同。即便组织与规则的创立者，也必须在组织规则的框架下行事，至多（如许多"霸王条款"所标明的），他可以拥有对于这些规则的"最终解释权"。即便这种最终解释权被超限使用，也不可明显逾越文本的常识性含义以及其他组织成员的共识性理解。

在组织之中，组织中的领导要想像家元共同体中的家长那样获得其他组织成员对于自己的人格化认同，是极其困难的。所以，组织认同是一种规则化的认同，首先表现为对成文规则与制度的认同。一方面，组织成员是否认同于组织，是通过对规则的遵守与否来表达的；另一方面，组织领导要想获得其他组织成员的认同，也必须采取规则化的途径，即通过对规则的解释与变更去注入自己的意向，进而通过使其他组织成员遵守规则的方式来实现这种意向。由此可见，组织领导仍然可以支配组织化的共同行动，但这种支配却具有了规则化的形式，表现为规则化而非人格化的支配。或者说，通过组织认同对群体认同的替代，组织建立起了规则，从而实现了对共同行动的支配。

在工业社会中，组织认同是一种常态认同。除了这种常态认同，工业社会还拥有一种非常态认同形式，那就是危机认同。虽然工业社会是

---

① ［美］昂格尔：《现代社会中的法律》，吴玉章、周汉华译，北京：中国政法大学出版社1994年版，第55页。

一个崇尚共识的社会，但它更是一个崇尚实用原则的社会。甚至，它对于共识的崇拜本身就是实用主义的，一旦共识以及形成共识的过程不符合实用之目的，就会立刻受到抛弃。翻检工业社会尤其是20世纪的历史，可以看到，当社会处于常态运行时，由于共识所具有的种种实际的或象征性的功能，吁求共识的声音总是不绝于耳，一旦社会陷入危机，由于基于共识的共同行动在反应上的迟钝，吁求共识的声音即便不是销声匿迹了，也可以说是暗淡无光了。在社会陷入危机的状况下，对认同的需求也就立即变得强烈起来了，社会治理者也不再惺惺作态地与"他人"谋求共识，而是反复地强调认同的价值，要求"他人"认同自己，以求"共度时艰"。就算社会治理者做出了一些谋求共识的举动，往往也是进行社会动员的手段，这种社会动员在表面上或在声言中被说成形成了"共识"，而实际上则是一种认同，基于这种认同而开展的共同行动所实现的仍旧是支配者的意向。

如前所述，认同只包含被认同者的意向，所以，基于认同的共同行动仅仅体现了被认同者的意志。在这种情况下，认同者失去了自己的独立意志，认同了被认同者的意志，实际上也就等于放弃了自己的自主，从而接受了被认同者意志的支配。正是由于一方独立意志的丧失，基于认同的共同行动才成了具有支配性特征的行动。对于工业社会而言，组织认同毕竟是局部性的。在工业社会的常态运行中，尽管每一个人都不得不在组织中接受他人的支配，却还可以在社会中呼吸民主的空气。然而，一旦工业社会陷入了某种危机状态，一旦整个社会都产生了强烈的危机认同需求，就可能在使认同普遍化的同时造成支配普遍化的后果。所以，在工业社会行进的过程中，我们总是看到，周期性出现的独裁者往往是通过制造出危机状态去攫取绝对性权力的，往往是在不断地宣传危机迫临的形势中去取得认同的。可以说，利用危机去获取认同，可以成为工业社会中最为有效的权术，20世纪的法西斯将这一权术作了充分的演示。现在，就人类处于一个"全球风险社会"而言，一波又一波的全球性危机接踵而至，面对这些危机事件，人类会不会再度进入一个独裁时期？是否会因为对认同的渴求而造就独裁者？这显然是一个不容回避的问题。我们对认同、共识和默契的研究，在一定程度上，也是要提出这一问题。

三、 基于默契的共同行动

我们已经指出，认同、共识与默契都是行动者意向一致的具体形式。但是，认同所代表的意向一致是统一到某个行动者的意志中去的一致，是绝大多数行动者放弃了自己的意向而接受了某个行动者的意向之后表现出来的意向一致。共识可能是全体行动者的意向中的一个平均值，也可能是在每一个行动者都做出了妥协的条件下生成的。不过，与认同所代表的放弃差异而归于同一的状况不同，共识的形成并不意味着差异的消失，每一个行动者自身的那种不同于其他行动者的全部内容，都在形成共识之后继续保留了下来。默契是行动者的原生性意向一致，即行动者之间原本就不存在或是没有意识到彼此的差异。即使行动者在社会角色扮演、身份、地位上有着巨大差异，但当他们准备谋求共同行动的时候，可能是共同行动的目标和任务使他们忘记了或忽视了差异，从而表现出高度的意向一致，以近乎自然的行动默契的形式出现。近代工业化的进程促使个体意识觉醒，塑造了原子化的个人，由于每个人的独立性，他们之间处于差异无法弥合的状态。因而，要么是放弃差异而归于同一，即生成认同；要么是做出妥协而达成意向一致，即形成共识。如果在共同行动中与默契不期而遇的话，那只能是一种奢侈了。

农业社会共同行动中的默契来源于这个社会的同质性，因为家元共同体本来就是一个同质性共同体，我们说它是熟人社会，就是指这一共同体中的人们有着共同的生活习惯和共有的习俗。或者说，家元共同体成员因为共有的习俗和共同的生活习惯而成为熟人，因而，"像动物的'本能'和'自然倾向'一样，习惯性的行为模式是比较固定的，"[1] 所以，熟人在共同行动中不会锱铢必较，也不会产生讨价还价的意识和要求，而是在共同行动中表现出高度的默契。

---

[1]［美］昂格尔：《现代社会中的法律》，吴玉章、周汉华译，北京：中国政法大学出版社1994年版，第126页。

工业化消解了家元共同体的同质性，再造出来的族阈共同体实际上是一种原子化个体的集合形态，主要是由成文规则、共同信仰、利益目标或地理条件等因素而把他们集结在了一起，并以共同体的形式出现。习俗和习惯虽然在日常生活领域中还发挥一定的作用，但对于可以进行理性建构的族阈共同体而言，则是需要极力加以祛除的东西。所以，族阈共同体中的人是一群陌生人，每个人都恪守自己与他人之间的边界。也正是这个边界，把他们分隔开来，使他们在开展共同行动的时候也不会逾越这个边界，因而难以产生共同行动的默契。

共同行动是区别于个体行动的一种状态，对于个体行动而言，并不一定都有着明确的目的和目标指向，而共同行动则必然是有目的的，是有着明确的目标指向的。也就是说，共同行动必然会有着明确的需要解决的问题，尽管并不是每一个参加到共同行动中的人都能够明确地意识到共同行动所要解决的问题。一般而言，对于同一个问题，人们可以诉诸不同的解决方案。所以，行动者可以就共同行动的问题产生不同的共识，每一种共识也就意味着一种行动方案。这些方案可能对于所要解决的问题都是适用的，它们的区别只在于某种方案可能是解决该问题的最优方案，其他方案则是解决该问题的次优方案。在社会的常态运行之中，在面对常规性的任务时，人们可以对行动方案作出选择，然而，对于应对危机事件的共同行动来说，主要的问题就不是应当选择什么样的解决方案，或者说根本就没有多种备用方案可供选择。面对危机事件，首要的问题就是立即采取行动，而且，这种行动必须是行动者之间无条件的合作，是在默契的基础上所开展的行动。

关于默契在共同行动中的价值，我们也不能给予过高的评价，特别是不能把默契绝对化，更不能要求一切共同行动都建立在默契的基础上。首先，默契对于行动者的同质性要求较高，如果行动者的认知能力、知识水平和道德素养等方面都有着较大差距的话，那么在他们之间达成默契就较为困难。其次，默契是来源于行动者对共同行动目标和任务的理解和领会，是在行动者的默会中产生的，所以，通常较多地体现在一次性行动上，随着共同行动的展开，目标和任务的性质可能会发生变化，默契的基础也就会发生动摇。再次，默契根源于自我的自觉，是自我主动地将自我合于共同行动的集体之中的行为结果，因而，默契是不承认任何权威的，如果自我的尺度稍有偏离的话，就会走向默契的反面。所以，对于一项共同行动来说，默契是必要的，却又不构成完整的共同行动基础。默契能够促使人们在共同行动中作出合作的选择，却无法保证合作进程的每一次向前推进都能得到它的支持。一旦合作主体之间出现了配合失误，他们就可能产生分歧或冲突，如果这种分歧与冲突得不到化解，合作行动的进程就会走向破裂。可见，默契在共同行动中所能发挥的功能是有限的。也许正是由于默契功能的这种有限性，才会在以社会化大生产和社会化大协为特征的工业社会中走向衰落，才会按照理性主义的要求去在一切需要共同行动的地方谋求共识。

把共同行动完全寄予共识的基础上也同样是不科学的。这是因为，如果共同行动是一个协作体系的话，有了共识，也就能够使共同行动顺利展开；如果希望共同行动成为一个合作体系的话，就必须得到默契的支持。在工业社会的低度复杂性和低度不确定性条件下，社会的常态运行处于可控制的范畴，所以，人们更多地是把共同行动作为一个协作体系来加以建构，更加突出强调共识之于共同行动的意义。随着后工业化进程的启动，把人类带入了高度复杂性和高度不确定性的时代，特别是在20世纪后期以来这样一个危机事件频发的时期，对以合作为特征的共同行动提出了越来越迫切的要求。对于合作行动而言，共识作为行动的基础已经不再完整，而是需要谋求默契的支持。可能正是由于这个原因，在人类迈向工业社会的道路上抛弃了对默契的关注。而且，就20世纪的情况看，学者们也重新表达了对默契价值的重视。可见，正是人类合作行动的需求唤醒了人们对默契的再度发现。只要人们的共同行动不再满足于协作的境界，只要人们提出了合作行动的要求，就会提出发现默契的要求，就会用共识和默契这两个要素去建构共同行动的体系。合作行动需要在共识的基础上展开，也同样需要通过行动者的默契去优化合作。在这里，共识与默契是相互支持和相互补充的，缺少任何一项，都会使合作行动发生性质上的蜕变。

在某种意义上，默契是一种目标上的一致，而不是手段上的一致，即使体现在具体行为中，默契也主要是在接受共同行动总体目标的规范作用下达成的。所以，行动者可能会在共同行动的方式和手段上存在分歧，但在共同行动启动之后，却能够表现出行动上的默契。这表明，虽然行动者可以在默契的基础上开展合作，但在共同行动展开之后，如果关于行动的方式和手段上的分歧持续存在的话，这种关于行动方式和手段上的分歧也会发生质变，从而转化成指向目标的分歧。结果，就可能使共同行动背离合作的初衷。因此，即使是基于默契而开展共同行动，也需要得到共识的补充，需要通过共识来消除行动者因为默契而掩盖了的分歧。只有这样，行动者之间那种一闪而逝的"心心相印"才能转化为历久弥坚的合作行动。可以断言，即使在孪生儿之间，尽管他们存在着生理上的"心灵感应"，如果完全不就如何行动交换意见、交流意向和达成共识的话，他们之间也无法产生可持续的合作行动。

默契可以产生合作行动，但合作进程的持续却需要由共识来加以推动，否则，合作行动就可能发生异化。从一个现实的事例中可以看到：2008 年的金融危机爆发之后，世界各国迅速采取了"救市"行动，在这次行动中，世界各国之间显然达成了某种默契。然而，在"救市"行动的推行中，西方国家试图把所有风险都转嫁给广大发展中国家，从而使这次"救市"变成了一次虚假的合作，开始有了 G20 框架下的讨价还价和虚与委蛇。究其原因，就是因为在"救市"以及"救市"之后如何"重建"的问题上世界各国没有形成共识。特别是美国在以所谓"量化宽松货币政策"而采取了单边行动之后，整个世界都获得了一种被欺骗的感觉。结果，合作转化为斗争，转化为相互攻心制胜的手腕。所以，即使是那些面对危机时生成的默契，也需要得到共识的补充与规范。

一般说来，基于共识的共同行动往往都是可持续的，但共识的形成往往是比较困难的。或者说，共识的形成需要交往主体拥有充分的时间进行意向交流。如果问题比较复杂的话，那么这种交流就可能在持续的争吵中展开，总也无法达成共识。在面对危机等紧急情势时，如果交往主体希望在形成共识的前提下开展共同行动的话，就可能会因为疲于争执而错过了开展行动的最佳时机。就 2008 年的金融危机爆发而言，世界各国撇开了联合国这样一个争争吵吵的、一切事务都希望展开充分辩论和谋求共识的国际机构，在应对危机这样一个默契的基础上开展"救市"

行动，这显然是针对危机而迅速做出反应的正确选择。但是，由于G20缺乏联合国那样规范的运行机制，不具有谋求共识的系统化规则和措施保障，所以无法巩固应对金融危机的合作行动。

合作行动需要在共识与默契的协同作用下进行，没有默契的共同行动仅仅是一种协作行动，而没有共识的合作行动将是一种短命的共同行动。共识与默契的不同可以这样来加以认识：共识既可以表示目标的一致性，也可以表示手段的共同性，所以，共识是可以在共同行动的持续推进中发挥作用的。但是，由于共识的形成是较为困难的，意味着会把共同行动拖延到较长的时间之后，因而不适用于面对危机情势的行动。与共识相比，默契仅仅表明目标的一致性，所以，默契更适用于面对危机情势的共同行动，在共同行动的持续推进之中，默契的作用就会呈现出递次削弱的状况，就需要得到共识的补充。

认同是根源于支配的需要的，而默契则是源于人们的熟悉。对于家元共同体这样一个生活与生产一体化的共同体而言，支配与熟悉是一枚硬币的两个方面，人们之间既处于支配关系之中，又处在熟人圈子之内，支配关系中所包含的认同以及熟人圈子内的人们之间的相互熟悉，都使人们能够在默契的基础上去开展共同行动。族阈共同体使生活与生产相分离，也使公共生活、私人生活以及日常生活相分离，不同形式的生活从属于不同的规范，呈现出不同的状况。不过，总的说来，就生活而言，族阈共同体会表现出或者自由或者自在或者自为的状况，但当人们处于生产关系之中时，就必然要接受某种力量的支配。而且，即使是生活中的自由、自在、自为也被笼罩在社会治理或管理的支配关系背后了。所以，对于族阈共同体而言，由于支配关系在不同的领域、不同的地点和不同的时空形态中会表现出巨大的不同，因而，对认同与共识的要求也因共同行动的目标、任务和时间紧迫性程度的不同而不同。

工业社会共同行动的复杂性决定了人们之间无法生成默契，更不可能出现基于默契的共同行动。由此看来，族阈共同体天然地不能包容默契，即使在族阈共同体的边缘地带（比如日常生活中）还能够看到默契在发挥作用，那也不是根源于族阈共同体自身的，而是人们从自己的历史上继承下来的。所以，对默契的呼唤首先是一个共同体的再造问题，只有当我们实现了对族阈共同体的超越，才有可能在人们之间重建默契，才有可能基于默契去开展共同行动。正如在工业化的进程中人类用族阈共同体替代了家元共同体一样，在后工业化进程中，人类必将建构起一种新型的共同体。在这种新型的共同体中，人们之间是能够在需要共同行动的时候产生默契的，或者说，是能够在共同行动中看到默契所发挥的重要作用的。

20世纪后期以来，人类进入了全球风险社会，这本身就说明，正是工业社会把人类领入了这个境地，或者说，生成于工业社会的这个族阈共同体中的人际关系以及交往方式已经不能适应今天这样一个高度复杂性和高度不确定性的社会运行状态了，族阈共同体中的共同行动模式无法应对频繁爆发的危机事件。另一方面，风险社会呈现给我们的高度复杂性和高度不确定性也阻碍了人们形成共同行动的共识，甚至那些适应社会常态运行要求的共同行动都显现出肢解共识的状况，更不用说去谋求应对危机事件的共识了。风险社会的出现意味着人们必须在无法形成共识的条件下去开展共同行动，即通过共同行动去应对各种各样的危机事件。这样一来，合乎逻辑的推断就是，人类不得不抛弃族阈共同体为共同行动谋求共识的做法。如果这一推断是成立的话，也就意味着人类必须实现对族阈共同体本身的超越，即建立起一种合作共同体。只有当人类建立起合作共同体，族阈共同体中的人际关系、交往方式和行为模式才能得到根本性的扬弃，族阈共同体在应对危机事件的问题上显得束手无策的状况才能得到根本性的改变。落实到共同行动的问题上，那就是在工业社会受到排斥、受到抛弃的默契将重新成为共同行动的基础。总之，合作共同体在人们的共同行动方面会反映出一种合作上的默契。

在合作共同体中，人们会首先表现出在合作问题上的意向一致，特别是在应对危机事件的问题上，人们会首先无条件地开展共同行动。我们探讨了共同行动的三种发生机制，它们分别是认同、共识和默契。在家元共同体中，共同行动主要是建立在认同和默契的基础上的。在族阈共同体中，为共同行动谋求共识是一个已经神圣化了的"共识"，然而，在现实的共同行动中，我们总会看到认同无处不发挥作用。对于合作共同体来说，认同将不再出现在人们的共同行动之中，人们将会更多地在默契的基础上开展共同行动。当然，默契并不排斥共识，反而是包容共识的。一方面，不仅还会有许多共同行动在共识的基础上展开，而且，在以默契为基础的共同行动中也会谋求共识的支持；另一方面，与族阈共同体用共识排斥默契不同，合作共同体中的默契是共识的最高境界，它本身也是可以被看作共识的。不过，它同时又消除了共识的形式化特征，任何时候都不拘泥于共识形成的程序，而是直接地由共同行动的目标和任务激发出来的真正的共识。

从行动主体的角度看，默契的形成是与族阈共同体中的共识形成不同的。因为，共识虽然是存在着差异的个体间的意向一致，是我们所说的那种差异中的平均值，但人们之间的差异时时挑战和冲击着共识，使共识的形成变得非常艰难。可以想象，如果没有一系列外在性的体制以及机制上的强制性规定的话，根本不可能形成共识。同时，对于共识的维护，也需要在与差异作斗争的过程中去实现，需要不断地努力消除那些根源于差异的分歧。默契不同，默契不受行动主体间差异的影响，行动主体的差异并不构成阻碍默契生成的因素。反而，行动者之间的差异更增强了默契的功能，使人们在共同行动中实现差异互补。所以，默契使合作行动成为可能，基于默契的共同行动不仅反映了合作共同体的基本特征，而且赋予合作共同体去解决和处理一切问题的能力，从而使合作共同体表现为一种更高文明形态的共同体形式。

我们的结论是：第一，后工业化将意味着合作共同体的生成；第二，合作共同体中的新型人际关系、交往方式和行为模式决定了人们能够为共同行动创造默契；第三，人类正处在风险社会之中，也只有建立在默契基础上的共同行动能够使人类走出风险社会。

主要参考书目

［1］〔美〕汉娜·阿伦特：《人的条件》，上海：上海人民出版社，1999。

［2］〔法〕雷蒙·阿隆：《知识分子的鸦片》，南京：译林出版社，2005。

［3］〔印度〕阿马蒂亚·森：《以自由看待发展》，北京：中国人民大学出版社，2002。

［4］〔德〕诺贝特·埃利亚斯：《个体的社会》，南京：译林出版社，2003。

［5］〔英〕佩恩·安德森：《从古代到封建主义的过渡》，上海：上海人民出版社，2000。

［6］〔美〕昂格尔：《现代社会中的法律》，北京：中国政法大学出版社，1994。

［7］〔英〕齐格蒙特·鲍曼：《共同体》，南京：江苏人民出版社，2003。

［8］〔德〕乌尔里希·贝克，〔英〕安东尼·吉登斯，〔英〕斯科特·拉什：《自反性现代化：现代社会秩序中的政治、传统与美学》，北京：商务印书馆，2001。

［9］〔德〕彼得·科斯洛夫斯基：《伦理经济学原理》，北京：中国社会科学出版社，1997。

［10］〔美〕亨利·N·波拉克：《不确定的科学与不确定的世界》，上海：上海科技教育出版社，2005。

［11］〔美〕波林·玛丽·罗斯诺：《后现代主义与社会科学》，上海：

上海译文出版社，1998。

〔12〕〔英〕博蓝尼：《博蓝尼讲演集》，台北：联经出版事业公司，1985。

〔13〕〔美〕E·博登海默：《法理学、法律哲学与法律方法》，北京：中国政法大学出版社，1999。

〔14〕〔英〕柏克：《法国革命论》，北京：商务印书馆，1998。

〔15〕〔法〕马克·布洛赫：《封建社会》，北京：商务印书馆，2004。

〔16〕费孝通：《乡土中国　生育制度》，北京：北京大学出版社，1998。

〔17〕〔法〕笛卡尔：《谈谈方法》，北京：商务印书馆，2000。

〔18〕〔美〕约翰·杜威：《确定性的寻求：关于知行关系的研究》，上海：上海人民出版社，2005。

〔19〕〔美〕查尔斯·J·福克斯、〔美〕休·T·米勒：《后现代公共行政——话语指向》，北京：中国人民大学出版社，2002。

〔20〕包亚明主编：《权力的眼睛——福柯访谈录》，上海：上海人民出版社，1997。

〔21〕〔美〕南茜·弗雷泽：《正义的尺度——全球化世界中政治空间的再认识》，上海：上海人民出版社，2009。

〔22〕〔美〕南茜·弗雷泽、〔德〕阿克塞尔·霍耐特：《再分配，还是承认？——一个政治哲学对话》，上海：上海人民出版社，2009。

〔23〕〔美〕弗兰西斯·福山：《信任——社会道德与繁荣的创造》，呼和浩特：远方出版社，1998。

〔24〕〔德〕阿诺德·盖伦：《技术时代的人类心灵：工业社会的社会心理问题》，上海：上海科技教育出版社，2003。

〔25〕〔法〕邦雅曼·贡斯当：《古代人的自由与现代人的自由》，上海：上海人民出版社，2005。

〔26〕〔德〕尤尔根·哈贝马斯：《包容他者》，上海：上海人民出版社，2002。

〔27〕〔德〕尤尔根·哈贝马斯：《合法化危机》，上海：上海人民出版社，2000。

［28］［德］尤尔根·哈贝马斯：《后民族结构》，上海：上海人民出版社，2002。

［29］［德］尤尔根·哈贝马斯：《交往与社会进化》，重庆：重庆出版社，1989。

［30］［德］尤尔根·哈贝马斯：《交往行为理论 第一卷 行为合理性与社会合理性》，上海：上海人民出版社，2004。

［31］［德］哈贝马斯：《在事实与规范之间：关于法律和民主法治国的商谈理论》，北京：生活·读书·新知三联书店，2003。

［32］［加］伊恩·哈金：《驯服偶然》，北京：中央编译出版社，2000。

［33］［美］威廉·E·哈拉尔：《新资本主义》，北京：社会科学文献出版社，1991。

［34］［英］弗里德里希·冯·哈耶克：《经济、科学与政治——哈耶克思想精粹》，南京：江苏人民出版社，2000。

［35］［德］海德格尔：《存在与时间》，北京：生活·读书·新知三联书店，1987。

［36］［德］黑格尔：《法哲学原理》，北京：商务印书馆，1996。

［37］［德］黑格尔：《精神现象学》，北京：商务印书馆，1981。

［38］［德］黑格尔：《小逻辑》，北京：商务印书馆，1996。

［39］［德］黑格尔：《哲学史讲演录》，北京：商务印书馆，1959。

［40］［英］霍布斯：《利维坦》，北京：商务印书馆，1985。

［41］［德］阿克塞尔·霍耐特：《为承认而斗争》，上海：上海人民出版社，2005。

［42］［德］胡塞尔：《笛卡尔式的沉思》，北京：中国城市出版社，2001。

［43］［英］安东尼·吉登斯：《现代性的后果》，南京：译林出版社，2000。

［44］［英］安东尼·吉登斯：《现代性与自我认同：现代晚期的自我与社会》，北京：生活·读书·新知三联书店，1998。

［45］［苏］Ａ·Ｎ·季塔连科：《马克思主义伦理学》，北京：中国人

民大学出版社，1984。

　　［46］［德］加达默尔：《哲学解释学》，上海：上海译文出版
社，2004。

　　［47］［德］加达默尔：《真理与方法——哲学诠释学的基本特征》，
上海：上海译文出版社，1999。

　　［48］［法］皮埃尔·卡蓝默：《破碎的民主——试论治理的革命》，
北京：生活·读书·新知三联书店，2005。

　　［49］［法］皮埃尔·卡蓝默、［法］安德烈·塔尔芒：《心系国家改
革：公共管理建构模式论》，上海：上海人民出版社，2004。

　　［50］［德］恩斯特·卡西尔：《人论》，上海：上海译文出版
社，1985。

　　［51］［德］恩斯特·卡西尔：《人文科学的逻辑》，上海：上海译文
出版社，2004。

　　［52］［德］恩斯特·卡西尔：《语言与神话》，北京：生活·读书·
新知三联书店，1988。

　　［53］［德］康德：《历史理性批判文集》，北京：商务印书馆，1990。

　　［54］［美］康芒斯：《制度经济学》，北京，商务印书馆，1962。

　　［55］［法］拉康：《拉康选集》，上海：上海三联书店，2001。

　　［56］［英］简·莱恩：《新公共管理》，北京：中国青年出版
社，2004。

　　［57］［法］埃马纽埃尔·勒维纳斯：《塔木德四讲》，北京：商务印
书馆，2002。

　　［58］［美］理查德·罗蒂：《哲学和自然之镜》，北京：生活·读
书·新知三联书店，1987。

　　［59］［美］理查德·霍夫施塔特：《改革时代——美国的新崛起》，
石家庄：河北人民出版社，1989。

　　［60］梁慧星主编：《中国物权法研究》，北京：法律出版社，1998。

　　［61］［美］罗德里克·M·克雷默、汤姆·R·泰勒编：《组织中的
信任》，北京：中国城市出版社，2003。

　　［62］［美］约翰·罗尔斯：《正义论》，北京：中国社会科学出版

社，1988。

　　［63］［法］卢梭：《社会契约论》，北京：商务印书馆，2002。

　　［64］［英］约翰·洛克：《政府论》，北京：商务印书馆，1964。

　　［65］［英］迈克·费瑟斯通：《消费文化与后现代主义》，南京：译林出版社，2002。

　　［66］［英］梅因：《古代法》，北京：商务印书馆，1984。

　　［67］［英］J.S. 密尔：《代议制政府》，汪瑄译，北京：商务印书馆，1984。

　　［68］［法］米歇尔·苏盖、马丁·维拉汝斯：《他者的智慧》，北京：北京大学出版社，2008。

　　［69］［法］埃德加·莫兰：《方法：天然之天性》，北京：北京大学出版社，2002。

　　［70］［法］埃德加·莫兰：《复杂思想：自觉的科学》，北京：北京大学出版社，2001。

　　［71］［澳］欧文·E·休斯：《公共管理导论》，北京：中国人民大学出版社，2001。

　　［72］［美］乔治·霍兰·萨拜因：《政治学说史》，北京：商务印书馆，1986。

　　［73］［法］让-保罗·萨特：《辩证理性批判》，合肥：安徽文艺出版社，1998。

　　［74］［法］让-保罗·萨特：《存在与虚无》，北京：生活·读书·新知三联书店，1997。

　　［75］［美］尼古拉斯·施普尔伯：《国家职能的变迁》，沈阳：辽宁教育出版社，2004。

　　［76］［美］列奥·施特劳斯：《自然权利与历史》，北京：生活·读书·新知三联书店，2003。

　　［77］［加］詹姆斯·塔利：《陌生的多样性：歧异时代的宪政主义》，上海：上海译文出版社，2005。

　　［78］［美］安东尼·唐斯：《民主的经济理论》，上海：上海人民出版社，2005。

　　〔79〕〔法〕阿兰·图海纳：《我们能否共同生存？：既彼此平等又互有差异》，北京：商务印书馆，2003。

　　〔80〕〔法〕爱弥尔·涂尔干：《职业伦理与公民道德》，上海：上海人民出版社，2000。

　　〔81〕〔美〕阿尔文·托夫勒：《第三次浪潮》，北京：新华出版社，1996。

　　〔82〕〔德〕马克斯·韦伯：《韦伯作品集Ⅸ法律社会学》，桂林：广西师范大学出版社，2005。

　　〔83〕〔德〕马克斯·韦伯：《经济与社会》，北京：商务印书馆，1997。

　　〔84〕〔德〕马克斯·韦伯：《民族国家与经济政策》，北京：生活·读书·新知三联书店、牛津大学出版社，1997。

　　〔85〕〔德〕马克斯·韦伯：《社会科学方法论》，北京：中央编译出版社，1998。

　　〔86〕〔德〕马克斯·韦伯：《新教伦理与资本主义精神》，北京：生活·读书·新知三联书店，1992。

　　〔87〕〔德〕马克斯·韦伯：《学术与政治》，北京：生活·读书·新知三联书店，1998。

　　〔88〕〔德〕马克斯·韦伯：《韦伯作品集Ⅲ支配社会学》，桂林：广西师范大学出版社，2004。

　　〔89〕〔英〕M·J·C·维尔：《宪政与分权》，北京：生活·读书·新知三联书店，1997。

　　〔90〕〔奥〕维特根斯坦：《逻辑哲学论》，北京：商务印书馆，1996。

　　〔91〕〔奥〕维特根斯坦：《游戏规则：维特根斯坦神秘之物沉默集》，西安：陕西师范大学出版社，2003。

　　〔92〕〔美〕迈克尔·沃尔泽：《正义诸领域：为多元主义与平等一辩》，南京：译林出版社，2002。

　　〔93〕〔英〕安东尼·德·雅赛：《重申自由主义》，北京：中国社会科学出版社，1997。

　　〔94〕〔德〕卡尔·雅斯贝斯：《生存哲学》，上海：上海译文出版

社，1994。

［95］［古希腊］亚里士多德：《形而上学》，北京：商务印书馆，1995。

［96］［美］哈罗德·伊罗生：《群氓之族：群体认同与政治变迁》，桂林：广西师范大学出版社，2008。

［97］［英］约翰·基恩：《公共生活与晚期资本主义》，北京：社会科学文献出版社，1999。

［98］［美］埃里克·詹奇：《自组织的宇宙观》，北京：中国社会科学出版社，1992。

后 记

这是我与张乾友合作的又一本著作。《公共生活的发生》杀青后，我们都感到有些意犹未尽，还有一些话要说，所以，又合作发表了一系列文章。现在，把这些文章汇集起来，以著作的形式呈现给读者。

近些年来，经常有人质问我，你为啥还写？要图个啥？当了教授了还这样去写，写得这么辛苦，出版那么难，书出来了也没人读；写得人人烦、人人恨，写到了无处容身的时候还要写……

的确，这是个问题。我自己也常常想这个问题，想给自己一个答案。有的答案太过高尚了，不敢说出来；有的答案太过庸俗了，自己不愿意承认。因而，我只能说自己有话想说，可是，找不到可说的地方，说了没人愿意听，只好写了。要说"图个啥？"，实在是没有可图的，而且，写作能够图个啥么？不写的人什么都有了，写的人什么也得不到。要想图个啥而写的话，那是最笨的路子。

写出来没人读也是个事实，我每次出版了新著，都会自己掏腰包买上几百本，来人便送，无非是希望有人读。我太希望有人读我写的东西了，哪怕是抱着审查的目的来读我，我也要表达万分的感谢。可是，我很难发现有人读我。经常有人接受了我送的书，过一阵子，来向我"请教"问题，他（她）一张口，我就知道他（她）根本没有读我的书。我的心情有些沮丧。不过，时间长了，也就习惯了。我知道，要想让人来读我，那是太难了。但是，转而一想，如果 200 年后万一有一个人想读一本我的书，而我没写出来，那岂不可惜，误了他没有书读，能不是我的罪过吗？所以，还是写吧。其实，要让一个时代的人读自己这个时代的书，那是不可能的。我们时代的人不是愿意读柏拉图、亚里士多德吗！

我猜测，即使我的学生，对我不屑的人也不在少数，有的学生总是要到我这里来炫耀他（她）读了柏拉图、亚里士多德，但他（她）根本不知道我也读过；他（她）知道柏拉图、亚里士多德说过什么，却不知道我说过什么。不过，从这之中，我看到了希望，再过两千年，我岂不也成了柏拉图、亚里士多德了，那个时候，如果还有我们这个时代这样的年轻人，他（她）也许就会读我了。所以，还是写吧。想想"一壶道人"船山先生，终生著述，生前均未付梓，所图何也？此处谈论古圣先贤，狂妄之极。但是，向古圣先贤学习，总不会有错吧。所以，还是写吧。

在中国的民族性格中，可能有些微的"以洋为贵"的内容。当中国的国门被打开后，西洋器物凡是进来的都是珍宝，相比之下，中国的丝绸就要轻贱得多了。思想也是如此，在当代中国人中，显然不会有几个人相信中国人也会"思想"，在自己不相信自己能"思想"的时候，那么西洋人的思想就更加珍贵了。当然，在开放的时代，任何一个民族、任何一个国家中生成的思想都应得到珍重。可是，如果我们不相信中国人也能"思想"的话，就不能作为自主的人屹立于世。另一种情况，就是有一些当代中国人只相信古人会"思想"，不相信当代人也会"思想"，躺倒在古人的怀中求安慰，用古人来标识自己而让自己处于荣耀的地位上。可是，如果我们不相信当代人也能"思想"，又如何去开辟前行的道路呢？现在，人类正处在全球化进程中，各民族文化的冲撞和融合正在发生，它将意味着人类必将生成一种新的文明形态，这是古人所无法看到的，也不是只允许西洋人思考和认识的。如果我们有自信的话，我们也有权去认识它和思考它，也有权去提出我们的见解。然而，不自信的心态阻碍了我们，特别是那些把握着学术和思想生杀予夺之权的人的不自信，往往压制了我们的"思想"，或者说，不允许我们去"思想"，国家与民族的发展机遇也许因此而被拒之于门外了。

想起历史上那些伟大的圣人，我这样一个以写作和教学为业的人只是一个小草，而且是我儿时曾经见到过的并一直萦绕于心的那颗小草，它是在我学前见到的一棵奇怪的小草。事情是这样的，我家所在的村后有一条河，据说从清朝的乾隆年间就有人打算要在河上修一座桥，历代都有准备石料的事。一次，我在石料堆旁玩耍，看到一棵草从石料堆上露出了头，我爬上石料堆的顶端，努力移开一些石料观察这棵草，呆呆地望着它，整整大半天的功夫都在想象这棵草是怎样长出来的。没想到，长大以后，我工作了，也就变成了这棵小草，小草的命运也就是我的命运。我露出了头，但那是艰难的，我并不知道为什么会有那么多的石头挤压我，让我不得不在石头的缝隙间寻找生存和成长的空间。在我的想象中，石料堆下肯定有许多小草，如果没有那个石料堆，也许这块地方会是一片翠绿的草地。但是，露出了头的草，只是我看见的那一棵，许多的草在生命开始的时候可能也就终结了。我露出了头，那是我的幸运，而那些被压在石头下永远也露不出头的小草是多么可惜。在我们的科学创新和学术研究中，有多少人就像那永远也露不出头的小草呢？这是无法统计的。在中国的大学里，做学问的人可能都是那样的小草。可是，世界如果没有我们这些小草将会是什么样子？我们是小草，但我们是一群能思想的小草，我们生存在这个地球上，也用我们的思想去关注世界的未来吧。虽然我们没有圣人的智慧和机遇，但可以用我们脆弱的生命铺展开伸向未来的绿茵。

写作的目的是表达思想，是为了让更多的人了解自己的思想。然而，我们也发现这样一种现象，那就是不用我们共同体共用的语言去写作，而是用所谓科学的语言去写作，通篇使用一些符号，仅仅为了取乐那些专家。的确，这样的作品受到了专家的赞赏，成了评职定级的最好敲门砖。但是，由于这类作品的影响被限制在了"俱乐部"中，是圈内人把玩的"艺术品"，因而证明了作者是没有社会责任的人，只是一些讨好迎合圈内专家的人。就这种讨好迎合而言，是不道德的行为。我始终坚信，人文社会科学领域中一切有价值的作品都不是迎合圈内少数专家的作品，而是面向社会公众的。我从不相信，一个共同体共用的语言在人文社会科学研究中已经丧失了表达思想的功能。为什么在人文社会科学研究中存在着用一些只有少数人才能看懂的符号去表达的现象，为什么会有一些人乐意于使用这类圈内人才能明白的"秘语""暗号"，完全是科学活动"黑社会化"的标志。或者说，科学活动中存在着一些类似于"邪教"的组织，它们不愿使用共同体通用的语言来表达和交流思想，而是使用一套圈内人才能看得明白的符号。这是科学活动中的一种邪恶现象，然而，在今天却甚嚣尘上。

我们看到，历史上流传下来的经典著作，在形式上都有一个共同特点，从不使用"俱乐部语言""黑社会暗号"或"邪教秘语"，它们属于贴近公众的作品，是为广大社会公众而写作的作品，这些作品只求表达作者的思想而不求为作者谋取特殊利益。即使在今天，我们看到，哈贝马斯、罗尔斯等人的作品为什么会受到广泛的欢迎，就在于它们不是用"邪教秘语"写成的。这也能够说明"邪不压正"！那些运用"俱乐部语言""黑社会暗号"或"邪教秘语"写作的人，尽管在大学和科研机构中受到赞赏，尽管受到政府中管理科研活动的官员所钟爱，但毕竟属于栽在花盆中的树木，发展方向也只是一株精致的盆景，即使被选定为"跨世纪人才""新世纪人才"等等，也不会成长为国之栋梁，若强之为栋梁的话，必倾也。

我写下这段话，实际上是向年轻人表达一个强烈的愿望，在我们未来的科学活动中，虽然研究喜好不同，但我们应当用通用的语言去表达思想，不要故意地去使用一些让人莫测高深的语言去写作。当我们与我们的整个民族使用同一种语言去写作时，我们的思想就能为公众所理解，就能为世界所接受，如果我们学习使用"俱乐部语言""黑社会暗号"或"邪教秘语"的话，虽然迎合了现有的一些学术霸权，但在实际上，却走上了自绝于民族、自绝于世界的路，也同时是一条自绝于科学的路。你的作品虽然得到了专家的激赏，虽然发表在所谓世界顶级的刊物上了，但对于人类历史来说，只是在其发展进程中产生的垃圾。喜欢你的作品的人，也只是那些喜欢垃圾的生物。

我的社会生命是在中国改革开放的历程中形成的。当中国实现改革开放的时候，我与我的国家一样重获新生，在这30多年的历史中，我与我的国家一道成长。我在我自己的职业生涯中深深地感受到我与这个国家的命运是联系在一起的。当我在工作中取得了一些成绩的时候，以我自己的经验，我深深地理解为什么在世界上会出现"中国威胁论"的喧嚣，为什么会出现所谓"遏制中国"的闹剧。在我度过的每一天中，我都以邓小平"发展才是硬道理"的告诫勉励自己。在我的国家中，近些年来，我也感觉到不断地出现一些杂音，有些杂音甚至会冲击发展的主旋律。因而，我也希望我的国家能够永远记住邓小平的告诫，永远不要忘记"发展才是硬道理"。作为一个学者，我坚定地相信，不仅过去，而且未来，我个人的命运也是与国家联系在一起的。因而，我为我自己写作，也为了这个国家写作。尽管不会有人看我的作品，尽管不会有人理会我的意见，但我需要表达自己的心愿。

上述感想，就算是一个与本书没有关联的一个后记吧。

张康之
2011 年 2 月